VIOLENCE
EN FRANCE

Marie Palciu
July 2003.

MICHEL WIEVIORKA

PHILIPPE BATAILLE, KARINE CLÉMENT, OLIVIER COUSIN, FARHAD KHOSROKHAVAR, SÉVERINE LABAT, ÉRIC MACÉ, PAOLA REBUGHINI, NIKOLA TIETZE

VIOLENCE EN FRANCE

ÉDITIONS DU SEUIL
27, rue Jacob, Paris VIᵉ

Ce livre est édité par Patrick Rotman

ISBN 2-02-032343-5

Introduction

Pendant longtemps, la confiance dans le progrès a trouvé une de ses expressions dans l'idée que la violence devait régresser au fur et à mesure que nos sociétés progressaient dans la modernité. Modernité politique, associant dans un même projet la pacification du lien social et le renforcement de l'État moderne, chargé de policer la violence en s'attribuant le monopole légitime de la force ; modernité culturelle, dans la mesure où le procès de civilisation, tel qu'il est décrit par Norbert Élias[1], passe par le refoulement, l'intériorisation et la maîtrise de conflits et de tensions qui, sinon, se soldent par l'agressivité et la violence.

La pensée évolutionniste s'est constamment nourrie de cette idée, qu'ont même parfois semblé valider des données statistiques, comme celles réunies par Jean-Claude Chesnais dans son *Histoire de la violence en Occident de 1800 à nos jours*[2].

La poussée de violence qui hante aujourd'hui la France – émeutes, délinquance, violence scolaire, incivilités, conduites de rage et de haine, etc. – n'est-elle pas dès lors, tout simplement, de l'ordre de la régression historique ? Ne marchons-nous pas à rebours du progrès, ne sommes-nous pas entrés dans la spirale d'une décivilisation ou, pour parler comme Alain Touraine, d'une « démodernisation[3] » qui deviendrait synonyme, tout à la fois, de décadence culturelle et de décomposition de notre État-nation ?

Avant d'accepter une telle hypothèse, ou de la rejeter pour en retenir d'autres, un long chemin doit être parcouru. Nous devons d'abord définir le plus clairement possible notre objet, la violence. Nous devons ensuite réunir des connaissances concrètes et précises. Surtout, nous devons comprendre comment, dans la pratique, la violence surgit, se développe,

---

1. Cf. *La Civilisation des mœurs*, Paris, Calmann-Lévy, 1973 ; *La Dynamique de l'Occident*, Paris, Calmann-Lévy, 1975.
2. Paris, Robert Laffont, 1981.
3. Alain Touraine, *Pourrons-nous vivre ensemble ?*, Paris, Fayard, 1997.

décline, au fil de quels mécanismes, de quelles interventions, qu'il s'agisse de ses formes empiriquement observables ou de ce qui s'en dit, notamment dans les médias.

Les chercheurs dont le travail est présenté dans cet ouvrage ne se sont pas contentés d'aborder sur le terrain les protagonistes de la violence : ceux qui la vivent, la produisent, la décrivent ou la représentent. Ils se sont aussi constamment posé la question de la sortie de la violence, en examinant au plus près les efforts tentés pour y mettre fin, par la répression et la prévention, ou, moins directement, par des actions politiques ou sociales susceptibles d'exercer un effet sur sa régression. Ils ont ainsi constamment pris en compte les deux faces de la médaille : d'une part, l'existence de conduites de violence ; d'autre part, la présence d'associations susceptibles de la faire reculer, le rôle des mouvements culturels ou religieux à l'œuvre dans les quartiers populaires, le fonctionnement des équipes municipales, les conduites de ceux qui, à l'école ou dans les grandes entreprises publiques, au sein de la police ou de la justice, ont pour mission de transcrire dans la pratique les promesses de la République – liberté, égalité, fraternité.

Violence objective, violence subjective

Qu'entendons-nous par *violence* ? S'agit-il d'un phénomène observable, quantifiable ; de faits connus ou reconnaissables sans contestation possible, dans leur objectivité, à partir desquels peut s'organiser la réflexion et, éventuellement, se mettre en place un débat procédant de prémisses acceptées par tous ? S'agit-il plutôt de représentations, de perceptions, d'impressions et d'opinions susceptibles de varier d'un groupe social à l'autre, d'un témoignage à l'autre, d'un discours à l'autre ?

Autrement dit, la violence est-elle objective ou subjective ? Objective, elle doit pouvoir être définie en des termes qui transcendent les perspectives particulières et acquièrent une portée universelle. Subjective, elle n'est que le point de vue, nécessairement relatif, de celui qui la subit ou la décrit. Question classique, déjà abordée, notamment, par Yves Michaud[1], et qui appelle une réponse complexe.

1. Cf. *Violence et Politique*, Paris, Gallimard, 1978 ; *La Violence apprivoisée*, Paris, Hachette, 1996.

La violence n'est jamais réductible à l'image de la pure objectivité, tout simplement parce que ce qui est conçu ou perçu comme « violent » varie dans le temps et l'espace. Une société dans son ensemble (ou certains des groupes qui la constituent) peut toujours se refuser à tenir pour violentes des conduites qu'une autre société (ou la même à un autre moment de son histoire, ou certains groupes) considérera comme telles. Mais la violence n'est pas pour autant réductible aux affects, aux représentations, aux normes qu'en propose tel ou tel groupe, ou même telle ou telle société ; car non seulement les critères dont se dotent une société ou un groupe pour qualifier un phénomène de « violent » (ou non) varient d'une expérience historique à l'autre, ou d'un groupe à un autre, mais en outre la perception de violences reconnues comme telles oscille constamment entre l'excès et le défaut, entre la tendance à la dramatisation et à l'amplification et la propension à la banalisation ou à l'indifférence.

Deux impasses menacent donc quiconque veut appréhender la violence. La première réside dans un universalisme ambitionnant de la définir abstraction faite de l'expérience vécue et de la subjectivité des acteurs, et sans tenir compte du lieu et du moment où elle advient. La seconde, à l'opposé, tient à un relativisme qui, en fin de compte, interdit toute conceptualisation puisque dans sa perspective la violence ne serait rien d'autre que ce que des personnes ou des groupes décident de considérer comme tel, sans qu'il soit nécessaire pour eux de se référer à d'autres points de vue.

Il n'est réaliste ni d'opposer radicalement l'objectif et le subjectif – ou, si l'on préfère, l'universel et le relatif – ni de choisir l'un plutôt que l'autre, ou l'un contre l'autre. Il en va ici comme de tout fait social : il faut bien admettre que la violence, surtout dans ses expressions physiques, voire meurtrières, peut être l'objet d'une définition qui tend à l'objectivité, mais il faut en même temps reconnaître que ce que nous tenons pour réel est le produit de processus, individuels et collectifs, à travers lesquels nous catégorisons, sélectionnons, hiérarchisons, entendons ou ignorons ce qui constitue la « réalité ».

L'influence des médias

Ces processus ne sont pas univoques. Qu'ils impliquent une société tout entière, un groupe social ou un individu, ils sont souvent multidimensionnels et hétérogènes. Ainsi, sur le terrain, nous avons fréquemment rencontré des acteurs qui tiennent des discours très divers, parfois contradictoires, pour rendre compte de phénomènes de violence : ce qu'en disent les habitants d'un quartier réputé « difficile » diffère de ce qu'en disent les habitants du centre-ville de la même commune ; les travailleurs sociaux tiennent des propos opposés à ceux des policiers ; les enseignants ont une autre appréhension de la violence scolaire que les élèves ; les filles ne voient pas les choses de la même manière que les garçons, etc. La production des représentations est un chantier complexe au sein duquel les médias, nationaux comme locaux, jouent un rôle décisif en imposant, avec plus ou moins de force, leurs catégories, leurs perceptions et leurs interprétations.

Les représentations de l'insécurité sont façonnées par les médias, même s'ils n'ont qu'une part limitée dans sa manifestation. De fait, la presse locale disqualifie constamment, et sans s'en rendre nécessairement compte, des quartiers ou des groupes qu'elle associe à la délinquance et au crime, les donnant à voir sous l'angle principal du fait divers et de la menace. Les médias nationaux, quant à eux, diffusent les catégories générales de la disqualification et de la stigmatisation, et construisent l'image d'une société française mise en péril par de nouvelles « classes dangereuses » et minée par des logiques aboutissant à l'instauration de « zones de non-droit ». La dialectique du local et du national conforte des représentations qui amplifient la violence en flattant les préjugés de la population, mais parfois aussi en rendant compte avec objectivité des phénomènes observés. Ainsi un reportage télévisé honnête et bien documenté portant sur un collège qui n'est pas épargné par la violence, ou sur une association animée par des jeunes issus de l'immigration présentant une trajectoire heurtée, peut-il produire des effets localement dévastateurs : des parents d'élèves, inquiets à la perspective de voir leurs enfants fréquenter le collège en question, obtiennent des dérogations pour les inscrire ailleurs, ou les orienter vers une école privée, privant ledit collège de la partie la moins problématique de son effectif ; des élus municipaux demandent qu'on supprime toute subvention à l'association concernée, alors même qu'elle joue un rôle utile dans la prévention de la violence.

En conférant aux acteurs tentés par la violence une visibilité qu'ils n'atteignent pas autrement, les médias peuvent encourager, éventuellement malgré eux, des conduites spectaculaires. Dans certains quartiers populaires, les jeunes témoignent d'une grande ambivalence à l'égard des journalistes : ils reprochent aux médias de les stigmatiser, eux et leur quartier, mais ils attendent des mêmes médias qu'ils les donnent à voir. Parfois, l'ambivalence est rompue au profit du deuxième terme.

C'est le cas, par exemple, lorsque des skinheads se font filmer dans leurs pires excès, avec la conviction qu'ils en tireront profit et attireront vers eux de nouveaux sympathisants [1]. Ou bien encore lorsque des gamins expliquent avec fierté aux chercheurs qui les interrogent que « leur » émeute a fait se déplacer TF 1, une chaîne nationale, là où le quartier voisin n'a obtenu qu'un reportage aux actualités régionales, diffusées sur France 3.

Les médias contribuent à la production de la violence en en donnant des représentations simplifiées, distordues, en incitant les acteurs à la surenchère, en proposant aussi l'image générale, décontextualisée, d'une société saisie par une violence imprévisible mais toujours disposée à sévir, un jour à Paris – ou, plutôt, dans ses banlieues –, un autre jour dans l'agglomération lyonnaise, un autre encore dans telle ou telle ville de province. Mais ils peuvent aussi en minimiser, voire en ignorer, certaines expressions et en distordre les représentations par défaut, ce qui n'est pas non plus sans effet. Les victimes de violences non traitées par la presse éprouvent un sentiment exacerbé d'abandon. Dans les quartiers ou les villes oubliés par les médias, beaucoup s'interrogent ou expriment leur ressentiment d'être traités comme relevant de territoires de seconde zone : pourquoi, par exemple, les médias nationaux et alsaciens traitent-ils si peu de la violence à Colmar, et tant à Strasbourg et à Mulhouse ? Les acteurs eux-mêmes, dans la mesure où ils entendent attirer l'attention des médias, peuvent être tentés de radicaliser leurs actes et s'engager dans une escalade qui leur autorisera l'accès à la presse et à la télévision.

Enfin, la responsabilité des médias est grande à chaud, en période de forte tension, lorsqu'ils ouvrent la voie à l'explosion, par exemple en décrivant avec insistance des situations d'où ne peut que surgir la violence – la délinquance, les risques d'agression, la pression que feraient régner quelques jeunes sur une cité terrorisée, etc. Elle s'accroît lorsqu'ils alimentent les rumeurs par des informations imprécises ou non vérifiées et, pis encore, lorsqu'ils rétribuent les acteurs pour qu'ils assurent le spectacle devant les appareils photo ou les caméras.

1. Cf. le chapitre consacré aux skinheads dans Michel Wieviorka *et al.*, *La France raciste*, Paris, Éd. du Seuil, 1992.

Regards croisés

Comment résoudre le conflit, apparemment insoluble, où s'opposent la perspective de la violence prise dans son objectivité et celle qui s'intéresse à ses représentations et à sa subjectivité? En fait, un premier élément de réponse repose sur le refus de figer l'analyse, et sur le souci constant de mettre en regard les deux points de vue, universel et relativiste, qui balisent nécessairement l'espace de la réflexion. Il s'agit donc de circuler le plus possible entre ces deux pôles qui commandent le champ théorique de la violence, en évitant tout ce qui oriente de façon trop unilatérale la perspective à partir d'un seul de ces pôles et en nous efforçant d'articuler les connaissances empiriques sur les faits et les acteurs et celles qui portent plutôt sur les représentations de ces faits et de ces acteurs.

Articuler, et non pas simplement considérer successivement, séparément ou en se contentant de juxtaposer les deux registres : la distance qui sépare les représentations ou les perceptions de ce qui peut être observé concrètement est un élément de l'analyse, elle doit être prise au sérieux et examinée comme constituant une des données essentielles du problème. Dans certains cas, cette distance est considérable, dans d'autres, elle l'est moins. Ainsi, la gauche aux affaires, dans les années 80, a refusé d'associer la montée du sentiment d'insécurité et l'augmentation concrète de la délinquance, des désordres urbains et des incivilités, avant d'opérer un *aggiornamento* qu'elle a confirmé après son succès aux élections législatives de 1997 et de prendre en charge nettement le thème de l'insécurité[1]. Une tâche prioritaire du chercheur consiste à refuser de disjoindre d'emblée les deux perspectives pour rendre compte, au contraire, des écarts observables entre l'observation empirique de la violence et les représentations qui en sont données. L'idée d'une distance théorique infranchissable entre ceux qui produisent la violence et ceux qui la perçoivent, la vivent et la combattent est artificielle et, nous le verrons, les institutions qui se disent menacées par des conduites de violence et se mobilisent pour la faire reculer sont aussi à certains égards responsables de sa production.

A partir du moment où l'on considère que l'objectivité et la subjectivité de la violence entretiennent des liens – ce qui ne veut pas dire que

---

1. Voir Sebastian Roché, *Insécurité et Libertés*, Paris, Éd. du Seuil, 1994.

ceux-ci soient élémentaires ou automatiques –, la question se pose de savoir comment croiser les regards et passer de l'une à l'autre.

Le plus souvent, la démarche adoptée consiste à proposer des catégories objectives, quantifiables, permettant d'élaborer des statistiques (du crime ou de la délinquance, par exemple), et à tester l'hypothèse d'une relation entre ces indicateurs concrets et le sentiment d'insécurité qui, lui-même, peut être mesuré à l'aide notamment de sondages d'opinion : entre la violence observée, et quantifiée, et la violence perçue, entre l'insécurité et le sentiment d'insécurité, il n'y a plus qu'à rechercher d'éventuelles corrélations.

Les sciences sociales ont fait en France des progrès considérables en une quinzaine d'années, en particulier sous la pression de la violence dite « urbaine ». Du côté de son estimation objective, des praticiens, tout autant que des chercheurs, ont appris à distinguer divers niveaux et à introduire des catégories qui permettent d'aller au-delà de ce que proposent classiquement les statistiques officielles. Ainsi une commissaire de police, responsable de la section « Villes et banlieues » de la Direction centrale des Renseignements généraux, Mme Bui-Trong, a-t-elle proposé une échelle empirique de la violence urbaine, en huit degrés, en fonction de la gravité de ses implications sociales, ce qui permet de hiérarchiser les quartiers difficiles [1]. Plusieurs chercheurs, en particulier Hugues Lagrange et Sebastian Roché [2], ont souligné l'importance des incivilités, c'est-à-dire de comportements n'entrant pas dans la catégorie juridique de la délinquance et du crime, et donc ignorés des données policières ou judiciaires – insultes, agressivité verbale, impolitesse caractérisée, attitudes menaçantes, petites dégradations, crachats et manque de propreté, etc. S'est ainsi développée en France une thématique proche, dans son inspiration, de celle de chercheurs américains qui mettent l'accent sur l'importance, dans l'expérience quotidienne, des *broken windows* (carreaux cassés), dont la prise en compte, notamment dans le travail policier, aurait permis récemment à la ville de New York de voir fléchir le sentiment d'insécurité [3]. Par ailleurs, les

1. Lucienne Bui-Trong, « L'insécurité des quartiers sensibles : une échelle d'évaluation », *Les Cahiers de la Sécurité intérieure*, n° 14, août-septembre 1993. Les limites de cette échelle, qui place au plus haut l'émeute, tiennent dans l'idée d'un lien étroit entre gravité de la situation et violence mesurable : or certaines situations peuvent être très critiques, sans que la violence y soit importante.
2. Hugues Lagrange, *La Civilité à l'épreuve. Crime et sentiment d'insécurité*, Paris, PUF, 1995 ; Sebastian Roché, *Insécurité et Libertés*, *op. cit.*
3. Le thème a été lancé par James Q. Wilson et George L. Kelling, « Broken Windows », *The Atlantic Monthly*, mars 1972, p. 29-38. Depuis, l'idée d'un continuum entre les *broken windows* et la délinquance, puis la criminalité, a alimenté la thématique répressive de la « tolérance zéro », qui consiste à mener une lutte sans merci contre toutes les formes

recherches du CESDIP, et plus particulièrement de Philippe Robert et Renée Zauberman[1], apportent des connaissances qui renouvellent la perspective en proposant de s'appuyer non pas sur les données comptabilisées par les pouvoirs publics, mais sur des enquêtes de victimisation : il s'agit ici de travaux qui relèvent, individu par individu, les atteintes physiques à la personne ou aux biens, que celles-ci aient été ou non l'objet d'un enregistrement, d'une plainte, d'un traitement administratif ou judiciaire. Ce qui produit un éclairage d'autant plus utile que bien des violences, même graves, ne sont pas portées à la connaissance de la police ou de la justice et que, à l'inverse, les statistiques policières appellent prudence et esprit critique[2].

Le progrès a été non moins considérable si l'on considère la perception de la violence dans ses dimensions subjectives. C'est ainsi, en particulier, que les spécialistes reprennent désormais une distinction proposée par un chercheur américain, Frank Furstenberg[3], selon qui le sentiment d'inquiétude se compose de deux paramètres, la peur et la préoccupation. La *peur* renvoie à l'expérience vécue, au sentiment d'être menacé personnellement, de courir des risques, en sortant le soir, en traversant tel quartier, en étant seul chez soi. Dans un autre registre, la *préoccupation* concerne non pas ce qu'une personne ressent pour elle-même, mais la représentation qu'elle se fait de la situation, du quartier, de la ville, de la société en général ; elle signifie une inquiétude relative à l'ordre social, et non l'appréhension d'un danger précis, susceptible de porter atteinte à l'individu qui l'exprime, aux siens ou à ses biens.

---

du « crime », au sens anglais du mot (incluant les délits et les faits les plus mineurs). On notera que les résultats de la politique de la police de New York font l'objet de controverses. Sur ces questions, on se référera aux travaux de Sophie Body-Gendrot, par exemple *Réagir dans les quartiers en crise : la dynamique américaine*, Paris, FAF-DIVE, 1996. Pour une expérience précise, décrite par un policier, cf. Commander Ross E. Swope, « La baisse de la délinquance à Washington, D. C. », *La Tribune du commissaire de police*, n° 69, mars 1998.

1. Cf. *Du côté des victimes. Un autre regard sur la délinquance*, Paris, L'Harmattan, 1995.

2. Ainsi, l'idée d'une croissance rapide de la délinquance des mineurs, très en vogue dans les années 90, semble reposer sur des données policières contestables : « Le risque est grand de prendre les statistiques concernant les mineurs mis en cause par la police comme une mesure d'un phénomène auquel il faut répondre, alors que ces chiffres sont par essence liés à une forme de réponse, la réponse policière et pénale », explique Bruno Aubusson de Cavarlay dans « Mesurer la délinquance juvénile », *Regards sur l'actualité*, n° 238, février 1998, p. 41-54.

3. Cf. « Public Reaction to Crime in the Streets », *American Scholar*, 40, 1971, p. 601-610. Voir également Philippe Robert et Marie-Lys Pottier, « Sur l'insécurité et la délinquance », *Revue française de science politique*, vol. 47, n° 5, septembre 1997.

Une telle distinction permet, notamment, de proposer des raisonnements ou de rechercher des corrélations qui diffèrent, selon qu'il s'agit d'analyser la *peur* personnelle, qu'on pourra mettre en rapport avec des indicateurs « objectifs » de violence (crime, délinquance notamment), ou la *préoccupation*, qui peut renvoyer plutôt à l'état général de la société, de son système politique ou de ses institutions [1].

Au début des années 80, quand la France découvrait la violence urbaine des « rodéos », des émeutes ou des « étés chauds », et connaissait une montée en force du sentiment d'insécurité, un clivage politique distinguait deux points de vue. A droite, un lien direct associait violence objective et sentiment d'insécurité, tandis qu'à gauche, et dans les milieux de recherche s'intéressant à ces questions, l'idée d'une corrélation était plus ou moins vigoureusement contestée : pour la gauche, à l'exception notoire de Gilbert Bonnemaison [2], admettre un lien étroit entre la violence et son appréhension, c'était reconnaître la profondeur de la crise de l'État républicain, risquer de donner raison à la droite et à l'extrême droite, céder à des fantasmes ou des excès idéologiques, se mettre en porte-à-faux par rapport à une logique refusant de miser sur la répression. Puis la recherche a progressé, en même temps que la gauche modifiait sensiblement son point de vue et s'appropriait le thème de l'insécurité. Désormais, un accord existe parmi les chercheurs comme au sein de la classe politique française quant à la nécessité d'associer les deux dimensions du problème, la réalité objective de la violence et ses perceptions nécessairement subjectives. La relation, que l'on cherchait à tort à établir fondamentalement à partir des violences les plus spectaculaires – émeutes, terrorisme (dont les effets dans l'opinion sont limités dans le temps) –, reposerait d'abord sur la délinquance et la criminalité, ainsi que sur ce que l'on n'a appris que récemment à prendre en considération : les incivilités, le vandalisme, les atteintes modestes, mais quotidiennes, à la tranquillité, au respect des personnes et de leur environnement.

Ajoutons une dernière remarque, très générale : le propre des démarches qui s'efforcent d'établir une relation entre violence « objective » et violence « subjective » est qu'elles risquent toujours de passer à côté d'une dimension essentielle de la violence « objective » ; celle-ci, nous

---

1. Cf. notamment Philippe Robert et Marie-Lys Pottier, « "On ne se sent plus en sécurité." Délinquants et insécurité. Une enquête sur deux décennies », *Revue française de science politique*, vol. 47, n° 6, décembre 1997, p. 707-740.
2. Auteur d'un rapport rendant compte des travaux de la commission des maires sur la sécurité (qu'il a présidée), *Face à la délinquance : présentation, répression, solidarité*, Paris, La Documentation française, 1982.

le verrons plus loin, n'est jamais une conduite réductible à ses effets : elle est lourde de sens – éventuellement distordu –, elle traduit à sa façon, elle aussi, une subjectivité, elle est l'expression d'un sujet qui ne peut ou ne veut s'exprimer autrement. C'est pourquoi les travaux présentés dans ce livre reposent pour l'essentiel sur une pratique du terrain, où la subjectivité de ceux qui perçoivent ou représentent la violence est croisée non seulement à l'objectivité, à la matérialité des faits de violence, mais aussi à la subjectivité de leurs auteurs.

Violence physique, violence symbolique

Où s'arrête la violence ? La violence physique, surtout si elle est meurtrière, peut-elle être mise sur le même plan et catégorisée dans le même ensemble que la violence symbolique, qui, sans porter atteinte à l'intégrité des personnes et des biens, impose un ordre ou une domination, un « arbitraire culturel » ? La question était celle de Pierre Bourdieu et Jean-Claude Passeron au début des années 70[1]. Parle-t-on de la même chose lorsque l'on traite du crime, de la délinquance et des destructions de biens ou de l'imposition symbolique du pouvoir quand celle-ci s'opère sans recours à la force, sans marquer physiquement la personne ou ses biens, sans apparemment les affecter concrètement, matériellement ?

Ici encore, il n'est pas possible de se satisfaire d'une simple opposition et de dissocier la violence symbolique de la violence concrète en se contentant d'enregistrer leur différence théorique. D'une part, la frontière entre les deux registres n'est pas évidente : les effets d'une violence symbolique peuvent devenir physiques ou visibles, notamment lorsqu'elle provoque chez sa victime des troubles psychosomatiques, ou qu'elle l'encourage à des conduites autodestructrices. D'autre part, la violence physique comporte presque nécessairement un sens, des significations, qui lui confèrent une portée symbolique, et cette dimension symbolique de toute violence ne peut généralement s'exercer elle-même que si son protagoniste dispose par ailleurs, au moins virtuellement, des ressources de la force physique, comme c'est le cas lorsqu'il incarne l'État et son monopole légitime de la violence.

Enfin, et surtout, la violence symbolique correspond couramment à un moment dans des processus et des relations sociales d'où surgissent

1. Cf. *La Reproduction*, Paris, Minuit, 1970.

ensuite des violences matérielles, physiques, qui, elles-mêmes, alimenteront, exacerberont ou renouvelleront, en spirale, d'autres expressions de violence, les unes symboliques et les autres concrètes. Les jeunes des banlieues qui passent à l'émeute ou qui sont portés par la haine ou la rage se définissent constamment par la violence symbolique qu'ils subissent, le mépris, la négation de leur personne que constituent en tout premier lieu le racisme et la discrimination sociale. Ils expriment un sentiment de non-reconnaissance qui a son pendant dans le discours à bien des égards symétrique de ceux sur qui se polarisent leurs conduites : l'enseignant qui se plaint de ne plus être respecté par les élèves, le policier qui dénonce le racisme « antiflics » et antifrançais des jeunes issus de l'immigration, le conducteur de bus de la RATP qu'exaspère l'absence d'éducation des collégiens qu'il transporte se sentent non reconnus et méprisés, en même temps qu'ils alimentent, par leurs propos et leurs conduites, les sentiments du même ordre qui se développent chez les élèves, chez les jeunes objet d'un contrôle au faciès ou chez les collégiens confrontés dans les bus à des adultes parfois agressifs ou racistes.

La violence symbolique et la violence plus concrète sont analytiquement distinctes mais se combinent sans cesse dans les situations et les processus décrits et analysés dans cet ouvrage. Elles s'alimentent et s'interpénètrent, ce qui interdit de se contenter de les distinguer. Il s'agit bien, plutôt, de les penser simultanément dans leur différence théorique et dans leurs combinaisons historiques.

Trois modes d'approche

Dans le discours spontané, comme dans les travaux de recherche, la violence physique, concrète, telle qu'elle s'est développée en France depuis la fin des années 70, relève de trois modes d'approche principaux.

Un premier type d'analyse consiste à voir dans les différentes expressions de cette violence autant de marques de dysfonctionnements sociaux et institutionnels et, plus gravement, d'une crise profonde de la société. Dans cette perspective, les émeutes, la violence scolaire aussi bien que les incivilités ou la délinquance adviennent du fait de l'incapacité du système tout entier, ou de certains de ses éléments, à fonctionner convenablement. Ce qui fait de la violence un ensemble de phénomènes qui s'expliquent en référence au passé, à un ordre ou à un modèle qui se défont, à un état antérieur du système considéré, perçu sous l'angle de sa dégradation, de sa panne, de ses blocages. A l'échelle de la société tout entière, ce premier mode d'approche peut appeler deux diagnostics historiques opposés. Soit les violences contemporaines, dans la mesure où elles sont jugées significatives ou importantes, constituent une des modalités de l'effondrement ou du déclin de l'ensemble intégré de rapports sociaux, d'institutions et de valeurs culturelles qui définit notre pays, et dès lors traduisent sa chute, la fin de la société industrielle, l'épuisement de l'État-nation et la déstructuration de la formule d'intégration républicaine ; soit elles témoignent de difficultés passagères, qui devraient se résorber une fois la crise dépassée, qu'il s'agisse de la question sociale (le chômage, la fracture sociale, l'exclusion), des carences des institutions républicaines ou de l'affaiblissement de l'idée de nation, de plus en plus rétractée dans les catégories plus ou moins racistes et xénophobes du nationalisme. L'expérience de notre pays relève-t-elle du premier scénario, et donc d'un déclin général de son modèle d'intégration, ou du second, et donc d'une crise qui devrait être tôt ou tard dépassée ? Telle est l'interrogation principale qui découle du premier mode d'approche disponible.

Un deuxième mode d'approche, tout aussi classique, croit pouvoir discerner dans la violence contemporaine – ou dans certaines de ses modalités – la mise en application de calculs, la traduction de stratégies plus ou moins délibérées. La violence est ici instrumentale, moyen au service de fins ; elle est alors nécessairement réfléchie et froide, plus ou moins organisée et rationnelle. Cette perspective suggère, par exemple, que lorsque des jeunes passent à l'émeute, c'est pour attirer l'attention des journalistes, qui eux-mêmes déclencheront par leurs reportages celle des responsables politiques, qui se sentiront obligés de mettre à la disposition des territoires s'étant ainsi signalés des ressources supplémentaires (emplois, équipements collectifs notamment). L'idée d'une action instrumentale est également invoquée à propos de conduites associées au trafic de stupéfiants, quand il s'agit, par exemple, pour des dealers et leurs proches de marquer par l'intimidation le contrôle qu'ils exercent sur leur territoire.

Enfin, un troisième mode d'approche déplace l'analyse pour s'intéresser à l'acteur de la violence. La violence est lourde de significations, elle traduit des attentes, des désirs, des demandes, elle porte un sens qui ne peut être appréhendé que si la sociologie se fait compréhensive et se situe du point de vue du sujet, individuel ou collectif, qui s'y livre. Dans cette perspective, la violence est une action, mais bien particulière ; le sens qu'elle véhicule, les enjeux qu'elle semble viser sont en effet, avec elle, altérés, par excès et par défaut. Elle est, selon les cas, déficit ou pléthore de sens, traduction d'une conflictualité qui ne trouve pas d'autres canaux pour s'exprimer, pas de modalités de traitement politique des aspirations qu'elle met en forme, et qui prennent l'allure d'une subjectivité frustrée ou interdite d'expression. C'est ainsi que, à bien des égards, les conduites juvéniles de violence urbaine ou scolaire procèdent d'une reconnaissance refusée ou de la conviction insupportable que la société est fermée, qu'elle n'entend pas des demandes sociales qui n'ont pourtant rien d'illégitime, qu'elle est incapable d'honorer ses promesses d'égalité et de solidarité. La violence, ici, indique le désir de modifier une situation devenue intolérable. Sous certaines conditions, elle peut éventuellement constituer l'annonce d'autres conduites, non violentes, l'ébauche d'une action conflictuelle dans laquelle est en jeu le souci de se construire comme l'auteur de sa propre existence, de se constituer en sujet, de créer des nouveaux rapports sociaux ou politiques, d'inventer ou de mettre en forme des repères culturels. Ainsi, il arrive qu'après une émeute certains, y compris parmi ceux qui y ont participé, s'engagent dans une action associative, inventent ou découvrent des pratiques culturelles ou cultuelles, deviennent des acteurs politiques de la scène locale, et non seulement s'éloignent de la violence, mais se donnent même pour objectif d'y substituer explicitement d'autres pratiques. Un tel cheminement impose de voir dans la violence un moment, éventuellement fondateur, qui n'enferme pas les acteurs concernés dans la seule logique de la crise, et pas davantage dans celle du calcul et de la logique instrumentale.

Les analyses en termes de crise expliquent la violence par des modifications affectant un système dans le sens de sa dégradation, conjoncturelle ou définitive ; elles n'autorisent guère à penser l'avenir autrement, au mieux, que comme un retour à l'état antérieur du système, lorsqu'il n'était pas dégradé, et elles informent des orientations politiques qui ne voient que des classes dangereuses dans les auteurs de violences, réelles ou fantasmées.

Les analyses en termes de calcul ou de stratégie s'inscrivent dans des conceptions de la vie sociale dominées par un utilitarisme qui passe à bien des égards à côté de ce qui est la principale caractéristique de la violence : le fait que, précisément, elle n'est pas une ressource ou un moyen comme d'autres, une option stratégique parmi d'autres. Ces analyses, dès lors, ne peuvent apporter qu'un éclairage limité, elles ne nous aident guère à répondre aux grandes questions socio-historiques qui nous occupent ici, et pas davantage à réfléchir à l'avenir de notre société.

Enfin, les analyses qui s'intéressent à la perte et à la quête de sens qu'implique la violence, aux significations qu'elle met en forme tout en les distordant peuvent ouvrir la voie à une réflexion sur cet avenir, à condition d'éviter deux écueils. Le premier procède de philosophies de l'histoire, ou de la vie, qui voient dans la violence la condition ou la clé du changement historique, qu'il s'agisse de dire, en s'inscrivant éventuellement dans une perspective marxiste, que sans convulsion révolutionnaire, sans rupture violente, il ne saurait y avoir de progrès possible, ou qu'il s'agisse de considérer, à la manière de Georges Sorel[1], que le dynamisme des acteurs sociaux et, de là, le dynamisme social ont besoin de violence. Contrairement à de tels points de vue, il s'agit, dans ce livre, d'analyser la violence telle qu'elle est, et non pas en fonction d'un rôle social ou historique qu'on lui attribuerait par avance. Le second écueil, qui peut éventuellement prolonger celui qui précède, consiste à transformer l'analyse des significations ou du sens de la violence en apologie. Ce n'est pas parce que dans certaines situations – qui seront étudiées en détail dans ce livre – la violence apparaît comme une manifestation singulière du sujet, ou comme l'annonce d'une action se cherchant, qu'il faut en faire une catégorie positive, une condition favorable au changement et à la mise en place de nouveaux rapports sociaux ; ce n'est pas parce que, dans certaines de ses dimensions, elle préfigure le contraire de conduites de crise qu'elle mérite la sympathie du chercheur, ou le soutien politique.

Mais, une fois ces écueils contournés, il est vrai que l'approche en termes de sens autorise à se projeter vers l'avenir en voyant dans la violence contemporaine un ensemble de conduites dont certaines ébauchent ou annoncent des contestations, qui seront demain plus pacifiques et qui marqueront non pas seulement la fin de rapports sociaux en cours de liquidation, mais aussi la naissance de nouveaux. La violence aujourd'hui est assurément une des variantes de la maladie sénile d'une société industrielle en déclin et d'institutions républicaines à bout de souffle, ce qui justifie qu'on l'aborde en termes de crise, mais appelle déjà qu'on l'analyse en termes de sens et de perte de sens ; elle est aussi une des modalités de la maladie infantile d'une société qui s'invente, ce qui renforce la nécessité qu'il y a à l'envisager en termes de significations.

---

1. Cf. *Réflexions sur la violence*, Paris, Éd. du Seuil, 1990 (1re publication en 1906, dans *Le Mouvement socialiste*).

PREMIÈRE PARTIE

La violence en question

Le nouveau répertoire
de la violence

La violence est à la fois fille et mère du changement. Et lorsqu'elle se développe, comme c'est le cas aujourd'hui, il n'est pas facile de prendre de la distance avec les événements et de proposer une analyse ferme et stabilisée sur la nature du changement qui s'opère, et dont elle est un des termes : crise ou mutation ? Simple déstructuration ou entrée dans un nouveau type de société ?

Pour prendre la mesure des transformations en cause, nous devons en tout premier lieu considérer la violence elle-même, ses formes, ses significations, les enjeux qu'elle désigne, les niveaux auxquels elle s'installe et se déplace. Comme nous allons le voir, un examen historique, même rapide et limité à une période d'une trentaine d'années, permet de dégager l'image de modifications si considérables qu'elles autorisent à parler d'un changement de paradigme[1]. La violence, à l'aube du troisième millénaire, ne ressemble plus guère à celle des années 60 ou même 70.

La tentation de la violence politique :
les années 70

Toutes proportions gardées, Mai 68 fut une période non violente, même si parfois – et notamment vue de province, à travers la dramatisation médiatique – la France pouvait sembler être à feu et à sang. Maurice Grimaud, à l'époque préfet de police, et de ce fait principal responsable de l'ordre public, l'a bien décrit dans un livre au titre

---

1. Nous avons déjà exploré cette idée à l'échelle internationale dans les textes que nous avons rassemblés pour le n° 29-30 de la revue *Cultures et Conflits*, « Un nouveau paradigme de la violence ? », Paris, L'Harmattan, 1998, et dans notre propre contribution : Michel Wieviorka, « Le nouveau paradigme de la violence », p. 9-57.

significatif, *En Mai, fais ce qu'il te plaît* : « Une certaine retenue avait été finalement plus forte que la double tentation de la violence révolutionnaire et de la répression aveugle. Certes, d'un côté comme de l'autre, nous avions souvent côtoyé la ligne rouge, mais nous ne l'avions jamais délibérément franchie. La vraie victoire de Mai est là[1]. »

Le gauchisme à la dérive

Très vite, dans l'immédiate retombée du mouvement, la violence politique, prolongement d'une rage et de frustrations sociales et, surtout, idéologiques, se retrouve inscrite à l'ordre du jour, et en tout premier lieu dans les préoccupations – confinant à l'obsession – du ministre de l'Intérieur, Raymond Marcellin, engagé dans un combat sans merci contre les menées « subversives » qu'il voit se profiler à l'extrême gauche. D'un côté, le ministre s'inquiète de constater qu'elle met le pays à feu et à sang ; d'un autre côté, les plus radicalisés des acteurs gauchistes, les « maoïstes » de la Gauche prolétarienne, passent d'un populisme qui voit certains de ses militants « s'établir » en usine, ou dans les campagnes, à l'ébauche d'un mouvement clandestin qui ne s'arrêtera qu'au bord du gouffre terroriste. Les écrits de ceux qui annoncent la « guerre civile » (titre d'un livre de Serge July, Alain Geismar et Évelyne Morane) puis la pratique de l'action clandestine, dont a porté témoignage celui qui fut le responsable « militaire » de la NRP (Nouvelle Résistance Populaire, émanation de la Gauche prolétarienne), Antoine Liniers, *alias* Olivier Rolin, montrent bien que les idées fixes de Raymond Marcellin avaient quelque fondement – encore qu'on puisse aussi penser qu'elles ont d'une certaine manière encouragé les tendances au passage à la violence politique.

Dans un climat d'effervescence des luttes sociales, derniers feux du mouvement ouvrier (et non sa résurgence, comme l'ont cru les auteurs d'un important ouvrage collectif[2]), la tentation du passage à la violence concerne des acteurs hyperpolitisés et témoigne en fait de la décomposition du gauchisme, lui-même figure inversée du mouvement de Mai. Après les « années de rêve » s'annoncent, comme l'ont écrit Hervé Hamon et Patrick Rotman, les « années de poudre »[3].

---

1. Paris, Stock, 1977, p. 335.
2. Colin Crouch et Alessandro Pizzorno (dir.), *The Resurgence of Class Conflict in Western Europe since 1968*, Londres, McMillan, 1978, 2 vol.
3. Hervé Hamon et Patrick Rotman, *Génération*, *1. Les Années de rêve* et *2. Les Années de poudre*, Paris, Éd. du Seuil, 1987 et 1988.

La question régionale

A la même époque, la violence politique semble se profiler sur un autre front, celui du régionalisme. Trois mouvements méritent principalement l'attention.

Le premier, le mouvement breton, se fait remarquer par quelques attentats, en fait sans gravité : l'acteur, ici, n'est en réalité guère tenté par la violence, dont il abandonne très vite la pratique et dont il dira ensuite constamment qu'elle a été le fait de services spéciaux ou d'agents du pouvoir. Le mouvement breton se construit pour aboutir dans les années 80, puis 90, à ce que décrit si bien aujourd'hui Ronan Le Coadic[1] : une action culturelle, d'affirmation puissante, notamment linguistique, associée à une pratique d'entrepreneurs économiques et d'acteurs politiques qui n'hésitent pas à se dire bretons tout en assurant un développement ouvert sur la France, sur l'Europe et sur le monde. Le mouvement breton s'est d'autant mieux bâti qu'il a très vite rejeté la voie de la violence.

Différemment, le mouvement occitan se forme au milieu des années 70, tentant d'assurer la jonction entre une affirmation culturelle – celle d'un peuple doté d'une histoire, d'une langue, de traditions – et une contestation économique, portée, pour l'essentiel, par les viticulteurs du Languedoc, que menacent l'évolution des marchés et l'emprise du négoce. Ce mouvement ne parvient pas à opérer durablement la liaison. Il est lui aussi, mais brièvement, tenté par une violence avant tout sociale, mise en forme par les viticulteurs et leurs comités d'action, puis il la refuse très nettement. Mais ce refus le rend incapable de continuer à exister : dans le cas occitan, la violence est la seule alternative qui s'offre à l'acteur désireux d'articuler lutte culturelle et combat socio-économique et qui n'y parvient guère pacifiquement. Et lorsque la violence est refusée par les militants, lorsque la fusion de sens qu'elle autorise est rejetée, l'action occitane se décompose, et l'acteur disparaît.

Le mouvement corse, enfin, use constamment de violences inaugurées lors de cette période. Menées au nom de la nation corse, et facilitées par les carences et les atermoiements de la puissance publique, celles-ci témoignent essentiellement de la décomposition du nationalisme corse et de dérives mafieuses, qui parent d'oripeaux politiques la

---

1. Cf. *L'Identité bretonne*, Rennes, Terre de brume-Presses universitaires de Rennes, 1998.

corruption, le racket et des pratiques crapuleuses accompagnant ou prolongeant la spéculation immobilière et divers trafics. La violence est ici encore la marque non pas du mouvement, mais de son contraire. Elle exprime, à la limite, un antimouvement, une action dévoyant, voire renversant, les catégories de sens dont elle se réclame artificiellement – le projet d'une émancipation nationale.

On pourrait adjoindre à ces trois cas celui du Pays basque, avec le terrorisme d'Iparretarak, parent sans envergure d'ETA, qui correspond non pas à la force, mais bien plutôt à la faiblesse du mouvement basque côté français.

L'essentiel est ici de bien voir que la page de la violence politique d'inspiration régionaliste est – momentanément ? – tournée, soit qu'elle ait disparu, soit qu'elle se soit dégradée en violence économique plus ou moins terroriste.

D'autres violences

Par ailleurs, la violence raciste est, dans ces années 70, une réalité qu'il ne faut pas sous-estimer. Elle vise en particulier des Algériens, sur fond de rancœur nostalgique de l'OAS et de l'Algérie française : ainsi, onze ressortissants algériens sont tués entre le 29 août et le 19 septembre 1973, et le gouvernement algérien fait alors savoir aux autorités françaises qu'il interdira à ses ressortissants d'émigrer si elles ne prennent pas des mesures énergiques – il faut dire que les « Trente Glorieuses » ne sont pas terminées, ni perçues comme s'achevant, et que l'économie française semble encore avoir besoin de la main-d'œuvre algérienne, bon marché et docile.

Enfin, les années 70 sont marquées en France par le début du terrorisme international, attaché pour l'essentiel à la cause palestinienne, à des mouvements qui s'en réclament et à des États qui s'en servent pour prolonger leur diplomatie ou combattre leur opposition. La France est soit le théâtre de violences qui ne la concernent guère, soit l'objet de pressions géopolitiques qui parfois éclaboussent de façon meurtrière le sol national.

En même temps, les années 70 voient le crime et la délinquance augmenter en France de manière significative. Le taux d'homicides, qui avait diminué dans les années 50 et déjà commencé à progresser dans les années 60, s'élève, et celui de la délinquance également – même si leur mesure, comme d'ailleurs toute activité statistique, mérite discussion et critique. Si l'on se réfère par exemple aux statistiques de police et de gendarmerie relatives aux atteintes aux personnes en France, celles-ci n'ont cessé d'augmenter depuis 1963 et leur croissance demeure soutenue dans les années 70 et 80, à l'exception d'une brève chute en 1986 et 1987[1].

Ainsi, les années 70 se caractérisent par la combinaison de deux phénomènes. D'une part, elles sont marquées par la tentation de la violence politique, sur fond de radicalisation des discours et des idéologies – avec la compréhension, voire les encouragements, d'intellectuels prestigieux, dont Jean-Paul Sartre ; d'autre part, on y observe la montée de formes non politiques de la violence, relevant du crime et de la délinquance.

Changement de donne

A partir de la fin des années 70, la donne intérieure change considérablement, tandis que perdure le terrorisme international, pour l'essentiel prolongement de la question palestinienne, du conflit israélo-arabe et de tensions propres à la scène proche- et moyen-orientale.

Le gauchisme, totalement décomposé, ne mène guère vers la violence politique, en dehors de quelques ruisseaux souterrains qui, malgré le processus relativement contrôlé de l'autodissolution de la Gauche prolétarienne, conduisent à la formation d'Action directe. Cette organisation, qui est loin d'avoir l'importance historique de ses homologues allemand ou italien, sera particulièrement meurtrière, mais durant un court laps de temps (au début des années 80), et sans base sociale ou politique.

En matière sociale, la violence est rare, là aussi, dans la dernière partie des années 70. Tout au plus peut-on souligner l'importance de l'émeute de Longwy : la ville entière, confrontée à la liquidation de sa mono-industrie (sidérurgie), connaît de graves affrontements entre les forces de l'ordre et la population, mais sans qu'il y ait à déplorer de morts.

Deux phénomènes méritent ici d'être rappelés. Le premier tient à la perte rapide de légitimité de la violence. Dans la période antérieure, les idéologies révolutionnaires exerçaient une grande influence ; l'image des guérillas et des mouvements de libération nationale du tiers-monde

1. Voir Sebastian Roché, *Sociologie politique de l'insécurité*, Paris, PUF, 1998.

était puissante, une partie politisée de la jeunesse lisait Frantz Fanon, et des intellectuels aussi importants que Jean-Paul Sartre ou Michel Foucault pouvaient accorder une certaine légitimité à la violence. La fin des années 70 est encore provisoirement marquée du sceau de cette attitude : lorsque les autorités allemandes demandent l'extradition de l'avocat Klaus Croissant, emprisonné en France et accusé d'aider la « bande à Baader », Michel Foucault appelle à le soutenir et s'efforce d'empêcher la procédure. Le même Michel Foucault se rend en 1979 en Iran, au début de la révolution. Mais nous ne sommes plus dans les années 60, lorsque Jean-Paul Sartre signait sa célèbre préface au livre *Les Damnés de la terre* (publié en 1961) et radicalisait le propos de Fanon ; ni au début des années 70, lorsqu'il dialoguait avec les maoïstes de la Cause du Peuple – qu'il ne décourageait pas, c'est le moins qu'on puisse dire, dans leur tentation du passage à la violence – ou qu'il rendait visite, en décembre 1974, aux terroristes de la Fraction Armée Rouge emprisonnés dans des conditions particulièrement éprouvantes à Stammheim. Cependant, contrairement à l'Italie ou à l'Allemagne, la France ne sombre pas dans la violence politique des « années de plomb », dont elle ne connaît en définitive que les prolégomènes de l'« autonomie », la menace ou le fantasme.

Le deuxième phénomène marquant de ces années réside dans l'émergence du thème de l'insécurité, qui déplace l'inquiétude relative à la violence du gauchisme politique vers le crime et la délinquance. Dès 1975, le ministre de l'Intérieur, Michel Poniatowski, désigne son ministère comme celui de la « Sécurité des Français ». Deux ans plus tard, le rapport *Réponses à la violence*, fruit des travaux d'une commission dont le bilan est publié en 1977, lance véritablement le thème sous le patronage du garde des Sceaux, Alain Peyrefitte. Dans son introduction au rapport, celui-ci écrit : « Pour suivre les tours et détours de la violence, nous avions besoin d'un fil conducteur. Nous l'avons trouvé dans le sentiment d'insécurité qui s'est réveillé en France dans les dernières années. » L'insécurité, associée au sentiment de peur qu'elle génère, apparaît ainsi comme un thème de droite, une droite qui se durcit sur ce registre. Aussi bien la gauche, arrivée aux affaires en 1981, le rejettera-t-elle – et plus encore l'idée d'un lien entre violence objective et sentiment d'insécurité – durant de longues années. Elle s'efforcera même de refuser qu'on considère sous l'angle de l'insécurité des problèmes, dits notamment « de banlieue », qu'elle ne traitera dans cette catégorie que plus tard.

On entre dans une époque où les réalités objectives d'un côté, les hantises, les peurs, les fantasmes et les demandes de sécurité d'un autre côté se renouvellent considérablement. C'est pourquoi il est possible de dire, en utilisant une expression de l'historien Charles Tilly[1], que la France contemporaine voit alors naître un nouveau « répertoire » de la violence.

Un nouveau répertoire : la violence dite « urbaine »

La nouvelle configuration de la violence qui se met en place au début des années 80 est souvent associée à l'idée d'une crise de la ville – elle est alors dite « urbaine » –, ce qui en réalité n'apporte pas grand-chose si l'on veut bien considérer que plus des trois quarts de la population vit, précisément, en ville ou en situation périurbaine[2].

défrayer la chronique – to be talk of town

Les rodéos

Inaugurés dès la fin des années 70, les premiers rodéos – courses automobiles à bord de voitures volées, de préférence de marque BMW, s'achevant par l'incendie du véhicule – sont médiatisés à partir surtout de 1981. Ainsi les rodéos des Minguettes à Vénissieux, cette année-là, défrayent-ils la chronique et attirent-ils la presse, tandis que des faits similaires, dont les médias parlent moins, se déroulent dans d'autres communes de la banlieue lyonnaise, à Vaulx-en-Velin et à Villeurbanne notamment. Les rodéos sont au plus loin d'une violence politique et toutes les interprétations proposées s'écartent d'une thématique politique : violence sans objet, purement ludique, et plus ou moins auto-destructrice (un certain nombre de rodéos se terminent mal) ; conduite de risque propre à l'adolescence, témoignant d'une incapacité à faire la part des choses entre le réel et l'imaginaire, souci de se donner à voir, d'être reconnu, quitte à être manipulé par les médias qui, parfois, commanditent pratiquement le spectacle ; destruction spectaculaire du bien que l'on désire mais auquel on n'a pas accès par les moyens normaux,

---

1. Cf. *La France conteste. De 1600 à nos jours*, Paris, Fayard, 1986.
2. Pour une présentation qui situe les violences urbaines dans l'histoire plus large des transformations de la ville, des luttes urbaines et des politiques de la ville, cf. Christian Bachmann et Nicole Leguennec, *Violences urbaines. Ascension et chute des classes moyennes à travers cinquante ans de politique de la ville*, Paris, Albin Michel, 1996.

etc. Perçus comme une forme importante des expressions de violence imputables à la crise urbaine, les rodéos (plusieurs dizaines par an dans la seule agglomération lyonnaise pour les années 80) relèvent effectivement d'un nouveau répertoire de l'action violente, où ils apportent la marque d'une forte expressivité.

Les émeutes

Il peut sembler étrange de parler de l'émeute dans le cadre de la présentation d'un *nouveau* répertoire de la violence en France. N'y a-t-il pas là, au contraire, une forme de violence traditionnelle, sociale dans les sociétés préindustrielles, où elle est pour l'essentiel alimentaire, davantage politique dans l'Europe du XIXᵉ siècle, où elle marque des situations pré- ou post-révolutionnaires, à la fois raciale et sociale aux États-Unis – qu'il s'agisse des violences de Noirs ou de celles de Blancs du début du siècle, à Springfield (1908), East Saint Louis (1917), Chicago (1919), des années 60, à Detroit notamment (1967), ou bien encore en 1992, à Los Angeles ?

En réalité, l'émeute mérite toute sa place dans la présentation d'un nouveau répertoire, précisément parce qu'elle surgit, en France, après une longue éclipse qui correspond *grosso modo* à l'ère industrielle. Comme au Royaume-Uni – où elle est réapparue, de façon bien plus impressionnante qu'en France, en 1981 à Brixton –, l'émeute, apportant un démenti aux affirmations de l'historien Eric Hobsbawm[1], marque la fin d'une époque historique et l'entrée dans une ère nouvelle. Elle témoigne d'abord de l'épuisement des modalités de traitement politique et institutionnel des demandes sociales, telles qu'elles ont fonctionné après guerre, tout au long des « Trente Glorieuses ». Elle est de ce point de vue *post-politique* et doit dès lors être analysée en référence à ce qui n'est plus. Ce n'est pas un hasard si ses premières expressions – et parmi les plus spectaculaires – sont survenues dans la région lyonnaise, là où précisément s'était constitué au début des années 80, en réaction à la multiplication des crimes racistes, un mouvement pour les droits civiques qui a notamment pris la forme, en 1983, de la « marche pour l'égalité et contre le racisme » : la retombée et donc l'échec de ce mouvement sont certainement à la source des violences émeutières postérieures.

Mais celles-ci sont aussi *pré-politiques*, expression, dans cette

1. *Les Primitifs de la révolte dans l'Europe moderne*, Paris, Fayard, 1966.

seconde perspective, d'un manque politique en matière de traitement démocratique de demandes sociales (renvoyant aux inégalités et à l'exclusion), culturelles (dans la mesure où les acteurs revendiquent le respect, la dignité, voire la reconnaissance) et civiques (appel à une citoyenneté déniée ou vécue comme artificielle).

L'émeute, dans la France contemporaine (et nous n'évoquerons ici que celles qui concernent la métropole), emprunte aux rodéos leur logique expressive, mais elle la leste d'autres aspects et la décharge de ses dimensions ludiques ; embryonnaire dans les années 80 – où elle prend notamment la forme d'« étés chauds », proches de la manifestation informée par la rage et la haine de la « galère » si bien décrite par François Dubet[1] –, elle ne revêt une certaine importance qu'à partir de 1989, et surtout 1990, lorsqu'elle surgit à Vaulx-en-Velin, commune de l'agglomération lyonnaise couramment présentée alors comme une vitrine de la politique de la ville.

Dans une vingtaine de communes de banlieue ou de grande banlieue parisienne ou lyonnaise, et dans quelques villes de province, l'émeute apparaît presque toujours comme une protestation violente consécutive à la mort d'un jeune. La plupart du temps, la police – ou son substitut privatisé que constituent les vigiles de centres commerciaux – est impliquée, voire responsable. Ainsi, une recension effectuée par Angelina Peralva[2] et portant sur les vingt-quatre émeutes significatives des années 1990-1995 montre que sept décès de jeunes à l'origine de désordres ont été consécutifs à un accident (moto ou voiture) survenu à l'occasion d'un contrôle de police généralement suivi d'une course-poursuite ; que deux décès ont été causés par des balles tirées par des policiers lors d'un contrôle ; que dans cinq cas des vigiles sont à l'origine du décès du jeune. Elle constate aussi, ce qui renforce l'hypothèse de conduites de protestation réagissant à un fort sentiment d'injustice, que dans trois cas la justice est en cause : soit l'émeute est consécutive à un suicide de jeune incarcéré, soit elle a été déclenchée à l'annonce d'un jugement perçu comme injuste et complaisant à l'égard des auteurs d'un crime contre un jeune des banlieues – ce qui suggère un rapprochement avec la grande émeute de Los Angeles de 1992, suscitée par un verdict particulièrement inique, acquittant des policiers iniques auteurs de violences sur un Noir (violences qui avaient été filmées par un amateur et largement diffusées à la télévision). Ajoutons ici que le

1. Cf. *La Galère. Jeunes en survie*, Paris, Fayard, 1987 ; et Éd. du Seuil, « Points Essais », 1995.
2. *L'Incivilité, la Révolte et le Crime. Violences juvéniles dans la société de risque*, Paris, EHESS, novembre 1997.

rôle de la police dans l'émeute ne se limite pas à son seul déclenche-
ment : dans les « quartiers d'exil », pour reprendre la formule de
François Dubet et Didier Lapeyronnie [1], la relation entre les jeunes et la
police est souvent faite, structurellement, d'agressivité et de tensions
au quotidien, de racisme et de contrôle au faciès d'un côté, de provocations, voire de guet-apens, de l'autre. Christian Bachmann et Nicole
Leguennec disent, à propos d'une émeute qu'ils ont étudiée en profondeur à Melun, qu'« une mêlée souterraine, une petite guerre larvée, une
mini-guérilla sans fin s'était déjà engagée entre les jeunes des quartiers
nord et la police [2] » bien avant l'explosion d'octobre 1993.

L'émeute du début des années 90 n'est pas nécessairement associée
à des conduites de casse, de vandalisme ou de pillage, mais elle peut
l'être. Et là où elle survient, elle peut demeurer un phénomène isolé
ou, au contraire, provoquer ou réactiver un processus politique non
violent, dans lequel sont traitées les demandes sociales et civiques
qu'elle est venue signifier – nous en verrons plus loin un cas significatif avec l'expérience de Vaulx-en-Velin. C'est pourquoi il faut y voir
une figure complexe, associant instrumentalité et expressivité. La violence, ici, s'en prend de façon relativement sélective à certaines cibles :
commissariats de police et, au-delà, locaux incarnant l'institution,
centres sociaux ou culturels, bureaux de poste, équipements sportifs,
etc. Elle tend à les mettre à mal, mais aussi marque la colère que suscitent les promesses non tenues de la République et le sentiment d'une
vive injustice. Elle atteint parfois des journalistes, accusés de donner
une image disqualifiante des quartiers concernés, de leur expérience
ou de leurs habitants. La destruction se prolonge éventuellement par
des pillages, dont la logique est plus nettement instrumentale.

L'émeute n'est pas pour autant une conduite de pauvres. Ceux qui
s'y livrent sont mus bien plus par un sentiment d'injustice et d'exclusion que par la misère ou le dénuement ; ce n'est pas davantage,
contrairement à l'émeute américaine, une conduite ethnique ou raciale,
et si ceux qui y participent se plaignent du racisme (de la part de la
police, de la justice, des employeurs, des logeurs, etc.), ils se définissent eux-mêmes avant tout en termes sociaux et civiques, comme des
jeunes exclus, privés des ressources permettant de se construire de
manière autonome, étiquetés et stigmatisés du fait de leurs origines, du
quartier où ils vivent, et demandant à être considérés comme les autres
citoyens.

1. *Quartiers d'exil*, Paris, Éd. du Seuil, 1992.
2. Christian Bachmann et Nicole Leguennec, *Autopsie d'une émeute. Histoire exemplaire du soulèvement d'un quartier*, Paris, Albin Michel, 1997, p. 25.

Enfin, la violence émeutière, comme l'a établi Angelina Peralva, n'est pas seulement pré-politique. Elle porte aussi en elle une action sociale impossible, qui apparaît en creux et qui éventuellement s'ébauchera par la suite, par exemple dans le cadre d'une pratique associative s'efforçant, précisément, de transformer la violence en revendications négociables, organisées, installées dans la longue durée, en projets, en pressions sur le pouvoir municipal.

Les attaques contre les institutions

Plus on se rapproche de la période actuelle et plus la violence dite « urbaine » et ses représentations médiatiques s'étendent, pour atteindre toutes sortes d'institutions. Certes, dans les années 70, la violence s'en prenait déjà couramment aux institutions, visées alors avant tout en tant qu'incarnations de l'État. De plus en plus, le sens des attaques contre les institutions se déplace, pour leur reprocher principalement de ne pas tenir les promesses de la République. La violence à l'école, phénomène qui n'est pas nouveau, s'installe dans les médias, pour l'essentiel à partir du début des années 90. La délinquance, les agressions de jeunes visant des enseignants ou d'autres catégories de personnel des collèges et lycées, le racket, les dégradations, voire les incendies d'établissements scolaires sont d'abord réduits à des logiques urbaines et sociales extérieures à l'école, la pénétrant en raison de sa trop grande ouverture. La délinquance viendrait du dehors, éventuellement téléguidée de l'intérieur.

Mais assez vite la spécificité scolaire de cette violence fait l'objet de recherches et de débats, et l'institution scolaire est mise en cause : n'est-elle pas minée par la violence de l'intérieur, du fait de son inadaptation au marché de l'emploi, lui-même rétréci, de son inaptitude à résoudre l'échec scolaire, des carences des enseignants refusant trop souvent de construire un rapport pédagogique qui reconnaîtrait l'autonomie et la subjectivité des élèves, comme le souligne Bernard Defrance[1]? Cette spécificité n'est-elle pas avant tout commandée par l'échec de la massification et de la démocratisation, et d'autant plus visible, comme le soutient Éric Debarbieux[2], que le tabou qui consistait à ne pas mettre en cause l'autorité des maîtres a volé en éclats ?

En même temps que le débat s'efforce de faire la part des choses

1. Cf. *La Violence à l'école*, Paris, Syros, 1997 ; *Sanctions et Discipline à l'école*, Paris, Syros, 1993.
2. Cf. *La Violence dans la classe*, Paris, ESF, 1990.

entre l'image d'une violence extérieure et celle d'une violence proprement scolaire [1], la connaissance des faits se précise, en partie grâce à
l'instauration d'un partenariat qui mobilise l'Éducation nationale,
la police nationale et la justice [2]. Des statistiques sont élaborées,
indiquant l'importance des actes de vandalisme et de dégradation
volontaire, du racket, mais aussi des violences entre élèves, bien plus
significatives, en fait, que les violences physiques à l'encontre des
enseignants et des personnels. Inscrite dans le fonctionnement de l'institution scolaire, mais pouvant aussi s'en prendre à elle, la violence
scolaire est une expression, certes majeure, parmi d'autres violences
témoignant d'une rupture séparant désormais une partie de la population et les institutions chargées d'assurer l'égalité individuelle et la
solidarité collective.

Les entreprises de transports collectifs (notamment la SNCF, la
RATP, et d'autres entreprises, en province) sont elles aussi le théâtre et
l'enjeu de violences qu'elles découvrent au début des années 90 et qui
semblent d'abord, là encore, traduire la pénétration de la crise urbaine
jusque sur leurs réseaux, sous la forme notamment de « caillassages »
de bus et d'agressions de leurs chauffeurs – jusqu'au moment où elles
reconnaissent, plus ou moins aisément, leur propre responsabilité dans
la production des violences qui les frappent et qu'elles combattent.

Toutes les institutions, à commencer par celles qui sont au contact
des quartiers en difficulté, sont susceptibles d'être affectées, voire
atteintes, par la violence. Elles incarnent en effet aux yeux d'une partie
non négligeable de la population, et notamment des jeunes garçons
des banlieues populaires, l'univers des « inclus » et de leurs intérêts.
Vu des quartiers de relégation, le discours généreux de l'égalité et de la
fraternité républicaines recouvre en fait de graves inégalités et un profond égoïsme. Ainsi, on signale de nombreuses agressions à l'égard
des travailleurs sociaux, perçus comme relevant des « in », incapables
d'apporter des emplois aux jeunes de quartiers dont souvent ils sont
eux-mêmes issus et à partir desquels ils ont su entamer une carrière,
s'intégrer et dès lors, peut-être, « trahir ». De même les pompiers sont-
ils parfois agressés, ou du moins traités avec mépris par des jeunes qui
les font se déplacer pour des incendies de véhicules ou de détritus qui
ne correspondent pas à l'image qu'ils ont de leur mission – nous en
verrons l'expérience singulière à Strasbourg.

---

1. Voir François Dubet, « Les mutations du système scolaire et les violences à l'école »,
Les Cahiers de la Sécurité intérieure, n° 15, 1er trimestre 1994.
2. Cf. Bernard Charlot et Jean-Claude Emin (dir.), *Violences à l'école. État des savoirs*,
Paris, Armand Colin, 1997.

Les incivilités

Si l'insécurité semble menaçante, ce n'est pas seulement du fait des violences spectaculaires (rodéos, émeutes), et encore moins du terrorisme, dont l'impact peut être énorme mais toujours très limité dans le temps[1]. C'est aussi parce que le crime et la délinquance classique augmentent, ainsi que des expressions d'agressivité peu graves en elles-mêmes mais insupportables au quotidien : les incivilités. Celles-ci n'apparaissent guère dans les médias et sont difficilement qualifiables pénalement, comme l'a souligné Hugues Lagrange[2]. Crachats, insultes, menaces, chantage, attitudes irrespectueuses ou vaguement inquiétantes, éventuellement informées par le goût du risque, comme le suggère Angelina Peralva[3], les incivilités sont non pas tant nouvelles en elles-mêmes que plus nombreuses et moins supportables que par le passé : les bagarres, les comportements agressifs étaient mieux tolérés lorsqu'ils s'inscrivaient dans des rapports réglés normativement, structurés par exemple dans le cadre d'une culture populaire ou ouvrière admettant une certaine dose de violence entre individus, ou quand on pouvait y voir une conduite juvénile liée au passage de l'adolescence à l'âge adulte.

Aux confins de la violence symbolique et de la violence physique, les incivilités continuent à susciter un très vif sentiment d'insécurité, qui peut paraître disproportionné aux yeux de l'observateur extérieur mais qui est d'autant plus fortement éprouvé que leurs victimes n'y voient aucun recours et que, en l'absence de régulations sociales ou communautaires, elles ne peuvent pas davantage attendre quoi que ce soit de l'État et des institutions.

Les incivilités relèvent du nouveau répertoire de la violence non seulement parce qu'elles se sont démultipliées depuis les années 60 − Hugues Lagrange parle à leur sujet d'un « développement sur une large échelle[4] » −, mais aussi parce qu'elles sont au cœur du sentiment d'insécurité qui s'est développé dans la même période, et qui procède d'une image du dérèglement social, de l'affaiblissement des normes, d'un épuisement des modèles disciplinaires que constituaient la famille, l'école ou l'entreprise. On voit, dans cette sensibilité accrue à des

---

1. Cf. Hugues Lagrange, « La perception de la violence par l'opinion publique », *Revue française de sociologie*, XXV, 1984, p. 636-657.
2. *La Civilité à l'épreuve, op. cit.*
3. *L'Incivilité, la Révolte et le Crime, op. cit.*
4. *La Civilité à l'épreuve, op. cit.*, p. 291.

incivilités elles-mêmes en extension, se profiler la figure de nouvelles « classes dangereuses » incarnées par des jeunes immigrés des quartiers de relégation perçus comme susceptibles de passer, sans grande transition, des conduites inciviles au terrorisme le plus meurtrier.

Catégorie assez proche, le vandalisme semble gratuit, destiné à dégrader ou détruire des biens avant tout pour le plaisir ou le soulagement psychologique de celui qui s'y livre. Il relève de la justice, c'est un délit, mais sa perception est du même ordre que celle des incivilités, associée aux mêmes images aboutissant à esquisser la même idée de nouvelles « classes dangereuses ». La dégradation du cadre bâti (destruction d'Interphone, de cabines téléphoniques ou d'Abribus, incendies de poubelles, etc.) ou la pratique des « tags », si coûteuse pour ceux qui ont la charge de les effacer, sont expressives, voire ludiques, parfois provocatrices ou protestataires. Elles s'inscrivent elles aussi dans le paysage renouvelé des violences dites « urbaines », elles en sont une expression faible et limitée, mais bien réelle.

Violences métapolitiques : le terrorisme des banlieues

Le 29 septembre 1995, Khaled Kelkal, principal suspect dans la série des actes terroristes de l'été, est tué près de Lyon, lors d'une fusillade avec des gendarmes qui le pourchassent. Avec lui, une violence métapolitique, subordonnant l'action proprement politique à des référents religieux – en l'occurrence islamique –, trouve en France les modalités inédites de son exercice.

Le terrorisme islamique, qui s'exprimera encore par la suite, quoique avec moins de vigueur ou d'efficacité[1], est au carrefour de deux logiques, l'une interne, l'autre internationale. Il associe en effet des orientations manifestement inscrites dans un espace politique autre que français (algérien pour la vague de l'été 1995) et d'autres, qui procèdent de la décomposition des banlieues et de la radicalisation de jeunes musulmans issus de l'immigration. Nous verrons plus loin que l'asso-

---

1. Une expression antérieure en avait été donnée par l'équipée dérisoire mais meurtrière de jeunes – dont certains issus de la cité des 4 000 à La Courneuve, de la Goutte-d'Or à Paris ou de la cité d'Argonne à Orléans – venus de France au Maroc. Quatre « actions » avaient été prévues par ce réseau pour la fin août 1994 : à Marrakech (deux touristes espagnols ont été mitraillés à mort dans le hall d'un hôtel), à Casablanca, à Fès, à Tanger, « contre des juifs », « contre la police », « contre des nudistes ». Cf. *Le Procès d'un réseau islamiste, 9 décembre-13 décembre 1996*, Paris, Albin Michel, 1997, qui publie des extraits significatifs du procès.

ciation islam-violence urbaine relève, en France, très largement du fantasme : le terrorisme, dans la mesure où il procède de la crise urbaine, est une dérive singulière, qui ne concerne qu'une partie infime des *minute* jeunes musulmans, pour qui les repères, le sens qu'apporte l'islam ne suffisent pas à structurer une existence dominée par un désir d'intégration. La rage, le ressentiment, le sentiment, comme a dit Kelkal dans un entretien qui date de 1992, de « ne pas avoir de place dans la société[1] », parfois aussi la spirale de la délinquance, de l'emprisonnement et de la marginalité, n'aboutissent que chez quelques-uns au saut dans la violence politique organisée, bien éloignée des autres formes de violence qui viennent d'être abordées.

L'espace de ce terrorisme est réduit, tout simplement, parce qu'il n'a aucune perspective en France, où sa base est étroite et où on voit mal quel projet politique intérieur il pourrait soutenir. Ses perspectives politiques sont ailleurs et l'articulation d'une démarche internationale et d'une logique inscrite dans les problèmes de la société française semble fragile. Si l'émotion que suscite le terrorisme en général – et celui-là en particulier –, tout en étant considérable, est limitée dans le temps, ce phénomène n'en contribue pas moins à alimenter l'image d'une menace générale dont il est une expression extrême mais au sein d'un continuum allant jusqu'à l'autre extrémité que constituent les incivilités.

Violence et toxicomanie

Cette description du répertoire de la violence dite « urbaine » serait incomplète sans l'évocation de conduites liées à la drogue, et d'abord à son trafic et à la délinquance économique. Ce trafic, en effet, inexistant jusque dans les années 70, relève de réseaux plus ou moins structurés et qui ont besoin que règne la tranquillité dans les territoires où s'exercent les activités des trafiquants. La violence qui lui est associée est ou bien une action instrumentale permettant de maintenir un espace sous contrôle, d'imposer la loi du silence, de tenir à distance les personnes indésirables, ou bien le fruit de conflits et de règlements de comptes entre réseaux concurrents. Elle est dans l'ensemble limitée et contrôlée, ce qui nous place en face d'un paradoxe : la violence spectaculaire des émeutes ou des rodéos, qui attire les médias, la police et l'attention des responsables politiques, témoigne d'une certaine capacité d'action,

---

1. L'entretien a été publié dans *Le Monde*, 7 octobre 1995 ; cf. Michel Wieviorka, *Face au terrorisme*, Paris, Liana Levi, 1995.

37

elle n'est pas le pire dans la spirale de la crise urbaine. Un quartier qui semble en avoir fini avec ce type de violence peut devoir son apparente pacification à une dégradation accrue, à l'extension d'une économie illégale et au pouvoir de trafiquants qui implique une grande discrétion. Un paradoxe supplémentaire est que la drogue, dont la progression va souvent de pair avec le déclin des violences les plus spectaculaires, constitue en France un sujet généralement plus préoccupant que la violence et l'insécurité[1]. Cela est dû, au moins en partie, à une autre dimension du problème : la drogue renvoie non seulement à la violence, instrumentale et limitée, de ses dealers, mais aussi à la délinquance de ses consommateurs, quand le manque, insupportable et vécu dans un contexte de désorganisation sociale ou de carence des institutions, se solde par des agressions et des vols sans discernement.

Un paysage à la fois renouvelé et éclaté

Par rapport aux années 60 et 70, l'espace concret de la violence s'est donc transfiguré. La violence politique n'est plus guère à l'ordre du jour, tandis que s'affirment toutes sortes de violences infrapolitiques et que s'esquisse, mais sans grande perspective, une violence métapolitique, islamique, au carrefour de logiques internes et internationales, et dont les liens avec les violences urbaines sont ténus. La rage, la colère sociale se transforment parfois en émeutes, et on peut postuler une certaine continuité menant des incivilités à l'émeute. Mais même émeutières et spectaculaires, les violences urbaines ne sont guère portées par un projet politique, elles ne visent pas à transformer le monde, à accéder au pouvoir, elles ne sont pas révolutionnaires, témoignant plutôt du refus de subir davantage l'exclusion et l'injustice. Les violences urbaines traduisent les carences du politique, elles ne sauraient être capitalisées par des acteurs politiques – qu'il s'agisse de l'extrême gauche, plus active au sein des entreprises ou auprès des chômeurs que du côté des jeunes issus de l'immigration, ou de l'islamisme, sur lequel nous reviendrons. Elles sont à ce point éloignées de toute visée politique qu'elles s'écartent de toute forme organisée ou stabilisée, en dehors des activités criminelles ou délinquantes liées à des projets économiques, et notamment au trafic de stupéfiants. Il existe, dans certains quartiers, une assez grande capacité à organiser des mobilisations

---

1. Cf. Philippe Robert et Marie-Lys Pottier, « "On ne se sent plus en sécurité" », art. cité.

soudaines, des rassemblements qui se défont aussi vite qu'ils apparaissent, et qui peuvent prendre un tour violent ; par contre, l'image d'une structuration stable, même limitée à des gangs par exemple, est excessive, contrairement aux fantasmes développés par les médias au début des années 90. Tout au plus peut-on noter la multiplication des incidents, parfois meurtriers, dans lesquels s'opposent des bandes plus ou moins éphémères.

Mais considérons la violence criminelle, la délinquance, et pas seulement les violences collectives. A l'échelle générale des sociétés occidentales, les spécialistes considèrent que la violence homicide, après une décrue tout au long du XIXe siècle et jusqu'au milieu du XXe siècle, connaît depuis un renversement de tendance[1] ; pour la France, cette remarque est validée si l'on considère les statistiques relatives au crime et à la délinquance, en hausse depuis le début des années 60. Or l'historique des expressions collectives de violence qui vient d'être proposé insiste, pour la France, sur la rupture qui s'est jouée dans les années 70 et 80, avec le déclin des projets de violence politique et l'essor de la violence dite « urbaine », infrapolitique pour l'essentiel. Ce qui suggère l'hypothèse de changements commandés par deux logiques distinctes et complémentaires : la violence du crime et de la délinquance a entamé son extension dans les années de croissance et d'accès de plus en plus massif à la consommation ; dans les années 70, puis 80, cette extension s'est doublée d'une forte inflexion, liée à d'autres transformations générales, sur lesquelles nous reviendrons plus loin : fin des rapports sociaux propres à l'ère industrielle, crise des institutions républicaines, changements culturels majeurs. La conjonction des deux phénomènes a produit un total renouvellement de l'espace de la violence. Nous avons examiné ce renouvellement dans ses expressions empiriques les plus significatives, il reste à l'envisager dans ses représentations.

Changements dans les représentations

Dans le nouveau paradigme de la violence, tel qu'il se met en place au fil des années 80, les représentations évoluent.

---

1. Sur ces questions, cf. Sebastian Roché, *Sociologie politique de l'insécurité, op. cit.*, et l'ouvrage où il trouve une partie de son inspiration : Ted Robert Gurr (ed.), *Violence in America : the History of Crime*, Newbury Park, CA, 1989.

Violences antisémites et extrême droite

Une première hantise *dread* est celle de la naissance – ou de la renaissance – d'une extrême droite organisée et tout aussi violemment antisémite que raciste. En ce qui concerne l'antisémitisme, la thèse surgit au moment de l'attentat de la rue Copernic contre une synagogue, en 1980 : alors que l'on apprendra plus tard qu'il s'agissait de terrorisme international venu du Proche-Orient, un quasi-consensus veut alors qu'il soit l'expression d'une résurgence meurtrière de la pire extrême droite française. Cette conviction est indissociable d'un phénomène d'importance majeure : l'ethnicisation des juifs de France, qui rompent avec le modèle hérité des Lumières, de la Révolution et de Napoléon Ier et deviennent visibles et actifs dans l'espace public, y compris pour se mobiliser face à l'antisémitisme en tant que juifs et pas seulement comme citoyens ou démocrates. D'une certaine façon, les juifs de France et, avec eux, bien des démocrates anticipent la montée en 1980 de l'extrême droite antisémite. Mais ils la conçoivent comme directement et nécessairement violente, terroriste et meurtrière, alors que le Front national a une relation plus ambiguë, moins directe, avec la violence. Ce qui est vrai de l'antisémitisme l'est aussi, mais moins nettement, du racisme anti-immigrés.

Comme parti significatif, le Front national n'apparaît que dans les années 80, passant du stade groupusculaire qui le caractérisait depuis longtemps à celui de formation politique significative à partir de 1983 (élection partielle de Dreux). La violence raciste n'est guère le fait de cette formation, en dehors de quelques dérives meurtrières qui contrarient sa stratégie de respectabilité, comme l'assassinat par des militants FN d'un jeune d'origine comorienne à Marseille en 1993. De plus, le Front national n'est pas nécessairement gagnant lorsqu'il semble perdre le contrôle de lui-même – quand par exemple Jean-Marie Le Pen et son service d'ordre s'en prennent violemment à des manifestants et font le coup de poing lors de la campagne des élections législatives à Mantes-la-Jolie (30 mai 1997).

La stratégie électorale et de respectabilité du FN est contradictoire avec de telles violences. En revanche, son discours de la haine – et aussi certaines de ses pratiques, lorsqu'il a besoin de « gros bras » pour un service d'ordre – fait qu'il entretient des relations ambivalentes avec des groupes susceptibles de violence active, de type skinheads. Ainsi, lorsque des néonazis profanant les tombes du cimetière juif de Carpentras, ou que des skinheads venus le 1er mai 1994 défiler à Paris avec le FN poussent à l'eau un jeune Maghrébin qui se noie, la violence est tout à la fois le fait d'individus dont l'appartenance à ce parti est contestée par lui et produite dans un climat, voire des situations voulus ou créés par lui. Mais elle n'est pas directement de son fait.

Islam et violence

L'islamisme constitue une deuxième hantise. La France constate, au fil des années 80, que l'islam est devenu une religion importante, au loin comme sur son propre territoire, et commence à s'en inquiéter de mille et une façons. Elle observe la violence révolutionnaire en Iran ; elle comprend que, au Liban, un des acteurs des jeux guerriers qui l'expulsent de ce pays est le Hezbollah, et paie un tribut considérable à la violence islamique qui s'y déchaîne. Surtout, elle prend conscience des transformations qui affectent l'immigration : l'image du travailleur immigré, le plus souvent mâle célibataire vivant dans un foyer et se préparant à rentrer au pays, laisse la place à d'autres figures, définies en termes avant tout culturels. On parle désormais de « Beurs », de « jeunes de la deuxième génération », garçons et filles intégrés culturellement, français (ou dont les enfants le seront), et souvent exclus socialement, en même temps que victimes du racisme. Beaucoup, dès lors, imaginent que cette population se prépare à basculer dans l'islamisme radical et, de là, dans les pires violences. Cette hantise prend un tour spectaculaire au moment de la crise, puis de la guerre du Golfe, très mal vécue par les immigrés d'origine maghrébine, qui se sentent soupçonnés de se préparer à faire le jeu de Saddam Hussein et de l'Irak contre la France. Le plan Vigipirate, mis en place par le ministre de l'Intérieur pour éviter un soulèvement ou, tout au moins, des troubles de la part des populations musulmanes de France, ne peut alors que conforter le malaise.

La hantise de l'islam, lorsqu'elle associe cette religion à la violence collective et à la crise urbaine, relève pour l'essentiel du fantasme. Dans les banlieues et les quartiers populaires, en effet, les émeutes, les conduites délinquantes ou criminelles, la rage ou la haine n'ont guère à voir avec l'islam dans ce qu'il a de majoritaire, et concernent, pour l'essentiel, des acteurs bien éloignés des repères et du sens qu'il propose. Il est vrai que le terrorisme islamique a recruté certains de ses protagonistes parmi les jeunes issus de l'immigration et que Khaled Kelkal, figure la plus connue de la vague terroriste de 1995, était un enfant de Vaulx-en-Velin. Mais l'islam de France, dans son immense

DAM

majorité, est un barrage contre les conduites de violence des jeunes, qu'elles soient individuelles (crime, délinquance, incivilités) ou collectives (émeutes). Toujours est-il que la religion musulmane n'en est pas moins constamment associée à l'image d'une menace considérable et au spectre de la violence.

L'antisémitisme meurtrier, le racisme antimaghrébin d'extrême droite et l'islamisme terroriste tels qu'ils apparaissent dans les représentations de segments plus ou moins larges de la population ont ceci de commun qu'ils nous confrontent à une dimension essentielle de la violence contemporaine en France : dans sa réalité et, plus encore, dans ses fantasmes, elle a beaucoup à voir avec les processus de fragmentation culturelle qui, sur fond de crise sociale, font que des identités culturelles deviennent visibles, voire s'affirment dans l'espace public.

Renversement et inflexions

L'appel à la violence politique, dans les années 60 et 70, était indissociable d'une thématique de la libération dans laquelle des références à l'individu pouvaient trouver leur place. Il s'agissait, en particulier, d'en finir avec les traditions, les normes et les conservatismes politiques et culturels entravant le plaisir, la jouissance, la libre expression du désir. Dans cette perspective, la personne devait être libérée des contrôles qui s'exerçaient sur elle et qui parfois l'aliénaient. L'impact de la psychanalyse mais aussi l'influence de courants philosophiques pouvant se réclamer de Nietzsche se combinaient pour promouvoir une libération culturelle éventuellement associée à une émancipation politique et sociale.

Cette thématique s'est considérablement affaiblie durant les années 80, au profit d'appels au respect, voire à la protection, de la personne humaine, de ses droits individuels et de sa dignité. La violence privée était jusque-là dénoncée dans le débat public essentiellement à partir des revendications féministes, et le mouvement des femmes avait obtenu qu'on commence à traiter sérieusement du viol et du drame des femmes battues. Dans les années 80 et, plus encore, 90, la violence subie en famille par les enfants ou les personnes âgées, parfois aussi par les parents, et surtout la question de la pédophilie entrent dans le débat public. Hier, des libertaires culturels (par exemple dans les colonnes du quotidien *Libération*) en appelaient à la prétendue émancipation des enfants et à leur droit au plaisir, ils plaidaient pour une jouissance sans entraves, tous azimuts. A l'inverse, la pédophilie est aujourd'hui combattue activement, y compris par l'Éducation nationale, longtemps passive et, de ce fait, pour partie complice. Cela inscrit les représentations de la violence dans un ensemble très large de changements.

De la critique de l'ordre
à la demande de sécurité

Un renversement significatif voit passer la pensée critique d'une contestation de l'État, de son ordre et du contrôle social qu'il exercerait à travers les machines et mécanismes dont Michel Foucault fut le meilleur dénonciateur à une demande croissante d'ordre et de sécurité. Aujourd'hui, après les deux septennats de François Mitterrand et le retour de la gauche aux affaires en 1997, s'en prendre à l'État dans une perspective critique, c'est, à bien des égards, lui reprocher non plus d'être trop présent, mais de ne l'être pas assez et de se démettre. La violence ne peut plus dès lors être libératrice ou émancipatrice et n'a plus de raison de s'en prendre à l'ordre. Aussi l'espace de la violence politique, tel qu'il fonctionnait dans les idéologies radicales, se referme-t-il ou, en tout cas, se rétrécit-il comme peau de chagrin.

La critique du contrôle social qu'exerce le pouvoir est certes encore vive. Mais alors qu'elle était active dans les années 60 et 70, notamment dans l'intelligentsia et dans le travail social où la pensée de Michel Foucault a eu un énorme impact, son influence a considérablement reculé. On peut dénoncer le fichage, la présence policière, la surveillance – comme à Vaulx-en-Velin, où le maire, en décidant d'installer des caméras de vidéo-surveillance dans l'espace public, a suscité une intense campagne d'opposition de la part de certaines associations –, mais l'idéologie n'y est plus, ou beaucoup moins ; elle trouve d'autant moins à s'exercer que les statistiques du crime et de la délinquance indiquent une croissance impressionnante, dont la perception est aiguisée par un autre phénomène : l'affaissement du taux d'élucidation de la délinquance, et notamment du vol (en 1950, plus de 35 % des vols constatés étaient élucidés, il n'y en a plus que 15 % au milieu des années 90). Hier, la gauche et plus encore l'extrême gauche dénonçaient le contrôle social là où la droite parlait d'insécurité ; depuis les années 80, nous l'avons vu, tout a basculé : l'insécurité est devenue un thème de la gauche aux affaires et, de façon significative, c'est un ministre de l'Intérieur socialiste, Pierre Joxe, qui a créé l'IHESI (Institut des hautes études de la Sécurité intérieure).

Dans les années 80, la pensée critique qui dénonce l'ordre et ses appareils est affaiblie, abandonnée, et parfois même s'inverse en son contraire. Ce qui ne signifie nullement qu'elle ait disparu ; au contraire, on l'a vue resurgir à l'occasion, en particulier, du mouvement de novembre-décembre 1995, puis des mobilisations des « sans-papiers » ou des chômeurs, sous des formes plus ou moins protestataires. Rien n'interdit qu'elle alimente à nouveau, à terme, des idéologies ouvertes à la violence sociale ou politique.

Privé, public

Une distinction classique oppose l'espace public et l'espace privé, et si les années 70 ont vu se développer des discours en appelant à la violence politique, c'était souvent avec l'idée que tout est politique et qu'en en finissant avec l'ordre, avec l'emprise de l'État et de ses appareils répressifs, on aboutirait à une libération totale, à la fois politique et personnelle. La violence subie provenait de l'État, du pouvoir, des acteurs dominants, et en finir avec l'oppression et la domination impliquait une action publique. Cette perspective maintenait très clairement la dissociation entre une sphère privée et une sphère publique, celle des engagements, éventuellement violents, qui pouvaient exiger qu'on sacrifie sa vie privée. Dans certains groupes, le gauchisme s'est décomposé précisément à partir du moment où des militants – et, plus encore, des militantes – ont refusé de subordonner entièrement leur vie privée aux exigences du combat révolutionnaire et ont formulé des demandes culturelles ne pouvant que déstabiliser les idéologies marxistes-léninistes, mal à l'aise, par exemple, dès qu'il s'agissait de différence des sexes ou d'homosexualité au sein des organisations concernées.

Plus les violences privées, symboliques ou concrètes, entrent dans le débat public, moins il existe de sphère où la violence est ignorée ou tolérée parce que restreinte à la famille, et plus il devient urgent de reconsidérer la question des limites entre privé et public. A partir des années 80, les changements dans la perception de la violence et de l'intolérable passent par une reformulation de l'opposition entre privé et public.

Le retour du sujet

Si la société est bien plus qu'avant comptable de violences dont elle se refusait jusque-là à connaître l'existence ou à débattre publiquement, c'est qu'une évolution s'opère, dans laquelle tout ce qui porte atteinte à la personne devient l'objet d'une grande attention. Si le racisme et la violence symbolique subie par les femmes, les personnes âgées ou les jeunes sont si intolérables dans la société contemporaine, si scandaleux, c'est qu'ils sont perçus dans un contexte de sensibilité aiguë à tout ce qui met en cause la personne et le sujet. La négation de l'humanité qu'il y a en chacun de nous, les entraves au droit de chacun à se construire comme sujet, le déni de la personne, de son intégrité et de ce qu'elle incarne comme possibilité de se construire et de s'affirmer ne s'arrêtent plus là où s'achève l'espace public et où commence la vie privée, notamment familiale. La société française découvre – ou redécouvre – depuis la fin des années 80 le thème du sujet, l'importance du respect, de la reconnaissance, ainsi que les demandes croissantes que celle-ci implique, notamment chez les plus jeunes et, plus particulièrement, chez ceux issus de l'immigration. L'enjeu ici n'est pas l'existence de fantasmes et de préjugés mais plutôt la capacité de notre société à entendre et à se représenter l'intolérable.

D'une rive à l'autre

Les changements dans la violence semblent s'être opérés selon deux rythmes, s'inscrire dans deux temporalités distinctes. D'un côté, le crime et la délinquance sont en expansion presque continue depuis le début des années 60 : leur progression a donc été inaugurée en période de croissance. D'un autre côté, les violences dites « urbaines » s'ébauchent à partir de la fin des années 70, pour devenir spectaculaires dans les années 80 et 90, leur émergence s'opérant dans une période d'inquiétude culturelle et de difficultés économiques. Ce double mouvement suggère que la violence contemporaine et le sentiment d'insécurité procèdent de trois processus socio-historiques principaux.

Le premier processus mène à l'apogée d'une phase nouvelle de la modernité, caractérisée par la consommation et la culture de masse et par l'ébauche de nouveaux mouvements sociaux et culturels. Violence et sentiment d'insécurité ont partie liée, de ce point de vue, avec l'individualisme moderne en expansion. Ils ont aussi partie liée avec la fragmentation culturelle qui s'amorce dès la fin des années 60.

Le deuxième processus est la déstructuration de la société nationale française, dont les éléments constitutifs entrent en crise et se dissocient visiblement à partir de la fin des années 70, donnant la triple image du déclin des rapports sociaux propres à l'ère industrielle, de la crise des institutions républicaines et de la rétraction nationaliste d'une nation jusque-là ouverte au développement économique et culturel.

Enfin, un troisième processus renvoie à l'émergence, dans les années 80, de questions de société inédites, perceptibles dans l'ébauche de nouvelles figures sociales et culturelles, ainsi que dans l'amorce d'interventions publiques renouvelant les conceptions et les formes de l'action politique, avec par exemple les ZEP (zones d'éducation prioritaires) ou le RMI (revenu minimum d'insertion).

Dans la pratique, ces processus se mêlent et se combinent, et la violence aussi bien que le sentiment d'insécurité relèvent couramment des trois à la fois. En scandant l'apogée d'une phase de la modernité, la déstructuration des formes de vie collective qui l'ont traduite et la naissance de nouvelles, la violence apparaît comme le prix à payer pour passer d'une rive à l'autre.

Individualisme et fragmentation culturelle

L'individualisme moderne

Dans les années 50 et 60, la montée de l'individualisme s'effectue contre, malgré ou à côté des représentations dominantes, qui insistent alors sur l'image de la structuration de la vie collective par des rapports de classe. Elle est perçue, de façon plus ou moins critique, comme associée d'abord et avant tout à l'essor de la consommation de masse, comme en témoignent alors les propos d'Edgar Morin : « La modification des conditions de vie sous l'effet des techniques, l'élévation des possibilités de consommation, la promotion de la vie privée correspondaient à un nouveau degré d'individualisation de l'existence humaine [1]. » C'est dans le déclin des représentations de la société en termes de rapports de classe, à partir de la fin des années 70, que le thème de l'individualisme a conquis un espace croissant, semblant même un moment triompher avec l'idée du vide social ou de l'ère du vide [2], alors que les critiques de la société de consommation s'affaiblissaient. Mais le caractère virulent de certaines de ces critiques, notamment d'inspiration marxiste ou néomarxiste (Herbert Marcuse, Henri Lefebvre, Jean-Paul Sartre aussi d'une certaine façon, dans sa *Critique de la raison dialectique*), tout comme le succès du livre de David Riesman, *La Foule solitaire*, traduit en 1964 [3], attestent la réalité du phénomène dès les années 60, et en tout cas une perception aiguë de son importance croissante.

L'individualisme moderne doit être considéré sous deux angles [4]. D'une part, il relève du désir de participer à la vie moderne, au travail, pour beaucoup à l'emploi, à l'argent, à la consommation, se prolon-

---

1. Edgar Morin, *L'Esprit du temps* (1962), Paris, Livre de Poche, 1983, p. 102.
2. Cf. notamment Gilles Lipovetsky, *L'Ère du vide (Essais sur l'individualisme contemporain)*, Paris, Gallimard, 1983.
3. David Riesman, *La Foule solitaire* (1948), Paris, Arthaud, 1964.
4. Pour une discussion de cette idée, cf. Alain Touraine, *Pourrons-nous vivre ensemble ?*, *op. cit.*, qui dans le chapitre 2, « Le sujet », débat avec les formulations de Louis Dumont, *Essais sur l'individualisme. Une perspective anthropologique sur l'idéologie moderne*, Paris, Éd. du Seuil, 1983, et d'Alain Renaut, *L'Ère de l'individu*, Paris, Gallimard, 1989.

geant alors éventuellement par l'appel au plaisir, à la jouissance, à l'hédonisme, et revêtant l'allure de l'utilitarisme le plus égoïste, voire du cynisme. L'individualisme, ici, signifie également la comparaison permanente, la concurrence, la « démocratisation du paraître », selon l'expression de Robert Aglietta[1]. Satisfaite, ou pouvant l'être, cette figure de l'individu, qui correspond le mieux au sens commun, semble constamment dominée par le calcul, l'effort pour optimiser ou maximiser l'usage des moyens déployés et élaborer des stratégies payantes. Insatisfaite, ou rendue impossible, elle devient synonyme de grandes frustrations. La violence, notamment la délinquance et le crime, peut devoir beaucoup à ces frustrations, qui, pour certaines d'entre elles, débouchent, comme l'a suggéré Robert K. Merton dans un texte classique, sur des comportements déviants d'individus tendus vers des fins normales : les valeurs du délinquant ou du criminel sont celles que la société dans son ensemble trouve légitimes, mais pour y accéder il utilise, faute d'autres ressources, des moyens qui sont, eux, illégitimes[2]. Pour la période plus récente, marquée par l'exclusion et la précarisation sociales, la violence peut, dans cette perspective, être le fait d'individus tenus à distance des fruits de la modernité, ou expulsés de cette même modernité, à laquelle ils ont jusque-là participé, parfois même de façon centrale – il peut en aller ainsi pour les couches sociales prolétarisées, fragilisées, disqualifiées de la fin de la société industrielle. L'importance actuelle de la violence économique, privée, instrumentale, notamment associée au trafic de stupéfiants, relève très largement de cette face de l'individualisme – ce qui ne veut pas dire, bien au contraire, qu'elle soit le fait exclusif des laissés-pour-compte du changement.

D'autre part, l'individualisme est une notion qui englobe celle de sujet et renvoie alors à la capacité personnelle de se construire, de produire ses propres choix, sa propre existence, d'être l'objet d'une autoréflexion. Le sujet est capable d'auto-analyse, il est susceptible d'être transparent à lui-même, en mesure, aussi, d'être autonome, c'est-à-dire de décider, voire de fixer ses propres règles et ses normes[3]. Le sujet n'est pas défini par la participation, mais par l'autoproduction de la personne et par sa capacité à être l'entrepreneur de sa propre exis-

---

1. Cf. Robert Aglietta, *Régulation et Crises du capitalisme*, Paris, Odile Jacob, 1997 (nouv. éd.) – notamment la postface inédite.
2. Robert K. Merton, *Éléments de théorie et de méthode sociologique* (1957), Paris, Plon, 1965, chap. 5, « Structure sociale, anomie et déviance ».
3. Pour un large ensemble de réflexions sur cette notion, cf. François Dubet et Michel Wieviorka (dir.), *Penser le sujet. Autour d'Alain Touraine*, Paris, Fayard, 1995.

tence. Et, là aussi, tout change selon qu'il est possible ou non de se constituer en sujet, ou selon que cela est plus ou moins interdit parce que la société s'y refuse, n'entend pas, se ferme, rejette et méprise, par exemple sur le mode du racisme. Ainsi, le sujet interdit, nié, méprisé, empêché d'éprouver de l'estime pour lui-même du fait de la discrimination raciale ou sociale, privé des conditions lui permettant de s'exprimer et de devenir acteur, peut-il devenir enragé, n'être plus porté que par la haine ; il peut, de là, passer éventuellement à des conduites de violence, individuelle ou collective, où la destruction se combine éventuellement avec l'autodestruction, ce qui indique que l'impossibilité de se construire est intériorisée et renversée. Ces conduites sont elles-mêmes au départ plus « chaudes » que « froides », plus spontanées qu'organisées et structurées sur la longue distance. Mais la rage et la haine peuvent aussi, à certaines conditions, être « refroidies », maîtrisées, capitalisées dans une action politique violente, voire terroriste. Ainsi la subjectivité déniée qui peut être au cœur de la délinquance, ou présente dans l'émeute urbaine, peut-elle se retrouver aussi dans le terrorisme islamique ; mais le passage des unes à l'autre n'est pas direct, immédiat, et implique des inflexions considérables dans le trajet des acteurs.

La fragmentation culturelle : première vague

Nous sommes tellement habitués à penser la différence culturelle en référence, avant tout, aux populations issues de l'immigration que nous en oublions qu'elle concerne bien d'autres groupes et que l'immigration, jusque dans les années 80, était surtout définie socialement : ne parlait-on pas constamment de « travailleurs immigrés », dont la différence culturelle, pourtant considérable, intéressait bien moins que leur rôle dans l'économie ou leur place dans les rapports de travail ?

En fait, dès la fin des années 60, la France, comme d'autres démocraties occidentales, voit s'effectuer une première poussée de particularismes culturels mettant en cause l'universalisme de son État-nation. Cette poussée n'est en rien informée ou déterminée par la crise économique, dont le point de départ, plus tardif, est généralement associé au choc pétrolier consécutif à la guerre du Kippour entre Israël et plusieurs pays arabes (1973). Elle s'observe dans différents domaines de la vie collective.

D'une part, elle correspond à la naissance ou à la renaissance de mouvements régionalistes, plus ou moins fortement associés, on l'a vu, à une thématique gauchiste, et qui s'efforcent parfois de parler au nom d'acteurs dominés socialement – les viticulteurs du Midi, par exemple.

D'autre part, la première vague des mouvements culturels – qui s'apparentent à bien des égards aux nouveaux mouvements sociaux analysés à l'époque par Alain Touraine[1] – est portée par des femmes, dont l'action revêt alors une importance considérable. Sous tension, leurs doléances oscillent, pour l'essentiel, entre des demandes d'égalité et une affirmation de la différence culturelle revendiquée par des groupes parfois très radicalisés. Dans le même temps, se constitue un mouvement des homosexuels qui fait voler en éclats le modèle hégémonique qui ne voulait les tolérer qu'en privé ou sous la forme, dans l'espace public, de personnages aliénés et ridicules.

La fin des années 60 et le début des années 70 voient par ailleurs naître les premières expressions de mouvements qui constituent les victimes de handicaps ou de maladies chroniques en acteurs susceptibles de revendiquer leur déficience et de la transformer, au moins partiellement, en différence. La figure la plus nette de cette innovation est celle des sourds-muets : alors que le modèle républicain les poussait ou bien à s'enfermer dans des quasi-ghettos ou bien à tenter de vivre comme tout le monde, sans que leur particularisme soit pris en compte, la langue des signes retrouve, dans le pays de l'abbé de l'Épée, une grande vigueur, et ceux qui la pratiquent, au lieu d'être condamnés au repli, participent grâce à elle à la vie de la cité.

Enfin, c'est durant les dernières années des « Trente Glorieuses » que s'opère un début d'ethnicisation, à travers notamment les transformations des juifs de France[2]. Ces derniers, on l'a vu, sans pour autant constituer un milieu homogène, ni même se considérer massivement comme relevant d'une communauté, s'écartent de plus en plus nettement du modèle républicain hérité des Lumières, de la Révolution et de Napoléon Ier, pour apparaître de plus en plus visiblement dans l'espace public et s'y affirmer, refusant d'être réduits à l'image de l'israélite vivant sa religion en privé pour n'être qu'un individu en public.

Ces transformations sont socialement peu marquées. Elles concernent des groupes dont il est difficile d'affirmer qu'ils relèvent d'une

---

1. Cf. notamment son article « Les nouveaux mouvements sociaux », *Sociologie du travail*, janvier-mars 1975.
2. Sur ce point et, plus largement, sur les différentes questions traitées dans ce chapitre, on me permettra de renvoyer à mes ouvrages : *Une société fragmentée ? Le multiculturalisme en débat* (dir.), Paris, La Découverte, 1996, et *La Démocratie à l'épreuve. Nationalisme, populisme, ethnicité*, Paris, La Découverte, 1993.

classe sociale dominée ou, à l'opposé, de la seule bourgeoisie, au point qu'elles sont souvent analysées à l'époque comme le fait de couches ou de classes moyennes. Elles ne génèrent pas de violences marquées, en dehors, nous l'avons vu, des affirmations régionalistes, parfois tentées par la violence politique – qui se prolongera en terrorisme en Corse et, dans une moindre mesure et plus tardivement, au Pays basque.

La fragmentation culturelle, qui met en cause l'homogénéité de la nation et la conception classique du modèle républicain, hostile à toute reconnaissance de particularismes culturels dans l'espace public, est un phénomène antérieur à la déstructuration massive du modèle d'intégration français. Elle semble alors annoncer l'entrée directe dans un nouveau type de société, animé par des contestations culturelles et non plus structuré par le conflit opposant le mouvement ouvrier et les maîtres du travail. Elle prépare le passage à une hypermodernité dans laquelle toutes sortes d'acteurs s'efforceraient d'être reconnus sans que ce passage soit nécessairement douloureux ou convulsif. Les demandes et les affirmations culturelles qui, aujourd'hui, vingt ou trente ans plus tard, prolongent cette première vague ne se sont pas contentées de l'étendre et de la développer ; entre-temps, la France a connu une déstructuration spectaculaire, affectant simultanément chacun des trois registres constitutifs de la modernité selon Daniel Bell[1] : les rapports sociaux, la vie institutionnelle et politique, la culture.

Désintégration

La fin de la société industrielle

Si la prégnance des représentations de la société en termes de classes et de conflits de classe, indissociable du poids du communisme dans la vie sociale et politique, en a retardé la prise de conscience en France, la sortie de l'ère industrielle s'est, dans notre pays, opérée certainement à partir du milieu des années 70. Phénomène d'une importance majeure, puisqu'en quelques années s'est défait un mode de structuration de la vie collective qui, à partir des rapports de production, informait les clivages politiques, les principaux débats intellectuels, le fonctionnement du tissu associatif bien au-delà des usines et des quartiers ouvriers, et de nombreuses mobilisations sociales, à l'école, dans l'université, dans les

1. Cf. *Les Contradictions culturelles du capitalisme* (1976), Paris, PUF, 1979.

campagnes, etc. La désaffiliation, la précarisation et l'exclusion ont, en France, accompagné la sortie de l'ère industrielle, avec un caractère d'autant plus impressionnant que l'effondrement de la production de masse est passé par la dissociation de la croissance et de l'emploi — et même, a pu dire par exemple Denis Olivennes[1], par le choix du chômage, celui-ci devenant solution et non problème à résoudre.

Les violences dites « urbaines » ont beaucoup à voir avec cette première dimension de la déstructuration générale. La rage et la haine dont témoignent les jeunes qui galèrent, les émeutes, la violence raciste de bandes d'extrême droite parfois, ainsi que diverses formes de délinquance, sont l'expression directe de la fin des banlieues rouges. Et si les incivilités sont si difficiles à supporter, c'est souvent aussi parce que les comportements incivils ne peuvent plus être appréciés à l'aune des relations de voisinage ou du contrôle social et politique qu'impliquait l'appartenance à une communauté ouvrière, avec sa culture, sa conception de l'adolescence, mais aussi ses organisations, ses partis, ses syndicats et ses associations.

A partir du moment où les rapports sociaux propres à l'ère industrielle perdent de leur centralité, l'espace des non-rapports sociaux, c'est-à-dire de la ségrégation sociale ou raciale, s'élargit. La violence fraye aussi son chemin dans les zones où se côtoient et se heurtent des acteurs qui, ne se reconnaissant pas mutuellement, peuvent se passer les uns des autres, mais dont les rencontres éventuelles, n'étant plus structurées par un conflit fondamental, et pas davantage régulées par des normes, risquent de se réduire à des interactions à l'issue imprévisible, au choc des bandes ou à des logiques de contrôle de territoires.

En même temps, la déstructuration de ces rapports sociaux suscite des représentations qui s'apparentent à celles qui ont précédé leur formation. Lorsque la France a commencé à devenir une société industrielle, l'image de « classes dangereuses » a en effet hanté les classes dominantes et envahi la presse, jusqu'à ce que se construise un mouvement ouvrier ; en aval de l'ère industrielle classique, et comme symétriquement, les représentations actuelles de la violence des quartiers de relégation retrouvent à propos des jeunes exclus, surtout issus de l'immigration, la même thématique de la menace. Ce qui confirme l'idée selon laquelle non seulement la réalité matérielle mais aussi la perception de la violence sont largement fonction de la présence, ou de l'absence, d'un conflit structurel.

1. *La Préférence française pour le chômage*, Paris, Notes de la Fondation Saint-Simon, 1994.

La crise institutionnelle

« Caillassages » de bus, violence scolaire, vandalisme, dégradation de locaux publics, agressions de pompiers venus éteindre un incendie, pièges tendus par des jeunes à la police, etc. : à bien des égards, la violence dite « urbaine » s'en prend aux représentants des institutions ou à des biens matériels publics. Une idée couramment admise y voit un ensemble de désordres assaillant du dehors des organisations publiques qui n'auraient plus qu'à se protéger et à combattre la menace extérieure.

Il est vrai que cette violence est en partie incompréhensible si on ne prend pas en considération les changements généraux qui affectent la société et qui se donnent à voir dans l'espace urbain, y compris là où les institutions sont présentes, ou au contact direct des milieux populaires. Mais si l'école semble en péril, si les policiers trouvent leur tâche de plus en plus difficile, ou si les usagers et les salariés des transports publics s'inquiètent, c'est aussi parce que les institutions en question sont en crise et contribuent, par leurs carences, leurs blocages et leurs propres difficultés, à générer les problèmes qu'elles disent ensuite devoir combattre [1].

Ce raisonnement, que nous appliquerons à ce qui constitue notre objet principal, la violence urbaine, pourrait être étendu, non sans quelque aménagement, à d'autres phénomènes. Ainsi, lorsque le préfet de région, Claude Érignac, est assassiné en Corse le 6 février 1998, il ne suffit pas d'évoquer, pour comprendre ce meurtre (non élucidé au jour où nous écrivons), la dérive du nationalisme corse ou l'hypothèse d'une pratique mafieuse, il faut aussi, vraisemblablement, prendre en compte la façon dont les services de l'État, depuis les années 70, ont à bien des égards baissé les bras dans l'île de Beauté face à la corruption, à la fraude électorale, ou fiscale, aux dérives du Crédit agricole et aux pratiques illégales d'inspiration nationaliste.

Les institutions de la République, y compris les grandes entreprises publiques, sont un élément du problème de l'insécurité, qu'elles contribuent à produire, et pas seulement la cible de violences. Elles participent à leur expansion, comme à leur éventuelle régression, elles ont une responsabilité, tout aussi bien, dans leurs représentations. La crise spécifique de chacune d'entre elles traduit et exacerbe tout à la fois celle, plus générale, de la République.

---

1. Pour une première présentation des analyses exposées ici, cf. Michel Wieviorka, « Violences et insécurité. L'expérience française contemporaine », *in* Alain Obadia (dir.), *Entreprendre la ville*, La Tour-d'Aigues, Éd. de l'Aube, 1997, p. 311-335.

Dans certains cas, la violence peut être assez directement pensée en référence à l'institution ou à l'entreprise publique qu'elle affecte ou prend pour cible : certains dysfonctionnements de la RATP, par exemple, se soldent par des conduites agressives de la part de jeunes des banlieues qui s'en prennent à ses bus et à leurs chauffeurs. Dans d'autres cas, ce qui est en jeu est la République elle-même, et l'institution ou l'organisation qui subit la violence n'est pas en cause en tant que telle et ne fait qu'incarner un système dont l'ensemble suscite la violence.

Celle-ci procède, pour l'essentiel, des carences et des difficultés croissantes des institutions de la République à tenir leurs promesses et à être conformes à leur concept. En théorie, le service public et, au-delà, les idéaux de liberté, d'égalité et de fraternité de la devise républicaine veulent que les personnels qui ont la charge de les rendre effectifs puissent s'identifier à leur mission, et donc vivre, dans leur expérience personnelle, un sentiment de correspondance étroite et harmonieuse entre leur statut social et leur fonction ; cela suppose que le fonctionnement concret des organisations soit cohérent et permette la mise en œuvre de moyens adaptés aux fins, et cela implique que ces fins soient claires, nettement établies. Enfin, l'idée républicaine exige que l'égalité règne sur le territoire national et que le droit commun, le même pour tous, soit respecté concrètement.

Or partout, aujourd'hui, les institutions peinent à rester fidèles à leur concept. Leurs personnels, même s'ils bénéficient de la protection de la fonction publique ou d'un statut, se sentent mal dans leur peau et sont souvent précarisés, surendettés, inquiets pour l'avenir de leurs enfants. Au niveau organisationnel, des tensions considérables opposent des cultures traditionnelles, reposant sur un fonctionnement relativement hiérarchisé, protégé des exigences du marché et de la compétition, structuré par des relations denses et contraignantes entre la direction et les syndicats, et des cultures modernes, que tentent d'introduire des directions rompues aux techniques du management participatif, ou du moins sensibles à sa thématique, et, le cas échéant, amenées à déployer des stratégies commerciales. Le choc peut être rude, dès lors, entre d'une part l'univers classique du service public et, d'autre part, les efforts pour promouvoir une plus grande reconnaissance des attentes des usagers, tenir compte des exigences de la demande, et éventuellement développer une ouverture plus nette à la vie économique.

Enfin, au niveau décisif des valeurs auxquelles s'identifient les institutions et les entreprises publiques, le sens semble de plus en plus confus, brouillé, les finalités de l'action paraissent contradictoires et incohérentes. Qu'attendre de l'école ? Qu'elle instruise, qu'elle éduque, ou qu'elle s'adapte à la situation économique ? La police républicaine doit-elle et peut-elle remplir les mêmes missions que par le passé ? Ne faut-il pas repenser les fins des services publics, dont le discours en appelle à l'égalité et à la solidarité alors qu'ils semblent incapables de faire face aux drames de l'exclusion ou même de la précarisation sociale ? Ces grandes questions traduisent la crise des organisations chargées de faire appliquer dans leur domaine de compétence la devise républicaine. Et avant même d'examiner certaines formes, particulièrement significatives, que revêt cette crise, indiquons nettement qu'elle s'exprime de façon spectaculaire par des inégalités considérables dans la répartition des moyens de la République. Ainsi le rapport Sueur[1] relatif aux politiques de la ville (rendu public en février 1998) montre-t-il que les quartiers en difficulté disposent, au regard du nombre de leurs habitants, de ressources publiques inférieures à la moyenne : avant même de débattre du bien-fondé d'une éventuelle politique d'équité, reposant sur un principe de « discrimination positive », il convient donc de replacer ces quartiers dans le droit commun, de les mettre à niveau. De même, à la même époque, le rapport Fortier, du nom de l'inspecteur qui l'a rédigé, fait apparaître, à propos des établissements scolaires du département de la Seine-Saint-Denis, d'importantes disparités de traitement, qu'il s'agisse des effectifs dans les classes, du nombre d'établissements classés en ZEP, des dotations en personnel ou du taux de personnels auxiliaires. La violence scolaire, dont ce département est un des hauts lieux en France, ne procède-t-elle pas, avant tout, de ces fortes inégalités, bien peu républicaines ?

Il faut reconnaître que celles-ci dessinent un socle et contribuent à certaines tensions et violences urbaines. Mais elles sont amplifiées et aggravées par une crise des institutions républicaines qui ne se limite pas à les entériner et les reproduire.

Dans les chapitres qui suivent, nous développerons ce raisonnement à propos de la RATP, c'est-à-dire d'une grande organisation incarnant un service public, puis de l'institution scolaire, dont la vocation théorique est d'assurer la socialisation et l'individuation des enfants. Mais immédiatement, et pour illustrer encore schématiquement le mode d'approche qui est le nôtre, nous allons indiquer comment il s'applique à la police nationale, institution garante de l'ordre républicain.

---

1. *Demain la ville*, rapport présenté à Martine Aubry, ministre de l'Emploi et de la Solidarité, par Jean-Pierre Sueur, maire d'Orléans, 13 février 1998, 2 vol.

Un exemple :
la crise de la police nationale

Dans l'ensemble, les sciences sociales, en France, s'intéressent peu à la police, et il a fallu les travaux du CESDIP (en particulier de René Lévy), la création de l'IHESI et l'ouvrage majeur de Dominique Monjardet[1] pour que s'impose ce sujet, beaucoup plus étudié dans les pays anglo-saxons. Le paradoxe est que, dans notre pays, la recherche s'est portée sur la police à un moment où ses définitions classiques semblaient affaiblies.

Ces définitions sont au carrefour de deux traditions intellectuelles, plus complémentaires qu'opposées. D'une part, dans une perspective wébérienne, la police est un corps d'État participant du monopole de la violence légitime et fonctionnant sur le mode de la bureaucratie moderne. D'autre part, dans une perspective marxiste ou marxisante, la police utilise ce monopole au profit d'une domination de classe, elle est un appareil assurant par la coercition la reproduction des rapports de production.

Or, aujourd'hui, la police nationale voit sa légitimité et son monopole remis en cause, en particulier parce que d'autres polices, publiques ou privées, sont appelées à intervenir. Et s'il y a reproduction d'un ordre social, celui-ci n'est assurément plus associé aux rapports de production industrielle, mais bien davantage à une société fragilisée par l'exclusion et la désaffiliation. Les définitions classiques de la police nationale sont moins opérantes que par le passé, et cette institution, garante de l'ordre républicain, connaît des difficultés qui font qu'elle participe, jusqu'à un certain point, à la production de la violence qu'elle est supposée endiguer et combattre. La crise de l'institution policière est en effet indissociable de la montée des violences urbaines. Elle est une autre facette du même ensemble, de la même mutation.

Les changements qui l'ont affectée ont commencé à se manifester à la fin des années 70, dans le contexte du rapport Peyrefitte, évoqué dans l'introduction de cet ouvrage ; ils se sont accentués tout au long des années 80 et 90.

En premier lieu, ces changements concernent les conditions d'existence des policiers. Ceux-ci relèvent de la fonction publique et ne sont

1. René Lévy, « La crise du système policier français aujourd'hui : de l'insertion locale aux enjeux européens », communication au colloque du Nucleo de Estudos da Violencia, São Paulo, septembre 1996 ; Dominique Monjardet, *Ce que fait la police*, Paris, La Découverte, 1996.

donc pas exposés au risque du chômage ; mais ils ne se considèrent pas nécessairement pour autant comme installés du bon côté des lignes qui dessinent la fracture sociale. Beaucoup habitent dans des quartiers populaires, parfois difficiles, où ils évitent de faire connaître leur profession, de peur que leurs épouses ou leurs enfants ne subissent des représailles ; ils n'ont pas les ressources qui leur permettraient de sortir de la HLM où ils vivent et dont ils constatent de jour en jour la détérioration. Dans certains cas, leurs enfants à l'école, et eux-mêmes dans leur quartier, demeurent parmi les rares « Gaulois » qui n'ont pas déserté, permanence qui, à leurs yeux, traduit la marque d'une dégradation de leur statut social. Par ailleurs, de nombreux policiers vivent loin de leur base familiale, souffrent d'être éloignés d'une région à laquelle ils sont attachés et où ils rêvent de revenir, et connaissent un vif sentiment de déracinement.

A un deuxième niveau, sont en jeu l'organisation du travail et le fonctionnement interne de l'institution policière. Dès la fin des années 70, en effet, les pouvoirs publics ont décidé de moderniser la police et ont commencé à lui imposer une thématique de l'insécurité, qui différait de celle de l'ordre public à laquelle les policiers étaient jusqu'alors habitués. La gauche, en 1981, a voulu de surcroît les encourager à faire de la prévention, pas seulement de la répression, et a introduit des instances nouvelles, du type « Haut Conseil ». Aux règles et normes, il a été aussi question, à l'époque, d'ajouter un code de déontologie. Les autorités ont demandé aux policiers de travailler en partenariat avec toutes sortes d'autres acteurs sur le terrain et de s'adapter à de nouveaux modes d'organisation du travail, inspirés du management participatif, particulièrement en vogue dans les entreprises au cours des années 80[1].

Tout cela a déstabilisé l'institution policière, raidi certains de ses membres dans la conviction qu'elle se décomposait et s'affaiblissait, qu'elle perdait ses repères au profit de modes de fonctionnement pernicieux. Ainsi les efforts faits pour développer un rôle de prévention chez les policiers ont-ils heurté de plein fouet leur culture professionnelle. Ces derniers ont en effet l'habitude de défendre l'ordre public et valorisent la lutte contre la grande criminalité ; de ce fait, ils s'identifient à des pratiques répressives qui leur semblent plus nobles que celles de la police de proximité, dont une des formes principales, dans les quartiers sensibles, est l'îlotage. Ils apprécient d'autant moins

---

1. Cf. Jean-Michel Belorgey, *La Police au rapport*, Nancy, Presses universitaires de Nancy, 1991.

d'être engagés dans des actions de prévention que celle-ci présente à leurs yeux l'inconvénient majeur de ne pas pouvoir être évaluée et quantifiée à l'aide d'indicateurs chiffrés. De même, ils sont tiraillés entre deux logiques lorsqu'il s'agit de lutter contre le trafic de drogue : l'une centrée sur le quartier et les petits dealers, l'autre, plus valorisée dans leur culture professionnelle, qui les pousse à s'intéresser en priorité aux gros trafiquants.

Enfin, à un troisième niveau, la police nationale est affaiblie par ceux qui, pour une raison ou pour une autre, considèrent qu'elle ne suffit pas à la tâche face à la poussée de la délinquance et des violences au quotidien. D'une part, des initiatives privées se multiplient depuis les années 80, empiétant plus ou moins sur ses attributions classiques : les services de sécurité et de gardiennage privés, les vigiles employés par des entreprises commerciales ou autres alimentent en effet les risques de confusion et brouillent les limites, sans qu'il soit toujours démontré qu'ils concourent effectivement à renforcer la sécurité [1]. D'autre part, la police nationale est confrontée aux initiatives de plus en plus nombreuses d'élus locaux mettant en place des polices municipales pour pallier ses limites et ses carences, et qui peuvent sembler aussi la déposséder de ses attributions. D'où éventuellement des conflits entre les deux polices, nationale et municipale, même si les responsables apprennent à penser leurs rôles respectifs de façon articulée et complémentaire. De plus, les organismes de HLM, en tant que constructeurs et bailleurs de logements sociaux, se sont découvert, dans les années 80, un immense champ de responsabilités nouvelles, qui impliquent un travail de type policier : une loi de 1995 institue pour eux une obligation de surveillance ou de gardiennage.

Par ailleurs, la sécurité semble parfois à ce point déborder la capacité de la police nationale que, pour certaines missions, elle est confiée par la puissance publique à l'armée – ainsi, lors des opérations Vigipirate, durant la guerre du Golfe, puis depuis les attentats terroristes de l'été 1995. Ce transfert peut avoir des effets considérables sur la violence et ses représentations. D'une part, en effet, la militarisation du maintien de l'ordre dramatise ce qui, sans elle, semblerait plus banal, et contribue éventuellement à l'amplification médiatique d'événements mineurs – nous en verrons un cas à Strasbourg, où un épisode sans grande importance (un projectile incendiaire ayant causé pour quelques milliers de francs de dégâts dans un tramway, à l'automne 1995) s'est soldé, non

---

1. Sur ces questions, on se référera aux travaux de Frédéric Ocqueteau, et notamment à son livre *Les Défis de la sécurité privée. Protection et surveillance dans la France d'aujourd'hui*, Paris, L'Harmattan, 1997.

sans confusion, par l'intervention des gendarmes puis d'autres militaires sur la ligne concernée, ce qui était tout à fait disproportionné. D'autre part, les contrôles qu'impliquent les opérations du type Vigipirate sont en bonne part effectués au faciès, accentuant chez ceux qu'ils visent la conviction d'une discrimination d'autant plus mal ressentie qu'elle est le fait de militaires, dont l'action vient se surajouter à celle de la police, perçue déjà elle-même comme raciste.

Ajoutons que la police nationale, depuis les années 80, est sous le regard de la presse et d'organisations antiracistes plus actives, de ce point de vue, que par le passé, ce qui peut accroître, chez les policiers, le sentiment de travailler dans un univers dont les normes ne sont plus celles qu'ils ont connues. Cette quadruple évolution – privatisation, municipalisation, militarisation, subordination à divers contrôles externes plus grande qu'auparavant – témoigne de l'affaiblissement de la police nationale comme institution. Elle peine à assumer l'exercice de son monopole républicain de la violence légitime, en même temps que se déplacent sans grande précision les limites exactes de ses responsabilités – comme, plus généralement, de celles de tous ceux qui interviennent pour assurer le maintien de l'ordre. Où s'arrêtent, par exemple, le pouvoir et les droits d'un bailleur HLM? Est-ce à lui de reconquérir les espaces privatisés par des jeunes : caves, parkings, garages? Quand doit-il faire appel à la police? Nationale ou municipale? Que doit faire un îlotier, partagé entre une légitimité acquise par une présence continue et sécurisante sur le quartier, qui l'assimile presque à un gardien d'immeuble ou à un travailleur social, et une solidarité active avec des collègues qui en attendent une aide à l'occasion d'une action répressive conduite sur son territoire?

La police nationale est en crise, et pas seulement parce qu'elle est confrontée à des violences croissantes ou à l'apparition de zones dites « de non-droit ». Dans cette crise, les policiers se sentent victimes d'un racisme « antiflics », ou antifrançais, sentiment qu'exacerbent leurs propres difficultés sociales et leur impression de ne pas être compris, soutenus ou convenablement dirigés par la hiérarchie[1]. Ils comprennent mal les modifications organisationnelles qui sont imposées à leur institution et souffrent du sentiment d'être mal aimés du pouvoir politique – quand ils ne sont pas tout simplement convaincus d'être utilisés par lui à des fins plus ou moins partisanes. A partir de là, ils entrent aisément dans la spirale de la non-reconnaissance mutuelle : ils se sentent méprisés par ceux qu'ils méprisent ou ils ont peur de ceux à qui ils

---

1. Cf. « Police et racisme », in *La France raciste, op. cit.*

font peur ; ils alimentent, par leurs comportements quotidiens plus que par d'éventuelles « bavures », la conviction, chez les jeunes des milieux populaires, surtout issus de l'immigration, qu'ils fonctionnent de manière injuste, raciste et malfaisante.

Souvent, nous constatons que l'enchaînement de la violence doit beaucoup à des conduites policières qui elles-mêmes se nourrissent tout à la fois des difficultés urbaines où elles se déploient et de la crise de l'institution policière. Et si, dans cet ouvrage, nous ne consacrons pas de monographie spécifique à la police nationale, sans cesse nous la croisons, y compris lorsqu'il s'agit, comme au Havre, de pallier ses carences en créant une police municipale pour régler, croit-on, le dossier de l'insécurité.

La crise des institutions républicaines ne se limite pas à la seule police nationale et n'épargne ni celles qui sont en charge de la socialisation ni celles qui effectuent une mission de service public. Par exemple, elle touche les grandes entreprises responsables de réseaux publics de transports collectifs en Région parisienne, telle la RATP – dont l'expérience sera envisagée dans le chapitre suivant –, en province [1], ou encore fonctionnant à l'échelle nationale, voire européenne, telle la SNCF. Il est même possible de montrer que toutes les grandes entreprises publiques connaissent des difficultés à bien des égards comparables [2]. En outre, dans d'autres domaines, il est possible d'aboutir à des constats assez proches, par exemple dans le travail social ou dans le secteur de la santé. Parfois même, le changement récent a été spectaculaire – après tout, l'armée républicaine a été purement et simplement supprimée sous la présidence de Jacques Chirac, et la privatisation de France Télécom est l'aboutissement d'un processus dont le point de départ a été l'autonomisation d'une direction de ministère.

En fait, de toutes parts, est en jeu l'affaiblissement généralisé du modèle français d'intégration républicaine. Ce modèle repose sur la dissociation radicale du public et du privé, sur un principe d'égalité et de liberté qui aboutit à ne reconnaître dans l'espace public que des individus, et sur un mode de fonctionnement dans lequel les personnels concernés s'identifient non seulement à leur organisation, mais aussi à l'intérêt supérieur de la nation. Dire du modèle républicain qu'il est aujourd'hui en difficulté ne signifie pas nécessairement que

1. Voir, ici même, « Violence, médias et intégration : Strasbourg et le quartier du Neuhof ».
2. Cf. par exemple, à propos d'EDF, Michel Wieviorka, « Le modèle EDF : rétraction, déstructuration ou recomposition », in Hélène Meynaud (dir.), *50 Ans de sciences sociales à EDF*, Paris, La Découverte, 1996, p. 111-125.

ses valeurs sont devenues obsolètes ou contestées. Mais il est de plus en plus inadapté à ces valeurs, et de moins en moins conforme dans la pratique à son concept. La République n'offre plus à toute la population l'espoir d'une société plus égalitaire, plus libre et plus fraternelle, elle n'est plus en phase, dans son fonctionnement réel, avec ses promesses. L'une des sources de la violence est à rechercher dans cette disjonction entre l'idéal républicain et la réalité.

Avant même d'entrer dans l'analyse précise de l'expérience de la RATP ou de l'institution scolaire, on comprend déjà ce qui est une spécificité bien française : le fait que les violences urbaines prennent couramment pour cible des institutions ou des services publics, leurs locaux, leurs personnels, leurs moyens de transport. Dans d'autres pays, où de la même façon le chômage et l'exclusion sont à l'ordre du jour et où les rapports sociaux propres à l'ère industrielle se défont, la violence s'oriente différemment, et ses protagonistes ne sont pas tentés d'en découdre avec les institutions, précisément parce qu'ils n'en attendent pas ce qui en est attendu en France. Là où l'État est moins central et où la culture politique ne donne pas une priorité absolue au couple individu/État, les significations, sinon les modalités, de la violence urbaine sont différentes, même si ses espaces sont les mêmes : il règne par exemple une violence considérable dans les écoles américaines, mais celle-ci ne vise pas l'institution en elle-même ; les quartiers populaires de Milan ressemblent socialement à bien des égards à ceux des banlieues de l'Est lyonnais, mais en Italie on parle de criminalité, et bien peu de violence : il n'y a guère d'émeutes, d'agressions contre les institutions ou leurs personnels, essentiellement, comme l'a établi Paola Rebughini[1], parce que personne n'escompte de l'État qu'il prenne en charge les problèmes sociaux du quartier ou de la ville.

Ce qui nous ramène à la question de l'individualisme. A partir du moment où les institutions – et, au-delà, l'ensemble des organisations incarnant les principes de la République, donc une certaine conception de l'être-ensemble – s'affaiblissent, donnant l'image d'une crise de la socialisation, de l'ordre et de la solidarité, l'individualisme non seulement se renforce, mais, de plus, il laisse l'individu face à lui-même, soumis à la nécessité, et souvent à l'urgence, de vivre dans ce que Ulrich Beck a appelé la « société du risque[2] ». Là où l'individu est admis, mais en échec ou en difficulté, il peut éprouver le sentiment

---

1. Cf. *La Violence juvénile dans les quartiers populaires. Étude comparative des périphéries de Lyon et de Milan* (thèse), Paris, EHESS, 1998.
2. Cf. *Risikogesellschaft*, Francfort, Suhrkamp, 1982.

d'être responsable de cet échec et de ces difficultés, et il ne peut reprocher à l'institution ou à l'organisation, au fond, que de le mettre en face de ses propres limites et carences, ce qui, dans certains cas, débouche sur une violence qui peut être destructrice mais aussi autodestructrice. Là où il est sommé d'être efficient, il ne peut tenir sa place qu'au prix d'une tension permanente, comme l'a bien vu Alain Ehrenberg[1]; or l'affaiblissement des logiques républicaines de socialisation, d'ordre et de service public renforce l'impératif de performance dans toutes les sphères de l'existence, créant une émulation et un stress que libèrent certaines conduites de violence plus ou moins ludiques – par exemple les rodéos des banlieues lyonnaises. Là où l'individu participe de la culture dominante, qui veut que chacun soit autonome et capable de projet personnel alors que les moyens ou les perspectives lui font défaut, il est d'autant plus susceptible de devenir violent que les institutions ne lui proposent plus ni les normes et les règles ni les ressources qui lui permettraient de s'orienter et de se construire. Là où il est rejeté, il se sent méprisé, atteint dans sa personne, non reconnu, laissé-pour-compte de changements ou de processus que la République non seulement est impuissante à traiter, mais dont souvent la puissance publique exacerbe les effets en tentant d'y apporter des solutions : une des critiques touchant les politiques de la ville, par exemple, consiste à leur reprocher de stigmatiser les groupes ou les territoires auxquels elles s'appliquent, et qu'elles sont bien obligées de nommer.

Disons-le d'une phrase, la crise des institutions et des organisations incarnant l'idée républicaine contribue à la production de la violence en privant certains individus de l'accès aux ressources culturelles et sociales dont ils ont besoin pour construire leur trajectoire personnelle. La violence contemporaine n'est pas une spécificité française; ce qui l'est bien davantage, c'est l'affaissement d'un système institutionnel qui suscite d'autant plus le ressentiment et la rage que bien des intellectuels et des acteurs politiques continuent de vanter les mérites abstraits de la République.

La rétraction nationaliste

En matière de culture, le plus spectaculaire dans la déstructuration de la société française au fil des années 70 et 80 réside assurément dans la poussée du nationalisme, qui traduit un effondrement, dont on

---

1. Cf. *Le Culte de la performance*, Paris, Calmann-Lévy, 1991.

ignore s'il est ou non provisoire, des conceptions ouvertes et modernisatrices de la nation.

Tel Janus, la nation, comme cadre symbolique – imaginaire, a dit Benedict Anderson[1] – du fonctionnement des institutions et de la vie économique et culturelle, présente deux faces. D'une part, elle peut être adossée à la modernité dans ce que celle-ci présente de plus confiant, de capacité à se projeter vers l'avenir en s'ouvrant à l'extérieur et en s'associant à un idéal démocratique ou civique – dans le cas français, cette première face de la nation s'identifie constamment à l'universel et se rattache aux messages des droits de l'homme et du citoyen, ou du droit des peuples à disposer d'eux-mêmes. D'autre part, la nation peut se refermer sur elle-même, s'inquiéter du changement économique, se préoccuper d'ordre plus que de démocratie, et se livrer à des pulsions racistes et xénophobes.

Ces deux faces existent en France depuis deux siècles au moins – au point qu'on a pu parler des « deux France[2] » –, mais ce qui nous importe ici est le basculement, perceptible dans les années 80, qui s'est opéré au détriment de l'une, et au profit exorbitant de l'autre.

A quoi tient la montée du nationalisme, dont la transcription politique est donnée par les succès électoraux du Front national depuis l'élection partielle de Dreux en 1983 ? D'une part, à l'ensemble des éléments qui viennent d'être évoqués pour rendre compte de la déstructuration de la société française, à sa désinstitutionnalisation, à la crise économique, au déclin du mouvement ouvrier et à la perte des repères qu'apportaient les rapports sociaux propres à l'ère industrielle – quand le sens de l'existence n'est plus donné par la place dans les rapports de production, ou en référence au conflit qui les structure, un autre sens est cherché, qui peut être fourni par une thématique de la nation. D'autre part, à une sorte de raidissement face à ces enjeux, qui correspond à un intense sentiment d'une menace venue du dehors.

Ce sentiment s'est précisé, dans les années 90, en se cristallisant pour l'essentiel autour de l'image de trois dangers extérieurs. Le premier serait économique et a été mis en forme, idéologiquement, par les détracteurs de la « pensée unique », critiques du néolibéralisme et farouches opposants à une globalisation dont la France a découvert tardivement le concept. Le nationalisme économique, dans ses versions

1. Dans *Imagined Communities. Reflections on the Origin and Spread of Nationalism*, Londres, Verso, 1983.
2. Cf. Pierre Birnbaum, *« La France aux Français ». Histoire des haines nationalistes*, Paris, Éd. du Seuil, 1993.

de droite, mais aussi de gauche, considère que la mondialisation de l'économie est responsable de l'« horreur » dont a voulu rendre compte Viviane Forrester[1] ; il propose du fonctionnement des marchés, des échanges commerciaux, des flux financiers ou des stratégies des grandes entreprises, transnationales ou multinationales, une image extrême – mythique, a dit à juste titre Élie Cohen[2]. Le deuxième danger serait culturel, et tiendrait à l'internationalisation de la culture qui, sous hégémonie américaine, menacerait l'identité nationale, envahissant la vie intellectuelle, les loisirs, la communication de masse, imposant ses standards à la consommation. La « mcdonaldisation » de la France, mais aussi le recul de la langue française partout dans le monde, la pénétration de l'anglais sur le territoire national, le succès des industries culturelles étrangères seraient la conséquence d'une invasion dont le sentiment alimente un nationalisme culturel qui se nourrit lui-même de craintes du même genre, mais vécues à l'échelle de la région ou de la localité : le vote pour le Front national procède aussi parfois de la déstructuration de la culture locale, par exemple en Provence, sous l'effet de la spéculation immobilière et du tourisme de masse, ou en Alsace, du fait de l'ouverture de cette région à l'Europe. Ce qui nous conduit, précisément, au troisième danger, politique, auquel ne pourrait pour certains qu'aboutir la construction européenne, vécue alors comme une perte de souveraineté et une source de malheur pour l'économie et pour l'identité nationales.

Face à de telles appréhensions, et sur fond de crise sociale et institutionnelle, le nationalisme fédère les affects, tandis que la conception ouverte de l'idée de nation s'affaiblit. Le propre de la France est que ce nationalisme, lesté de thèmes sociaux qui lui donnent l'allure d'un populisme de droite, a trouvé une expression organisée capable de s'installer durablement et massivement dans le système politique, ce qui a une conséquence paradoxale sur la violence. Dans l'ensemble, nous l'avons vu, la violence d'inspiration nationaliste est faible : soit elle procède de groupes d'extrême droite autres que le Front national, et tout au plus susceptibles de s'installer dans son sillage pratique (à l'occasion de manifestations, par exemple) ou idéologique – mais son espace est limité, contrairement à ce qu'on observe, par exemple, avec les skinheads dans d'autres pays d'Europe ; soit elle se limite à des dérapages, en fait peu courants, dans lesquels le Front national ne contrôle pas totalement les affects de ses responsables ou militants. Le

1. Dans *L'Horreur économique*, Paris, Fayard, 1996.
2. Cf. *La Tentation hexagonale*, Paris, Fayard, 1996.

nationalisme du Front national distille un discours de haine et de ressentiment qui pourrait, dans une autre conjoncture politique, ou à un autre moment de sa trajectoire historique, déboucher sur des violences actives. Mais depuis le début des années 80, ses responsabilités directes sont faibles en matière de violence : on ne peut lui imputer ni terrorisme ni violences infrapolitiques. Par contre, son racisme, sa xénophobie et sa thématique générale de l'immigration – surtout lorsqu'elle se diffuse très au-delà de son électorat, par exemple avec l'idée de la « préférence nationale » – disqualifient les populations concernées et font partie de la violence symbolique qui peut générer de la violence concrète chez ceux (skinheads et autres groupes d'extrême droite) qui se sentent encouragés par la légitimité politique acquise par ces orientations. Et s'il est excessif de dire du Front national qu'il suscite directement des violences réactives en opposition à ses thèses, par contre il est fondé de dire qu'il contribue, en les diffusant, à alimenter le sentiment d'exclusion et de rejet des populations issues de l'immigration, qu'il est partie prenante de tensions politiques qui se soldent éventuellement par des violences sans qu'il soit directement concerné, impliqué ou visé – ainsi, nous avons rencontré des situations où l'agression dont étaient victimes, par exemple, des pompiers était expliquée sur le terrain par leur supposée appartenance au Front national.

Naissance d'une société

Reste à entrer dans le troisième temps de notre analyse socio-historique, celui qui s'intéresse non plus à la décomposition de l'ancienne société, mais à la naissance d'une nouvelle.

Depuis la fin des années 60, de nombreuses formulations d'une telle hypothèse ont été proposées par les sciences sociales, en termes généraux ou appliqués plus spécialement à l'expérience française. C'est ainsi qu'on a pu parler de « société post-industrielle », de « société post-moderne », de « société post-nationale », ou proposer l'idée d'un passage à la « surmodernité », à l'« hypermodernité » ou à la « modernité avancée ». Notre raisonnement n'entrera pas ici dans les débats qu'appelle cette floraison de notions et de concepts, dont l'ensemble a le mérite de nous obliger à penser le présent autrement que dans les catégories du passé ; il se concentrera sur deux points, particulièrement significatifs dans la perspective d'une analyse de la violence.

La fragmentation culturelle :
deuxième vague

A partir de la fin des années 60, nous l'avons dit, une première vague avait vu naître ou se redéployer des identités culturelles, observables dans l'espace public, et dont une des caractéristiques principales était la relative indétermination sociale : les juifs de France, les femmes, les acteurs régionalistes, etc., sont devenus des figures actives de la vie collective sans pour autant qu'on puisse associer nettement leurs demandes et leur affirmation culturelles à une thématique de l'exploitation ou de l'exclusion sociale. Tout change dans les années 80, lorsque l'immigration cesse d'être « de travail » pour devenir « de peuplement », selon l'expression de Stéphane Hessel[1].

La figure classique de l'immigré, jusque-là, était celle d'un célibataire mâle se préparant mentalement au retour, exploité dans les rapports de travail, surexploité par un marchand de sommeil, ou confiné dans un foyer. Le travailleur immigré était inclus socialement et exclu culturellement et civilement.

Avec le retournement économique du milieu des années 70 et la fin des « Trente Glorieuses », cette figure se transforme totalement : regroupement familial et chômage aidant, l'immigré, dans les représentations qui en circulent comme dans la perception qu'il peut avoir de lui-même, se retrouve désormais exclu socialement et dans une très grande ambivalence culturelle. Il est exclu socialement dans la mesure où lui-même et sa descendance – ceux dont on dit qu'ils sont « issus de l'immigration » – sont parmi les premiers à faire les frais du changement socio-économique. Et, culturellement, il est intégré à la culture nationale – souvent même parmi les plus ouverts à la culture internationale – en même temps que de plus en plus soucieux d'affirmer une différence ; celle-ci est alors de l'ordre de la production, et pas seulement de la reproduction.

L'intégration culturelle est dans l'ensemble rapide pour les populations issues de l'immigration récente, comme le suggèrent les données rassemblées par Michèle Tribalat[2], et dans notre ouvrage nous rencontrerons, chemin faisant, des « grands frères » qui incarnent jusqu'à la caricature le rêve petit-bourgeois à la française – une petite maison, une petite famille, un petit boulot –, ce qui ne les empêche nullement

---

1. Cf. *Immigrations : le devoir d'insertion*, rapport du Commissariat général au Plan, Paris, La Documentation française, 1988, 2 vol.
2. *Faire France*, Paris, La Découverte, 1996.

d'être, pour la plupart, des musulmans pratiquants. En même temps, le racisme et l'exclusion sociale contribuent à encourager ces mêmes populations à s'ethniciser, à se doter d'identités particulières, quitte à les inventer ou à les renouveler tout en « bricolant » à partir d'éléments traditionnels. A force de dire à des jeunes qu'ils sont différents, de leur interdire l'accès à la boîte de nuit du fait de leur faciès, ou l'accès à l'emploi du fait de leur nom ou de leur adresse, ceux-ci, même s'ils sont français, peuvent rechercher ailleurs que dans les perspectives d'une intégration qui leur est refusée le sens ou les repères de leur existence. Ce phénomène transite par de multiples chemins et aboutit à une production identitaire diversifiée s'exprimant dans la religion, la musique, le sport, etc. Il contribue à la fragmentation culturelle inaugurée dans les années 70, mais en y ajoutant une charge sociale. Et il est perçu, dans l'ensemble, comme singulièrement inquiétant par des pans entiers de la population, qui ne veulent y voir qu'un nouvel avatar des classes dangereuses, vite ramenées à l'image d'une menace précise : l'islam.

A partir de la révolution iranienne, nous l'avons vu, l'islam en général a été associé en France, dans l'imaginaire populaire, à l'islamisme radical, au terrorisme, à la violence la plus extrême, et depuis la guerre du Golfe (1990) l'islam de France est lui-même assez largement assimilé à ces images. Il y a là un ensemble de représentations dont la part de vérité ne doit pas masquer l'essentiel : avec l'islam se constitue en France une action qui cherche, selon diverses modalités, à combiner affirmation identitaire – en l'occurrence religieuse –, subjectivité individuelle des acteurs et participation à la modernité économique ou civique. Ce type d'action ébauche, avec d'autres, dans le domaine religieux, mais aussi ailleurs, un ensemble fragile, instable, d'affirmations et de revendications qui dessinent l'espace d'une conflictualité renouvelée. Cette conflictualité ne se réduit assurément pas à l'image de conduites de crise qui seraient commandées par les carences provisoires des institutions, ou par la conjoncture économique. Elle prolonge les mouvements identitaires nés à la fin des années 60, les transforme, les leste aussi de nouvelles significations, plus sociales, pour annoncer la naissance d'une nouvelle société. Parfois, elle semble se radicaliser pour prendre l'allure de la violence, mais, pour l'essentiel, elle en est l'opposé. Ce ne sont pas des jeunes pris en charge par une communauté ethnique ou religieuse, insérés dans des réseaux organisés et structurés, qui passent à l'émeute ou qui brûlent des voitures, mais bien davantage des victimes de la crise institutionnelle et sociale, livrées à elles-mêmes, au plus loin de toute identité collective forte en dehors de ce qu'apporte le sentiment d'appartenance à un territoire — cité, quartier ou ville.

Lorsqu'une société s'ébauche, que ses acteurs contestataires se cherchent et s'esquissent, comme ce fut le cas à la fin du XIXe siècle pour le mouvement ouvrier, la violence bénéficie d'un espace social et politique qu'elle perdra ensuite, avec le développement ultérieur des rapports sociaux. En même temps, les peurs et les fantasmes bénéficient eux aussi d'un large espace. C'est peut-être ce que nous vivons aujourd'hui avec le nouveau répertoire de la violence et la hantise largement fantasmatique des communautés, derrière lesquelles en réalité se profilent les nouvelles figures culturelles de la contestation sociale et politique.

Mais ajoutons ici une double remarque. La violence urbaine est souvent qualifiée de « juvénile », ce qui à première vue peut sembler inutile — ce ne sont à l'évidence pas les personnes âgées qui font des rodéos ou qui passent à l'émeute —, et elle est généralement imputée aux seuls garçons, ce qui n'est pas tout à fait juste car, dans les établissements scolaires, des filles aussi participent aux bagarres. Le caractère juvénile des violences mérite toutefois qu'on s'y arrête, car il nous met en face d'une caractéristique essentielle de l'évolution des années 70 à 90 en France : dans ce pays, en effet, a fonctionné au détriment des jeunes un véritable égoïsme générationnel, économique — comme l'a montré notamment Christian Saint-Étienne[1] —, mais aussi culturel. Ainsi, les jeunes dans ce pays sont bien plus perçus comme des classes dangereuses, susceptibles de créer des désordres et de la violence, qu'en Italie, où, comme l'a établi Paola Rebughini[2], ils sont davantage définis par leur mal-vivre et appellent beaucoup plus la compréhension. Parfois même, a signalé Philippe Bataille[3], le racisme dont souffrent les jeunes issus de l'immigration est d'abord un racisme antijeunes, une modalité des inquiétudes que suscite chez les plus âgés une culture juvénile à laquelle ils sont totalement étrangers. Il n'y a pas à déduire de cette remarque que la violence urbaine est l'action d'une génération s'opposant à une autre, ce qui serait d'autant moins fondé que la jeunesse est une catégorie en différenciation croissante. Il faut plutôt admettre que la violence s'inscrit dans une société qui a cru possible de traverser ses difficultés économiques sans se préoccuper suffisamment du présent et de l'avenir de sa jeunesse.

Le thème du genre mérite lui aussi qu'on s'y arrête : si les jeunes

1. Cf. *Génération sacrifiée. Les 20-45 ans*, Paris, Plon, 1993.
2. Cf. *La Violence juvénile dans les quartiers populaires*, op. cit.
3. Voir *Le Racisme au travail*, Paris, La Découverte, 1997.

filles participent peu à la violence contemporaine, en effet, ce n'est pas pour des raisons physiques ou biologiques, c'est surtout parce que, dans la mutation actuelle, elles se construisent différemment, comme sujet, que les jeunes gens, elles mobilisent d'autres ressources. Celles qui sont issues de l'immigration ou qui, tout simplement, vivent dans des quartiers populaires ne se sortent pas nécessairement mieux que les garçons de conditions d'existence défavorables : elles s'en sortent autrement.

De nouvelles conceptions
de l'action publique ?

Un autre signe de l'entrée de notre pays dans une nouvelle ère est le renouvellement, certes timide, de la pensée et de la pratique en matière de politiques sociales.

Ralentissement de la croissance et augmentation du chômage, bouleversement de l'environnement mondial et mutation technologique, changements dans l'organisation du travail, vieillissement démographique, transformations de la famille, etc. : pour des raisons que retracent bien Marie-Thérèse Join-Lambert et ses collaborateurs[1], les politiques sociales ne peuvent plus être pensées aujourd'hui comme elles l'étaient jusque dans les années 60, voire 70.

C'est ainsi que des débats renouvelés se sont intéressés à la question sociale et que des innovations ont été suggérées, voire apportées, par exemple avec la loi du 1er décembre 1988 sur le RMI[2] – dont l'originalité est d'associer un droit, qui débouche sur une prestation, et une démarche d'insertion, qui relève d'un engagement contractuel entre l'individu et la société.

Du point de vue qui nous intéresse dans cet ouvrage, les débats les plus novateurs et les plus importants, qui s'inscrivent dans le vaste ensemble des préoccupations relatives à la lutte contre les inégalités et l'exclusion sociale, portent sur l'équité et la discrimination positive, c'est-à-dire sur le bien-fondé d'une action visant de façon volontariste à corriger les inégalités dont souffrent certains groupes en accordant à leurs membres des ressources particulières, un pourcentage d'emplois réservés dans certaines entreprises… Formulé d'abord comme un principe susceptible de remplacer celui d'égalité, le thème de l'équité a,

---

1. Cf. *Politiques sociales*, Paris, Presses de Sciences-Po-Dalloz, 1997 (2e éd. revue et mise à jour).
2. Voir Pierre Rosanvallon, *La Nouvelle Question sociale*, Paris, Éd. du Seuil, 1993.

dans l'ensemble, été rejeté, après quelques succès au début des années 90[1]. Mais en plaidant pour des politiques inspirées par le souci d'équité, et donc pour des mesures spécifiques, concernant certains groupes ou certains territoires, en y voyant un moyen au service d'une fin – l'égalité – et non un substitut à cette dernière, les tenants de l'équité ont souligné les limites du discours républicain lorsqu'il tourne à l'incantation : il ne suffit pas, pour parvenir à l'égalité, d'en énoncer le principe abstraitement et de le traduire par des mesures mécaniques.

Des politiques pouvant reposer sur l'idée d'équité ont ainsi vu le jour, en matière scolaire avec les ZEP, inaugurées au début des années 80 par Alain Savary, ministre de l'Éducation, et qui sont source de moyens supplémentaires pour les établissements scolaires situés dans des territoires accumulant les difficultés sociales et culturelles, ou dans le cadre des politiques de la ville, avec par exemple les mesures en faveur des « zones sensibles », des « zones de redynamisation urbaine » et autres « zones franches » du pacte de relance pour la ville mis en application le 1er janvier 1997. Ces politiques entretiennent une relation, dont l'importance ne doit cependant pas être exagérée, avec la violence et le sentiment d'insécurité, qu'elles entendent combattre l'une et l'autre.

Elles exercent en effet une influence sur la violence qui peut à certains égards sembler paradoxale. Les politiques d'équité, pour être mises en œuvre, exigent que soient spécifiés et délimités les territoires ou les populations auxquels elles vont être appliquées, et tout projet suscite des attentes qui se transformeront en frustrations aiguës si elles ne sont pas entièrement satisfaites, ce qui est généralement le cas. Leur annonce puis leur réalisation sont parfois vécues du dedans, par ceux à qui elles s'adressent, comme une disqualification, voire une stigmatisation, et, du dehors, comme une injustice : « Si mon quartier, ou mon école, sont traités comme relevant de "zones en difficulté", cela les dévalorise, et me dévalorise aussi », se disent les uns, tandis que d'autres, « Français de souche » de milieux populaires extérieurs à ces mêmes territoires, peuvent trouver injuste que des moyens particuliers soient attribués à certains quartiers, ou à certaines écoles, ce qui veut dire à leurs yeux à des populations issues de l'immigration – mieux vaudrait, pensent-ils alors, une politique inspirée de l'idée de la « préférence nationale ».

---

1. Cf. notamment le rapport au Premier ministre de la commission présidée par Alain Minc, *La France de l'an 2000*, Paris, Odile Jacob, 1994.

La mise en place d'une politique d'équité suscite des attentes, des commentaires, des frustrations qui peuvent déboucher sur des tensions et des déplacements d'équilibres sociaux eux-mêmes susceptibles de contribuer à la production de la violence et du sentiment d'insécurité. Ce qui ne la disqualifie pas pour autant, ou pas nécessairement, car la violence qu'encourage éventuellement ce type de politique peut exprimer l'état naissant d'une conflictualité et le refus de ceux qui s'y livrent de voir leur existence minée par l'ennui et la perte de sens, et leur quartier sombrer dans la déréliction, le retrait passif ou l'abandon aux logiques plus ou moins mafieuses du trafic de drogue et d'objets volés.

Cette remarque doit être étendue, en fait, à l'ensemble des politiques de la ville et, au-delà, des politiques sociales. Contrairement à une idée sommaire, la violence ne régresse pas nécessairement lorsque des efforts, aussi efficaces qu'ils puissent être, sont déployés pour la prévenir et la réprimer ; elle peut aussi, paradoxalement, s'expliquer, au moins partiellement, par ces efforts : d'une part, le fait même qu'ils soient tentés est la marque d'un intérêt des pouvoirs publics et indique qu'une action, y compris violente, est susceptible d'accroître leur attention – en quelque sorte, de « payer » ; d'autre part, dans la mesure où ils visent à stimuler la formation d'acteurs sociaux – comme c'est le cas pour les politiques de la ville depuis le début des années 80 –, ils contribuent à donner naissance aux expressions pré-politiques et présociales de ces acteurs que constitue aussi la violence. C'est pourquoi le lecteur ne devra pas s'étonner de rencontrer, dans cet ouvrage, des situations où la violence urbaine surgit ou se maintient alors que la politique municipale, s'appuyant éventuellement sur les ressources de la politique nationale de la ville, prend à bras-le-corps et intelligemment les difficultés sociales et culturelles de la population ; inversement, il ne devra pas être surpris du peu de violence qui s'observe dans des situations de grande passivité du pouvoir local : le paradoxe n'est qu'apparent.

DEUXIÈME PARTIE

La République à l'épreuve

Les institutions en charge de l'égalité et de la solidarité tiennent de plus en plus mal leurs promesses. Dès lors, certains – acteurs politiques, journalistes, intellectuels – ne voient pas d'issue en dehors d'un appel renforcé aux principes républicains, ce qui débouche sur un « républicanisme » incantatoire et répressif confinant au ridicule lorsqu'il fait porter la responsabilité de la crise à ceux qui en proposent l'analyse ou le diagnostic. D'autres, à l'opposé, en appellent à un libéralisme supposé assurer une véritable purge en délestant l'État d'une part importante de ses responsabilités actuelles au profit du marché et d'acteurs économiques privés.

Le républicanisme ne veut voir que des « bonnes » institutions menacées et affaiblies du dehors par la décomposition du lien social, la marginalité, la délinquance et la violence ; le libéralisme économique trouve à bien des égards utile la désinstitutionnalisation contemporaine. Entre ces deux extrêmes, le débat et la pratique laissent place aussi à des orientations et des politiques de changement, soucieuses de promouvoir des transformations suffisamment décisives pour autoriser la réarticulation des valeurs universelles de la République et des modalités concrètes de leur réalisation.

Notre recherche va maintenant s'intéresser, très pratiquement, aux éventuelles responsabilités de certaines institutions dans la production de la violence et à la façon dont elles élaborent, ou non, des politiques actives leur permettant d'y faire face en s'autotransformant. Le lecteur trouvera tout au long de ce livre des éléments d'analyse qui concernent diverses institutions, à commencer par la police nationale. Dans cette deuxième partie, il lui est proposé un examen plus systématique de deux d'entre elles. Nous aborderons d'abord l'expérience d'une grande entreprise publique, la RATP, d'autant plus intéressante qu'elle est directement au contact des quartiers populaires ; nous envisagerons ensuite l'école publique, institution que ses fonctions classiques de socialisation placent au cœur des interrogations contemporaines sur l'intégration républicaine.

Face à l'insécurité, la médiation ?
Les « Grands Frères » de la RATP

La RATP touchée par l'insécurité

Depuis le début des années 90, la RATP est confrontée à une augmentation du sentiment d'insécurité sur son réseau de bus de banlieue, et plus particulièrement en Seine-Saint-Denis : jets de projectiles et dégradations, incivilités, chahuts, altercations, insultes et jets de gaz lacrymogènes, agressions de machinistes, de voyageurs. Elle dénombre par an sept cents à neuf cents agressions, vols et tentatives de vols visant les agents, avec une augmentation de 50 % entre 1992 et 1995, et estime que le taux de fraude est de 15 ou 20 %, soit plusieurs centaines de millions de francs de manque à gagner par an[1].

Les fiches d'incidents rédigées par les responsables prévention-sécurité des centres-bus[2] sont parlantes, comme en témoignent ces extraits : « Au terminus La Courneuve, un projectile de nature et de provenance indéterminées brise une vitre latérale gauche. Aucun blessé. Une plainte sera déposée » ; « A l'arrêt Gabriel-Péri, un individu gifle le machiniste sous prétexte que celui-ci avait refusé de s'arrêter à sa hauteur » ; « A l'arrêt Casanova, deux individus non identifiés ont aspergé de gaz lacrymogène l'intérieur du bus. Le machiniste incommodé est transporté à l'hôpital » ; « Des lycéens brisent une vitre latérale droite en chahutant. Aucun blessé. Une plainte sera déposée. »

Ce n'est pas la première fois que la « banlieue » fait ainsi irruption sur le réseau de la RATP. Dans les années 80, la floraison de tags sur les voitures et dans les stations du métro et du RER avait fait grand

---

1. Sources : RATP, *Statistiques et Analyses relatives à la délinquance liée aux personnes sur les réseaux RATP*, département Environnement et Sécurité, 1993 ; RATP, *Rapport annuel, 1995*.
2. Le réseau bus de la RATP est organisé autour de « centres-bus », responsables chacun d'une dizaine de lignes de bus et des véhicules et machinistes correspondants.

bruit et suscité un débat au sein de la RATP sur les tensions produites par la rencontre entre un idéal de service public « sûr », « propre », « laborieux », « réglé », et un imaginaire et des pratiques urbaines de plus en plus métis, transgressifs, identitaires et juvéniles[1]. Mais à une culture de banlieue qui, avec les tags, pouvait se voir reconnaître une légitimité en dépit de son aspect transgressif, succède désormais une violence sociale et urbaine plus dure et qui suscite un sentiment croissant d'insécurité au sein du personnel. Cela se traduit par une augmentation des arrêts spontanés de travail, par des troubles psychologiques (dépressions, phobies), et par le développement des propos racistes et lepénistes à l'encontre de certains voyageurs.

Tensions et problèmes internes

A première vue, il peut paraître injuste et paradoxal de dire des entreprises de transports publics en général, et de la RATP en particulier, qu'elles ont leur part de responsabilité dans la production de telles violences et dans l'extension du sentiment d'insécurité que celles-ci alimentent. Une telle affirmation heurte le sens commun, qui voit plutôt la violence entraver le bon fonctionnement de ces entreprises et qui constate qu'elles déploient des efforts, en particulier de contrôle et de répression, pour endiguer les conduites délinquantes, le désordre et l'insécurité. Pourtant, le raisonnement d'ensemble qui a été proposé dans le chapitre précédent doit être appliqué à l'expérience de ces entreprises.

A un premier niveau, leurs personnels sont susceptibles de contribuer à la montée des tensions et aux violences des jeunes du fait de leurs propres difficultés sociales et culturelles. Ainsi, comme le montrent les travaux d'Olivier Schwartz[2], les chauffeurs de bus de la RATP, malgré la stabilité d'emploi que leur assure leur statut, ne se vivent pas comme étant situés du bon côté des lignes de fracture sociale. Certains sont surendettés car ils ont voulu sortir des HLM et accéder à la propriété de leur logement alors que leurs ressources, même cumulées à celles d'une conjointe salariée, ne les autorisaient à acquérir un pavillon ou un appartement qu'au prix de grands sacrifices sur les autres postes de leur budget et en empruntant massivement.

---

1. Cf. Michel Kokoreff, « Tags et services publics : de la nature du trouble aux ripostes », *Les Cahiers de la Sécurité intérieure*, n° 5, 1991.
2. « Sur la question corporative dans le mouvement social de décembre 1995 », *Sociologie du travail*, n° 4, 1997.

Dans l'ensemble, ils n'ont pas de perspective de carrière et la plupart seront chauffeurs de bus jusqu'à la retraite, à moins de passer auparavant en inactivité. Beaucoup, de plus, ont le sentiment de ne pas pouvoir offrir d'avenir à leur progéniture, alors qu'eux-mêmes sont les enfants d'une époque de croissance et de plein emploi et que, parfois, ils ont été embauchés à la RATP parce qu'un parent y travaillait déjà. Le ressentiment peut encore s'accroître chez ceux qui croient vivre une dégradation morale, une perte de statut du fait qu'ils conduisent sur des lignes traversant des banlieues dégradées. Par ailleurs, ces personnels au contact direct de la crise urbaine n'ont pas reçu une formation adaptée aux conditions sociales et psychosociales des transports en commun d'aujourd'hui et ne sont pas bien préparés à traiter avec la partie de la clientèle qui chahute à la sortie des classes, qui peut être agressive et qui, par ses expressions culturelles ou par le faciès, est à leurs yeux la marque de la transformation de l'univers traditionnel du pays. Pour ces raisons, et pour d'autres, ces personnels sont assez couramment racistes, hostiles aux immigrés, ce qui a pu donner l'idée au Front national de s'implanter syndicalement à la RATP. Dès lors, on imagine bien comment un chahut de collégiens à la sortie des cours, au moment de monter dans le bus, une remarque ou l'attitude un peu provocante d'un jeune issu de l'immigration, un début d'altercation entre passagers, ou même une fatigue passagère, un simple énervement de la part d'un chauffeur peuvent se transformer en accident plus grave, sur le mode de l'interaction immédiate que nous retrouverons à propos de l'école, ou avec un écart dans le temps. De même encore, on perçoit bien comment l'agressivité de certains chauffeurs, ou un racisme à peine voilé, peut alimenter en retour la colère, puis la violence de jeunes.

A un deuxième niveau, l'organisation de l'entreprise est en cause. Ainsi, à la RATP, les chauffeurs de bus ont-ils le sentiment d'être mal aimés ou maltraités par leur direction, et de vivre un processus continu de détérioration de leurs conditions de travail. L'évolution de l'organisation du travail fait que le chauffeur est désormais, la plupart du temps, le seul agent de la RATP dans son bus. Le passage, dans les années 80, à une logique commerciale, le souci constant de la rentabilité et de la productivité sont vécus comme une dégradation pesant sur les horaires, les conditions de la conduite, le côté humain du métier. Les relations fortes entre syndicats et direction, les procédures, à bien des égards bureaucratiques et hiérarchiques – parfois même de type militaire –, sont inadaptées à la logique commerciale, qui appelle d'autres attitudes à l'égard d'usagers devenant des clients, de la souplesse, de la flexibilité, l'externalisation d'activités traditionnelles, confiées à l'intérim et à la sous-traitance, ainsi que le recours croissant au travail hors statut (CES, emplois-jeunes, etc.). La modernisation, tentée dès les années 70 par la direction, l'idée d'introduire du management participatif, la pratique du partenariat avec d'autres acteurs, la nécessité de prendre en charge non seulement le transport, mais aussi la tranquillité des passagers, de devenir un acteur parmi d'autres des politiques de la ville sont autant de changements majeurs qui se sont mis en place sur fond d'une crise financière dont la gravité est apparue au milieu des années 90 (chute des recettes et baisse du trafic à partir de mai 1995, renforcées par les conséquences sur le public des attentats dans le métro au cours de l'été, puis par le manque à gagner lors des grèves de novembre-décembre). La direction, poussée par la contrainte financière, entend renforcer sa logique commerciale et la productivité, et demande à chacun de participer à l'amélioration des résultats de l'entreprise et de lutter contre la fraude, qui est croissante. Ce qui crée, ou renforce, les tensions au sein de l'entreprise, se heurte à un syndicalisme sur la défensive et explique certainement, au moins en partie, la combativité des chauffeurs de bus dans le mouvement de grève de 1995, dont ils furent une figure décisive. Le personnel, en particulier, a le sentiment d'être traité sur un mode hiérarchique – « comme des numéros matricules », dit un agent – alors qu'on lui demande de traiter les usagers comme des personnes, des sujets.

La RATP est tiraillée entre deux orientations inquiétantes. La première s'apparente au néocorporatisme, version dégradée du service public dans laquelle personnel et direction, alliés, défendent leurs intérêts spécifiques et ceux du développement de l'entreprise tout en appartenant au monde de l'État et en se réclamant d'une légitimité universelle. La seconde est celle du primat absolu de l'efficacité et de la productivité, qui s'écartent de la logique du service public au profit de critères de rentabilité pouvant être dictés aussi bien par les choix des dirigeants de l'entreprise que, paradoxalement, par les demandes et les injonctions de l'État, qui fixe à bien des égards sa politique, notamment en matière tarifaire.

Ce qui nous conduit directement au troisième niveau de l'analyse de la part prise par la RATP dans la production de la violence urbaine. Cette entreprise, en effet, éprouve quelque peine à confirmer dans les faits son identification au service public, d'une part en raison des transformations et des difficultés de son organisation et de son mode de fonctionnement, d'autre part parce que s'est brouillée la notion même de service public, qui définit le sens le plus élevé de sa mission.

La tarification en particulier, conçue pour l'essentiel en période de croissance et de plein emploi, est inadaptée aux attentes des chômeurs et, plus encore, des jeunes des quartiers de relégation. Faute de moyens, ou tout simplement parce qu'ils trouvent exorbitant le prix du transport, certains cessent de se déplacer, ou se déplacent moins, s'excluant davantage encore du marché du travail ; d'autres fraudent, avec éventuellement les satisfactions psychologiques qu'apporte cette pratique dans sa dimension ludique de prise de risques. Et le ressentiment diffus, que renforcent les contrôles et qu'exacerbe le sentiment d'une desserte non équitable ou insuffisante, peut se solder, à l'occasion, par des violences (« caillassages » de bus, par exemple) qui viennent signifier à la RATP la crise de son identification au service public.

Il est vrai que la tarification et, jusqu'à un certain point, la politique de desserte ne sont pas du seul ressort des dirigeants de l'entreprise et que ses décisions sont subordonnées aux injonctions de la puissance publique, mais c'est elle, ses personnels, ses moyens de transport qui sont perçus comme s'écartant de l'idéal du service public.

Prise entre des impératifs de service public et une logique d'entreprise, en relation avec toutes sortes d'acteurs et devant satisfaire une « clientèle » aux attentes diversifiées, voire éclatées, ne pouvant plus incarner de manière homogène un service public dont la notion elle-même semble en crise, la RATP est un acteur de la ville, et plus seulement une institution. Comme organisation en cours de désinstitutionnalisation, elle a sa part dans les tensions dont les débouchés peuvent être la violence d'un côté, le sentiment d'insécurité de l'autre. Et, comme acteur, elle a un rôle dans les politiques qui tentent de faire face à ces problèmes.

Une politique de médiation : les « Grands Frères »

Parmi ses efforts pour contrer la violence et le sentiment d'insécurité, la politique de médiation de la RATP mérite tout notre intérêt. Elle consiste à faire intervenir des intermédiaires qui évitent la montée des tensions et les incidents violents dans des situations où le face-à-face des jeunes et du personnel ou de la clientèle plus âgée risquerait de déraper. C'est ainsi que, recrutés dans les quartiers populaires, issus de l'immigration, disposant d'un savoir-faire acquis dans la rue et dans les cités, mais aussi parfois dans le travail social, des « Grands Frères » circulent trois par trois dans les bus : ils calment le jeu lorsque c'est nécessaire et leur seule présence, bien souvent, suffit à assurer un sentiment accru de sécurité. Ces intermédiaires constituent un excellent analyseur du rôle de la RATP dans la production de la violence et de sa capacité à y faire face. Ils sont en effet dans une situation idéale, à la fois internes au système et externes, faisant penser à la figure de l'étranger tel qu'il est décrit par Georg Simmel : présent et distant, partie prenante de l'organisation qui l'accueille et dans un rapport singulier avec elle. C'est pourquoi nous avons mis sur pied un dispositif d'intervention sociologique qui place les Grands Frères, acteurs de l'insécurité et de la lutte contre l'insécurité, au cœur de l'analyse de la RATP.

Dénommés « Grands Frères » à l'origine, puis « agents de prévention et de médiation sociale »[1], les acteurs avec qui nous allons maintenant analyser l'insécurité ont pour première caractéristique d'être en situation d'interface dans les bus. Le dispositif de médiation qu'ils constituent a été mis en place par la RATP en 1994 par l'intermédiaire d'une association d'insertion, l'Association pour une meilleure citoyenneté des jeunes (APMCJ), pour faire face à la multiplication des incivilités et des chahuts des jeunes voyageurs et des « scolaires » dans les bus de la banlieue nord. A l'époque où commence la recherche, en 1996, ils sont en tout soixante garçons de 25 ans en moyenne. Presque tous sont d'origine populaire, avec en général un père ouvrier et une mère au foyer. Un tiers a grandi dans le pavillon familial, les autres en HLM. La plupart sont d'origine maghrébine ou d'Afrique noire (environ 20 %), quelques-uns viennent des Antilles ou d'Asie (Laos). Les deux tiers ont la nationalité française et tous ont été scolarisés en France depuis la maternelle ou l'école primaire. Les deux tiers ont un CAP ou un BEP, 10 % n'ont aucun diplôme, et 20 % ont le niveau baccalauréat ou plus (BTS). Certains ont des frères et sœurs qui ont réussi : cadres, juge, avocate. La moitié est mariée ou vit maritalement (certains sont déjà pères). Une minorité est passée directement de la fin des études aux Grands Frères. Pour la plupart, l'embauche comme Grand Frère survient après une période plus ou moins longue de précarité, de petits boulots et de chômage. Beaucoup peuvent se prévaloir d'une réelle expérience de travail pendant plusieurs mois ou plusieurs années : comme chauffeur-livreur ou coursier, agent de sécurité, cuisinier, coupeur en confection, manœuvre dans le bâtiment, dans le tri postal, installateur en téléphonie, employé de banque, manager d'une succursale d'entreprise de livraison de pizzas à domicile. Deux veulent bien signaler un passé de dealer occasionnel (haschich). La plupart ont

---

1. Comité de prévention et de sécurité RATP-APMCJ, *Rapport d'activité 1995*.

une pratique de l'animation (plusieurs sont diplômés) et des arts martiaux (judo, boxe), parfois au plus haut niveau (sous les couleurs de l'équipe de France). Ils sont dans leur grande majorité de culture musulmane (ils connaissent les rites, respectent plus ou moins le ramadan et les interdits alimentaires), mais seulement moins d'un tiers sont pratiquants (c'est-à-dire font plus que respecter le ramadan : ils prient, vont à la mosquée, étudient le Coran – très peu cependant savent lire l'arabe).

Parmi ces Grands Frères, une dizaine participe volontairement à notre recherche proprement dite, qui prend la forme d'une intervention sociologique[1]. Dans le groupe ainsi constitué, sept sont d'origine maghrébine, les autres sont d'origine africaine, asiatique et antillaise. Métis culturels, ces jeunes adultes en situation d'insertion professionnelle forment une « élite de la galère » parvenue au seuil de la classe moyenne. Pour l'instant salariés « hors statut », la plupart souhaitent entrer à la RATP pour l'intérêt du métier, mais aussi pour les avantages du statut : ils se verraient bien machiniste, agent de sécurité, contrôleur ou chef de station. Les autres préféreraient l'animation municipale ou le monitorat sportif.

Entre le monde ouvrier et immigré de leurs parents et celui de leur jeunesse française, entre leur expérience des banlieues populaires et les logiques d'une entreprise publique de transports, ils sont au carrefour des difficultés des banlieues et de la mutation de la RATP. L'intervention sociologique va les placer en situation de débattre puis de réfléchir à leurs pratiques, à l'action de la RATP, à l'insécurité et la violence. Au cours de six journées de discussions réparties sur plusieurs semaines, leur groupe va rencontrer successivement des syndicalistes et des dirigeants de la RATP, des responsables de la police et de l'Éducation nationale, un journaliste et un étudiant d'origine maghrébine, des militants associatifs, un imam, un chef d'entreprise et un jeune dealer. Il va aussi, au cours de séances « fermées » (sans interlocuteurs), engager, à l'invitation des chercheurs, un processus d'analyse apportant un éclairage utile sur leur action, mais aussi sur les limites et les carences du service public contemporain.

---

1. Sur la méthode d'intervention sociologique, cf. Alain Touraine, *La Voix et le Regard*, Paris, Éd. du Seuil, 1978.

La RATP, partie prenante de la violence
qu'elle combat

Prendre le bus en banlieue

Affectés par groupes de six ou neuf dans les centres-bus les plus concernés, vêtus d'un blouson Schott (prisé dans les banlieues) et arborant un badge RATP, mais sans délégation d'autorité concernant la fraude, les Grands Frères assurent par équipes de trois une présence continue sur les lignes entre 8 heures et 18 heures. L'observation en leur compagnie de l'expérience quotidienne des bus de banlieue permet de saisir le contexte de leur mission, qui se révèle, selon les moments, ordinaire, juvénile, morose ou agressif.

Ordinaire : personnes âgées se cramponnant aux barres du bus avant de s'asseoir ; retraités de toutes origines ethniques bavardant entre connaissances ; femmes lestées de jeunes enfants, de cabas et de poussettes pliantes autour des grandes surfaces et les jours de marché ; étudiants en transit entre l'université et le RER ; visiteurs de l'hôpital et usagers de la préfecture ; vieux Maghrébins ou jeunes Noirs échangeant des salutations formelles ; jeunes filles qui ne manquent pas d'être remarquées ; habitués du matin ou du soir.

Juvénile (à l'heure notamment des sorties de collège) : bousculades, noms d'oiseaux, chahuts, rires et interpellations, provocations, fraude collective, dégradations (purge des portes, ouverture des fenêtres, salissure des sièges).

Morose : attente des bus et incertitude quant à leur arrivée ; inconfort des arrêts plus ou moins dégradés ; tristesse de leur emplacement (sous un pont autoroutier, en friche industrielle, battu par les vents de la Plaine-Saint-Denis) ; distance entre les arrêts et fatigue en raison d'un bus raté ; application rigide des consignes, mauvaise humeur, peur ou mauvaise grâce de la part d'un machiniste, ressenties alors comme une agression personnelle. Pour la clientèle « captive » dépendant des transports en commun, l'endurance de tous les jours recouvre un ressentiment plus ou moins refoulé, plus ou moins exprimé.

Agressif : frustration, lassitude, ressentiment, sentiment d'exclusion et de mépris sont partagés aujourd'hui dans les banlieues populaires, par ceux qui y vivent comme par ceux qui y travaillent (principalement dans les services publics), et se prolongent chez certains par une vive agressivité. A tout moment, avec ou sans prétexte visible, la violence peut surgir : un automobiliste mécontent d'une manœuvre frappe un machiniste ; un chahut de collégiens mal maîtrisé par le machiniste dégénère et tourne aux insultes et aux dégradations ; un machiniste insécurisé dit un mot de trop (raciste, antijeunes, méprisant), et les coups partent ; une question de préséance entre voyageurs tourne à la rixe à l'arme blanche ; un contrôle sévère des billets est suivi d'un « caillassage » en règle des bus suivants ; un refus d'ouverture des portes entre deux arrêts, et l'altercation éclate ; des agents de sécurité de la RATP zélés suscitent des représailles ; une « petite frappe » cogne sans prévenir, etc. [1]

Les paradoxes du dispositif « Grands Frères »

Précarité des « médiateurs »

Les tâches *prescrites* aux Grands Frères par la RATP sont limitées (gestion des sorties de collèges, dialogue avec les jeunes) et banalisées (sécurisation par la présence, application de la « police des voitures »). Mais, dans les bus, les Grands Frères, identifiés par leur tenue et leur badge, doivent faire face à toutes les situations, et les tâches *réalisées* sont nombreuses et complexes, faisant appel à des compétences relationnelles, langagières, gestuelles et techniques qui ne sont pas banales. Les interactions dans les bus, en effet, se déroulent dans un monde d'« embrouilles » potentielles qui ne demandent qu'un prétexte pour être activées, tant les codes précis de construction du contact ne bordent qu'en surface une agressivité vite lâchée. D'où la dérégulation instantanée dès qu'il y a rupture, malentendu, décalage : le basculement dans l'agressivité ou dans la violence peut être très rapide. La compétence cachée des Grands Frères est dans leur maîtrise de l'art des interactions désamorçantes, indispensable face à des gosses excités et des petits durs qui « se la jouent » ou qui « se font des films ». Les membres du groupe sont sur ce sujet intarissables.

Tarek : « Je vous assure que les sorties d'écoles, elles sont impeccables. Les jeunes nous connaissent bien, ils mettent des vrais tickets, parce qu'avant que les Grands Frères arrivent, les chauffeurs disaient, en voyant les mômes : "Mais ça n'existe pas ce truc, c'est irréel !" »

Djamel : « Il y a beaucoup de boulot dans le bus. On n'est pas là

---

1. Toutes ces situations sont réelles. Elles ont été recueillies au cours de l'enquête et dans divers articles de journaux – par exemple : « Deux ados frappent un machiniste », *Libération*, 12 juin 1996.

seulement pour les tickets. On aide les personnes âgées, il y a des gens qui sont en sang, il y a des gens bizarres. On doit aussi affronter les toxicos, on n'est pas préparés, on n'est pas spécialistes des intoxications. On est tout à la fois, c'est comme des voitures 4 × 4, on est tout-terrain. Il faut qu'on s'adapte à toutes les situations. Dès qu'il se passe quelque chose, on est obligés de le faire passer. »

Nabil : « C'est quand même difficile pour un machiniste de dire à une bande de jeunes qui monte : "Montrez-moi votre titre de transport." Nous, quand on est là, on arrive à le gérer. »

Noredine : « Quand on a été embauchés par rapport à certains critères, sans avoir de "formation pédagogique", on s'en est toujours bien sortis. On n'a jamais été agressés, on a sauvé des vies. Et pour ça pas besoin d'une fausse formation. Des soi-disant formateurs, pourtant d'un certain âge, qui ont vécu, vous les mettez dans certaines situations, ils sont en panique. Tandis que nous, soi-disant des jeunes issus des banlieues, des Maghrébins, des Noirs, on arrive à s'en sortir, même dans des cas parfois extrêmes. »

Le décalage entre les tâches et compétences prescrites et la réalité du travail fonde une revendication de reconnaissance. Les Grands Frères attendent de la RATP qu'elle prenne acte de leurs compétences en termes de qualification. Cette demande correspond bien sûr à leurs intérêts de salariés, mais, plus profondément, il s'agit de la légitimité même de leur travail, à leurs yeux comme à ceux auprès de qui ils interviennent. On est ici au cœur du paradoxe d'une mission de sécurisation et de prévention qui s'appuie sur des agents eux-mêmes insécurisés dans leur travail et leur emploi.

Ahmed : « On fait notre boulot mais on est un peu écœurés parce qu'on sait que ce boulot, il ne sera jamais reconnu. »

Noredine : « J'étais choqué quand, dans une réunion, un Grand Frère a eu l'audace de demander une augmentation, et qu'est-ce qu'on nous a dit ? Qu'on leur devait quelque chose ! Que c'est eux qui nous ont donné et que c'est nous qui devons quelque chose ! Après, on nous a parlé de la citoyenneté, de la République ! Franchement, j'étais déphasé ! »

Saïd : « Le but, c'était de travailler au SMIC et à la fin d'avoir une garantie, mais cette garantie, on ne l'a pas ! Le SMIC ce n'est pas intéressant pour nous : on dit que c'est un tremplin, mais si après il n'y a rien pour atterrir dessous, on reste dans l'air toute notre vie ? »

Charles : « On rentre aux Grands Frères, après on nous fera un contrat "Réseau Plus", on sait qu'on n'a pas d'avenir là-dedans, à force c'est lassant. On sera toujours payés à coups de lance-pierres, on travaille dur pour une misère et on sait qu'il n'y aura rien au bout. Pour moi, le but c'est d'arriver à quelque chose, petit à petit, pas de rester au même niveau, stagner ! Mais ce boulot-là, on n'a aucune reconnaissance, on ne peut pas bouger. La plupart du temps, quand quelqu'un travaille dans une entreprise, il veut une reconnaissance, devenir chef, mais là rien du tout ! On nous fait des réunions pour nous endormir, mais ce n'est pas possible, il y a un malaise, on ne sait pas qui commande les pions. »

Ainsi le dispositif Grands Frères est-il traversé par un paradoxe : comment être acteur de la sécurisation lorsqu'on est soi-même placé en situation d'insécurité sociale et professionnelle ? Comment être acteur de la prévention et de la médiation lorsqu'on n'est pas reconnu par l'institution dont on porte le message ?

La reconnaissance « statutaire » de la médiation assurée par les Grands Frères se heurte à deux obstacles qui nous renseignent sur la RATP : d'abord, l'hostilité syndicale aux formules d'embauche dérogatoires au statut de la RATP ; ensuite, l'incapacité de la RATP à financer plus avant ce dispositif et à intégrer de façon volontariste les Grands Frères ayant fait leurs preuves. Pour le responsable de la CGT reçu par le groupe, le dispositif, sous sa forme connue, propose une version dégradée de ce que devrait être une véritable politique de sécurisation, de prévention et d'insertion professionnelle qui tiendrait compte des spécificités des missions et des compétences requises dans un cadre de forte reconnaissance institutionnelle : « Avec le succès des Grands Frères, démonstration est faite que le renforcement du personnel sur le réseau est positif, comme ç'avait été le cas dans le métro en 1982. Mais l'expérience du métro a été arrêtée par la direction parce que ça coûtait trop cher, et aujourd'hui ils nous font la même opération dans le bus, mais en la dégradant pour que ce ne soit pas cher. Quand je dis que c'est du Mercurochrome sur une jambe de bois, c'est que si on dit que l'accompagnement des machinistes et la prévention sont nécessaires, on revoit complètement la politique des personnels et de la sécurité au sein de la RATP, mais on ne procède pas de cette manière. » Un cadre de la RATP apporte son explication de la prudence patronale, qu'il lie aux contraintes budgétaires : « Je pense que le système est pervers parce qu'on vous embauche sur des contrats précaires, sans issues programmées. Mais il faut voir les contraintes : l'État et le ministère des Finances disent "Trente-huit mille agents, point ; pour le reste vous vous débrouillez." Je préférerais que vous ayez un statut, que ce soit reconnu comme un métier, comme un travail d'agent commercial en fait, cela vous donnerait des perspectives. Cela étant, le fait que vous soyez là, c'est que l'entreprise a déjà réfléchi en fonction des contraintes imposées par l'extérieur, et qu'elle essaye de trouver des réponses même si elles ne sont pas complètement satisfaisantes. »

Ethnicisation de la médiation

Dès son lancement, le dispositif des « Grands Frères » a été défini par la RATP en termes explicitement « ethniques ». Une grande partie des jeunes « perturbateurs » dans les bus étant d'origine immigrée (Afrique noire et Maghreb), les promoteurs de l'opération ont considéré que les jeunes gens recrutés, eux-mêmes descendants d'immigrés, pouvaient adopter la figure d'autorité du « grand frère », propre, était-il supposé, à ces cultures d'origine : « Dans certaines cultures, lorsque le rôle éducatif du père fait défaut, c'est à l'aîné des enfants de prendre en charge l'éducation de ses cadets, d'où le nom de "Grands Frères" donné ici aux jeunes gens recrutés pour ce type de mission[1]. » Cette orientation culturelle, ethnique, de la médiation se retrouve dans la définition de leur mission : « Les Grands Frères ne sont pas une alternative aux forces de sécurité, mais, ne faisant pas partie de la RATP, et connaissant bien la culture, voire l'identité des éléments perturbateurs, ils peuvent apporter une aide originale et efficace dans les zones devenues incontrôlables. » Dans la présentation du dispositif, on trouve ainsi une conception où l'insécurité urbaine procède d'une extériorité étrangère et menaçante, retranchée dans des territoires et hostile au monde « normal » de la société française, représenté par les services publics et leurs agents[2]. Cette « ethnicisation » de la médiation a été renforcée par un mode de recrutement par cooptation au sein d'un réseau associatif et sportif propre à l'APMCJ, et conduisant à définir un profil *de fait* prioritairement masculin et « immigré »[3].

A la suite d'une série d'agressions durement ressenties, et alors qu'ils attendaient un renforcement des moyens de sécurité « classiques », les machinistes ont vu monter dans leurs bus, sans explications, des Grands Frères basanés en blouson noir, qui plus est étrangers à la RATP ; il n'en fallait pas plus, dans le climat d'exaspération, de peur et de racisme ambiant, pour que l'assimilation se fasse entre la

---

1. Comité de prévention et de sécurité RATP-APMCJ, *Rapport d'activité 1994*.
2. Cf. Didier Bigo, « Du discours sur la menace et de ses ambiguïtés », *Les Cahiers de la Sécurité intérieure*, n° 14, 1993.
3. Ce mode de cooptation explique également le caractère uniquement masculin des « agents de médiation » de la RATP, à l'inverse de ce qui se passe sur d'autres réseaux (comme au Havre), où un recrutement et des équipes mixtes ne font pas apparaître de difficultés particulières liées à la présence de filles dans les équipes de médiation.

« racaille » quotidiennement transportée et des « Grands Frères » à l'apparence semblable : « Le sentiment qu'on avait à l'époque, explique un syndicaliste reçu par le groupe, et qu'on a exprimé à la direction, c'est que l'utilisation des Grands Frères, c'était en gros la prime aux chefs de gangs : on embauche un chef de bande à l'intérieur du bus pour pouvoir passer dans les quartiers à problèmes. » « J'étais récalcitrant, dit pour sa part un machiniste. C'était des gens des cités qui nous avaient agressés et qu'on allait prendre pour mettre de l'ordre ! C'est la racaille qui garde la racaille ! »

Du côté des Grands Frères, cette appellation ne recouvre aucune pratique particulariste : « J'ai été animateur en colonie, et si un môme a un problème, qu'il soit garçon ou fille… si une fille vient pour des règles douloureuses, je vais l'embrayer sur une animatrice ou une infirmière, je verrai qui est plus apte à répondre. Nous, c'est pas un groupuscule ou un gang ! On ne va pas faire du sectarisme, si y a un petit qui a un problème, je ne vais pas regarder s'il s'appelle Toufik. » Et si l'islam est une ressource personnelle précieuse et utile dans le travail, la croyance est soigneusement séparée des activités publiques, en particulier dans le travail : « La religion, ça sert dans le travail, parce qu'on a le devoir de respecter autrui, de faire comprendre à la personne de respecter autrui. Bien sûr que ça a à voir ! Moi ça m'aide ! Je sais que je dois respecter la personne en face telle qu'elle est. Même si elle m'insulte, je dois bien la prendre. C'est un boulot qui demande ça en plus. Il y a des Grands Frères qui ne sont pas musulmans, eh bien ils prêchent la parole comme nous ! » Djamel précise : « Savoir comment se comporter dans des situations difficiles au travail, d'autres peuvent le faire, c'est une question de personnalité, une question d'éducation. Et l'islam c'est un plus, c'est une flèche de plus à mon arc, c'est tout ! » Une conception que tous partagent. Comme dit Saïd : « Le boulot c'est le boulot et le privé c'est le privé… » Au fond, peu importe qui fait le boulot, « ce qui compte c'est que le boulot soit fait ».

Ainsi, l'ethnicisation du recrutement ne doit pas être considérée comme le produit d'une discrimination positive. Bien au contraire, elle est vécue par les Grands Frères comme le signe d'une prolétarisation et d'une reproduction des attributs (pénibilité, petits salaires, non-reconnaissance) qui ont classiquement défini le « travail d'Arabe » de la génération précédente : « Un machiniste m'a dit "Pourquoi ça serait des racailles qui gardent les racailles ? Moi mon fils est au chômage, il serait bien à ta place, il les ferait les 4 900 balles !" Je lui ai donné l'adresse, qu'il aille se présenter, son fils, s'il a vraiment le cran ! A l'origine, le but c'était de mettre un Blanc, un Beur, un Noir. Mais les

Blancs n'en veulent pas de ce boulot. Faut voir les crachats, les insultes, les menaces… dès qu'ils sont recrutés, ils se sauvent ! Alors on ne va plus les chercher, ils n'acceptent pas ce boulot pour ce prix-là ! Mais à 10 000 francs, là bien sûr, tout le monde veut le faire ! »

Les machinistes :
un personnel sous tension

Insécurisation sociale et racisme au travail

La rencontre du groupe d'intervention avec des machinistes permet de mieux saisir la charge d'agressivité et de violence de la « question ethnique » qui leste dorénavant la relation des derniers à leurs voyageurs, et dont les Grands Frères font les frais. Comme l'expliquent les interlocuteurs, le racisme antimaghrébins et antinoirs, de plus en plus courant chez les machinistes, s'alimente d'une forte présence des populations immigrées ou issues de l'immigration dans les transports en commun, au sein de banlieues populaires dont cette forte présence est déjà une caractéristique. Un machiniste explique : « A force de fréquenter le même type de population, on fait une fixation dessus. Dans le XVIe, c'est les vieux, dans le XIIIe, les gens vont être contre les Chinois. Nous, il se trouve qu'il y a une forte proportion de jeunes Maghrébins, eh bien ils deviennent les boucs émissaires. En Allemagne, c'était les juifs, aujourd'hui la situation économique difficile de la France, tout ce qui va mal, c'est la faute des Arabes et des Noirs, c'est le problème du bouc émissaire et on décharge sa haine sur ce qu'on a devant nous. Mais le problème, c'est qu'on crée les conditions de ça avec une telle densité de population maghrébine. Les gens qui prennent le bus ou le tramway, c'est à 80 % ce type de population, et donc les conflits c'est à 80 % avec ce type de population, alors les gens qui toute la journée conduisent leur bus ou le tramway, pour certains toute la misère du monde vient de ces gens-là. »

Le racisme et la xénophobie s'alimentent chez les machinistes d'une peur du déclassement. Ils considèrent alors que, les ressources (l'emploi, la redistribution) diminuant, le nombre de bénéficiaires doit aussi être limité sur une base non plus sociale, mais nationale. D'où l'extrême sensibilité au sein de la RATP à des apparences de recrutement « ethnique » : alors que les enfants des agents sont frappés par le chômage et la précarité, n'est-il pas inacceptable que soient embauchés des Grands Frères ? L'appartenance à la RATP est pour les machinistes le moyen d'échapper à la précarité du secteur privé et d'accéder à un salaire de classes moyennes (de l'ordre de 10 000 francs par mois). Mais elle n'empêche pas la frustration, l'inquiétude, et un sentiment de profonde précarisation. L'accès à la consommation et à la propriété s'effectue à la limite du surendettement, avec de grandes difficultés dès que se posent les problèmes du chômage du conjoint, du divorce ou de l'hébergement prolongé des grands enfants pour cause d'études ou de chômage. De plus, le sentiment est vif, chez les machinistes, de payer trop d'impôts sur le revenu et de cotisations sociales : « On n'est pas des nantis parce que c'est nous qui payons pour les autres », explique aux Grands Frères un machiniste reçu par le groupe. Le ressentiment tourne aisément au racisme qui permet ainsi au « petit Blanc » précarisé, menacé, d'affirmer une différence en des termes qui indiquent une vive sensibilité à la thématique de la « préférence nationale ». C'est sans doute ce qui a conduit le Front national à faire des machinistes une cible privilégié de ses tentatives d'implantation syndicale[1]. Un syndicaliste le reconnaît devant le groupe d'intervention : « On est d'autant moins parfaits sur cette question du racisme que pendant longtemps il y avait la clause de nationalité française pour rentrer à la RATP. Le sentiment que chacun… on était entre nous, quoi, entre Français… c'était pas soulevé comme ça, mais ça traverse. »

L'insécurité sur le réseau n'est donc pas seulement le fait d'une « irruption » des incivilités et des violences des cités dans les bus. Elle procède de la rencontre de deux ressentiments : celui des machinistes et celui des voyageurs.

Stress professionnel

Les contraintes des machinistes sont nombreuses[2] et, pour les gérer, ils peuvent être conduits à se désintéresser des voyageurs de façon à assurer la ponctualité, à ignorer la fraude pour ne pas avoir d'histoires, à délaisser les règles de sécurité pour respecter les cadences. De tels évitements sont source de tensions avec les voyageurs et la hiérarchie et sont susceptibles de conduire à des sanctions. En vingt ans, la circulation s'est densifiée, les relations avec les automobilistes et avec les

1. Le Front national, sous les noms de « Front national-RATP », puis de « Force nationale-RATP », tente de se constituer en syndicat ouvrier depuis 1995, mais se heurte à la contestation juridique engagée par les syndicats représentatifs (cf. « Le Front national marque des points sur le terrain social », *Le Monde*, 24 octobre 1996).
2. Cf. Jean-Marc Weller, *Le Machiniste et le Voyageur. Expertises et apprentissage d'une relation*, Rapport de recherche prospective RATP, n° 103, 1995.

voyageurs se sont tendues, la qualité du service et des dessertes ne s'est pas fondamentalement améliorée, or le machiniste est en première ligne pour essuyer l'agressivité liée à l'attente, aux retards, à la surcharge. De plus, le sentiment d'isolement face à des conduites menaçantes, ou ressenties comme telles, surtout dans les quartiers dégradés, alimente chez certains machinistes des comportements d'exaspération, de peur ou d'évitement qui provoquent en retour l'agressivité ou l'agression et contribuent ainsi à nourrir à leur tour le sentiment d'insécurité.

Ainsi, lors de l'intervention sociologique, la rencontre du groupe de Grands Frères avec un machiniste débouche sur un accord : au fond, une partie de la violence dans les bus doit être imputée aux difficultés sociales et professionnelles des personnels.

Le machiniste : « Les machinistes qui n'ont pas d'ennuis sont ceux qui savent adopter le juste milieu entre le règlement rigide et le calfeutrage dans la cabine. En général, ceux qui ont des problèmes le cherchent : j'ai un collègue qui se plaint de ses voyageurs en disant qu'il n'a "que des bougnoules". Eh bien, celui-là, s'il se fait agresser, je ne ferai pas grève pour le défendre ! Mais bon, on a beau faire, une fois au pied du mur, les coups partent inévitablement : je me dis que je vivrai au moins une de ces agressions dans ma carrière. Moi je fais tout pour que cette situation ne se présente pas : je parle avec les gens, avec les jeunes, je me fais connaître, je laisse descendre et monter à l'arrêt hors station : mieux vaut entendre un "merci" que se faire traiter d'enculé. Et puis les gens, ça leur fait moins à marcher et moi ça me coûte rien d'appuyer sur le bouton. »

Noredine : « Y a des machinistes qui ne sont pas à leur place, ils sont très mal, ils parlent incorrect, ou alors un regard, comme ça, y a un malaise. C'est le comportement du machiniste qui joue, il y a un manque de communication. J'ai vu beaucoup de jeunes montrer leur carte, le machiniste ne regarde pas. Il est statique, robotisé. Ça se répercute sur les clients, ils disent : "Comment veux-tu que j'achète un ticket avec un machiniste comme ça ?" Pour qu'il y ait un changement, le machiniste doit changer. Certains sont humains, d'autres s'en foutent et sont butés, c'est comme du bétail qu'ils transportent. »

Modernisation et corporatisme défensif

Le ressentiment éprouvé par les machinistes envers leurs voyageurs se double d'un ressentiment envers la RATP elle-même, dans la mesure où elle paraît aveugle et sourde aux « souffrances » liées à cette dégradation de leurs conditions de travail : « On est pris pour des bons à rien, on nous marche dessus, ils s'en foutent ! Quand il fait plus de vingt-huit degrés dehors et trente-cinq dans la cabine du tramway, on nous explique qu'on aura une prime de 10 francs par jour ; mais qu'ils les gardent ! Moi, ce que je souhaiterais, c'est travailler un quart d'heure de moins, avoir le temps de me reposer. Si au début de la journée le jeune qui va me fâcher je vais lui dire : "Écoute, tu me lâches, va t'asseoir, t'es pas drôle, tu descends", au fil des heures ça se dégrade, parce que moi je suis un être humain, je ne suis pas une machine, au bout d'un moment je suis moins réceptif, et je deviens agressif. Le problème il est là... » Certes, une réponse de l'entreprise passe par la reconnaissance médicale d'une « inaptitude » (temporaire ou définitive) à la conduite. Le statut d'« inapte » apporte un reclassement interne, mais, loin de prévenir les situations de rupture, il ne fait que les consacrer[1] : « On a certains machinistes qui craquent pour des raisons physiques ou psychologiques sur certaines lignes, et on les met derrière les guichets, mais le problème, c'est que les gens qui sont là, c'est parce qu'on ne sait plus quoi en faire. » Assignés à un poste de travail anxiogène, certains machinistes n'ont d'autre échappatoire à la conduite que la dépression, l'accident, l'agressivité envers les voyageurs ou certains d'entre eux.

La « révolution commerciale » engagée par la RATP en 1990 a conduit à mettre au centre de sa stratégie les machinistes et leurs voyageurs[2], qu'elle semblait avoir délaissés jusque-là. Mais, comme l'explique aux Grands Frères un cadre du département « Bus », cette « révolution commerciale » n'engage pas seulement des plans techniques d'amélioration de l'offre de service (dessertes, fréquences, confort), elle apparaît aussi comme une « révolution culturelle » : « Il faudra du temps parce que c'est aussi un problème de culture. La culture RATP habituelle, c'est "on est là pour faire marcher des machines". La première fois que j'ai dit : "A partir de demain, le problème, ce n'est plus de faire rouler des bus, mais de transporter des voyageurs", les gars m'ont regardé en disant : "Qu'est-ce qu'il a celui-là, il a bouffé de la vache folle ?" Cela bouleverse les repères culturels. Mais une culture, ça ne se détruit pas comme ça. Il y a une culture qui consiste à dire : "Moi, il faut que mon bus soit à tel point d'arrêt à

1. Voir Yves Bucas-Français et Jean-François Lae, « Inaptitude : entre protection et sanction », in *Actes du colloque « A quoi servent les usagers ? »*, Plan Urbain-RATP-DRI, 1991, t. 4.
2. Voir Edith Heurgon, « Tous les regards tournés vers les voyageurs : la nouvelle organisation de la RATP et son accompagnement pédagogique », in *ibid*.

18 h 23." Qu'il y ait des voyageurs ou non. Ce qu'on dit maintenant, c'est que, quand il y a correspondance avec le RER, il ne faut pas que le bus parte une minute avant que le RER arrive. Il faut mettre du bon sens. »

L'amélioration de la performance commerciale de la RATP devrait rendre la clientèle moins agressive. Mais elle n'est pas sans nourrir des inquiétudes parmi les machinistes et leurs syndicats. Le passage de normes bureaucratiques égalitaristes, formelles et centralisées à d'autres, contractuelles et décentralisées, sous forme de contrats d'objectifs, modifie la définition du métier de machiniste. Les « qualifications » validées par le diplôme initial, le recrutement et l'ancienneté cèdent la place aux « compétences » liées aux savoir-faire évalués en situation de production. Les incertitudes qui découlent de ces changements rendent les machinistes et leurs représentants syndicaux extrêmement méfiants. C'est ce qu'explique l'un d'entre eux au groupe de Grands Frères : « Une fois que nous, les machinistes, on n'est plus bons à travailler parce qu'on a le dos déglingué ou qu'on déprime, on nous jette. A la RATP, ils sont en train de revoir tout le domaine des relations internes, des représentations syndicales, les protocoles d'accord qu'il y avait depuis une trentaine d'années, parce qu'on veut des gens dont on peut se servir, qui ferment leur gueule, et on les jette après. » Ce soupçon se traduit par un corporatisme défensif déterminé à ne pas lâcher la proie pour l'ombre : fragilisés socialement malgré leur statut, insécurisés par un environnement socio-urbain paupérisé et dégradé, fatigués par des conditions de travail difficiles et un sentiment d'isolement au sein de l'entreprise, les machinistes de la RATP s'arcboutent sur des attitudes corporatistes défensives dont la grève de l'hiver 1995 a montré la vigueur[1]. Conséquence de la modernisation commerciale et culturelle, la défiance interne, productrice de rigidités et de blocages, contribue à alimenter l'insécurité.

La recherche vient donc d'établir nettement l'existence d'un lien entre les tensions liées à la mutation de la RATP et le développement de l'insécurité et du sentiment d'insécurité dans son réseau et auprès de ses agents. Les rencontres avec des cadres dirigeants de la RATP vont maintenant montrer que les tensions internes et l'insécurité vécue sont également liées à la crise de la notion même de service public et de ses missions.

---

1. Cf. Olivier Schwartz, « Sur la question corporative dans le mouvement social de décembre 1995 », art. cité.

Égalité et équité

Inéquité de la tarification

La tarification de la RATP, entreprise publique de service public, n'est ni égalitaire ni équitable. Elle n'est pas équitable parce qu'elle n'est pas « sociale », qu'elle ne prend pas en compte les ressources des voyageurs, ce qui est d'autant plus fâcheux que les moins solvables sont aussi les plus dépendants des transports en commun. Elle n'est pas égalitaire dans la mesure où les salariés ont 50 % de réduction sur le montant de la carte Orange (l'autre moitié est payée par l'employeur) tandis que les chômeurs, les précaires, les étudiants et scolaires payent plein tarif[1]. La tarification actuelle de la RATP a été conçue dans les années de croissance, quand il s'agissait d'assurer les flux domicile-travail et banlieue-Paris d'une population ignorant le chômage. La mise en place de la carte Orange dans les années 70 a consacré ce modèle. Or, avec la massification scolaire et universitaire, le chômage et la précarité, la question des déplacements et de la desserte se pose dorénavant d'une autre manière dans les banlieues populaires. La tarification pénalise en effet les populations les moins solvables et les plus captives, ce qui indigne les membres du groupe, qui exposent la situation à un cadre supérieur de la RATP : « Il faut essayer de trouver une solution par rapport au ticket, y a des familles qui sont prises à la gorge. Y a des familles, faut voir, tant de gosses, tant de cartes Orange, faut les entendre les gens ! La mère ne travaille pas, le père est dans la paille, allez voir, monsieur, vous verrez qu'il y a des familles qui sont dans la misère, mais grave, monsieur, et vous tomberez de haut. Faut aller dans les cités ! C'est à vous de trouver une solution, d'essayer d'adapter le ticket aux ressources des gens ! »

Fraude, lutte contre la fraude et spirale de l'insécurité

La fraude a d'autres motifs que la faible solvabilité, mais elle augmente en même temps que les tarifs[2] – les principaux motifs déclarés par les fraudeurs concernent d'ailleurs le prix du billet et la tarifica-

1. Sous la pression du Mouvement des chômeurs et des précaires en décembre 1997, le gouvernement a annoncé en janvier 1998 la création de « chèques-mobilité » pour les demandeurs d'emploi et les bénéficiaires du RMI d'Ile-de-France, ce qui équivaut à la prise en charge de la moitié du prix de la carte Orange. Par ailleurs, un accord est intervenu entre l'État, la Région Ile-de-France et ses transporteurs (dont la RATP) pour offrir dès septembre 1998 un titre-jeune mensuel à un prix équivalent à la moitié d'une carte Orange.
2. Pour les données sur la fraude, cf. Dominique Chaumet, « La lutte contre la fraude. L'exemple de la RATP », *Administration*, n° 168, 1995.

tion. Les enquêtes montrent sans surprise une large surreprésentation des populations les moins solvables parmi les fraudeurs : jeunes entre 15 et 24 ans, lycéens, étudiants et chômeurs (les moins de 15 ans et les collégiens ne sont pas comptabilisés alors que les « chahuts » à la sortie des collèges s'expliquent souvent par des pratiques de fraude collective).

La tarification est en lien direct avec l'insécurité par l'intermédiaire de la fraude et de la lutte contre la fraude. En effet, pour de nombreux jeunes des banlieues populaires, le choix n'est pas entre payer ou frauder, mais entre rester sur place ou frauder. Comme le soulignent Michel Kokoreff et Charles Vulbeau : « En perdant (ou en n'arrivant pas à obtenir) la qualité d'usager, les jeunes disparaissent de la politique commerciale et tarifaire de la RATP pour réapparaître dans la problématique de la sécurité[1]. »

La fraude, en particulier celle des jeunes, génère de l'insécurité en multipliant les occasions d'altercation et de conflit. Les machinistes doivent faire face, seuls, à la mauvaise humeur de ceux qui payent et à la désinvolture, à la provocation ou à l'agressivité des fraudeurs. Un machiniste explique ainsi au groupe des Grands Frères qu'« il faudrait une tarification spécifique pour que le coût du titre de transport ne les bloque pas pour circuler. Parce qu'au début ça les bloque, et puis après ils ont besoin de le prendre, et ils le prennent en fraude, ils passent devant le machiniste les mains dans les fouilles. Nous, on nous oblige à faire la remarque. C'est à partir de ce moment-là qu'on est toujours en situation de conflit. Les machinistes qui ont un peu de bouteille, ils ferment les yeux ; si le ticket est plein de trous, on ne dit rien ; si la carte Orange n'est pas bonne, on ne dit rien ».

La fraude génère également de l'insécurité en augmentant symétriquement la pression des contrôles, qui multiplient à leur tour les occasions de conflit, d'agression et de représailles. Saïd raconte : « Le môme de 14-15 ans qui se fait contrôler, il est nerveux, la première chose qu'il va dire c'est : "J'ai pas 7,50 francs pour un ticket", le contrôleur dit qu'il va appeler sa mère, le môme, déjà, il déprime, il est tout blanc, premier truc, le contrôleur il le maudit d'office. Ensuite, quand il reçoit son PV, quand il va rentrer chez lui il va recevoir une raclée, et la deuxième chose, c'est de se venger plus tard, c'est balancer une pierre, et le machiniste qui n'a rien à voir, le pauvre, ça va lui faire quelque chose, c'est ce qui se passe actuellement. »

De même, les agents de la RATP chargés de la surveillance du

---

1. *Exclusion sociale et Inscription urbaine des jeunes dans les banlieues*, *Rapport de recherche prospective RATP*, n° 90, 1994.

réseau et de la répression contribuent à alimenter la spirale des provocations et des représailles, consacrant une image de la RATP doublement répressive, économiquement et policièrement. Là aussi, les Grands Frères peuvent témoigner : « Le bus passe, les jeunes jettent des pierres, les agents de sécurité de la RATP arrivent, ils tournent, ils ont des têtes de flics, ils regardent partout. Les mômes, ils ne font rien, ils attendent qu'ils décampent. Vous croyez que les agents de sécurité vont descendre ? Ils sont quinze en face, ils ne peuvent rien, ils ne font rien. Les flics c'est pareil. »

Mais les responsabilités dépassent la RATP.

Un dirigeant de la RATP : « Le problème, c'est que ces décisions-là ne relèvent pas de la RATP, mais du Syndicat des transports parisiens, c'est-à-dire du ministère des Finances. En attendant, on ne peut que lutter contre la fraude, et c'est la RATP qui a une image de répression, on représente l'autorité de l'État. Pour casser cette image, ça passe par le commercial, mais c'est vrai qu'on gère des contradictions. »

Le groupe : « C'est à souligner en rouge ! »

Le dirigeant : « Il faut revenir aux réalités ! Ce double discours est d'abord tenu par nos patrons, les pouvoirs publics. Tout le monde est d'accord pour un tarif-jeunes, mais on nous demande de le faire "sans déséquilibre financier" ! Le problème est qu'une réforme coûte cher, et que les collectivités territoriales et l'État ne sont pas prêts à payer. A chacun de remplir son rôle dans cette société. Celui de la RATP, c'est de proposer des choses tout en essayant d'être compatible avec les règles économiques, mais je suis désolé, c'est quand même à l'État d'assurer un problème de régulation sociale, ce n'est pas à l'entreprise, à moins qu'on dise que la RATP est une administration et qu'elle n'a pas de comptes à rendre. »

L'expérience des Grands Frères de la RATP et la recherche à laquelle ils ont accepté de participer interdisent de maintenir l'idée courante selon laquelle le service public, bon par essence ou par principe, serait exclusivement menacé et affaibli du dehors, et plus particulièrement par une jeunesse populaire plus ou moins ensauvagée, agressive et délinquante. D'une part, la RATP a sa part de responsabilité dans les conduites de violence qu'il lui faut combattre et auxquelles elle fait face par des politiques qui elles-mêmes, telle celle de la médiation, non seulement ne règlent pas tout, mais apportent leur lot de tensions nouvelles[1]. D'autre part, la jeunesse mise en cause ne se définit

1. Éric Macé, « Service public et banlieues populaires : une coproduction de l'insécurité », *Sociologie du travail*, n° 4, 1997.

pas par les images sommaires qui trop souvent en sont données : sa violence est elle-même à bien des égards le fruit de l'exclusion et de la discrimination, en même temps qu'elle traduit les immenses difficultés de ces jeunes à se constituer en sujets et à conduire une existence autonome. C'est ce que la recherche menée avec les Grands Frères va nous permettre aussi d'éclairer.

Violence subie, violence contenue

Dans les banlieues populaires, l'exclusion n'est pas tant vécue comme une situation où une frontière séparerait les « exclus » des « inclus » que comme un ensemble de processus de discrimination : générationnelle (atteignant les jeunes), sociale (affectant les milieux modestes), urbaine (aboutissant à créer des quartiers de relégation) et ethnique (visant les immigrés et leurs enfants, particulièrement les musulmans)[1]. La frustration et le ressentiment affectent aussi bien les familles immigrées et leurs enfants, disqualifiés et stigmatisés, que les « petits Blancs » et les classes moyennes prolétarisées menacés de déclassement ou les agents du service public confrontés au manque de moyens de leurs organisations et à l'agressivité d'un public dépendant[2].

L'intégration difficile

Le racisme subi

La question du racisme est lancinante et récurrente dans le discours des Grands Frères, non pas comme une idéologie qu'il faudrait combattre, mais comme une donnée des interactions ordinaires qu'il faut bien « encaisser ».

Djamel : « Une fois, j'avais mis une petite main de fatma autour du cou, c'est rien, c'était pour moi, sans plus, mais on te juge par rapport à ça. C'est comme quand tu te fais pousser un peu la barbe : ça y est, t'es un voleur, un terroriste, un n'importe quoi. »

1. Voir Didier Fassin, « Exclusion, *underclass, marginalidad.* Figures contemporaines de la pauvreté urbaine en France, aux États-Unis et en Amérique latine », *Revue française de sociologie*, XXXVII, 1996.
2. Cf. Michel Wieviorka *et al., La France raciste, op. cit.* ; Annie Maguer et Jean-Marc Berthet, *Les Agents de service public dans les quartiers difficiles*, Paris, La Documentation française, 1997.

Nasser : « La RATP, c'est fermé quand même, ils sont très coude à coude dans la moquerie. L'autre jour un machiniste ouvre la porte, me baragouine des salamalecs et reste bloqué comme ça, en me regardant fixement... c'est des trucs malsains. »

Saïd : « Mon frère a fait des études universitaires, et maintenant il est agent commercial. Il a réussi à se faire embaucher, et puis son patron lui dit qu'il y a un problème avec son prénom arabe, qu'il faut le changer, qu'il s'appellera pas Abdallah, mais... Pierre. Il a dû accepter, mais c'est un mépris de lui-même ! Pourtant il a un diplôme, il est reconnu ! Celui qui entre dans son bureau, il voit marqué son nom, il se dit : "Il s'appelle Pierre celui-là ? C'est qui ?" Là on voit le racisme ! »

L'expérience subie du racisme conduit à lire le rapport à l'école, à l'emploi ou à la police en termes de discrimination. L'histoire de la scolarité des Grands Frères est souvent celle d'un échec programmé : les parents s'en remettent à l'école pour une tâche d'instruction qu'ils ne sont pas capables d'assurer, les enseignants s'avèrent indifférents ou impuissants face à des élèves peu performants et parfois agités, les mécanismes d'orientation aboutissent à une sélection par l'échec. Comme le souligne avec humour Saïd, « moi j'étais attiré par l'école, mais l'école n'était pas attirée par moi ». Et Charles, d'origine antillaise, raconte : « Quand j'étais plus jeune, j'ai eu des problèmes parce que j'étais le plus grand, le plus fort, tous les problèmes retombaient sur ma tête. Déjà j'étais noir, j'étais considéré comme le plus bête, en fait le grand gorille de la classe, on s'occupait carrément pas de moi. Je me suis dit : "Je me mets au fond de la classe, tranquille, personne ne m'embête", et c'est ce qui s'est passé : les profs m'ont oublié ! J'avais raté la sixième, la cinquième complètement foirée, expédié en CAP. Les profs en général s'occupent plus de ceux qui suivent facilement et laissent ceux qui ont des problèmes. Ça devrait être l'inverse je trouve. »

La discrimination à l'embauche fait également partie de leur apprentissage social : « Nous, on essaie de rentrer dans le jeu. Quand on fait la queue pour un emploi, on ne dit pas notre nom. Mais quand tu vas là-bas te présenter, déjà on te voit, la secrétaire qui est devant toi, elle te regarde de haut déjà. Quand tu l'as vue, tu as tout compris. Et après on te dit : "Non, la place a déjà été prise", et tu comprends. Ça arrive à tout le monde, mais c'est quand ça devient répétitif qu'on se dit qu'on est victime. »

Tous ont mille anecdotes de vexations ou de bavures à propos de la police : « Chez nous les flics nous parlent mal, ils attendent qu'on réagisse pour nous matraquer. Mais comme je dis, un jour ils vont tomber sur un excité qui va leur tirer dessus ! » L'expérience ordinaire de a discrimination conduit les Grands Frères à développer une certaine compétence dans leurs relations avec les policiers : « Un jour, j'étais en voiture avec ma femme, des policiers m'arrêtent, prennent les papiers, ils me regardent comme ça, et ils me demandent ce que je fais comme boulot. Parce que j'ai une belle voiture et que j'ai pas les cheveux blonds ! Je demande pourquoi ça les regarde, mais ils me disent de répondre, alors ma femme a dit : "Moi je suis femme de ménage et lui est éboueur, ça vous va comme réponse ?", et l'autre lui dit : "Voilà, c'est mieux de répondre aux questions." On sait qu'on n'aura pas le dernier mot, et après on nous parle de respect ! »

La sensibilité est d'autant plus vive que la discrimination et le racisme prennent également la forme publique d'une stigmatisation médiatique. Le trucage à la palette graphique affublant des jeunes de La Courneuve d'une barbe « islamique » dans un reportage de l'émission *La Marche du siècle* est dans toutes les mémoires des membres du groupe, et la « une » de *L'Express* titrée « Cet islamiste qui terrorise la France », sur le portrait d'un dirigeant du GIA, recueille toutes les indignations : « La tête fait *wanted*, et tous ceux qui ressemblent à ça… là, ils provoquent la haine, c'est de la provocation. » Nabil souligne la systématisation de l'aspect spectaculaire et stéréotypé des interviews dans les cités : « Dans les médias, on voit toujours les mêmes lascars, ceux qui disent : "Je vais tout casser, j'aime pas les flics", jamais un étudiant, quelqu'un qui sache s'exprimer, alors qu'il y a beaucoup de gens qui ont des choses à dire… Ce que je voudrais, c'est qu'on mette des gens basanés sachant s'exprimer pour donner une bonne image. Mais on nous rabâche que les Arabes ceci, les banlieues cela, c'est du lavage de cerveau ! Et ça renforce quelques idées en plus : le Français moyen, il regarde la télé à 20 heures, on voit l'Arabe ou le Black qui a fait ça… il ne cherche pas à comprendre, lui ! Après il y a Le Pen qui va passer à la télé en disant : "Ne vous inquiétez pas, ils vont partir", et ils adhèrent ! »

Les promesses de la République

La précarité économique est difficile à supporter pour ces jeunes adultes désireux de « s'installer », mais leur ressentiment tient d'abord au paradoxe de leur intégration culturelle à un modèle français républicain qui les rejette : « Ce que j'essaie de faire comprendre, c'est qu'on nous donne la même chance qu'à n'importe qui. On existe, on est là en tant qu'êtres humains, on veut fonder une famille, on veut payer des impôts… mais qu'on ne nous casse pas les noisettes en disant "les jeunes ceci, les banlieues cela, les islamistes ceci". Alors quand ils parlent d'intégration, qu'est-ce qu'ils veulent ? C'est quoi l'intégration ? On nous demande de nous intégrer mais on nous met des barrières. Dès qu'on essaie, on a un mur en face de nous. »

Leur trajectoire biographique et familiale est marquée par la découverte douloureuse des promesses non tenues de l'intégration républicaine : « La Liberté, la Fraternité, nous on y croyait vraiment ! Dans ma famille, on est des gens de respect, le mot de mes parents c'était d'être honnête. » Leur désappointement est grand car l'immigration laborieuse de leurs parents et leur socialisation républicaine à la modernité ne débouchent pour eux en aucune façon sur une pleine participation sociale : « Nos parents étaient enfermés, ils ne voyaient pas beaucoup de gens, ils ne discutaient pas. Nous qui avons la possibilité d'avoir notre religion et d'apprendre la culture des autres, on ne nous donne pas notre chance. Nos parents c'était : "On te paye, tu rentres à la maison, tu restes dedans." Nous qui avons un esprit plus large, qui voulons voir plus de choses, on ne nous laisse pas nous exprimer, on nous enferme. » Djamel prolonge le témoignage : « La rage elle vient de... ils ont mis tellement d'espoir ! On nous a promis monts et merveilles. Certains ont fait des études supérieures et maintenant ils galèrent dans les cités et ils ont la rage. Ils se disent : "Comment je me suis cassé les reins pour avoir un niveau, une situation !" Moi j'ai fait un BTS, je croyais que j'allais être dans un bureau d'études... et je me retrouve Grand Frère ! Moi aussi j'ai la rage ! Je croyais que j'allais toucher une barre, que j'allais être en costume cravate... »

En fait, leur confiance naïve en la devise républicaine rend d'autant plus douloureuse aux yeux des Grands Frères la découverte de la duplicité d'une société française inégalitaire, repliée sur son ethnicité nationale et sans considération pour « ceux d'en bas », à commencer par ceux dont le faciès trahit l'origine d'ex-colonisés. C'est au fond la notion même d'intégration qui pose problème. L'injonction républicaine d'intégration crée en effet elle-même l'extériorité et l'exclusion qu'elle est censée combattre en s'imposant à des personnes nées et grandies en France, qui sont des écoliers, des étudiants, des travailleurs précaires, des chômeurs, des consommateurs et des électeurs français communs[1], mais dont les attributs physiques, l'origine extra-européenne et la religion sont paradoxalement constitués en obstacles à une pleine participation sociale et civile : « La réussite pour moi, c'est toucher 8 000 francs par mois, pouvoir payer les factures et vivre sa vie, c'est tout. C'est fonder une famille, c'est ça la réussite. C'est d'avoir

---

1. Cf. Michèle Tribalat, *Faire France*, *op. cit.*

101

une femme, des mômes, même si tu vis en HLM, au moins ton fils ou ta fille il ne lui manque rien. Tu es heureux avec ta femme, sans plus, tu n'as pas besoin d'une Lamborghini. La réussite, c'est d'avoir une vie normale. » L'intégration est déjà faite, et pourtant elle n'est pas reconnue, elle est mise en cause par le racisme et la discrimination. La définition républicaine de la citoyenneté – celle des Droits de l'homme – laisse place à une définition ethnique de la francité : « Ça m'avait choqué, un député qui a dit : "Les gens de chez nous, ils mangent de la cochonnaille !" Ce qu'il avait insinué, c'est qu'il faut faire comme eux, sinon… Mais chacun ses convictions ! Toi, t'es athée, personne ne vient t'embêter, faut un respect mutuel », dit Djamel. « Si vous allez quelque part, ajoute Ahmed, et que vous ne buvez pas d'alcool, vous êtes un intégriste ! C'est fiché, c'est catégorique ! Mon frère il travaille à la mairie, et quand ils vont boire un petit coup il ne boit pas le pauvre ! Ils lui disent : "Pourquoi tu fais pas comme Youssef ? Lui il boit, il est intégré lui ! Youssef, hein que t'es intégré !" Et l'autre, le con, il dit : "Oui, oui, c'est ça !" Mon frère, il me dit : "Je ne bois pas d'alcool, ça ne me dit rien à moi, je suis comme ça, c'est ma tradition, je suis musulman, où est le problème ?", mais ils disent comme ça qu'on n'est pas intégrés. Il faut boire un coup pour être intégré, il faut être bourré comme lui pour être intégré ? Il faut être con comme lui alors ? Y a un malaise. La personne qui ne boit pas, elle ne boit pas. Chacun son truc… sinon il faut faire des choses incohérentes pour être accepté ; si tu es différent, tu es fichu. »

En définitive, les logiques sociales du racisme et de la discrimination contribuent à produire un communautarisme non souhaité en enfermant les descendants d'immigrés dans des assignations « ethniques » [1]. Les Grands Frères incarnent de ce point de vue une « figure de l'immigré » que son intégration réussie (celle de la deuxième génération) conduit à l'impasse. Ils se sentent considérés comme des étrangers bien qu'étant déjà semblables, ils sont stigmatisés dans leurs différences malgré leur pleine participation à une modernité individualiste [2] : « Quand on nous regarde, on ne dit pas : "Voilà un bon Français !" Ils ne font pas de différence : un Noir c'est un Noir, un Arabe c'est un Arabe. Pour nous non, mais pour ceux qui sont en face, oui. Tout ce qui est basané et frisé est suspect. Mon père c'était un vrai

1. Voir Olivier Roy, « Les immigrés dans la ville. Peut-on parler de tensions "ethniques" ? », *Esprit*, juin 1993 ; Didier Lapeyronnie, *L'Individu et les Minorités. La France et la Grande-Bretagne face à leurs immigrés*, Paris, PUF, 1993.
2. Cf. Didier Lapeyronnie, « Les deux figures de l'immigré », *in* Michel Wieviorka (dir.), *Une société fragmentée ?*, *op. cit.*

immigré, je suis le fils d'un immigré, je suis l'immigré, toujours. » Une impasse où l'étrangeté pour les autres fait devenir étranger à soi-même : « Ce qu'ont vécu nos parents, c'était la misère, ils ont été victimes. Dieu merci, les choses ont changé, il n'y a jamais eu autant de musiciens africains ou arabes, tant mieux. Mais il reste quand même des problèmes : on va au bled, on est des immigrés, et ici on est des immigrés ! On n'a plus d'identité. » La nationalité française est dès lors un leurre : « On n'a pas à être fiers de la nationalité française, c'est un numéro, c'est un matricule ! On est français sur le papier, mais dans la vie de tous les jours, c'est pas le Français, c'est l'Arabe ! Y a quarante ans c'était le melon, y a vingt ans c'était le raton ! »

Comme le souligne Didier Lapeyronnie, « plus l'immigré est inté-gré, plus il est stigmatisé, et plus le stigmate lui devient intolérable, au nom même des valeurs de démocratie et d'égalité entre les individus qu'il partage avec tous les autres membres de la société. Son problème n'est plus de s'individualiser ou de s'intégrer, il est, à l'inverse, de retrouver une appartenance qui pourra lui permettre de construire une personnalité unifiée contre une individualisation aliénante[1] ». C'est pourquoi le stigmate de l'« étrangeté » est rejeté, en raison de l'adhésion à l'individualisme moderne commun à la culture française contemporaine, en même temps que la spécificité des origines est revendiquée avec fierté : « Dans un sens, c'est vrai qu'on est toujours touchés, quoi qu'il arrive, quand on regarde les informations on est toujours touchés, il s'est passé quelque chose avec des Arabes ou quoi que ce soit, on est touchés, c'est vrai qu'on est orgueilleux, on n'est pas des... on est arabes et on est fiers de l'être... »

La sensibilité des Grands Frères au racisme et à la discrimination ne les conduit pas à une lecture horizontale du social où les « exclus » seraient séparés des « inclus ». Leur vision est plutôt celle d'un monde amoral, corrompu, hédoniste, où « ceux d'en haut » dominent et mani-pulent « ceux d'en bas » au moyen des tentations de la consommation : « La société moderne a fait que le peuple français a tout oublié, la religion, la culture... ce qu'il y a, c'est l'argent, le sexe et le pouvoir. Celui que je peux manger pour avancer, je le mange, je m'en fous des sentiments », dit Saïd, en faisant référence au discours réaliste d'un patron venu rencontrer le groupe. Ahmed renchérit : « Il faut regarder la télé, vous avez tout compris : dans les films, ils ont des super voi-tures... les gens, on leur fait miroiter tellement de choses ! Après on va allécher les gens pour qu'ils prennent un crédit, c'est aguicher les gens,

1. *Ibid.*, p. 262.

mais après il faut pouvoir assumer le crédit ! Il y en a qui se suicident pour ça ! » Se considérant « en bas » plutôt « qu'en dehors » de la société, ils dénoncent logiquement leurs adversaires en termes de classe dominante plutôt que de race ou de nation. Le racisme est pour eux un instrument utilisé par les acteurs dominants : « Le problème est mondial, explique Nabil, il y a des gens qui profitent. La Bosnie, l'Algérie, les banlieues, tout ça c'est pour le pouvoir, pour l'oseille, ils n'en ont rien à foutre que tu sois juif ou arabe. Les Français qui sont au chômage, c'est des galériens comme nous ! Mais il y en a qui sont contre nous parce qu'on leur a fait un lavage de cerveau. La violence dans les cités, il y en a qui rigolent ; la misère des gamins, il y en a qui vivent de ça… ils veulent que les banlieues explosent parce que ça leur rapporte, ils ont des intérêts en jeu. » La violence de la banlieue est le produit d'une politique de ségrégation ethnique et sociale qui se poursuit malgré la dégradation de la situation : « Sur Paris, M. Chirac s'est frotté les mains à une époque. Il a dit : "Les quartiers insalubres on les casse, on construit du neuf." Mais qui va payer les nouveaux loyers ? Alors ils ont dit : "En banlieue c'est des cages à lapins, mais c'est pas cher : allez-y !" Et les gens prenaient leurs bagages et filaient parce que, financièrement, ils ne pouvaient pas suivre. C'est toujours une histoire d'argent. Il l'a fait exprès, M. Chirac, il s'est dit : "Moins il y a d'Arabes et d'immigrés dans les quartiers parisiens, mieux ça sera." »

L'action politique impossible

Est-il possible de construire une action politique à partir de telles prémisses ? Au cours de plusieurs séances du groupe d'intervention, cette hypothèse est évoquée, mais une telle articulation semble impossible tant chacun se sent écrasé par la domination des puissants. Même l'idée d'un vote destiné à modifier la situation soulève nombre d'objections : les parents, mais aussi certains jeunes, n'ont pas la nationalité française, en dépit de leur intégration de longue date à la société française ; par ailleurs, les difficultés et les vexations des candidats au civisme sont nombreuses, tant est prégnante la logique administrative du soupçon : « Il me fallait un papier du consulat de mes parents pour m'inscrire alors que je suis né en France, que je suis de nationalité française ! Ça veut dire quoi ? Je suis né dans cette commune, bordel ! » Chez les Grands Frères de notre groupe, le rapport au politique est structuré par la défiance, elle-même nourrie des doubles discours, de la tromperie et des opportunismes dont ils ont la mémoire : « Les personnes de confiance, ça n'existe plus maintenant. Tapie s'est montré dans les cités pour dire ceci cela, mais en fin de compte il est juste venu pour montrer sa belle BMW, intérieur cuir, téléphone, gyrophare... Les jeunes dans les cités ne font confiance qu'à eux-mêmes, pas aux autres. Pourquoi feraient-ils autrement puisque même un Français normal ne fait pas confiance à son président ? Il a voté pour lui et en fin de compte tous ceux qui ont voté pour lui sont déçus. »

La rencontre du groupe avec un animateur des marches pour l'égalité des années 1983 et 1984 révèle la rupture de mémoire et le décalage entre un discours de mobilisation collective [1] et l'expérience de la « retombée » du mouvement qu'ont eue les membres (plus jeunes) du groupe : « Le mouvement beur, tout ça, la politique, les gens ils sont montés grâce à ça, je m'en rappelle. Les Beurs en politique, c'est une vague, une mode, mais maintenant c'est fini, on est en déclin. Regarde SOS Racisme et compagnie, ils ont été achetés pour avoir des voix, la gauche les a achetés ! C'est comme les associations de quartier soi-disant, avec des responsables maghrébins qui s'en sont mis plein les poches ! Moi je dis franchement que les jeunes ne marcheront plus, y a trop de désillusion... c'est trop utopique. En fin de compte, c'est comme au début de la marche pour l'égalité : tout le monde s'aime, et par-derrière... ha ! putain, quelle société ! »

Finalement, les formes d'action possibles pour les jeunes des banlieues populaires se partagent, selon les Grands Frères, en deux « chemins ». Le « bon » chemin est celui qu'ils ont choisi : un « civisme malgré tout », fondé sur des bases morales, voire spirituelles, combinées à la fidélité aux idéaux d'une société de citoyens, donnant la force de stratégies personnelles de mobilité sociale par le travail en dépit d'un ressentiment toujours alimenté par l'expérience de l'exclusion. Le « mauvais » chemin est, à l'inverse, celui d'un conformisme déviant fondé sur l'emploi de moyens illégaux ou criminels (l'« argent facile ») afin d'accéder aux bénéfices de la mobilité, de la consommation et du pouvoir. C'est un chemin également pavé de ressentiment, mais dont la violence est le mode le plus courant d'expression.

Subjectivation et violence contenue

Le « bon » chemin est choisi sans illusion : « De toute façon, notre génération est foutue, faut pas se voiler la face. Ceux qui auront plus

---

1. Voir Saïd Bouama, Hadjila Sad-Saoud et Mokhtar Djerdoubi, *Contribution à la mémoire des banlieues*, Paris, Éd. du Volga, 1994.

de chance, je crois que ce sera l'autre génération, mon fils, si jamais j'ai un enfant. » Le « bon » chemin suppose une force morale exemplaire : « Je ne me laisserai pas envahir par le désespoir, je me battrai ! Sinon je ne travaillerais pas si j'étais déphasé, je serais en train de dealer ! Je gagnerais mon salaire en un jour, je ferais des conneries. Moi j'ai choisi de m'en sortir parce que je suis combatif ! Sinon, au fond de moi-même, je baisse les bras et je me dis : "Cette société me détruit, je suis foutu, il vaut mieux que je détruise tout et que je me laisse aller". » Le choix du « bon » chemin s'enracine dans l'intériorisation de valeurs transmises par des parents à qui « il ne fallait pas faire honte ». Cet enracinement moral permet de se positionner clairement et de passer outre à la goguenardise des petits « caïds » qui accusent ceux qui auraient « retourné leur veste » : « C'est pas parce qu'on a fait des délires ensemble plus jeunes qu'on est du même bord : on n'a pas retourné notre veste puisqu'on n'a jamais été du côté des crapules. » Le choix du « bon » chemin résulte aussi d'un cheminement personnel qui conduit à multiplier les ressources d'une subjectivation autonome, en alternative aux assignations du racisme et de l'exclusion : solidarité familiale, conjugalité, recherche spirituelle. Le rapport à l'islam, pour la plupart, est sans doute la pierre de touche de cette démarche.

L'islam

L'islam apparaît en effet comme une ressource morale dans un monde devenu amoral, en même temps qu'il fonde une revendication de citoyenneté et de laïcité. Dans le groupe, on s'indigne : la défiance que l'islam suscite n'est pas juste, l'islam devrait être considéré comme une affaire privée, conformément au principe de laïcité d'une société moderne – c'est ce que souligne Nabil : « En tant qu'être humain, qu'on me donne la même chance que les autres ! Quand je dois payer mes impôts, ou mon loyer, quand j'ai des agios à la BNP, on ne me demande pas si je suis musulman ou pas musulman ! » La question est d'autant plus sensible que la stigmatisation des origines s'ajoute à celle de la religion : « L'islam, je l'ai découvert, c'est pas parce que mes parents sont musulmans, moi j'ai fait des recherches, j'ai étudié, j'adhère par conviction ! Et maintenant on dit : "C'est des intégristes !" Chacun choisit son chemin, et c'est pas pour cela que je vais mettre des bombes et tout faire sauter. » La religion est ici une affaire personnelle, privée, qui permet d'affronter l'exclusion et le mépris : « L'islam c'est pour moi ! Ça m'aide en moi ! Moi ça me permet de… de… voilà, c'est mon adrénaline ! C'est vrai que ça me permet d'être fort… la religion me permet à moi-même de me renforcer, c'est comme si au début j'étais tout nu, et l'islam est un vêtement, il me permet de me tenir chaud, mes convictions me donnent plus de force de caractère… c'est pas pour cela que j'ai des illusions ou quoi que ce soit, que je vais baisser les bras… de mon point de vue, moi ça me permet d'être fort ! C'est comme un vêtement pour moi, au début j'étais tout nu, façon de parler, dans le froid, j'étais frêle, là j'image, mais l'islam c'est comme si c'était un vêtement… » La valeur de l'islam est d'autant plus élevée que la religion se présente comme le miroir inversé d'un universalisme républicain dégradé : « Il y a un brassage ethnique dans l'islam, c'est ça qui est bien. C'est une religion qui accepte le monde entier, il n'y a pas de discrimination. L'islam c'est pas pour un seul peuple, c'est pour l'univers. C'est pas parce que je suis arabe que je suis musulman, ça il faut le faire comprendre aux gens aussi. Dans chaque ethnie il y a des croyants et des non-croyants ! L'islam n'est pas spécifique à un peuple, c'est une communauté, c'est pour le monde entier. »

La société française résiste à la construction de mosquées qui soient visibles. Le constater, c'est souligner les contradictions de la laïcité républicaine et les impasses auxquelles elles mènent : « Franchement, dans les cités il y a un progrès depuis que les jeunes essayent de s'en sortir par la religion. Tarek [un membre du groupe], il fait tous les jours ce travail avec les jeunes : que ce soit un drogué, un dealer, un voleur, il va lui parler et l'emmène à la mosquée pour prier. C'est pas pour dire : "Voilà une bombe, va tuer quelqu'un !" Loin de là ! C'est pour le faire sortir de sa misère, pour lui faire comprendre qu'il est un homme, qu'il doit réagir, qu'il doit travailler comme tout le monde ! Il y a plein de jeunes comme moi, 26, 27 ans, certains sont à la fac, ils disent de venir aux enfants qui sont dans la rue, et les mômes ils sont en train d'étudier, ils sont peut-être trente dans une toute petite pièce pour faire leurs devoirs ensemble en chœur. Mais on ne nous laisse pas les moyens de le faire, parce qu'on dit que l'islamiste est un dangereux criminel ! Mais les petits qui sont non musulmans, ils n'ont ni religion ni rien, ils sont quoi ? Ils sont dans l'alcool, ils prennent de la drogue, ils cassent tout, ils foutent le bordel ! Il faut revenir aux problèmes d'éducation, parce qu'on ne nous donne pas la possibilité d'éduquer. Quand on veut prier, on est obligés d'étaler les gens comme ça dehors ; on n'a pas de mosquée où on puisse s'instruire, apprendre le respect d'autrui, discuter, avoir la sagesse d'une parole qui réconforte, qui apaise quand on a un problème. Parce que je pense que c'est déjà un repère. Il faudrait que ce soit comme une église, une grande mosquée où tout le monde a le droit de se retrouver, sans se serrer. Là où j'habite, il y a plein d'églises et de synagogues, mais pour nous, rien, c'est dans les caves. »

Djamel et sa sœur

Mais cet islam des caves peut aussi véhiculer un credo antimoderne, notamment en servant d'alibi à la reproduction de traditions patriarcales au détriment des filles. La sexualité, dans les propos des Grands Frères du groupe d'intervention, est immédiatement liée à la débauche et au vice, à la menace contre l'ordre social et familial. Elle est d'autant plus dangereuse que la raison des hommes est peu vaillante face à leurs propres « pulsions naturelles » : « C'est pas une question de la responsabilité de l'homme, c'est sa nature ! C'est logique, c'est biblique, c'est dans toutes les croyances ! Celui qui voit une femme en minijupe, même s'il est sérieux, son œil est attiré, et si c'est une belle femme en plus, c'est fini, le cerveau se retourne ! C'est depuis le début du monde, même des hommes politiques qui étaient forts de caractère... Il y a des nations qui ont été ébranlées par des femmes... » D'où l'appel au contrôle social et moral de la sexualité féminine.

Un moment de la vie du groupe d'intervention est à cet égard particulièrement significatif. Quand il est question de la « liberté » des femmes, et en particulier de leur sexualité, Djamel explose : « C'est quoi la liberté de la femme ? C'est sortir en boîte toute la nuit ? C'est à l'européenne ? » Djamel ne parle pas *in abstracto* : à plusieurs reprises, il évoque sa sœur, qui vient d'entrer à l'École nationale de la magistrature après de brillantes études de droit. Pour signifier sa crainte d'une « perdition » de sa sœur par la libido, il convoque la tradition, l'ethnie, la religion, la nature : « Je ne suis pas contre la femme, au contraire, je la respecte beaucoup, mais il y a certaines choses où je ne suis pas d'accord. Je verrais mal ma sœur dans un studio, surtout toute seule... ça veut dire qu'à un moment donné elle aura des rapports... Faut être logique, l'être humain est comme ça, il a des pulsions, et à un moment donné il y a danger. Ça ne se fait pas chez nous, c'est tout. Je suis pratiquant, je suis musulman, en plus je suis kabyle, chez nous en Kabylie, ça ne se fait pas. Je ne vois pas pourquoi on ne pourrait pas faire ça dans la tradition... Pourquoi aller à l'encontre des traditions, pourquoi chercher à compliquer les choses ? Pourquoi elles vont à l'encontre de leur nature, pourquoi elles font que des conneries ? Les beurettes qui ont voulu jouer les femmes libérées, après, elles pleurent ! Y en a certaines, elles ont été dans des situations graves, c'est même plus des femmes ! Si ma sœur me dit : "Je veux ma liberté", je dis : "Quoi ? Tu ne respectes pas ta mère ? Tout ce qu'elle a fait pour toi ?" »

La mobilisation aussi radicale de principes d'ordre laisse entrevoir les motifs profonds d'une crainte de la sexualité en général, et de celle de sa sœur en particulier : « Quand je suis ferme avec ma sœur, c'est que je l'aime. C'est par amour pour elle et pour ma mère qui a souffert pour elle. Ma sœur je l'ai aidée, j'ai payé ses études, je suis très fier d'elle. Mais ce que je veux, c'est qu'il y ait une limite. Quand on dit liberté, il y a toujours une limite, sinon il y a des excès. » Les indications biographiques données par Djamel confirment en effet l'hypothèse d'une *rhétorique* de la référence à l'ordre plutôt que celle d'une adhésion rigoriste à la « tradition ». Et une de ses déclarations laisse entrevoir la signification proprement sociale de ses craintes : « J'ai l'espoir qu'à un moment donné j'aurai ma voie et qu'on me donnera ma chance. C'est l'espoir qu'a tout être humain, d'arriver à son but. Ça sera plus difficile pour nous. J'essaye de bouger, mes sœurs essayent. Peut-être que par l'intermédiaire de mes sœurs j'arriverai à quelque chose. » Le radicalisme de Djamel n'est pas tant le signe d'un traditionalisme ou d'un conservatisme religieux que l'expression d'une intégration contrariée. Il entend préserver le « capital » qu'est la réussite scolaire et sociale de ses sœurs en les protégeant d'un relâchement malheureux – de la même façon que les familles bourgeoises veillent à la studiosité asexuée de leurs filles khâgneuses.

Pour la République

Les Grands Frères sont intarissables dès qu'il s'agit de défendre les institutions républicaines et de dénoncer leurs insuffisances. A un commissaire de police renvoyant les responsabilités de la dégradation du climat en banlieue aux carences des « autres » (municipalités, services sociaux, familles), ils rétorquent que « les policiers manquent de formation, c'est souvent des agents qui viennent de province qu'on met dans les grandes cités ! ». Le raisonnement est de même nature avec un principal de collège de banlieue, interpellé par le groupe qui critique la tendance à la ségrégation scolaire et sociale des élèves : « Vous dites que votre collège n'est pas un collège-ghetto, contrairement à d'autres, mais justement, c'est ça le problème, c'est qu'on met encore ensemble à l'école des jeunes d'une même cité ! Si on mettait un jeune d'une banlieue défavorisée dans le XVe à Paris, ça le changerait, il verrait autre chose, d'autres gens, il s'épanouirait, même si c'est à une heure de trajet ! » Les membres du groupe affirment que l'école

109

égalitaire est un mythe, que le marché scolaire est inégalement accessible selon le rang social. Le principal, poussé dans ses retranchements, déclare également souvent souffrir, « en tant que citoyen », de l'inéquité du fonctionnement des institutions, et en premier lieu de l'école. Il reconnaît ne rien pouvoir faire contre la ségrégation sociale qui s'opère par le jeu des filières et des options à l'intérieur de chaque collège.

Et lorsque la discrimination sociale et raciale à l'œuvre apporte un démenti trop constant et sans espoir aux discours républicains d'« intégration », le passage à la violence et aux conduites criminelles devient pour certains la seule voie de sortie : « Moi, en tant que personne, j'essaie d'avancer pour avoir la chance. Mais si on ne me donne pas la possibilité de concrétiser, il vaut mieux que je reste dans ma banlieue à vendre des doses et gagner une barre par mois… C'est ça qu'on veut ? Je n'ai pas le pouvoir de changer quoi que ce soit… à mon niveau, qu'est-ce que je peux faire ? Je ne peux rien faire. Ou alors si : fusil à pompe, je tire dans le tas. »

Le « mauvais » chemin

Lorsque les Grands Frères du groupe d'intervention sociologique discutent du « mauvais » chemin qui s'offre aux jeunes des cités, ils deviennent témoins et analystes de conduites informées par trois logiques principales [1].

Un dealer : le conformisme déviant

Une première orientation relève de la logique du conformisme déviant : la conduite est conformiste dans ses fins, mais déviante dans ses moyens. Pour les membres du groupe, il s'agit tout simplement de survie dans une situation de misère. « T'as le choix : soit tu restes en bas de chez toi et tu crèves de faim, soit tu vas voler ou tu vas dealer. Moi, au lieu de crever, à la rigueur, je préférerais aller voler. Je ne vais pas mourir de faim ! Mets-toi à leur place aussi ! » Djamel explique : « C'est un problème de société : les jeunes ont eu des problèmes, ils ont goûté la misère, ils veulent s'en sortir… quand ils veulent s'en sortir honnêtement, on leur met des barrières, alors qu'ils ont une famille qui compte sur eux. Le seul moyen c'est de trouver de l'argent… » Il

---

1. Cf. François Dubet, *La Galère*, *op. cit.*

rapporte le raisonnement de jeunes de son âge, passés à la criminalité et au fusil à pompe : « On fait ça pour avoir de l'argent parce qu'on ne considère pas nos droits. Pourquoi rester honnête puisque, même si tu n'es pas un voleur, on te traite comme un voleur ? »

La rencontre du groupe avec un jeune dealer dessine cependant les limites de la compréhension des Grands Frères à l'égard des conduites de « conformisme déviant ». L'interlocuteur a le même âge qu'eux, la même origine sociale et ethnique, et se présente en victime d'une société qui « ne fait pas de cadeaux ». Il explique qu'il n'a pas de diplôme, aucune chance de trouver un travail décent, qu'il est le seul à pouvoir ramener de l'argent à la maison où il y a huit enfants, et qu'il a toujours goûté la misère. Il ne vend « que » du cannabis en gros, « surtout pas de came », et avec ses bénéfices il offre à ses frères et sœurs la possibilité de poursuivre des études. Il entend mettre de côté un capital suffisant pour se lancer dans l'import-export de marchandises licites. Le groupe ne condamne pas a priori l'interlocuteur : « La plupart des jeunes ne sont pas d'accord avec ça, mais la plupart sont obligés de vendre par nécessité. Ils se débrouillent, comme on dit. »

Mais trois arguments marquent la distance. D'une part, le dealer risque à tout moment, toute sa vie, les retours de bâton de l'argent sale, les règlements de comptes, les arrestations et l'emprisonnement. « La réponse que j'ai à donner, dit Saïd, c'est que, moi, tous les matins je me lève, je n'ai pas peur d'entendre "Police !" à ma porte. Moi j'ai la conscience tranquille pendant que toi tu fais ta petite fortune ! » Ayant déjà fait de la prison à plusieurs reprises, et sans illusions sur son destin, entre pauvre ou voyou l'interlocuteur a clairement choisi : « En prison les mecs se convertissent, ils font tous la prière. Parce que avec le désespoir, ils regrettent. Mais une fois qu'ils sont dehors, ils voient le soleil qui brille et ils repartent de nouveau. Moi je suis passé par là, je me suis dit : "Stop, c'est fini." Il ne se passe plus rien. Et puis y a rien qui rentre, t'as pas d'oseille. Tu attends un mois, deux mois, et tu te dis : "Il faut que je ramène des sous". »

D'autre part, le groupe souligne la responsabilité du dealer dans la dégradation de son propre milieu. Djamel et Saïd annoncent qu'ils n'hésiteraient pas à faire la peau d'un vendeur de came approvisionnant leurs frères et sœurs, parce que « la came ça tue », et qu'il s'en faudrait de peu qu'ils fassent la même chose pour un dealer de cannabis, parce que « ça laisse des séquelles, y en a qui tombent et après c'est la défonce ».

Enfin, la prévention des membres du groupe vis-à-vis du deal porte sur les « logiques de gang » qui introduisent la loi du plus fort et la circulation des armes : « Le problème du deal, c'est qu'après ça crée des bandes et du trafic qui pourrissent la cité. » Charles raconte comment ce qui a été présenté comme le lynchage d'un dealer par des jeunes d'une cité était en fait un règlement de comptes : des jeunes dealers de came qui ne supportaient pas l'occupation du terrain par un dealer de cannabis plus âgé (et qui leur faisait la morale) l'ont renversé avec une voiture, massacré à coups de crosse (le fusil à pompe s'était enrayé) et achevé en roulant dessus. Lors de la discussion avec l'interlocuteur dealer, Tarek donne l'exemple d'« un mec qui dealait sur les trottoirs au début, tranquille. Après il est monté, monté, pour acheter un pavillon. Il monte une affaire avec un copain pour 240 000 francs en liquide. Mais dans la cité des braqueurs connaissaient l'information, ils viennent, ils ont tout pris ! 240 000 empruntés par les grands ont dû être remboursés, un truc sans pitié ! Ils devaient rembourser 10 millions chacun ! Le type il s'est dit : "Qu'est-ce qui m'arrive ? Qu'est-ce qui m'a pris ?" Ça l'a choqué, il s'était fait braquer une fois, deux fois, plus l'arnaque. Il s'est retrouvé en prison, le moral était à zéro, il se réveillait la nuit. Qu'est-ce qu'il a fait ? Il a tout lâché. Il s'est mis dans le droit chemin, il est pressé de sortir. » L'interlocuteur ne se démonte pas : « Ça lui est arrivé parce que c'était pas fait pour lui. Quand tu fais un truc comme ça, tu sais à quoi tu t'attends. C'est la merde, tu sais que t'as pas de potes. »

L'éclatement des normes

Une deuxième orientation des conduites des jeunes des banlieues renvoie à la désorganisation familiale, sociale et institutionnelle. Faute de normes, les interactions sont commandées par les pulsions ou les effets de groupe, et la violence devient l'expression de la loi non pas tant du plus fort que du plus fou. L'intériorisation du modèle républicain d'intégration rend les Grands Frères du groupe d'intervention sociologique sensibles à l'éclatement des valeurs, des statuts et des rôles : « Les adultes ne sont pas les mêmes qu'il y a dix ans ! Ils sont totalement différents et égoïstes, ils n'ont aucun respect, il y en a qui sont sans pitié ! Alors comment voulez-vous qu'un gamin ait du respect envers les adultes ? » « Maintenant, les petits, ils connaissent tout sur tout, ils sont plus mûrs, ils connaissent tout de la vie. Normalement on apprend ça par étape, eux on dirait qu'ils ont absorbé tout d'un coup. Avant, il y avait une certaine naïveté, sur la sexualité, sur l'argent, sur la magouille… » D'où l'apparition de comportements juvéniles sans repères moraux ou civiques : « La violence dans les quartiers, elle est gratuite. Les gens n'ont rien à faire, il ne se passe rien dans les cités, la plupart des jeunes tiennent les murs de la cité, parce que les associations ne font rien pour les sortir, alors quand ça leur passe par la tête, ils se font un délire… ça peut être sur un bus qui passe comme ça. » Ces comportements sont d'autant plus préoccupants qu'ils façonnent une culture de la défiance, de la violence et de la criminalité : « Les générations d'avant et celles d'aujourd'hui ne pètent pas les plombs de la même façon… Mon frère a 33 ans et à son époque les grands étaient respectés, il y avait des valeurs… aujourd'hui c'est encore plus méchant qu'avant, les petits menacent les grands et les grands laissent tomber parce que les petits ont grandi trop vite. Je parle de quelques jeunes qui vivent dans ma cité : à 13-14 ans, ils ont déjà les poches pleines d'argent, y a des mômes qui ont déjà acheté une voiture, ils n'ont pas encore le permis… C'est comme pour les armes, il y a des jeunes qui ont des armes dans ma cité. » Nabil précise : « Quand on goûte l'argent très tôt, on ne peut plus s'en passer, l'école on s'en fiche complètement. Ces jeunes-là, ils ont le pouvoir, on peut dire, ils organisent des choses autour d'eux. C'est facile de payer quelqu'un et de dire : "Il faut faire ça." S'ils veulent se procurer quelque chose, ça va se faire par la violence ou par des dégâts, du vandalisme et tout ça. »

Charles a mille anecdotes pour décrire le passage d'un quartier fortement animé par les adultes à une cité abandonnée aux dérives d'adolescents séduits par les figures hyperviolentes et consuméristes des films américains. Il cite *New Jack City* et *Menace II Society*, qui mettent en scène l'imaginaire des ghettos noirs aux États-Unis : chefs dealers qui mènent grand train (grosses voitures, petites femmes, chaînes et gourmettes en or, boucles d'oreilles en diamant), suréquipement en télécommunication, hyperconsumérisme revanchard. A tel point, raconte Charles, que les jeunes « se la jouent », imitant ce qu'ils voient dans ces films : le « look », la gestuelle, le rapport aux armes et à la violence. Il évoque une scène où les protagonistes se repassent compulsivement la vidéo de la caméra de sécurité d'un petit commerçant asiatique qu'ils ont tué pour une bière non payée. Ces films, précise Charles, ne font pas l'apologie de la violence : en général, les personnages se font tuer par la police, ou à l'occasion d'un règlement de comptes, juste après qu'ils ont commencé à « raccrocher », c'est-à-dire à penser à une vie de couple, de famille, à travailler. « Mais les jeunes qui voient ces films, ils oublient complètement la morale finale, ils ne retiennent que les scènes les plus violentes. A mon époque, il y avait un club où les animateurs nous faisaient beaucoup discuter, des films comme ça on en aurait discuté et chacun aurait donné son avis, et la plupart auraient compris la morale. Mais aujourd'hui le service municipal de la jeunesse propose des activités à la carte où les jeunes ne font que consommer. Ça ne sert à rien parce qu'ils vont jouer le match de basket comme il faut, puis faire la voiture du prof en sortant. Ou bien en séjour de ski, ils vont faire un magasin. » Le passage d'une animation de type « éducation populaire » à une de type « centre de loisirs » alimenterait la frustration et la délinquance des plus jeunes : « C'est vrai que faire des sorties avec les mômes, une journée planche à voile ou autre, c'est même dangereux parce qu'ils aiment ça, ils veulent le refaire, et s'ils n'ont pas d'argent, pas de boulot, ils feront autre chose pour l'avoir. » Dans le monde ainsi décrit, les petits « caïds » de 14 à 18 ans passent en quelques mois de leur statut d'écoliers et de consommateurs de loisirs à celui de braqueurs, de dealers, de terreurs. « Maintenant, ils n'hésitent pas à faire les appartements et les voitures de leur propre cité et de leurs propres voisins ! Ils te disent bonjour tous les jours et ils te font ta voiture ! » A tout moment, quelqu'un dans sa cité est susceptible de « péter les plombs » : « Ce qui est grave, c'est que les gens ici ils craquent, ils deviennent fous. Pour un rien ils peuvent tout casser, planter un mec. Il faut toujours être sur ses gardes parce que maintenant on ne sait jamais qui on a en face : le type, il est peut-être à cran pour des tas de raisons, et c'est sur toi que ça tombe… un mot de travers et toc, ça explose ! »

Rage et désespoir

Enfin, les Grands Frères décrivent une troisième orientation des conduites des jeunes : le désespoir de la personne impuissante qui bascule dans la violence interpersonnelle, dans l'émeute ou dans les dégradations – voire dans l'autodestruction. « Vous avez cru à certaines personnes, vous avez été déçu une fois, deux fois, trois fois, on vous promet ceci. Les jeunes, par quoi ils réagissent ? Par la violence ! Si c'est le seul moyen de se faire connaître ! » La « rage » est l'expression et le rejet par la violence d'une domination « désintégratrice » des personnes et de leurs capacités d'action[1]. On est alors au-delà de la frustration matérielle et du conformisme déviant : « Y a pas que les pauvres qui cassent, c'est aussi une forme de ras-le-bol ; […] Les jeunes en ont marre, il faut comprendre ! On les opprime, on vous prend la tête, on vous nargue, on vous embête, on vous ramène au commissariat pour un rien, on vous lance des propos racistes : à un

---

1. *Ibid.*

moment donné ça fait déborder les bords de la cruche, il faut être logique ! Si la société ne change pas, ils sont en train de créer des pit-bulls ! Ils sont en train de créer des jeunes très très dangereux. Y en a, ils sont déphasés, ils ont la rage à un point ! Ils sont en train de créer une bombe à retardement, et un jour ça explose ! »

Ainsi, les Grands Frères sont aussi bien placés pour analyser les tensions et les problèmes du service public qui les emploie que pour rendre compte de l'expérience des jeunes des banlieues populaires. La recherche menée avec eux montre l'utilité d'un raisonnement qui associe, dans une seule et même approche, les transformations générales d'une société dont la fragmentation produit des laissés-pour-compte et les difficultés croissantes des institutions à incarner l'idéal républicain. L'examen de la violence à l'école va maintenant nous permettre de conforter cette perspective.

École et violence

L'institution en cause

Dans les Hauts-de-Seine, à Bagneux, le principal du collège est confronté au vol de la clé de la salle informatique. Compte tenu de la valeur du matériel et face au mutisme des élèves, il se tourne vers la police pour élucider l'affaire. Les policiers interrogent individuellement et collectivement tous les élèves de la classe soupçonnée d'avoir dérobé la clé. Ils les fouillent. A la suite de la plainte d'une famille, la presse s'empare de l'histoire. La concurrence et la surenchère entre les médias placent le collège à la « une » de l'actualité, et en moins d'une semaine il devient un « établissement à problèmes ».

A Saint-Denis, en Seine-Saint-Denis, un policier, spécialement affecté aux affaires scolaires, est en liaison quasi permanente avec les collèges de la commune. Dans le cadre d'accords passés entre l'Éducation nationale, la justice et la police, il les visite régulièrement et intervient à la demande des chefs d'établissement dès qu'un problème surgit. La présence des policiers fait partie du quotidien des collèges de Saint-Denis. La presse relate régulièrement les événements conduisant les policiers à intervenir, mais les faits déplacent rarement la radio et la télévision.

Ces deux exemples mettent en avant les médias face à la violence scolaire, en même temps qu'ils soulignent la présence de plus en plus fréquente de la police dans les collèges, soit pour dénouer des affaires ou des événements impliquant des élèves et s'étant déroulés éventuellement à l'extérieur des établissements, soit pour mettre fin à des actions menaçant l'ordre scolaire. L'explosion de la violence à l'école appelle-t-elle pour réponse principale un renfort des contrôles exercés par la police, une généralisation des conventions départementales entre l'Éducation nationale, la justice et la police, l'augmentation du nombre d'appelés du contingent chargés d'encadrer les élèves ? Affaiblie,

117

l'institution scolaire, face aux comportements déviants des élèves, n'a-t-elle pas d'autres solutions que de faire appel à la force publique ? Il est vrai que les établissements scolaires sont confrontés à de multiples incidents mettant en scène des élèves et parfois des éléments extérieurs. Il est vrai que les vols, les agressions contre les adultes, la dégradation des locaux ou la circulation de produits illicites sont fréquents. Mais ce qui est nouveau aujourd'hui n'est pas tant la fréquence ou la nature de ces incidents que leur traitement. L'école se sent envahie et, pour résoudre les problèmes, fait appel à des intervenants extérieurs. La gestion de la violence devient une préoccupation centrale. Quelle est la capacité des établissements à la prendre en charge ?

Dans sa définition classique, l'école publique est une institution qui a pour mission la socialisation des enfants. Elle les extrait de leur milieu familial, de leur quartier, de leur village pour leur assurer l'accès à l'universel, les faire entrer dans la nation et la citoyenneté. Dans cette perspective, l'enfant s'individualise à travers la socialisation républicaine, qui lui apporte les conditions de son émancipation personnelle. Mais qu'il s'agisse de l'école primaire, du collège ou du lycée, le système éducatif n'assure plus, ou de moins en moins, ses fonctions classiques. Depuis les années 70 – et en même temps que le système scolaire s'est massifié –, les enseignants ont le sentiment d'une dégradation morale, parfois aussi sociale, d'une chute de statut et d'une reconnaissance insuffisante dans la société. Ceux qui enseignent dans les quartiers populaires en difficulté ne sont pas toujours les mieux formés, les plus aguerris, ou tout simplement les plus désireux d'y travailler. Ils semblent aussi parfois incapables de connaître réellement les enfants dont ils ont la charge, au point que François Dubet et Danilo Martuccelli ont parlé de « colonialisme » pour caractériser ceux d'entre eux qui n'habitent pas dans les quartiers où ils travaillent et en ignorent, ou presque, les populations et leurs caractéristiques spécifiques [1]. Le ministère de l'Éducation est un énorme organisme et tout effort pour le moderniser se heurte aux lourdeurs de son organisation. Enfin, il n'y a plus de consensus sur les finalités du système éducatif : bien des élèves en attendent qu'il leur soit utile, et non pas qu'il les socialise, qu'il leur ouvre la voie de l'emploi, *via* les diplômes ; certains enseignants voudraient qu'il se ferme à la société et se consacre, sans ingérence de l'extérieur ni ouverture vers lui, à ses seules fonctions d'instruction, tandis que d'autres se demandent s'il ne

---

1. François Dubet et Danilo Martuccelli, *A l'école. Sociologie de l'expérience scolaire*, Paris, Éd. du Seuil, 1996.

pourrait pas davantage contribuer à faire des enfants de véritables sujets en s'ouvrant à leur subjectivité, en tenant compte de leurs particularismes culturels et sociaux. Dans ce contexte général de doute, certains établissements scolaires semblent emportés dans la perte des normes, incapables de donner un sens à la pratique scolaire.

La violence scolaire inclut des agressions graves venant de l'extérieur, des destructions matérielles importantes qui se jouent hors de toute relation entre enseignants et élèves. Elle relève également du racket, et est alors une forme de pénétration de la délinquance économique au sein de l'école. De même, les bagarres ne procèdent pas nécessairement de la crise de l'institution scolaire, sauf lorsqu'elles revêtent une importance disproportionnée et que les enseignants et les autres personnels se révèlent impuissants à les contenir dans des limites acceptables.

Mais la violence scolaire témoigne surtout, en son cœur, d'une désinstitutionnalisation qui fait que les relations entre enseignants et élèves se dégradent en simples interactions, dans lesquelles le sens se construit au fur et à mesure de l'échange des acteurs en présence et non en fonction de normes, de règles ou de rôles préétablis. Comme l'ont montré Éric Debarbieux puis Angelina Peralva [1], les enseignants se sentent agressés par des incivilités, bavardages, attitudes irrévérencieuses qui relèvent de la non-reconnaissance symbolique bien plus que de la violence concrète, mais qu'ils perçoivent comme telle ; et les élèves, qui certes sont surtout violents entre eux, peuvent eux aussi se sentir non reconnus par leurs maîtres et en devenir violents. L'enseignant qui n'incarne plus les orientations normatives du système scolaire et l'élève qui ne se sent pas respecté vivent dans un univers qui peut se révéler instable et où les conduites et les réactions des uns et des autres deviennent imprévisibles. Il n'y a plus, dans un tel univers, de correspondance entre le système et les acteurs, et pas davantage de relation d'autorité entre maîtres et élèves. Les rapports sont alors dominés par le sentiment d'une grande injustice et d'un mépris plus ou moins fondé, par le recours à la force et à l'intimidation, ainsi que par la peur et le désir de fuite ou de repli.

Le jeune qui devient agressif – verbalement ou même, ce qui demeure rare, physiquement – exprime un sentiment de non-reconnaissance ou d'injustice dont le pendant se retrouve couramment du côté de l'enseignant, qui, peut-être, a tenu sans s'en rendre compte des pro-

---

1. Éric Debarbieux, *La Violence dans la classe, op. cit.* ; Angelina Peralva, *L'Incivilité, la Révolte et le Crime, op. cit.*

pos blessants, voire racistes. La violence est le fruit de la non-communication, de la non-connaissance mutuelle, elle surgit ici dans l'interaction qui est ce qui reste de la relation entre certains élèves et certains enseignants lorsque l'école est devenue un cadre dépourvu de sens et incapable d'imposer ses normes traditionnelles. Elle dénoue alors l'interaction, en étant suscitée, le cas échéant, par un élément déclencheur apparemment anodin : un propos, un événement mineur, une simple attitude, ou encore un regard.

A partir du moment où l'école est perçue par certains élèves comme dépourvue de sens et d'utilité, elle peut apparaître à leurs yeux comme la source de leur échec ou du rejet social qu'ils éprouvent. La violence associée à ce sentiment n'est pas de l'ordre de l'interaction mais elle procède de la même désinstitutionnalisation. Elle surgit alors non pas du fait de la fragilité d'un rapport que les normes et les règles ne structurent plus, mais en raison de la frustration et du ressentiment que suscite l'échec scolaire. Dans ce cas, elle peut opérer en dehors du moment de l'interaction proprement dite, être plus froide, préparée, voire organisée : ses protagonistes s'en prennent aux personnes ou aux biens, éventuellement avec l'aide d'acteurs extérieurs, et règlent leurs comptes avec l'institution scolaire de manière éventuellement décalée dans le temps, à la limite alors qu'eux-mêmes sont sortis du système scolaire. Dans les cas extrêmes, la violence des jeunes n'est plus que l'expression de leur haine et de leur ressentiment, bien au-delà de toute participation présente ou antérieure au système scolaire. Elle marque alors l'aboutissement d'une trajectoire et en inaugure en même temps parfois une autre, comme le suggère l'enquête de Patrick Braun et Kamel Lakrouf sur « une trentaine d'élèves exclus pour des faits de violence d'un collège de Mantes. [...] 100 % d'entre eux ont été retrouvés soit en prison pour des excès hors des murs scolaires, soit ayant séjourné dans les geôles françaises pour les mêmes raisons après leur exclusion [1] ».

L'école ne peut imputer toutes ses difficultés à son environnement extérieur et la violence scolaire trouve donc une partie au moins de ses origines dans l'organisation du système éducatif et dans son fonctionnement. Sans en faire le responsable exclusif de la violence qui l'affecte, il faut interroger sa capacité à la penser et à lui faire face. Dans cette étude, c'est donc moins la violence elle-même qui est au cœur de l'analyse que la manière dont l'institution scolaire, à travers les enseignants principalement, la perçoit, la comprend et agit. Notre recherche

1. *Les Enfants de la terreur*, Paris, Mercure de France, 1993, p. 17.

120

s'intéressera à la subjectivité des acteurs et aux modalités de sortie de la violence scolaire qu'ils peuvent envisager.

Ce chapitre repose sur plusieurs enquêtes de terrain menées dans des établissements scolaires implantés en Région parisienne, ainsi que sur une intervention sociologique exclusivement centrée sur la problématique de la violence à l'école. Celle-ci a réuni, pendant plusieurs heures, un groupe d'enseignants ayant accepté de réfléchir ensemble et de dialoguer avec divers interlocuteurs également concernés par la question : policiers, travailleurs sociaux, élus, etc.[1]. Les enquêtes, en dehors de cette intervention sociologique, étaient plus particulièrement axées sur la question des politiques d'établissement ; comme chacun des collèges étudiés doit faire face à des problèmes de violence, le thème a toujours été présent dans les questionnements. Toutes ces études s'efforcent de saisir comment les acteurs analysent et interprètent leur situation, définissent des priorités et prennent en charge les problèmes auxquels ils sont confrontés ; elles apprécient, quand cela est possible, l'impact de la mobilisation des acteurs. Autant redire que nos analyses reposent sur l'hypothèse qu'une grande partie de la violence scolaire trouve ses origines et ses solutions dans le système éducatif lui-même.

Les formes de la violence scolaire

Depuis le début des années 90, la violence à l'école fait régulièrement la « une » de l'actualité, associe dans un même mouvement enseignants, parents et élèves pour réclamer plus de moyens et de surveillance, et revient régulièrement dans l'agenda politique. Elle retient d'autant plus l'attention, elle suscite d'autant plus d'émotion qu'elle touche une des institutions centrales de la nation. En la mettant en avant, c'est en réalité la violence faite à une République aujourd'hui perçue comme fragile que l'on souligne.

En fait, la violence à l'école a toujours existé. Par le passé, elle était tolérée et institutionnalisée : les enseignants usaient de la force physique pour mater les élèves et les rébellions n'étaient pas l'exception ;

---

1. La recherche, sous la responsabilité de Michel Wieviorka, a été conduite par Gilles Verpraet. Elle s'est déroulée en 1996-1997 en Seine-Saint-Denis et a impliqué dix-sept enseignants provenant de trois collèges différents. Cf. Gilles Verpraet, « Violence à l'école et violences urbaines : la formation d'un acteur sous tension », *in* Alain Obadia (dir.), *Entreprendre la ville*, *op. cit.*

les élèves s'en prenaient indifféremment aux personnes ou aux bâtiments, même dans les plus grandes institutions comme le lycée Louis-le-Grand[1]. A partir des années 60, la violence se fait plus rare, au moins dans les établissements d'enseignement général[2], et les punitions physiques disparaissent pour ne plus être tolérées. L'école connaît alors une période, qualifiée aujourd'hui d'« âge d'or », où la violence est rare et ritualisée, c'est plutôt de chahut qu'il est question[3] : le chahut s'adresse à une personne, souvent la même, et ne déborde pas le cadre du cours. Cependant, le chahut « traditionnel » cède peu à peu la place au chahut « anomique », pour reprendre les termes de Jacques Testanière, jusqu'à ce que le mot disparaisse du vocabulaire courant et qu'on ne parle plus que de « violence » ; en quelques années, celle-ci est devenue omniprésente et a suscité de nombreuses recherches[4].

Si la violence à l'école occupe le devant de la scène et taraude le quotidien des établissements, elle ne mobilise que rarement et partiellement le monde éducatif. Certes, de plus en plus de manifestations et de grèves ont pour thème central la lutte contre la violence et le « ras-le-bol » des conditions de travail difficiles[5], mais ces manifestations ne signifient pas une prise en charge de la violence par les acteurs : elles s'adressent aux instances de tutelle, elles somment le ministère

1. Cf. Éric Debarbieux, *La Violence en milieu scolaire. États des lieux*, Paris, ESF, 1996.
2. Dans l'enseignement professionnel, il en va autrement. La violence, synonyme de virilité, a toujours fait partie de cet enseignement qui oppose nettement les relations « molles », en vigueur dans des disciplines générales, aux relations « viriles » de l'atelier. La proximité sociale entre les élèves et les enseignants d'atelier a souvent donné à ces rapports une forme de légitimité. Sur ces thèmes, cf. François Dubet, *Les Lycéens*, Paris, Éd. du Seuil, 1991 ; Jean-Pierre Luppi, *La Vie des lycéens dans les établissements techniques et professionnels*, ministère de l'Éducation nationale, 1989 ; Paul Willis, *Learning to Labour. How Working Class Lads get Working Class Jobs*, Farnborough, Saxon House, 1977. Notre étude concerne exclusivement des collèges implantés dans des communes populaires, elle ne porte pas sur l'enseignement professionnel.
3. Cf. Jacques Testanière, « Chahut traditionnel et chahut anomique dans l'enseignement du second degré », *Revue française de sociologie*, VIII, 1967.
4. Cf. Bernard Charlot et Jean-Claude Emin (dir.), *Violences à l'école, op. cit.* ; *Les Cahiers de la Sécurité intérieure*, numéro spécial, « La violence à l'école », Paris, IHESI-La Documentation française, 1994.
5. Deux expériences, en 1998, illustrent ce phénomène. La première s'est déroulée en Seine-Saint-Denis et a mobilisé de nombreux établissements pendant plusieurs mois à la suite du rapport Fortier et de la publication du plan d'urgence du ministère de l'Éducation nationale, jugé insuffisant par les enseignants et les parents des élèves. La seconde a eu lieu à Goussainville (académie de Versailles), où des enseignants ont refusé de faire cours à la suite d'incidents répétés dans et autour de leur lycée ; pour la première fois ils ont évoqué la « procédure d'alerte », qui permet à un fonctionnaire de se mettre en retrait sans perte de salaire quand il existe un danger grave pour la vie et la santé – habituellement, cette procédure est utilisée contre le délabrement des équipements publics. Cf. *Libération*, 10 avril 1998.

de réagir et de donner plus de moyens, ou bien encore elles cherchent à sensibiliser l'opinion publique ; aussi, quand il est question de faire reposer sur les acteurs eux-mêmes des pistes de réflexion, la violence ne fait plus recette. Nous l'avons constaté dans les Yvelines, où, à la demande d'enseignants de l'école élémentaire, un inspecteur de l'Éducation nationale (IEN) a mis en place un stage autour de la question de la violence à l'école : le stage n'a pas eu lieu car les enseignants ne se sont pas inscrits en nombre suffisant ; seuls des instituteurs de maternelle ont désiré y participer, alors qu'ils ne sont pas directement concernés par le problème. L'inspecteur académique en conclut que « la demande de stage est une demande globale d'assistance par rapport à la violence perçue, ressentie, et ce n'est pas forcément une demande qui va se traduire par un engagement dans une action de formation. "Faites quelque chose, parce que c'est quand même ce que l'on vous demande, faites quelque chose pour nous contre la violence", et à partir du moment où l'on fait quelque chose contre la violence, il me semble que la plainte s'atténue ». L'intervention sociologique en Seine-Saint-Denis a rencontré les mêmes difficultés : reposant sur la participation volontaire des enseignants, elle a subi à plusieurs reprises des défections importantes de ses membres et, surtout, elle s'est constamment écartée de son objet initial[1]. Dans un cas comme dans l'autre, la violence ne s'est pas révélée attractive, et la faible mobilisation des enseignants doit être considérée comme un élément du problème.

Deux images opposées

L'école est-elle envahie par la violence ? Globalement, non : les faits graves sont exceptionnels et ceux qui relèvent du Code pénal restent circonscrits à un nombre limité d'établissements. En comparant la violence délictueuse à l'école à l'ensemble des délits constatés par ailleurs, ou en la rapportant à l'ensemble des élèves scolarisés, Éric Debarbieux montre qu'elle est faible : en 1993-1994, on compte 14 millions d'élèves et l'on constate 1 999 délits, soit un rapport de 0,014 % ; pour la même année, pour 1 million d'enseignants, on constate 1 992 faits

---

1. L'intervention sociologique demande un engagement soutenu et régulier des participants, appelés à se réunir durant plusieurs dizaines d'heures réparties sur plusieurs mois. Les enseignants sont par ailleurs très sollicités et la recherche ne pouvait donc se dérouler qu'en dehors de leur temps de travail, essentiellement le mercredi ou le samedi, rendant encore plus difficile une participation élevée.

les concernant, soit un rapport de 0,18 % ; enfin, en comparaison avec l'ensemble des délits constatés au niveau national par rapport au nombre d'habitants, la violence scolaire est marginale[1]. L'école en France est au plus loin de son homologue américain, alors que la comparaison est si souvent établie[2].

Cependant, la violence ne se résume pas aux seuls faits condamnables pénalement. Au-delà des événements les plus graves, qui suscitent des mouvements d'indignation, c'est l'incivilité qui est au cœur des problèmes et qui mine les relations entre les jeunes et les adultes, marquant la dégradation de la vie quotidienne sans qu'il y ait nécessairement débordement ou délit. Injures, saleté, vandalisme ou petite délinquance, dans les établissements comme à l'extérieur[3], sont intolérables pour les adultes, car ils menacent l'ordre établi et transgressent les règles de bonne conduite, instaurant ainsi un climat pesant. L'incivilité crée l'impression que, à tout moment, tout peut basculer, elle est perçue comme une violence latente.

Délits, agressions ou incivilités s'exercent en majorité dans les mêmes endroits et impliquent les mêmes acteurs. Ils concernent d'abord les établissements situés dans des communes ou des quartiers populaires : il existe un lien étroit entre recrutement social et violence ; les établissements bourgeois sont eux en grande partie épargnés par la violence, même si elle n'y est pas totalement absente et prend alors d'autres formes. Surtout, dans la grande majorité des cas, les élèves sont victimes et acteurs de la violence : les collégiens subissent et organisent les bagarres, les vols et le racket, ils profèrent et endurent les insultes et les brimades. Même quand ils s'en prennent aux bâtiments ou au matériel, la violence se retourne contre eux puisqu'ils pâtissent de ses conséquences. Enfin, comme le souligne Éric Debarbieux, la violence se déroule au sein des établissements, elle est rarement le fait d'éléments extérieurs venant envahir l'école : l'invasion reste un mythe[4].

Ainsi les enquêtes relativisent-elles le phénomène de la violence à l'école et insistent-elles sur son caractère interne. Mais les éléments

1. Cf. Éric Debarbieux, *La Violence en milieu scolaire*, *op. cit.*, en particulier le chapitre 3, « Insécurité et clivages sociaux ».
2. Cf. Sophie Body-Gendrot, *Ville et Violence, l'irruption de nouveaux acteurs*, Paris, PUF, 1993 ; « La violence dans l'école américaine : une invitation à la réflexion », *in* Bernard Charlot et Jean-Claude Emin (dir.), *Violences à l'école, op. cit.*
3. Sur ces thèmes appliqués plus spécialement à l'école, cf. Éric Debarbieux, *La Violence en milieu scolaire*, *op. cit.* ; Jean-Paul Payet, « Civilité et ethnicité dans les collèges de banlieue. Enjeux, résistances et dérives d'une action scolaire territorialisée », *Revue française de pédagogie*, n° 101, 1992.
4. Cf. Éric Debarbieux, *La Violence en milieu scolaire*, *op. cit.*

recueillis dans les établissements scolaires par l'institution elle-même dessinent une autre image. La recherche en sciences sociales ne corrobore pas ce que l'institution scolaire constate et perçoit : pour elle, le caractère récurrent de la violence est avéré, et celle-ci est faite d'agressions venant de l'extérieur. Le diagnostic d'une école envahie et agressée inspire les acteurs du système pour élaborer leur politique et interpeller l'opinion publique.

A l'école primaire

Une première lecture est fournie par un inspecteur de l'Éducation nationale des Yvelines qui a mis à la disposition des écoles élémentaires un modèle de fiche de signalement, afin de recenser « les incidents en milieu scolaire[1] ». Les fiches sont remplies par les directeurs d'école, à leur discrétion : rien ne les y oblige et rien ne définit préalablement ce qu'est un « incident ». Leur examen apporte un éclairage intéressant non pas tant sur ce qui se passe dans les établissements que sur ce que les directeurs considèrent comme suffisamment grave pour être signalé : elles relatent très rarement des incidents banals et grossissent les incidents graves. Sur une année scolaire, à Trappes, 57 fiches ont été adressées à l'inspection académique – si on rapporte ce chiffre au nombre d'écoles sur la commune (13), les incidents sont globalement rares. La majorité des éléments signalés met en scène des individus extérieurs à l'établissement, et l'image qui s'impose est celle d'une école agressée. En effet, sur ces 57 incidents, 18 sont le fait de jeunes extérieurs à l'établissement, 12 n'ont pu être élucidés car ils se sont produits en dehors des heures de cours (nuit, week-end et vacances) ou aux abords de l'école, et 9 sont le fait d'adultes (parents d'élèves) ; les élèves ne sont responsables que de 19 incidents. La première victime est donc l'institution elle-même, à travers son personnel et ses bâtiments : les enseignants ont été 24 fois victimes, et l'établissement 15 fois ; les élèves ont quant à eux été 18 fois spécifiquement visés[2].

La nature des incidents recensés conforte l'image d'une école assiégée : 30 (sur 67)[3] sont des jets de projectiles sur l'école, des vols de

1. Les informations qui suivent sont extraites d'une recherche menée en 1996-1997 autour du thème de la médiation école/famille ; cf. Patrick Bouveau, Olivier Cousin et Joëlle Favre-Perroton, *Les Médiateurs école/famille*, Paris, INRP, 1997.

2. Ces données ne correspondent pas aux enquêtes sur la violence, ce qui ne signifie pas qu'elles soient inexactes. Cf. Éric Debarbieux, *La Violence en milieu scolaire*, *op. cit.* ; Éric Debarbieux, Alix Dupuch et Yves Montoya, « Pour en finir avec le handicap socioviolent », *in* Bernard Charlot et Jean-Claude Emin (dir.), *Violences à l'école*, *op. cit.*

3. Une fiche (57) peut évidemment contenir plusieurs incidents (67).

matériel, ou relèvent du vandalisme ; ensuite, viennent les insultes (16), proférées parfois contre les adultes, auxquelles il faut ajouter les menaces (12) ; enfin, parfois, des coups sont échangés (9) – dans ce cas, les élèves les donnent et les reçoivent. Les faits sont jugés suffisamment graves pour être une fois sur trois signalés à la police (22), mais les dommages physiques restent rares (8).

Les fiches minimisent les incidents mettant en scène les élèves pendant les heures de récréation ou de cantine, dans l'école ; les rixes entre élèves gardent leur aspect enfantin, et à ce titre n'apparaissent pas comme des incidents. L'école primaire préserve son image d'un monde à part où la déviance enfantine est tolérée dans la mesure où elle reste dans le domaine circonscrit et ritualisé par l'institution ; en revanche, elle se sent menacée par l'extérieur, parce qu'elle a perdu de son caractère sacré : elle n'est plus un lieu protégé et respecté, à l'abri des turpitudes de la cité. L'opposition entre le dedans et le dehors à la fois renforce et fragilise l'école : elle la rassure, puisque à l'intérieur l'ordre est maintenu ; elle la fragilise parce que l'espace de neutralité se rétrécit et que l'école ne se sent plus à l'abri.

Les incidents consignés par les collèges

Le collège est une figure inversée de l'école élémentaire, comme le montrent les différentes données sur les « incidents » relevés dans les trois collèges de la commune de Trappes[1]. En première analyse, la situation est extrêmement tendue, puisque, dans deux des trois établissements, 1 élève sur 2 a été renvoyé du cours au moins une fois pendant l'année. Les sanctions sont fréquentes : il ne se passe pas une semaine – et, à certaines périodes, une journée – sans qu'un événement produise l'exclusion d'un élève. Dans un des trois collèges, pendant l'année scolaire 1996-1997, 170 « colles » pour le samedi matin ont été distribuées et les exclusions hors du collège représentent 269 jours au total – dans un autre établissement, pour l'année 1995-1996, le nombre d'exclusions a même atteint 326 jours. Cependant, aucun conseil de discipline n'a eu lieu cette même année dans ce dernier, alors que, selon les établissements, il s'en est tenu entre 4 et 8 en 1996-1997.

Les données recensées par les collèges empruntent leur vocabulaire à

---

1. Les données auxquelles nous nous référons ont été produites par les établissements – qui, chacun à leur façon, tiennent une comptabilité précise des incidents. Seuls ceux qui ont entraîné une exclusion d'un cours sont rapportés ; ces informations ne tiennent donc pas compte de toutes les interactions dans la classe, par exemple des punitions infligées par les enseignants ou les surveillants.

la justice. Elles se focalisent sur les événements les plus saillants, au point de donner une image particulièrement dure de la réalité. Ainsi, dans un des trois établissements, parmi les 42 « incidents et faits violents » recensés en un an, les faits d'une gravité exceptionnelle représentent plus de la moitié (25), et les « troubles à l'ordre public », « coups et blessures » et « violences aux personnes » (respectivement 10, 11 et 20 incidents sur un total de 61[1]) sont plus nombreux que les « agressions verbales ». Dans ce cas, le collège, plus que menacé, semble envahi par la violence de la cité, à laquelle sa loi, ses chartes et ses règlements résistent bien mal.

Mais dans un autre établissement, lorsque l'administration note tous les événements donnant lieu à l'exclusion d'un élève (d'un cours et/ou du collège), la part des plus graves s'atténue. Le collège gère des problèmes d'indiscipline qui perturbent les cours et empoisonnent la vie quotidienne : sur 339 incidents relevés, 62 %, en effet, appartiennent à la catégorie « indiscipline scolaire », dont « travail non fait », « impolitesse », « perturbation des cours » et « provocation » ; les « comportements dangereux dans le cadre plus général du collège » représentent 32 % des causes d'exclusion, mais ce taux, encore élevé, est trompeur car cette rubrique inclut les « injures et insultes vulgaires et violentes ».

Les signalements

Un autre cas est celui d'un collège de Saint-Denis en proie à de nombreux problèmes. Les données sont extraites des fiches de signalement qu'il transmet à l'inspection académique, au parquet et au commissariat de police dans le cadre d'accords Éducation nationale-justice-police, et le point de vue est donc différent. Alors que dans les trois collèges de Trappes les événements étaient tous répertoriés quelle que soit leur gravité, ici seuls les incidents les plus graves sont recensés. Dans le cas précédent, les incivilités étaient mêlées aux actes déviants, ici elles n'apparaissent guère, même si parfois il est difficile de faire la part de ce qui en relève et de ce qui relève du Code pénal. Ici aussi, les informations relevées sont fournies et construites par l'établissement, elles grossissent certains aspects et en minimisent d'autres. Leur intérêt tient à leur caractère subjectif : elles aident à comprendre comment le collège, et plus précisément son principal, se représente la situation.

1. Un fait peut évidemment relever de plusieurs types, c'est pourquoi le total est égal à 61 et non pas à 42.

Les fiches de signalement couvrent l'année scolaire 1995-1996, elles sont remplies par le chef d'établissement. Au total, 68 « signalements d'incidents ou délits en milieu scolaire » ont été adressés à l'inspection académique, ce qui, rapporté au nombre de semaines de scolarité (une trentaine entre septembre et mai), donne une moyenne de 2 signalements par semaine. Les 68 fiches signalent 79 incidents, qui soulignent la tension permanente régnant dans l'établissement. Près d'un tiers se caractérisent par des injures ou des insultes, adressées pour 77 % à des adultes, professeurs, membres de l'équipe de direction ou surveillants, et pour 23 % entre élèves – pour qu'une insulte adressée à un élève soit signalée, il faut qu'elle comporte des menaces jugées sérieuses. Ensuite, viennent les coups et les bagarres, et la dégradation du matériel (19) : les coups atteignent les élèves, qui en sont les premières victimes, même si les adultes, en particulier les surveillants, ne sont pas à l'abri ; en revanche, la dégradation du matériel concerne surtout l'établissement – parmi les actes de dégradation, 6 sont très graves (coups de feu tirés ou cocktails Molotov lancés contre les bâtiments). 2 événements, hors du collège, impliquent la RATP. Puis l'établissement signale des vols (7) affectant les enseignants (vol d'un portefeuille ou de clés de voiture), mais aussi les élèves ou l'établissement. Enfin, 7 signalements relèvent du racket (dont 1 porte sur les devoirs) ou annoncent des tensions à venir. Dans ce dernier cas, l'établissement prévient les forces publiques que des événements graves se préparent au-dehors : au collège, il ne se passe rien, mais la rumeur gronde.

Les principales victimes de la violence sont ici les adultes : sur 68 actes, 13 visent les enseignants, 11 l'équipe de direction et en priorité le principal, 16 d'autres personnes, dont les surveillants, et 12 seulement affectent les élèves ; enfin, 16 touchent l'établissement. Cette répartition ne rend certainement pas compte de la quotidienneté de la vie au collège. Les adultes sont ici surreprésentés, les élèves sousreprésentés. Les insultes entre élèves, qui appartiennent à l'ordinaire et relèvent des incivilités, ne sont pas sanctionnées, pas plus que les bagarres et les intimidations, qui échappent en grande partie aux adultes. L'agression verbale ou physique à l'égard d'un adulte reste exceptionnelle, c'est pourquoi elle est signalée.

Les agresseurs sont des élèves de l'établissement (43) ; quand ils sont identifiés, il s'agit le plus souvent de garçons (35 contre 7 filles). Les incidents mettent les protagonistes dans une situation de face-à-face (37), et les phénomènes de groupe ou de bande sont quasi inexistants : les élèves impliqués sont rarement plus de deux. Pour les agressions verbales ou physiques, l'agresseur est identifié ; quand il s'agit de dégradations, l'auteur ou les auteurs sont le plus souvent inconnus (19). Enfin, l'essentiel des incidents signalés se déroule dans l'enceinte de l'établissement ou à ses abords immédiats, et aux heures de cours (53) ; les autres signalements engagent en général les élèves à la sortie des cours, lors des déplacements par exemple – il arrive que le collège signale à l'inspection académique des événements qui se sont déroulés tard le soir ou le week-end et qui ne le menacent pas directement. Sur 68 signalements, 47 ont aussi été adressés au parquet et 50 au commissariat, et 3 ont fait l'objet d'un conseil de discipline.

Dans cet établissement, les trois quarts des incidents sont donc jugés suffisamment graves pour que la police et la justice soient prévenues. Ce qui signifie que, si l'auteur est identifié, il sera convoqué au parquet des mineurs et entendu par le substitut spécialement en charge des enfants issus du quartier où se trouve le collège. Cette mesure a été introduite afin que les élèves n'aient plus le « sentiment d'impunité », comme disent les chefs d'établissement. Ce qui frappe dans cette procédure, c'est en définitive l'impuissance dans laquelle se trouve l'école pour résoudre les problèmes.

Le recours au signalement nous informe moins sur l'état de la violence à l'école que sur la difficulté de celle-ci à la prendre en charge. Les extraits qui suivent proviennent des fiches adressées à la police et à la justice[1] : ici, ce n'est pas la police qui vient dans l'établissement, mais le collège qui lui adresse ses élèves.

Dans un cas, « un élève a proposé cinq cents francs au professeur d'EPS, en échange du numéro de moteur de son scooter ». Dans un autre, « un élève qui se déplaçait dans la classe a cassé délibérément (en l'écrasant sous ses pieds) l'une des deux béquilles d'un élève, blessé et plâtré actuellement. A la suite du bris de béquille, il profère des menaces violentes contre le garçon blessé pour qu'il ne dise rien à quiconque. La victime n'a pas parlé au collège, le prof ne s'étant aperçu de rien, et c'est sa mère qui nous a informés. Coût des béquilles : 180 F ».

Une troisième fiche rend compte d'une bagarre : « Le 2 février à 10 h 10, pendant la récréation, deux adultes ont été témoins d'une agression concertée et très violente contre un élève. Il a été cerné par plusieurs groupes qui l'ont attaqué au même moment (coup à la tête, coup dans le ventre). Ont participé activement à la bagarre sans qu'on sache qui a réglé l'opération : X, X, X. Deux adultes sont intervenus

---

1. Les extraits reprennent intégralement la forme du signalement telle qu'elle apparaît dans la rubrique « Descriptions des faits et observations ». Les fiches de signalement sont nominatives quand l'auteur et la victime sont identifiés, nous les avons rendus anonymes.

pour tirer l'élève de la mêlée. Il a été conduit à l'infirmerie. Ni lui, ni ses agresseurs n'ont voulu donner la moindre explication. »

Quatrième exemple : un élève « a saisi une chaise en permanence et l'a jetée sur l'un de ses camarades avec lequel il était en conflit. L'appelé du contingent (VSN) qui surveillait la permanence est intervenu. Il a alors été menacé par l'élève qui a mimé le geste de lui donner un coup de poing et a maîtrisé son geste pour juste effleurer le visage du surveillant ».

Enfin, le dernier cas met en scène le principal de l'établissement à l'extérieur du collège : « Je rentrais chez moi à pied vers 18 h 45. Quand je suis arrivé à hauteur du passage entre le parking et le bâtiment X, j'ai commencé à être insulté violemment par plusieurs personnes qui se trouvaient à une vingtaine de mètres. Les pierres ont commencé à pleuvoir dans ma direction pendant une cinquantaine de mètres. Ils ont ensuite contourné l'école primaire et j'ai à nouveau reçu des pierres sur l'avenue [du collège]. Les jets ont cessé quand je suis arrivé à hauteur du gymnase. Il m'était impossible d'identifier les auteurs en raison de la nuit. Ils ne se sont jamais approchés suffisamment pour que je puisse les reconnaître. Ils étaient 4 ou 5. »

Ce qu'en disent les enseignants

La rencontre avec les acteurs du système scolaire et la confrontation des témoignages offrent encore une autre image. La violence devient plus complexe. Selon les moments et les interlocuteurs, ou bien elle prend des formes radicales, elle est au cœur d'une tension extrême, ou bien elle est vécue sur un mode quasi intime, comme une négation de l'individu. Elle n'engage donc pas les adultes de manière uniforme : de ses expressions concrètes les plus graves, ils ne sont bien souvent que les témoins, alors qu'ils souffrent de ses modalités symboliques. La plupart des enseignants n'ont pas été directement victimes de violence physique, et ceux qui l'ont été, généralement, la minimisent, insistant sur son caractère exceptionnel ou sur le hasard. L'idée que les élèves puissent les agresser directement et volontairement ne passe guère : « Les problèmes sont entre les élèves. Mais il n'y a pas de problème par rapport à nous. » Quand l'agression à l'égard d'un enseignant est avérée, elle est attribuée moins aux élèves qu'à l'institution scolaire ou à la « société ». Un professeur victime d'un incident grave explique : « Ce n'était pas en cours, mais il y a un an et depuis je boite. Un individu m'a lancé une pierre qui m'a atteint au genou. En l'occurrence c'est un élève qui a été exclu de l'établissement, pas de mon fait. Il m'a lancé une pierre accompagnée de "X..., sale chien"... Ça visait vraiment l'institution, pas moi personnellement. » Convoqué prochainement au tribunal après que l'élève s'est dénoncé, le professeur, décrivant ce qu'il attend de cette confrontation, ajoute : « C'est compliqué, je n'ai pas eu de déclaration du chef d'établissement et je ne suis pas couvert. Je pense que je vais traîner le principal au tribunal administratif. »

Pour les enseignants et les responsables de direction, la violence est d'abord extérieure à l'établissement. Ils évoquent des bandes de jeunes des cités qui s'affrontent au gré des humiliations et des défis. Les descriptions restent vagues, souvent confuses : les uns parlent de groupes de « quatre, cinq copains qui viennent régler un compte, souvent une histoire de fille », d'autres « de regroupements de jeunes qui sortent le vendredi, qui sont quarante-cinquante. Je les vois en bas de chez moi ». Un chef d'établissement signale des représailles et des règlements de comptes entre différentes cités « à la suite d'un match de foot où il y a eu un croche-pied mal placé. Il y a des problèmes importants qui ont nécessité la présence de la police de façon quasi permanente à chaque entrée et sortie pendant une dizaine de jours parce qu'on voyait arriver quatre-vingts ou quatre-vingt-dix jeunes avec des battes de base-ball ». Violence potentielle, ou violence réelle, qui échappe à l'institution dans la mesure où elle n'en saisit pas les enjeux ? L'école est prise à témoin. Cependant, la violence démarre aussi à l'intérieur des établissements : « Quand j'ai une bagarre qui commence, j'ai maintenant deux cents ou trois cents gamins qui font tas, qui ne se dispersent pas et dont le seul objectif est de crier le plus fort possible, de voir ce qui se passe. C'est : "Vas-y, tue-le !" On sort dans ces cas-là, enfin tous les gens qui sont disponibles, et on est obligés de faire par vagues successives. »

Cette violence est minimisée et marginalisée par les enseignants, qui réfutent la vision consistant à dépeindre leur établissement comme un lieu qu'elle envahit. Ils se réfèrent au passé et, nostalgiques, rappellent que le « Tue-le ! » entendu lors des bagarres est la version moderne de « "Du sang, de la chique et du mollard", qui était presque une comptine ». Les débordements dans l'enceinte de l'établissement reprennent alors leur allure enfantine, ou sont propres à l'adolescence : « Quand on a huit cent cinquante gamins dans la cour, qu'il y ait des bagarres à toutes les récréations, c'est presque naturel. » Ce qui est violent à l'extérieur ne l'est plus dans les murs de l'école, ce n'est donc pas un problème scolaire. Fréquemment, les enseignants invoquent cette opposition et imputent la violence à l'environnement social et politique.

L'école demeure « une chance pour les jeunes, or on dit que c'est un lieu de violence. Par rapport au reste de la société, compte tenu de l'état de la société, c'est un lieu relativement calme ». Effectivement, en dehors des événements déclenchant une grève ou une manifestation, et des incidents suffisamment graves pour être inscrits sur les fiches, les enseignants parlent peu de violence et les exemples demeurent rares. Il est même difficile d'organiser de longues réunions exclusivement sur ce thème.

En fait, la violence à l'école est rejetée car elle ne concerne pas directement les enseignants. Elle se joue surtout en dehors des heures de cours, là où l'enseignant n'intervient pas. Elle est prise en charge par les surveillants, par les appelés du contingent ou les emplois-jeunes, par les conseillers principaux d'éducation, par les chefs d'établissement, mais pas par les professeurs. Le « sale boulot », pour reprendre le terme de Jean-Paul Payet, relève d'une division du travail qui opère une séparation nette entre les espaces d'enseignement et tout ce qui n'est pas la classe[1]. Les membres de l'équipe de direction instruisent les fiches de signalement ou tiennent la comptabilité des incidents, les membres de la « vie scolaire[2] » traitent des problèmes d'indiscipline, accueillent les élèves renvoyés des cours, les punissent quand ils ne respectent pas le règlement et les surveillent lors des colles.

Quand les enseignants parlent de violence, ils décrivent une réalité qui n'apparaît pratiquement pas dans les fiches de signalement : « Je ressens comme une forme de violence qu'un élève parle mal, qu'il me regarde d'une façon que je n'accepte pas, qu'il parle avec des mots... et surtout avec un ton qui sont insupportables. L'insolence, le bruit, le chahut... » Le bruit, les élèves dissipés, les remarques déplacées, les postures, et quelquefois l'apparence physique[3] – même si celle-ci n'est jamais mentionnée telle quelle –, déstabilisent les enseignants et sont perçus comme violents. Ils gênent le professeur, l'empêchent de faire cours et ruinent sa légitimité : en bavardant ou en ricanant au fond de la classe, l'élève fait plus que perturber le cours, il nie l'enseignant, il l'atteint dans sa personne et sa dignité. Les coups blessent physique-

---

1. Jean-Paul Payet, « Le "sale boulot". Division morale du travail dans un collège de banlieue », *Les Annales de la recherche urbaine*, 1997.

2. La vie scolaire concerne tout ce qui est en dehors des heures de cours. Elle prend en charge l'arrivée et le départ des élèves, les récréations et la cantine, elle gère aussi les heures de permanence et les absences. Elle concerne le conseiller principal d'éducation, des surveillants et des appelés du contingent, ainsi que des emplois-jeunes quand il y en a. Cf. Robert Ballion, « Le conseiller principal d'éducation, auxiliaire éducatif ou pivot de l'établissement ? », *Migrants-Formation*, n° 106, 1996 ; François Dubet, *Les Lycéens, op. cit.* ; François Dubet et Danilo Martuccelli, *À l'école, op. cit.*

3. Voir Daniel Zimmermann, *La Sélection non verbale à l'école*, Paris, ESF, 1982.

ment l'adversaire, le chahut et les incivilités atteignent mentalement la personne : « Moi, la violence que je vis dans ma vie, c'est la violence scolaire, presque exclusivement. Quand je rentre chez moi, je ne vis pas la violence dans la rue. C'est la violence des élèves, les bavardages constants qui sont insupportables. C'est pas des coups. » La violence est insupportable, car elle est vécue de manière individuelle et peut difficilement s'exprimer. Elle n'existe que dans le face-à-face entre l'enseignant et sa classe : « Quand un élève discute en classe et m'empêche de faire cours, c'est pour moi de la violence. Du bavardage de fond constant, des insultes entre élèves, des bagarres dans les couloirs, je prends ça pour de la violence. Pour moi, il n'y a pas de violence objective, tout passe par le prisme de ce que je ressens. »

Les enseignants peuvent donner un sens à l'agression physique ou à l'insulte. L'agression résulte d'une interaction, elle la prolonge quand l'élève a le sentiment d'une injustice, ou quand il cherche à peser sur un événement ou à se venger : par exemple, une fiche émanant d'un collège de Saint-Denis indique que les « rétroviseurs de la voiture d'un professeur (garée sur le parking intérieur du collège) ont été arrachés […]. Le professeur a mis ce fait en relation avec une altercation qu'il avait eue le matin même avec un élève de 3e pendant un cours ». Mais la violence devient insupportable quand l'enseignant la subit et constate sa présence sans pouvoir lui donner de sens. Elle l'atteint en tant que tel, car il est incapable de rappeler la loi[1] et parce qu'elle touche sa personne dans sa subjectivité[2] : « Ce que je ressentais comme vraiment violent l'an dernier, c'est que je n'avais aucune reconnaissance, ni en tant que prof, ni en tant qu'adulte. Et ça, je crois que c'est le plus intolérable, c'est de ne pas avoir d'autorité d'adulte. Je me disais : "Mais merde ! Ils ont 10 ans, ils ont 11 ans, et ils viennent la jouer à l'intimidation, alors que je pourrais les attraper et leur mettre une bonne fessée !" »

L'humiliation est d'autant plus terrible que les mouvements de solidarité entre élèves sont interprétés comme une ligue contre les enseignants. Lors de l'intervention sociologique, le groupe d'enseignants reçoit un officier de la brigade des mineurs qui raconte comment, à la suite d'une note de l'assistante sociale, il s'est rendu au domicile d'un élève qui aurait dû être en cours. Il a reconduit l'élève au collège et, à la demande du conseiller principal d'éducation, l'a emmené en classe : « Je frappe à la porte. Le gamin est entré en faisant ça [bras levé, les doigts en V] et tous les élèves applaudissaient. Moi je me suis mis à la

---

1. Cf. Angelina Peralva, « Des collégiens et de la violence », *in* Bernard Charlot et Jean-Claude Emin (dir.), *Violences à l'école, op. cit.*
2. Cf. François Dubet, *Sociologie de l'expérience*, Paris, Éd. du Seuil, 1994.

place du professeur et je me suis dit : "A sa place je prendrais ma veste et je partirais." Je lui tire mon chapeau, car j'étais sidéré. Le gamin, c'était le héros. Je me suis dit : "Il faut avoir un moral d'acier." Et c'était pas un élève agressif, violent... mais il n'allait pas à l'école. » Ce à quoi un enseignant répond : « C'était lui le chef, quoi », et un autre conclut : « Mais c'est violent, ça ! »

Ainsi, la violence n'a pas le même visage ni la même signification selon le point de vue adopté. Les enseignants connaissent et dénoncent la violence entre élèves, le racket, les bagarres et les multiples agressions quotidiennes dont certains sont victimes, mais c'est la violence d'un regard, d'un mot déplacé ou d'un geste qu'ils craignent et qui les fait souffrir. Le décalage entre la violence décrite et analysée par les enquêtes, traduite en partie par les fiches de signalement, et celle que les enseignants ressentent souligne la contradiction dans laquelle se trouve l'école. La violence venant de l'extérieur est mise à l'index. Elle légitime les mobilisations et sensibilise l'opinion publique, mais est en fait marginale, plus latente que réelle. Une violence plus silencieuse et plus sournoise mine le travail quotidien des enseignants et les déstabilise : ils sont moins menacés par des coups que par le mépris[1]. La violence qu'expriment et exposent les enseignants traduit l'affaiblissement d'une institution qui éprouve des difficultés croissantes à enrayer un phénomène qui la dépasse et la ronge.

Crise et mutation de l'école

Les transformations du système éducatif

L'école a connu des transformations considérables au cours des années 60 et 70. Avant, elle constituait un système organisé autour de filières relativement étanches, déterminant en grande partie le devenir scolaire des élèves. L'école élémentaire était fréquentée par tous les enfants, tandis que le lycée accueillait surtout ceux de la bourgeoisie[2]. Les plus méritants des enfants du peuple parvenaient soit à intégrer le primaire supérieur, soit à prolonger leurs études dans les filières tech-

1. Voir Lise Demailly, *Le Collège : crise, mythe et métiers*, Lille, Presses universitaires de Lille, 1991 ; François Dubet, *Les Lycéens, op. cit.* ; François Dubet et Danilo Martuccelli, *A l'école, op. cit.* ; Danilo Martuccelli, *Décalages*, Paris, PUF, 1995.
2. Cf. Christian Baudelot et Roger Establet, *L'École capitaliste en France*, Paris, Maspero, 1971 ; Claude Lelièvre, *Histoire des institutions scolaires en France*, Paris, Nathan, 1990 ; Antoine Prost, *Éducation, Société et Politiques*, Paris, Éd. du Seuil, 1992.

niques. Rares étaient ceux qui entraient au lycée[1], et ils incarnaient alors le modèle de la méritocratie républicaine[2]. Avant les années 60, la coupure est nette et revendiquée entre l'école et la société. L'école, s'appuyant sur ses fondements de la fin du siècle dernier, a plus pour objectif de fabriquer des citoyens que de contribuer à l'insertion sociale et économique de ses élèves ; c'est pourquoi elle érige une barrière entre elle et son environnement, édictant ses propres règles et tenant à distance la société et les parents.

Plusieurs réformes vont radicalement transformer l'école, accélérant des changements inscrits dans un processus dont les racines remontent au début du siècle[3]. La « réforme Haby » de 1975, en particulier, marque l'unification du système scolaire par la création du collège unique[4] : désormais, tous les élèves entrent au collège à la sortie du primaire ; la sélection n'intervient qu'ensuite, notamment à l'issue de la classe de troisième. Le lycée propose alors trois grands types de formation : générale, technique et professionnelle. Dans le contexte économique de la raréfaction de l'emploi et de l'instauration d'un chômage chronique, l'unification du système a entraîné trois conséquences majeures qui, à divers degrés, interviennent dans la violence scolaire : la massification des effectifs, la sélection par l'échec scolaire, enfin l'émergence d'une culture juvénile.

La massification des effectifs

Jusque dans les années 60, les élèves scolarisés dans le secondaire sont une minorité ; à partir du début des années 70, la quasi-totalité des enfants de 11 ans et plus entrent au collège puis, quelques années plus tard, poursuivent leur scolarité au lycée. Ce qui n'était qu'un slogan au début des années 80 (« 80 % d'une classe d'âge au niveau du baccalauréat ») est en passe d'être atteint quinze ans plus tard : en 1998, 68 % d'une classe d'âge accèdent au niveau du baccalauréat, alors qu'un tiers seulement d'une génération allait aussi loin vingt ans plus tôt. Le

1. Cf. Jean-Pierre Briand et Jean-Michel Chapoulie, *Les Collèges du peuple*, Paris, INRP-CNRS-ENS, 1992.
2. Albert Camus, parmi d'autres, incarne les vertus de l'école républicaine. Dans un ouvrage posthume, il retrace ce que l'école et l'ascension par l'école représentent : *Le Premier Homme*, Paris, Gallimard, 1994.
3. Cf. Jean-Louis Derouet, *École et Justice*, Paris, A. M. Métailié, 1992 ; Claude Lelièvre, *Histoire des institutions scolaires en France*, op. cit. ; Antoine Prost, *L'enseignement s'est-il démocratisé ?*, Paris, PUF, 1986.
4. A des périodes semblables, les autres grands pays européens adoptent les mêmes types de changements structurels ; cf. Jean-Michel Leclercq, *L'Enseignement secondaire obligatoire en Europe*, Paris, La Documentation française, 1993.

premier impact du collège unique est donc l'accroissement considérable des effectifs : ce qui était réservé à une minorité devient accessible à la majorité. Depuis les années 80, l'enseignement secondaire, puis universitaire, est un enseignement de masse. Avant la massification, l'école se caractérisait par une relative homogénéité sociale et scolaire de son public[1] ; avec l'unification du système, c'est au contraire son hétérogénéité qui la caractérise. Les collèges doivent gérer des élèves aux niveaux, aux attentes et aux projets diversifiés.

L'enseignement a donc désormais pour enjeu, parmi d'autres, la maîtrise de cette hétérogénéité. Pour éviter de s'y soumettre, des parents cherchent à échapper à la carte scolaire et deviennent des « consommateurs d'école[2] ». Les établissements recréent des filières en jouant sur les options, essayant ainsi de reconstruire des groupes homogènes[3]. La conjugaison de plusieurs facteurs conduit à une diversification croissante, où se distinguent les établissements de relégation, le plus souvent en ZEP, dans lesquels les enfants des milieux populaires et notamment ceux issus de l'immigration, sont surreprésentés, et d'autres, qui accueillent en majorité les enfants des classes moyennes et qui se situent hors des zones sensibles minées par le chômage et le retrait de l'État et de ses services.

La massification se traduit aussi par une distance accrue entre les élèves et les acteurs du système éducatif, en particulier les enseignants. Dans les zones défavorisées, où les parents n'ont souvent pas fait d'études, les enseignants se trouvent confrontés à un univers qu'ils connaissent mal et par rapport auquel ils n'ont aucun repère, si ce n'est négatif. Parfois, une coupure très nette existe entre l'école et le milieu social auquel elle s'adresse, conduisant à de la méfiance, au mieux, à de l'hostilité, au pis[4] – l'écart est d'autant plus grand que les enseignants proviennent souvent des classes moyennes, même dans le primaire ou dans l'enseignement technologique[5]. Enfin, la massification signifie aussi une hétérogénéité du personnel de l'Éducation nationale.

1. Cf. Pierre Bourdieu et Jean-Claude Passeron, *Les Héritiers*, Paris, Minuit, 1964.
2. Robert Ballion, *Les Consommateurs d'école*, Paris, Stock, 1982.
3. Cf. Jean-Paul Payet, « Violence à l'école : les coulisses du procès », *in* Bernard Charlot et Jean-Claude Emin (dir.), *Violences à l'école*, op. cit.
4. Cf. François Dubet (dir.), *École, Famille : le malentendu*, Paris, Textuel, 1997 ; Cléopâtre Montandon et Philippe Perrenoud, *Entre parent et enseignant : un dialogue impossible ?*, Berne, Peter Lang, 1994 ; Jean-Paul Payet, « L'école à l'épreuve de la réparation sociale », *Revue française de pédagogie*, n° 109, octobre-décembre 1994 ; revue *Lien social et politique-RIAC*, n° 35, « Famille et école », 1996.
5. Voir Yves Careil, *Instituteurs en milieu HLM*, Paris, PUF, 1994 ; Jean-Michel Chapoulie, *Les Professeurs de l'enseignement secondaire. Un métier de classe moyenne*, Paris, Éd. de la Maison des sciences de l'homme, 1987.

De nouvelles catégories apparaissent, des fonctions disparaissent ou sont profondément renouvelées : ainsi, celle de surveillant général, qui devient conseiller principal d'éducation (CPE). Les enseignants eux-mêmes connaissent des changements importants dans leur mode de recrutement et de formation : dans les collèges, les professeurs agrégés et certifiés côtoient les PEGC, qui sont d'anciens instituteurs, et diverses catégories aux statuts précaires (maîtres auxiliaires, adjoints d'enseignement, etc.). L'hétérogénéité du personnel de l'Éducation nationale entraîne des divergences d'approche face aux problèmes[1]. Les différences dépassent le cadre des syndicats, qui pèsent de moins en moins sur les orientations de l'école. En revanche, elles s'expriment localement, au sein des établissements, qui définissent leur politique en fonction d'options qui leur sont spécifiques[2].

Échec scolaire et sélection

Avant la création du collège unique et la massification, la sélection s'opérait, pour l'essentiel, en amont ; elle était moins le fait de l'école que de la structure sociale : seuls les enfants de la bourgeoisie fréquentaient le lycée. Depuis l'arrivée aux portes du lycée de la quasi-totalité d'une génération, la sélection est maintenant une fonction centrale du collège[3]. C'est en cinquième, puis en fin de troisième, que s'opère le tri des élèves qui poursuivront, ou non, leurs études, qui continueront, ou non, dans le cycle long et général. L'échec scolaire devient la hantise car, au-delà de ses significations scolaires, il a un impact décisif sur la probabilité de trouver un emploi. La sélection désormais ne s'effectue pas au hasard, mais ne repose pas pour autant sur des principes méritocratiques[4] ; au contraire, les enfants issus des milieux défavorisés sont plus sanctionnés et peuplent les filières les plus dévalorisées socialement. L'égalité des chances reste à construire, et l'égalité de principe non seulement ne suffit pas à assurer l'égalité des résultats, mais engendre des inégalités[5].

1. Alors que l'âge, le statut et l'ancienneté ne jouent pas de manière significative sur la performance des élèves ; cf. Georges Felouzis, *L'Efficacité des enseignants*, Paris, PUF, 1997.
2. Cf. Olivier Cousin, *L'Efficacité des collèges*, Paris, PUF, 1998 ; Jean-Louis Derouet, *École et Justice*, *op. cit.* ; Jean-Louis Derouet et Yves Dutercq, *L'Établissement scolaire*, Paris, INRP-ESF, 1998.
3. Cf. Éric Plaisance (dir.), *« L'échec scolaire », nouveaux débats, nouvelles approches sociologiques*, Paris, Éd. du CNRS, 1985 ; Agnès Henriot-van Zanten et Marie Duru-Bellat, *Sociologie de l'école*, Paris, Armand Colin, 1992.
4. Voir Alain Mingat et Marie Duru, *Pour une approche analytique du fonctionnement du système éducatif*, Paris, PUF, 1993.
5. Voir Pierre Bourdieu et Jean-Claude Passeron, *La Reproduction*, *op. cit.*

La sélection devient prédominante pour les élèves, qui évaluent et apprécient l'école, les enseignants et les disciplines en fonction de leur efficacité. Le rapport aux études devient instrumental et, quand ils y trouvent de l'intérêt, ils dissocient les deux aspects[1]. L'école n'est plus « libératrice » ; elle apparaît comme une machine au mieux efficace, au pis aliénante, qui, en sanctionnant des élèves, blesse et meurtrit des individus qui ne sont plus vus que par le prisme de l'échec scolaire. La sélection est d'autant plus difficile à vivre que les règles sont obscures et souvent injustes[2]. Par ailleurs, l'échec fonctionne comme un véritable marqueur : tout retard dans l'enseignement primaire et au collège réduit les chances de scolarité dans l'enseignement long, et la logique des classes de niveau, plus ou moins avouée, conduit à la séparation des « bons » et des « mauvais » élèves[3]. Enfin, l'échec scolaire empêche souvent toute autre identité de se construire, ou alors uniquement sur un mode négatif – comme c'est le cas avec la figure du bouffon[4].

L'émergence d'une culture juvénile

Jusqu'au milieu des années 70, l'institution scolaire se coupait de la société par l'imposition d'un rythme et de règles spécifiques : longtemps, par exemple, l'école a séparé les sexes. Aujourd'hui, la distance avec la société n'existe plus, l'école est largement ouverte sur son environnement. Les parents sont entrés dans les conseils d'administration et les conseils de classe, des intervenants extérieurs – tels les médiateurs ou les coordinateurs AEPS (qui pilotent les associations d'aide aux devoirs) – sont sollicités pour résoudre des problèmes particuliers. L'école cherche à faire écho aux grands problèmes de société – ainsi, face au racisme, ou à l'occasion d'événements exceptionnels (par exemple, le procès Papon). L'environnement devient une véritable ressource que les établissements maîtrisent plus ou moins et qu'ils cherchent plus ou moins à mobiliser. Dans les ZEP, l'environnement est un partenaire, intégré à la politique des établissements, au moins en théorie[5].

---

1. Cf. Bernard Charlot, Élisabeth Bautier et Jean-Yves Rochex, *École et Savoir dans les banlieues... et ailleurs*, Paris, Armand Colin, 1992 ; François Dubet, *Les Lycéens, op. cit.* ; François Dubet et Danilo Martuccelli, *A l'école, op. cit.*

2. Voir Anne Barrère, *Les Lycéens au travail*, Paris, PUF, 1997 ; Pierre Merle, *L'Évaluation des élèves*, Paris, PUF, 1996.

3. Cf. Alain Mingat, Marie Duru et Jean-Pierre Jarrousse, « Les scolarités de la maternelle au lycée. Étapes et processus dans la production des inégalités sociales », *Revue française de sociologie*, XXXIV, 1993 ; Jean-Paul Payet, « Violence à l'école », art. cité.

4. Cf. François Dubet et Danilo Martuccelli, *A l'école, op. cit.*

5. Cf. Patrick Bouveau et Jean-Yves Rochex, *Les ZEP entre école et société*, Paris, Hachette-CNDP, 1997 ; Agnès Henriot-van Zanten, *L'École et l'Espace local. Les enjeux*

Par ailleurs, la création du collège unique a coïncidé avec l'émergence d'une culture adolescente autonome qui pénètre les établissements sans que l'école cherche à la contrôler. Deux cultures dès lors se côtoient : l'une, légitime, enseignée et sanctionnée par l'école ; l'autre, juvénile, parfois abordée par l'école, mais qui échappe à son contrôle et à ses principes de classification[1]. Les deux cultures se frôlent plus qu'elles ne se mêlent, conduisant parfois les élèves à vivre dans deux univers distincts. La culture juvénile s'exprime à travers les « looks », les manières d'être et de parler, et par des émotions collectives qui ne sont pas toujours celles que légitime l'école. Dans la majorité des cas, l'existence des deux cultures ne pose pas de problème, car les élèves connaissent les règles informelles qui les séparent. Mais, dans les établissements de relégation, la rencontre est parfois heurtée et conflictuelle : l'école a le sentiment de se faire envahir par la culture juvénile, et les jeunes celui d'être rejetés du fait de leur « look » ou de leur langage. Enfin, avec l'allongement de la scolarité, l'école se trouve aussi confrontée, au lycée, à des individus majeurs qui désirent être traités et considérés comme des adultes, qui travaillent pour payer leurs études ou leurs loisirs, adoptent des conduites proches de celles des étudiants et pratiquent des modes de vie que le système scolaire néglige, renforçant ainsi les inégalités[2].

Origines et nature de la violence

Les enseignants éprouvent souvent le sentiment d'une extraordinaire instabilité, ont l'impression d'être embarqués dans un processus qui emprunte plusieurs directions. Les discussions autour de la violence à l'école en sont l'illustration. Il n'existe pas en effet de réel consensus sur la définition du phénomène, sur sa nature et sur ses origines. En parler, c'est se lancer dans une discussion sans fin qui fait défiler plusieurs registres et où se dessine une image confuse de la société et de son école. Les acteurs du système scolaire oscillent entre deux pôles qui les conduisent à des analyses différentes. D'un côté, la violence, essentiellement extérieure, tient au chômage, à la dégradation des conditions sociales et familiales, ou au manque de personnel d'enca-

---

des ZEP, Lyon, Presses universitaires de Lyon, 1990 ; Michel Wieviorka (dir.), *L'École et la Ville* (rapport de recherche), Paris, CADIS-EHESS, 1993.

1. Voir Pierre Bourdieu, *La Distinction*, Paris, Minuit, 1979 ; David Lepoutre, *Cœur de banlieue*, Paris, Odile Jacob, 1997.

2. Cf. Robert Ballion, *Les Lycéens et leurs petits boulots*, Paris, Hachette, 1994.

drement ; de l'autre, elle résulte de l'institution et de l'emprise de la sélection et de l'orientation.

Violence sociale et économique

Pour certains, ou à certains moments, la violence s'explique d'abord par la dégradation du marché de l'emploi. Si elle vient frapper aux portes de l'école et y pénètre parfois, c'est que le lien entre la société et l'école est perverti. Pour les enseignants, ce n'est pas le chômage directement qui la provoque, mais la position ambiguë dans laquelle se trouve l'école : « Il y a encore quinze ans, l'école pouvait être une porte de sortie. Tout le discours actuel fait que ce n'est plus une porte de sortie. Ce souci de professionnaliser l'école, ce souci de faire monter l'entreprise, c'est bien la violence sociale, politique, économique qui s'exerce sur l'école. » Celle-ci ne permet donc plus de protéger les individus, elle n'est plus un espace à part et hors du temps ; au contraire, elle participe malgré elle, et contre ses membres, aux mutations de la société. La tendance de l'école à essayer de coller aux changements de la société, en optant pour ce que Luc Boltanski et Laurent Thévenot appellent le « monde industriel », heurte la culture enseignante[1]. La référence à l'efficacité et à la performance, passant par une évaluation qui concerne aussi bien les élèves que les enseignants eux-mêmes, gêne ces derniers : ils refusent d'indexer leur action à une fonction d'insertion.

L'embarras augmente avec le constat d'une incapacité de l'école à remplir cette fonction. Ce n'est plus la société qui est injuste, mais l'école qui n'est pas en mesure d'atteindre ses objectifs : « L'école fabrique des chômeurs dans la mesure où le système éducatif ne donne pas les outils aux enfants pour trouver une insertion professionnelle. Ça reste un savoir théorique. » L'école est donc complice du marché sans s'en donner les moyens. Situation impossible pour certains, selon qui l'école tourne à vide, c'est-à-dire tente de remplir une mission à n'importe quel prix, au risque d'aggraver la situation. « Je crois que l'école est un peu gangrenée par l'idéologie du projet et de la responsabilité, parce qu'on crée des filières et des sections qui ne mènent à rien[2]. »

La famille et la cité sont décrites comme les premières causes de violence. Les familles sont généralement définies en négatif : elles seraient soit trop présentes, cherchant à protéger leur enfant à tout prix

---

1. Voir Luc Boltanski et Laurent Thévenot, *De la justification. Les économies de la grandeur*, Paris, Gallimard, 1991 ; Jean-Louis Derouet, *École et Justice*, op. cit.
2. Sur ce thème, cf. Roger Establet, *L'école est-elle rentable ?*, Paris, PUF, 1987.

– « Ce que j'attends des familles ? C'est, si par exemple l'enfant rentre à la maison avec une punition à faire signer, que les parents ne disent pas : "Mais quoi ? Qu'est-ce que c'est que ça… ? Tu ne vas pas la faire" » –, soit trop absentes, incapables d'aider leurs enfants dans leur scolarité, et plus généralement de les élever. Une principale adjointe explique jusqu'où peut aller son rôle : « J'ai été par exemple amenée à téléphoner en Turquie pour qu'un père revienne – il avait abandonné sa famille –, pour qu'il revienne auprès de sa femme. Sa fille me faisait des crises de tétanie parce qu'elle ne supportait pas, et il fallait l'envoyer chez le psychologue. Le père m'a téléphoné et j'étais vraiment au cœur du problème. »

Les enseignants demandent aux parents de surveiller les devoirs, éventuellement d'aider leurs enfants, de signer les carnets de correspondance et de se faire le relais de l'école. « Être parent d'élève, comme le dit Philippe Perrenoud, c'est avant tout faire son devoir, satisfaire aux attentes de l'école[1]. » Dans les zones défavorisées, les familles ne rempliraient leur rôle de parents ni vis-à-vis de l'école ni vis-à-vis de la société : « On a quatre classes de quatrième, deux bonnes et deux moins bonnes. Dans les deux classes un petit peu à la traîne, il y a des parents au chômage, il y a des familles en difficulté. Et dans les deux classes qui sont au-dessus, dans l'une il n'y a pas de parents au chômage, dans l'autre c'est à peu près pareil. Et s'il n'y a pas de violence en quatrièmes A et C, c'est parce que tous les parents travaillent. » L'éventualité d'une mise sous tutelle des allocations familiales quand l'enfant est insupportable est reprise par des enseignants : « Si un élève fait des bêtises, qu'on met des mots dans le carnet et que les parents ne répondent pas, on peut faire pression par rapport aux allocations familiales. Ce qui est une mesure intéressante… Si les parents ne répondent pas dans les trois jours, le collège (*via* le CPE) enverra un mot à la CAF pour que les allocations soient supprimées. Et ça fait réagir les parents tout de suite. »

La démission ou l'irresponsabilité des parents révèle un problème plus profond qui touche à l'immaturité des élèves. Plusieurs facteurs se conjuguent : d'un côté, les enfants sont plus autonomes et livrés à eux-mêmes ; de l'autre, ils n'ont pas la maturité suffisante pour se prendre en charge. Les professeurs constatent que leurs élèves sont « confrontés à des problèmes d'adultes, à des réalités d'adultes que, [eux], [ils ont] connus beaucoup plus tard ». Cependant, cette situation ne « les

---

1. « Ce que l'école fait aux familles », *in* Cléopâtre Montandon et Philippe Perrenoud, *Entre parent et enseignant : un dialogue impossible ?*, op. cit.

rend ni plus intelligents ni plus mûrs », et l'immaturité des élèves devient, dans cette perspective, une des clés de la violence. Abandonnés à eux-mêmes, protégés par l'impunité de leur âge quand ils sont encore au collège, ils entrent dans la délinquance plus jeunes et jouent les durs : « Ils sont de plus en plus bébés, c'est des petits machins capricieux… Ils font 1,75 mètre, ils se comportent comme des gamins de 3 ans. » Les enseignants décrivent un monde dérégulé dans lequel plus personne n'aurait de prise sur les élèves : « Ils baignent dans la violence », dit une enseignante. L'organisation même du collège se trouve dès lors en porte-à-faux, car si l'école élémentaire demeure une institution qui socialise les élèves à travers les apprentissages de base, ce n'est plus le cas au collège[1]. A l'école élémentaire, les élèves sont encore des enfants, instruction et socialisation demeurent étroitement imbriquées. Au collège, ils ne sont plus des enfants, la socialisation est censée être achevée et elle n'est plus du ressort des enseignants : instruction et socialisation se séparent et reviennent chacune à des professionnels[2]. En classe, les enseignants ne sont ni préparés ni formés pour affronter les incivilités. Rencontrant un éducateur qui regrette que les professeurs ne sachent pas mettre « entre parenthèses les matières dans la relation avec un élève et ne mettent pas l'accent sur la personnalité et l'accompagnement familial », ceux participant à l'intervention sociologique reconnaissent : « On n'est pas formés à ce genre de situation. On sent qu'il faut un accompagnement mais on est impuissants. » C'est l'institution en tant qu'instance de socialisation qui est menacée[3].

Enfin, la violence semble à bien des égards refléter le quartier. L'école est envahie, sauf à retrouver son caractère de « sanctuaire » où la coupure entre institution scolaire et quartier est nette et sans contestation. « Je dirais, explique une participante à l'intervention sociologique, que l'école est redevenue un lieu de tranquillité. Depuis que les autorités académiques l'ont décrété de façon tout à fait officielle. Il y a eu dans les années 70 "l'école doit s'ouvrir sur la ville, vers son quartier". Elle s'est tellement ouverte que c'est le quartier qui a englobé l'école. On voyait, au collège où je travaille, des mamans traverser la cour de récréation pour leur marché parce que c'était plus court. L'école était dans le quartier et il y avait, je dirais, un mélange. Alors, on a commencé à fermer. C'est devenu un milieu clos avec un statut à part. Combien de professeurs n'ont pas dit à leur élève : "Ta violence,

---

1. Voir François Dubet et Danilo Martuccelli, *A l'école*, *op. cit.*
2. Cf. Jean-Paul Payet, « "Le sale boulot" », art. cité.
3. Cf. François Dubet et Danilo Martuccelli, *Dans quelle société vivons-nous ?*, Paris, Éd. du Seuil, 1998 ; Alain Touraine, *Pourrons-nous vivre ensemble ?*, *op. cit.*

tu te la gardes dans la cité, mais ici t'es pas là pour ça. T'es là pour autre chose." » Ce à quoi une enseignante répond : « C'est vrai que notre difficulté c'est d'essayer non pas de couper l'élève du monde extérieur, mais de faire en sorte qu'à un moment donné ce monde extérieur puisse être laissé à l'entrée de l'établissement, et qu'on puisse les avoir tout nus, je dirais. »

La frontière est mince et fragile. Quand des conflits surgissent entre élèves, qu'ils aient leur source à l'extérieur ou à l'intérieur du collège, elle réagit avec difficulté et détourne parfois le regard. Invitées à débattre avec le groupe d'enseignants de l'intervention sociologique, Leïla et Sabrina sont toutes deux en sixième. Elles se sont battues avec une autre fille de leur classe : « Elle nous avait provoquées. Elle nous a dit des gros mots, ça nous plaisait pas, on s'est battues. » Elles se sont donné rendez-vous sur le terrain de foot, en dehors du collège, et quand elles ont « fini la bagarre, les garçons ils sont allés sur elle. Après, elle avait plein de bleus et elle a porté plainte ». Leïla et Sabrina ont été convoquées au commissariat et devront se présenter au tribunal, même si elles estiment que, puisqu'« [elles] avai[en]t raison, alors c'est pas grave ». Un enseignant leur demande alors : « C'était un jour où vous aviez sport ou bien un jour où vous n'aviez pas classe ? – On n'avait pas école, notre prof d'histoire-géo, il était pas là. – C'était un jour de classe quand même ? – Oui, c'était un jeudi. – Ça fait presque une bagarre extra-scolaire », conclut l'enseignant.

La frontière entre le dedans et le dehors varie selon les événements et les lieux. Pour ce professeur, la bagarre ayant eu lieu en dehors du collège, elle ne relève pas complètement des compétences de l'école, et encore moins des enseignants. A l'école, la violence est grave ; extra-scolaire, elle est banale. L'important est donc de marquer la frontière. Quand elle est franchie, la violence est ressentie comme un appel : « Maintenant, explique un principal, leurs bagarres de cités, ils [les élèves] essayent de les importer dans l'établissement pour que moi je tranche. On en a eu une récemment avec deux élèves. Ils se sont battus [d'abord dehors] et ils sont venus au collège pour que le collège participe à la bagarre, et on est intervenus. On les a calmés, on les a mis à la porte une journée, ça a traîné un peu, mais apparemment ça s'est tassé. » Pour ce principal, « les gamins, ils ont l'impression qu'il n'y a que l'école qui les défend ».

Le maintien d'une séparation entre le dedans et le dehors est réactualisé, car il permet d'opposer un espace pacifié et régulé à un espace proche de la jungle. Mais, pour les élèves, la frontière entre le dedans et le dehors est plus complexe, et ils n'opposent pas aussi radicalement école et cité. Ils connaissent parfaitement la division du travail et savent que si l'école protège de la cité, ce n'est pas vrai de tous ses membres : les CPE, les surveillants et l'équipe de direction prennent en charge la violence de la cité, mais pas les enseignants, qui restent sourds aux problèmes des élèves. Dans la grande majorité des cas, les enseignants sont peu informés des tensions qui existent, et quand les événements débutent dans la classe ils les renvoient à la vie scolaire. Comme l'explique Leïla, les enseignants ne répondent pas : « Avant qu'on se batte, j'ai dit à une prof : "Madame, Myriam elle m'énerve." Elle a dit : "C'est pas mon histoire, c'est votre histoire." » L'enseignante n'est pas intervenue, alors que les élèves pensent, *a posteriori*, qu'« elle aurait pu convoquer les parents... ou [leur] donner une punition avant qu'[elles] se batte[nt] ».

L'école, comparée à son environnement, protège-t-elle de la violence ? Oui, si l'on en croit les enquêtes[1]. Oui, si l'on en croit les enseignants et les chefs d'établissement, pour qui l'école est relativement épargnée, et parce que l'élève ne reste pas impuni. La peur du bâton fonctionne et possède des vertus éducatives : « Je pense qu'à l'intérieur on peut avoir des quiproquos, des choses comme ça, mais on essaye de régler et je pense que, neuf fois sur dix, on règle, par des sanctions ou par un changement d'établissement, éventuellement par un conseil de discipline. Ça, confusément dans leur tête, ils ont compris. » Pour les élèves, l'opposition est moins nette. Certes, l'école est un lieu pacifié, mais ils refusent de définir la cité uniquement par la violence et comme un facteur aggravant. Au contraire, par la pression qu'elle exerce sur ses membres, elle est aussi un lieu de régulation et d'apaisement des conflits qui fonctionne sur le mode de la menace. A un élève de troisième à qui un membre de l'intervention sociologique demande si c'est parce qu'il est grand qu'il ne se bat pas, Jean répond : « Non, c'est pas ça. Dans le collège où je suis, c'est à cause de la cité. Quand on trouve de la bagarre, on évite de s'y mettre parce que, si on se bat avec quelqu'un, après il va chercher des gens de la cité. » La menace de représailles suffit à mettre fin au conflit et empêche les bagarres de commencer. Les enseignants refusent d'y croire : « Donc ça voudrait dire que la cité a un effet bénéfique sur le collège... Ça, on n'a jamais vu ça ! »

---

1. Cf. Bernard Charlot et Jean-Claude Emin (dir.), *Violences à l'école, op. cit.* ; Éric Debarbieux, *La Violence en milieu scolaire, op. cit.*

La violence de l'institution

Si l'école protège de la violence, elle la produit aussi, sous certaines formes. Violence institutionnelle, cachée, aux allures diverses selon les moments et les lieux, mais qui affecte directement les élèves et dont ils ont parfaitement conscience, en particulier si leur parcours est chaotique et s'ils sont scolarisés dans des établissements de relégation. La violence symbolique, décrite par Pierre Bourdieu et Jean-Claude Passeron[1], s'incarne dans la relation pédagogique et dans le jugement scolaire : « C'est le système où nous vivons qui sécrète la violence, qui sécrète l'échec et d'où découle la violence. Un système inégalitaire, quoi qu'on dise et quoi qu'on fasse. » Une violence que les enseignants reconnaissent implicitement lorsqu'ils déplorent la brutalité des décisions et leur caractère expéditif : « Il faut que vous assistiez à un conseil de classe, c'est hallucinant parfois. Le classement, est-ce que cc n'est pas de la violence ? Il est engendré par les enseignants eux-mêmes. Est-ce que ce n'est pas une forme de violence, classer, juger, dire : "Celui-là, aucune chance, on va le mettre en BEP ou orientation" ? Qui est-ce qui dit : "Cet élève n'a aucune chance de s'en sortir. Voyez ces notes en ceci, voyez son comportement… Paf ! orienté en BEP…" ? » Certains vont plus loin et considèrent que l'orientation elle-même est une forme de violence quand elle consiste à envoyer des élèves dans des sections sans avenir.

« Ce que les élèves jugent comme souvent terriblement violent, c'est le jugement que l'adulte porte sur eux. Surtout quand il s'exprime sur une base qui, pour le collègue, est une base d'évaluation : "T'as 0 en anglais, donc tu es nul", ce qui se traduit par un discours que l'élève entend comme une non-prise en compte de ce qu'il est en tant qu'individu. » La violence est aussi dans les propos des enseignants, dans les mots brutaux et parfois blessants inscrits sur les carnets de correspondance, dans le mépris dont les mauvais élèves sont l'objet, bref, dans des actes quotidiens où ils classent et jugent selon des critères pas toujours clairs et lisibles pour les élèves[2]. L'école devient violente quand elle n'a plus rien à offrir, quand elle place les élèves dans une impasse.

1. Voir *La Reproduction*, *op. cit.*
2. Sur ce thème de la violence produite par l'école, cf. Éric Debarbieux, *La Violence dans la classe*, *op. cit.* ; du même, *La Violence en milieu scolaire*, *op. cit.* ; Bernard Defrance, *La Violence à l'école*, *op. cit.* ; François Dubet, *Les Lycéens*, *op. cit.* ; du même, « Les mutations du système scolaire et les violences à l'école », art. cité ; François Dubet et Danilo Martuccelli, *A l'école*, *op. cit.* ; Jacques Pain, *École : violence ou pédagogie ?*, Vigneux, Matrice, 1992.

La violence institutionnelle, relayée et parfois aggravée par la relation pédagogique, n'est pas unanimement reconnue. Les enseignants qui doutent, pour qui leur rôle est de plus en plus précaire et aléatoire, et qui « ont d'immenses satisfactions pour deux ou trois élèves dans une carrière », admettent l'existence d'une violence dans l'orientation et dans les jugements : « Toute personne qui ne va pas juger l'élève comme il est, dans son intégralité, mais qui va le juger uniquement comme un élève : résultat scolaire, point final, il y a un sentiment de violence. Mes élèves disent : "Les profs sont des traîtres." Non-écoute, non-prise en compte des problèmes extérieurs, orientation et injustice, c'est pareil. » Au contraire, ceux qui ne doutent pas du bien-fondé du fonctionnement du collège et de ses orientations refusent de parler de violence institutionnelle, évoquant plutôt l'immaturité des élèves, leur incapacité de choisir et de tenir compte de leurs recommandations sur les ouvertures d'une filière ou son accessibilité : « Parfois, ils subissent l'orientation, je suis d'accord, mais la plupart du temps, ils ne la subissent pas… pas par défaut en tout cas. C'est un choix qu'ils font. – Moi aussi, je dis la même chose. C'est pas pour ça que je crois à ce que je dis. – L'idée, c'est quand même un discours d'espoir parce qu'à la fin de l'année, ben oui, je m'excuse, ils ne sont pas dans la merde. Après, c'est de leur choix. »

Le malaise des enseignants traduit l'impasse dans laquelle ils se trouvent. Vingt ans après la création du collège unique, l'école ne sait pas gérer de manière satisfaisante la massification. « Ce n'est pas une question de niveau qui baisse ou qui monte, c'est que tout le monde va au collège. T'as 0, tu vas au collège, t'as 20, tu vas au collège. » Les professeurs ne savent pas et ne veulent pas gérer cette hétérogénéité impossible. Prendre en charge l'une ou l'autre des disparités, c'est modifier radicalement l'enseignement : « Ça porte un nom ça, c'est que le collège on ne devrait plus l'appeler "collège", c'est une primarisation du collège. C'est-à-dire que le collège, par une sorte de retour du refoulé, a pris la place des fins d'études. Les fameuses fins d'études, les trois cent mille, là, ben, ils sont au collège. » Les enseignants se sentent prisonniers et victimes de cette logique. S'ils jouent le jeu du système, ils gardent des élèves qui n'ont pas le niveau, qui les empêchent de travailler et perturbent la classe par ennui : « Il y a de la violence parce qu'on oblige des gamins à rester au collège alors qu'ils n'ont rien à y faire. Ça, c'est des gamins qui peuvent exprimer une certaine violence envers les professeurs parce qu'on les oblige, du fait de l'orientation et de l'affectation, à rester au collège. » Et s'ils refusent de jouer le jeu, en se désintéressant des plus mauvais élèves, voire en

146

cherchant à s'en débarrasser, les enseignants cautionnent un système qui fonctionne mal, qui sélectionne plus qu'il n'oriente. Pour se préserver, certains se retranchent derrière l'obligation et la légitimité du classement et du jugement[1], ce que les élèves interprètent comme du mépris.

La violence est aussi produite par les interactions entre élèves et acteurs du système scolaire. Les altercations demeurent l'exception, cependant elles existent. Mais les professeurs éprouvent de grandes difficultés à reconnaître cette violence, comme s'il était impensable d'imaginer que des élèves puissent se retourner contre eux. Alors qu'un élève, reçu par le groupe d'intervention sociologique, raconte qu'il « y a plein de trucs qui se passent », qu'une voiture a été volée, « c'était pas à un prof, c'était au mari de la directrice [de la SECPA] », les enseignants cherchent à minimiser l'incident : « Je ne pense pas que ce soient des élèves du collège. C'était suite à un conseil de discipline. Un élève a été exclu, pour retrouver en fait ses parents qui habitent le Nord. Donc le conseil de discipline était pour montrer à l'élève qu'il y avait des limites, mais aussi pour permettre à l'élève de retrouver un certain équilibre familial. Donc c'était une façon sympathique peut-être pour lui de dire au revoir au collège que d'incendier le véhicule du mari de la directrice de la SECPA. » Quand un chercheur fait l'hypothèse d'un lien entre l'incendie de la voiture et le conseil de discipline, le professeur refuse de le suivre et dédouane l'élève, décrit par ailleurs comme difficile ; si problème il y a, il ne peut venir que de la cité : « Ça n'a pas été causé par des élèves du collège. Ça a pu venir du dehors, c'est des gens, peut-être un copain de la cité, qui ont décidé de mettre le feu à un véhicule... C'était une nuit où il pleuvait, où franchement on a lancé un petit cocktail Molotov... Le collège, tout le monde peut y rentrer, donc aller dire maintenant : "C'est tel élève, ce sont les élèves de telle classe"... non ! » La violence comme représailles de la part des élèves reste largement impensable[2].

Les professeurs ne se sentent pas responsables : ils jouent le jeu du système, même si celui-ci leur échappe par ailleurs. Pour les élèves, le lien est plus réel et plus direct. Tout d'abord parce que certains enseignants usent de méthodes brutales, parfois proches de celles qu'emploient les élèves pour régler leurs différends : « Il y a un prof,

---

1. Voir Pierre Merle, *L'Évaluation des élèves, op. cit.*
2. Le parallèle entre cet incident et la violence qui explose dans les cités à la suite des « bavures » policières est amplement rejeté par les acteurs du système, alors qu'il n'est pas infondé ; cf. Angelina Peralva, *La Violence au collège, étude de cas* (rapport de recherche), Paris, CADIS-CNRS-EHESS, 1996.

quand j'étais en sixième et cinquième, il nous frappait. Il nous faisait : "C'était pour rigoler." Il jetait des stylos. – Moi, dans ma classe, un élève, il s'est battu avec le professeur. Le prof, il a dit : "Allez viens, maintenant on est dehors, on va se battre." Et ils se sont battus. Le prof, il a poussé l'élève contre l'arrêt de bus, après, l'élève a sauté sur le prof et il y en a qui les ont séparés. » Ensuite, parce que la tension avec les enseignants et avec l'école – réelle pour certains élèves qui, comme Mourad, déclarent que « des fois, on a envie de les frapper » – est largement fonction des premiers. Les élèves sont nombreux à décrire à peu près dans les mêmes termes le portrait type du « bon prof » : il est juste, sévère quand il le faut, et les élèves peuvent rigoler avec lui. « Il faut qu'il ait du pouvoir sur les élèves. Dès le début de l'année, il faut qu'il mette les points sur les i. On a un prof de français, au début de l'année il était gentil, maintenant il essaie d'être méchant. Ça ne marche pas… Un prof, il faut qu'il montre son autorité. Si le prof il est gentil, tout le monde il est gentil, si le prof il est méchant, tout le monde il est méchant[1]. »

Pour les élèves, la cité est loin de tout expliquer. Elle n'est pas à l'origine de toutes les violences, dont certaines prennent leur source dans la classe, soit à cause de la relation pédagogique, soit à cause du retrait des enseignants qui ne répondent pas aux appels plus ou moins explicites des élèves. Mais l'école protège de la violence « et ça marche. Les fois où j'allais me battre, eh bien ! ça a marché. Le prof, il nous a pris quand il a su que ça allait dégénérer ». Quand l'école se met à la disposition des élèves, les attitudes d'opposition et de retrait s'atténuent[2]… même si le lien demeure fragile et que les élèves savent, par ailleurs, que s'ils vont voir un enseignant pour lui dire : « Il y a Machin qui m'en veut », le risque est qu'on leur dise : « Ouais, t'es un gamin. »

Face à la violence

La diversité des sources de la violence scolaire ainsi que la variété des situations et des interprétations conduisent à envisager plusieurs types de réponses, éventuellement combinés.

L'institution scolaire se caractérise par l'affaiblissement de la cen-

---

1. Cf. Georges Felouzis, *Le Collège au quotidien*, Paris, PUF, 1994 ; Gérard Vincent, *Les Lycéens*, Paris, Armand Colin, 1971.
2. Voir Jean Nizet et Jean-Pierre Hiernaux, *Violence et Ennui*, Paris, PUF, 1984.

tralisation et par un éparpillement des niveaux de décision, qui acquièrent une autonomie importante et ne s'articulent pas nécessairement de manière harmonieuse. C'est pourquoi, à partir des interprétations fournies par les enseignants, il est possible de distinguer trois étages principaux dans leur analyse de la violence et dans leur réflexion sur l'action qui pourrait y porter remède. Un des enjeux de la recherche est, de plus, de penser la cohérence de l'action. Il s'agit donc non seulement de définir la pertinence de chaque niveau, du point de vue des enseignants, et de voir où s'arrêtent les frontières, mais aussi de poser la question de l'unité du système éducatif confronté à une violence, objective et subjective, qui à l'évidence en marque les difficultés et les risques de déstructuration.

Au niveau institutionnel

Le système scolaire est gouverné par un ministère centralisateur, relayé aux échelons académique et départemental par un corps spécialisé chargé de mettre en œuvre sa politique. C'est un système pyramidal qui, au nom de l'unité nationale et d'une tradition jacobine, centralise les décisions afin de garantir le même accès à l'enseignement sur l'ensemble du territoire. En théorie, il existe une égalité dans l'offre d'enseignement entre les régions, les départements et les communes. En pratique, les disparités de moyens et de résultats sont criantes[1].

Le ministère est le lieu vers lequel les acteurs se tournent « spontanément » quand ils rencontrent des problèmes. Organe où s'élabore la politique générale de l'école et qui fixe le montant des moyens et leur affectation, il est systématiquement interpellé pour débloquer une situation, quand il s'agit de libérer des ressources matérielles ou humaines, ou bien dans des circonstances inédites – comme, en 1989, dans le cas des jeunes filles venant à l'école avec le « foulard islamique ». Décidant de l'ouverture et de la fermeture de classes ou d'établissements, le ministère est omniprésent. Pour certains enseignants, il constitue la seule instance devant laquelle ils se sentent responsables, du fait des programmes et du mode de nomination dans les établissements[2]. Lorsqu'un enseignant déclare lors d'une réunion qu'il sent « presque physiquement » le ministre derrière lui quand il fait cours, et

1. Cf. le rapport Fortier, 1997, ainsi que la publication du ministère, *L'État de l'école*, Paris, DEP-MEN, 1997.
2. Cf. Michel Gilly, Arlette Brucher, Patricia Broadfoot et Marilyn Osborne, *Instituteurs anglais, Instituteurs français. Pratiques et conceptions du rôle*, Berne, Peter Lang, 1993.

qu'entre lui et le ministre il n'y a rien, cette affirmation ne suscite aucune réaction de la part de ses collègues. Le ministère est d'autant plus présent qu'il apparaît comme une machine désincarnée et invisible. A son propos, les enseignants disent « ils » et parfois « là-haut », soulignant la toute-puissance et l'inaccessibilité de l'instance de décision. Cependant, le ministère est aussi une cible parfaitement identifiée et vivante quand il s'agit de revendications précises, comme ce fut le cas au début de l'année 1998 lors de la mobilisation d'établissements et de parents d'élèves de Seine-Saint-Denis réclamant des moyens permettant de mettre leur département au même niveau que d'autres.

Mais l'école est de moins en moins un système centralisé, puissant et fait d'un bloc. Au contraire, l'image qui s'impose est celle d'un système affaibli. Certes, le ministère continue à édicter les règles générales de son fonctionnement, en particulier par le biais des programmes et de la nomination nationale du personnel du secondaire ; mais il n'est plus nécessairement au centre des décisions. L'institution n'exerce plus son contrôle sur l'organisation de la vie quotidienne de l'établissement : elle fixe le cadre général, mais laisse aux acteurs le soin de le mettre en œuvre. De ce point de vue, il est juste de parler d'une désinstitutionnalisation du système qui opère à deux niveaux. D'une part, l'école n'est plus une institution de socialisation, transformant des normes et des valeurs en rôles sociaux[1]. D'autre part, elle laisse une part de plus en plus grande à la diversité et à l'interprétation ; bien plus qu'un modèle unique, elle tend à proposer un cadre modulable, adapté aux contextes en fonction de principes généraux communs à tous. Les ZEP[2] ou la gestion du « foulard islamique » illustrent ce changement : les ZEP en appellent, à demi-mot, à l'équité plutôt qu'à l'égalité formelle ; la gestion du « foulard » a été laissée au soin des établissements, chargés de négocier au cas par cas. Le ministère se contente de rappeler les grands principes de la laïcité mais s'interdit d'édicter une loi : en cas de désaccord entre les établissements et les parents, c'est le Conseil d'État qui tranche, et non pas le ministère[3].

Les enseignants ressentent directement l'affaiblissement de l'institution. Tout d'abord, ils ont le sentiment d'affronter toujours seuls les

1. Cf. François Dubet et Danilo Martuccelli, *Dans quelle société vivons-nous ?*, *op. cit.* ; Alain Touraine, *Pourrons-nous vivre ensemble ?*, *op. cit.*

2. Rappelons qu'être classés ZEP apporte des moyens supplémentaires aux établissements scolaires situés sur les territoires particulièrement défavorisés.

3. Voir Françoise Gaspard et Farhad Khosrokhavar, *Le Foulard et la République*, Paris, La Découverte, 1995 ; Françoise Lorcerie, « Laïcité 1996. La République à l'école de l'immigration ? », *Revue française de pédagogie*, n° 117, octobre-décembre 1996.

problèmes. La relation pédagogique met face à face un professeur et un groupe d'élèves. L'enseignant tire sa légitimité de son statut et de son savoir ; lorsque son autorité est contestée, il est démuni et ne sait pas toujours vers qui se tourner : « L'institution essaye tant bien que mal, et de moins en moins bien, de s'en sortir. D'essayer de faire face, si c'est possible, avec les faibles moyens qu'elle a, parce que l'institution scolaire n'a pas beaucoup de moyens. – Ce n'est pas l'institution qui fait face, ce sont les enseignants qui font face, ce n'est pas la même chose. Il y a un décalage entre l'institution qui est le bloc, la façade, et ceux qui rament sur le terrain. Parce que ce ne sont pas les "gus" du ministère qui se prennent les insultes. – Ce n'est pas l'institution, c'est des personnes qui ont envie et qui ont du temps, qui y croient, qui se bougent et qui se démènent pour faire quelque chose. »

Ensuite, l'institution, à leurs yeux, répond toujours avec retard, et parfois de façon inappropriée. Elle est souvent soupçonnée de laisser pourrir la situation. Le seul recours est l'appel à l'opinion publique et à la mobilisation des parents afin de soutenir les revendications des enseignants ou des établissements. C'est ainsi qu'en Seine-Saint-Denis, pendant deux mois, les enseignants et les chefs d'établissement ont organisé, en 1998, des manifestations avec le relais et le soutien de parents d'élèves afin d'obtenir plus de moyens et plus de reconnaissance compte tenu des difficultés qu'ils rencontrent. L'intervention sociologique a eu lieu avant cette mobilisation, dans laquelle plusieurs membres du groupe ont joué un rôle actif.

Dans le groupe, précisément, on évoque à plusieurs reprises un collège de Saint-Denis qui, quelques années auparavant, a dû recourir à la grève afin de mettre fin aux fonctions d'un principal affichant des opinions racistes. « On a eu un principal Front national, qui était raciste. Il a pulvérisé l'ambiance de l'établissement et l'ambiance entre les professeurs. Il a fallu huit ans d'actions auprès de l'académie, du rectorat, et treize jours de grève à 100 %, pour qu'un inspecteur général de l'administration vienne et qu'il le remplace très rapidement. Ça a duré huit ans ! » L'institution est trop lointaine pour être suffisamment fiable, elle ne répond plus aux attentes des enseignants, qui se sentent d'autant plus déconsidérés. « Dès la deuxième année, on savait qu'il [le principal] était dangereux pour l'équilibre républicain, dans un collège dont on savait les difficultés sociales. Comment se fait-il que l'Éducation nationale ait laissé cet individu pendant huit années scolaires ? Alors s'il n'y a pas violence du côté de l'institution ! Moi je trouve ça absolument aberrant. C'est pour ça que je dis que l'Éducation nationale est responsable et coupable, parce qu'il s'est retrouvé proviseur adjoint dans un lycée du XVIIIᵉ arrondissement à Paris. »

Par ailleurs, l'institution ne préparerait pas les enseignants aux problèmes qu'ils rencontrent : « Il n'y a pas de formation de profs, il faudrait arrêter ! Je suis désolé : ça fait trois ans que j'ai le CAPES… le CAPES, ça sanctionne la capacité d'une personne à bachoter pendant une année, point barre. Tu passes le concours, tu l'as, tu te retrouves en stage. Le 6 septembre : "Voilà, vous avez une sixième et une cinquième. Bon courage et bienvenue." Voilà. Après, oui, il y a une formation en IUFM. Je suis tombé sur le plus mauvais formateur dans l'académie : déjà, au lieu de venir trois jours, il vient un jour et demi. » Les enseignants décrivent leur arrivée sur le terrain comme s'ils étaient lâchés dans l'arène sans aucun moyen de faire demi-tour, sans rien à quoi se raccrocher. Et l'isolement est encore plus vif dans les établissements dits « sensibles », dont l'univers leur est généralement inconnu : les professeurs se sentent désarmés et impuissants devant les parents, les familles apparaissent si étrangères au système scolaire que la question de l'immigration recouvre toutes les autres. L'inadaptation des enseignants à leur environnement semble entérinée par l'institution elle-même, qui, plutôt que de chercher à corriger la situation, fait appel à une nouvelle catégorie d'acteurs : les « médiateurs », chargés d'assurer le lien entre l'école et son territoire, fleurissent un peu partout dans les banlieues populaires des grandes métropoles, relayés depuis peu par des aides-éducateurs, à qui il est demandé de seconder les établissements dans l'encadrement des élèves[1].

L'institution est affaiblie par la concurrence que crée localement l'émergence de ces nouveaux acteurs qui investissent le champ scolaire. Ainsi, dans les Yvelines, le projet de « médiation école-famille » est encadré par la Fédération des œuvres laïques (FOL), qui supervise le recrutement des médiateurs et établit leur feuille de paye. Les subventions proviennent de la commune, du département, du FAS (Fonds d'action sociale pour les travailleurs immigrés et leurs familles) et de la mission-ville. L'Éducation nationale suit le projet et le soutient, mais son organisation et son déroulement lui échappent en partie, même s'ils ne peuvent se poursuivre sans son accord. Pour la FOL, le projet de médiation est un moyen d'investir le domaine, nouveau pour elle, des activités sociales hors école dans les quartiers en difficulté[2]. Dans

1. Cf. Patrick Bouveau, Olivier Cousin et Joëlle Favre-Perroton, *Les Médiateurs école/famille, op. cit.* ; Catherine Delcroix *et al.*, *Médiatrices dans les quartiers fragilisés : le lien*, Paris, La Documentation française, 1996.
2. Cf. Patrick Bouveau, Olivier Cousin et Joëlle Favre-Perroton, *Les Médiateurs école/famille, op. cit.*

les Hauts-de-Seine, un autre projet – lancé à l'initiative du conseil général, qui le pilote – met à la disposition des établissements des médiateurs chargés de résoudre les problèmes de violence scolaire : comme dans les Yvelines, les médiateurs deviennent des partenaires à part entière de l'école, travaillent en collaboration avec l'institution scolaire, mais lui échappent, ne serait-ce que parce qu'ils ne sont pas rémunérés par l'Éducation nationale[1]. Ces initiatives sont souvent vantées pour la souplesse de leurs dispositifs et la rapidité de réaction de leurs acteurs à une situation.

Si l'institution demeure l'interlocuteur et le lieu vers lequel les enseignants se tournent pour réclamer des changements, le lien entre le ministère ou ses représentants et les acteurs de base se distend. Car, fondamentalement, les enseignants n'en appellent pas à des transformations radicales, ils souhaitent plutôt des aménagements. Certains se plaignent d'une sorte de fatalité et constatent que le système est à la fois aberrant et fonctionnel : « Je ne suis pas payée pour enseigner mais pour faire la gardienne », déplore un professeur qui conteste que « l'élève doive effectuer un parcours scolaire de la sixième à la troisième. Il n'y a pas vraiment de palier. » Cependant, les enseignants réfutent la critique radicale qui consiste à mettre en avant l'échec scolaire : « Le système n'est peut-être pas adapté aux banlieues, mais pour l'ensemble du territoire, ça marche. 70 % des élèves de troisième obtiennent le brevet des collèges. » Quand les chercheurs disent ne pas considérer comme négligeable un taux de 30 % d'échecs, ou qu'un enseignant dit « trouver catastrophique que l'école ne soit pas capable de fabriquer plus de 70 % de réussites », les autres professeurs du groupe d'intervention sociologique répliquent : « L'école n'est pas Merlin l'Enchanteur. Moi je suis prof, je ne pense pas que l'école fabrique quoi que ce soit », ni échec, ni réussite.

Face aux problèmes de violence scolaire, l'institution se révèle faible. Pour gérer les problèmes quotidiens, dont l'incivilité est une des caractéristiques, elle est impuissante car trop loin des préoccupations de ses membres. En réalité, les enseignants ne s'y réfèrent que lorsqu'ils se mobilisent autour de thèmes généraux concernant l'organisation du système scolaire et dans lesquels la violence scolaire existe, mais où elle demeure marginale.

---

1. *Ibid.* ; Catherine Onillon, *Les Médiateurs éducatifs dans le département des Hauts-de-Seine. De la culture de l'incivilité à l'éducation à la citoyenneté* (mémoire de maîtrise), université de Paris-X, 1997.

L'établissement

Le collège unique et la loi de décentralisation de 1982 ont affecté directement le système scolaire. De plus, en 1982 puis en 1989, les établissements scolaires ont changé de statut et sont devenus partiellement autonomes[1]. La notion de projet d'établissement est au cœur de ces transformations[2], elle signifie que, au-delà des programmes et de la gestion de la carrière du personnel éducatif, l'État laisse aux établissements une grande marge de manœuvre. Ceux-ci se diversifient par la présence ou l'absence d'une politique éducative et/ou pédagogique. Le chef d'établissement est dès lors un personnage central, qui dirige le conseil d'administration et qui est l'interlocuteur privilégié des instances académiques et politiques locales.

L'établissement devient le niveau pertinent pour gérer les problèmes quotidiens, dont ceux liés à la violence. Chacun délivre aujourd'hui à ses élèves des règlements spécifiques précisant leurs devoirs et parfois leurs droits ; les chartes fleurissent leur proposant des codes de bonne conduite, les invitant à une plus grande responsabilité. La place et la fonction des délégués varient selon les collèges et les lycées, leur action s'étendant parfois au-delà de leur rôle traditionnel. Collectivement, les enseignants réfléchissent aux actions à mettre en place et tentent de les évaluer. Les établissements sont devenus des laboratoires, où chaque unité essaye de répondre de manière spécifique aux problèmes qu'elle rencontre : si les acteurs sont curieux et cherchent à connaître ce qui se fait ailleurs, ils se méfient des schémas préconçus et des réponses importées ; chaque établissement est présenté comme un lieu particulier.

Une piste parfois envisagée concerne la restauration de la loi. Il s'agit, dans un premier temps, de réaffirmer la nécessité d'instaurer une barrière nette et claire entre l'espace scolaire et l'environnement. L'école est un lieu à part, qui doit le rester : « L'école est moins ouverte et il y a plus de tranquillité. Elle retrouve son identité. » Mais la fermeture et la restauration des clôtures ne suffisent pas, une mobilisation

---

1. La notion de projet d'établissement apparaît en 1982 sous la responsabilité du ministre Alain Savary et devient une obligation en 1989 (loi d'orientation du 10 juillet 1989), sous le ministère de Lionel Jospin. En 1985, la loi modifie le statut juridique des établissements, qui se transforment alors en établissements publics locaux d'enseignement (EPLE). Les conseils d'administration accueillent des représentants des personnels, des élèves, des parents, des élus, ainsi que des personnalités extérieures, faisant ainsi de l'établissement une véritable cité politique.

2. Pour une présentation de l'histoire du projet d'établissement et de ses conséquences, cf. Jean-Pierre Obin, *La Crise de l'organisation scolaire*, Paris, Hachette, 1993.

est nécessaire. Des initiatives, dès lors, s'élaborent. Les « classes-relais » que créent certains collèges reçoivent les élèves les plus diffi-ciles et cherchent à les isoler des autres[1] : « Cette classe est conçue comme un moyen de se séparer des élèves très perturbateurs, de ceux qui systématiquement mettent la classe en l'air. » Alternative au ren-voi, cette formule s'inspire parfois du modèle du primaire supérieur, regroupant quelques élèves face à un professeur unique qui assure l'en-semble des enseignements. Les jeunes sont placés dans ces structures pour des périodes allant de quinze jours à six semaines, après concer-tation entre les enseignants et l'équipe de direction[2]. Dans les Yve-lines, une telle structure accueille des élèves de plusieurs collèges, marquant encore plus nettement la rupture avec le quotidien.

Les « commissions de sanction et réparation » constituent une autre approche : l'objectif est ici de repenser le lien entre la faute et la sanction et de chercher à harmoniser les décisions au sein de l'établissement. « Dans le fil de l'énervement, explique une enseignante au groupe par-ticipant à l'intervention sociologique, on pouvait prendre une sanction disproportionnée face à la faute de l'élève. Souvent, un prof ne sanc-tionnait pas quand un autre le faisait. On a donc décidé de former une instance qui décide des sanctions. La commission va prendre des sanc-tions et être garante d'une certaine égalité. » La commission réunit une partie des professeurs du collège et traite de tous les événements, ce qui permet d'apporter une réponse collective au problème : « Les bagarres dans la cour sont évoquées dans la commission. Les parents sont infor-més dès qu'une décision est prise. La vie scolaire voit les parents systé-matiquement... On a inventé des petites choses : une colle, un blâme, le "cachot". Ça, c'est pour les exclusions, c'est une petite pièce en face du principal. Ils sont tout seuls au cachot avec du travail. »

La mobilisation autour d'un projet éducatif ou pédagogique contribue à réduire la violence. Il n'existe pas de fatalité, et le recrutement social et l'implantation géographique ne suffisent pas à rendre compte du degré de tension dans un établissement. Éric Debarbieux parle d'« effet-établissement[3] » dans la mesure où il existe parfois des décalages importants entre la position de l'établissement sur l'échelle du recrute-ment social et la violence qu'on y observe. L'instauration d'une « com-

1. Cette initiative tend à s'institutionnaliser. Le ministère de l'Éducation nationale parle de « structures expérimentales qui permettront d'accueillir et de scolariser des adolescents en très grande difficulté ou exclus d'un établissement..., le temps de les aider à trouver une solution scolaire ou pré-professionnelle » (*BO*, n° 13, 28 mars 1996).
2. Cf. Olivier Cousin, « De l'institution à l'établissement. Le cas des collèges de ban-lieues », *L'Orientation scolaire et professionnelle*, XXVII, n° 2, 1998.
3. *La Violence en milieu scolaire*, op. cit.

mission de sanction et réparation » dans un collège de Seine-Saint-Denis a permis d'y diminuer nettement le nombre de conseils de discipline et entraîné une baisse sensible du nombre de signalements à la justice[1]. La mobilisation permet aussi de mieux supporter les événements, « c'est un moyen de dépersonnaliser les problèmes », et aussi de les dédramatiser. La réponse n'est plus exclusivement individuelle ou renvoyée à d'autres, elle est prise en charge et supportée collectivement. Même si dans le cadre de ce collège, seule une partie du travail est engagée : « La notion de réparation, on ne l'a pas encore trouvée. Nettoyer le collège, mais surveillé par qui ? Là, on n'est pas d'accord. Nous en sommes à définir des sanctions d'une manière uniforme, pour tous les cas. »

Pour autant, et malgré les nombreux exemples soulignant le rôle de l'établissement dans la réduction des tensions[2], celui-ci demeure fragile et reste à construire. Deux éléments au moins font obstacle à sa consolidation : la place et le rôle du chef d'établissement, la fragilité des actions. Spontanément, le chef d'établissement est présenté par les enseignants comme la pièce maîtresse, seul acteur capable de conduire le navire et de tenir le cap. Quand l'établissement est pris dans la tempête, la responsabilité en revient à son chef, qui le représente, en est le porte-parole et l'ambassadeur, et qui doit aussi le protéger contre l'extérieur (parents, instances rectorales ou politiques). S'il échoue, c'est qu'il n'est pas compétent ou qu'il ne soutient pas les enseignants. Pour les professeurs de Saint-Denis réunis pour l'intervention sociologique, si deux des collèges de la commune ont eu autant de problèmes, « c'est parce qu'il n'y avait aucune solidarité avec le principal… car il y avait des problèmes entre la direction et les enseignants », alors que dans un autre établissement « il y a un petit noyau qui travaille ensemble et il y a surtout une direction qui fait corps avec ».

En réalité, la question est plus complexe. L'efficacité de la direction dépend de la cohésion existant au préalable entre le chef d'établissement et les enseignants, et le rôle du premier ne peut se comprendre et s'analyser que dans l'interaction avec les seconds, et dans la définition que chacun donne de la rencontre entre les deux acteurs. Le chef d'établissement n'a qu'un pouvoir relatif, que lui accorde ou lui refuse l'équipe pédagogique[3] : il ne peut agir et orienter la politique de l'éta-

1. Quinze élèves avaient été renvoyés en 1995-1996, cinq pour les deux premiers trimestres de l'année 1996-1997.
2. Cf. Robert Ballion, *Le Lycée, une cité à construire*, Paris, Hachette, 1993.
3. Cette lecture nuance la place du chef d'établissement dans la construction de la politique d'établissement telle que Robert Ballion, Jean-Louis Derouet et Yves Dutercq ou

blissement que si les enseignants lui reconnaissent une légitimité à intervenir dans le champ de la pédagogie, au-delà de l'élaboration des emplois du temps, et s'ils l'acceptent comme relais pour les activités éducatives. Si l'équipe de direction a pour vocation de mener la politique d'établissement, le personnel éducatif a en effet la possibilité de lui refuser toute autorité et donc de lui ôter une partie de son pouvoir[1].

La construction de l'établissement et sa capacité à répondre aux défis (y compris la violence) sont directement fonction de la cohésion entre les acteurs. Ne pouvant plus se tourner vers le niveau institutionnel pour définir les grandes lignes de ce que doit être l'école, c'est au niveau de l'établissement, par leur mobilisation, que les acteurs peuvent reconstruire le sens, envisager de restreindre la violence scolaire. Mais ils peuvent aussi refuser d'emprunter cette voie. En premier lieu, le système de nomination et de recrutement du personnel est ici un obstacle.

Les chefs d'établissement, leurs adjoints, les CPE, les professeurs, les documentalistes sont nommés de manière indépendante, sans qu'il soit tenu compte de la spécificité de l'établissement. Chaque départ ou arrivée peut menacer l'équilibre, briser les initiatives mises en place, remettre en cause les accords antérieurs sur la politique de l'établissement, sur ses orientations, sur ses méthodes et sur la répartition des rôles. Le système de nomination est critiqué par les acteurs, mais personne ne souhaite réellement le modifier. Dans le groupe d'intervention sociologique, la cooptation est résolument rejetée, qui donnerait des pouvoirs exorbitants au chef d'établissement : « Mais comment il pourrait savoir, le principal [à qui affecter un poste] ? On va tout mettre sur l'entretien… on raconte ce qu'on veut dans un entretien. » De plus, elle mettrait les enseignants en porte-à-faux : « Ce serait marquer des profs… Non, je trouve ça dangereux, parce que des façons d'agir qui ne me plaisent pas à moi, pour des raisons personnelles, ne sont pas forcément négatives. Je trouve qu'un recrutement localisé qui serait

---

Dominique Paty la conçoivent ; dans ces travaux, le chef d'établissement apparaît en effet comme un élément central dont la fonction ne dépend pas de l'interaction avec le reste de l'équipe pédagogique et éducative. Cf. Robert Ballion, *La Bonne École*, Paris, Hatier, 1991, et *Le Lycée, une cité à construire, op. cit.* ; Olivier Cousin, *L'Efficacité des collèges, op. cit.* ; Jean-Louis Derouet et Yves Dutercq, *L'Établissement scolaire, op. cit.* ; Dominique Paty, *Douze Collèges en France*, Paris, La Documentation française, 1981.

1. L'analyse du rôle dans l'école de chacun et de ses pouvoirs est très proche des analyses proposées par Crozier et Friedberg, où le pouvoir doit être compris comme la maîtrise des zones d'incertitude ; cf. Michel Crozier et Erhard Friedberg, *L'Acteur et le Système*, Paris, Éd. du Seuil, 1977.

soumis aux pressions, aux factions… Après on peut aller vers "Je ne veux pas de ce mec-là parce qu'il est noir, parce que ceux-là ont ceci, la couleur syndicale…" Ça peut être dangereux. » Les principes d'égalité et de neutralité et, derrière, l'universalité du système risquent d'être remis en cause, c'est pourquoi le recrutement localisé est rejeté. Les professeurs préfèrent conclure : « Le système n'est pas forcément parfait, mais enfin, je trouve qu'il n'est pas trop mal ».

Pour prendre en charge la question de la violence scolaire, l'établissement est probablement un des niveaux les plus efficaces. Résultat de la mobilisation des acteurs, il permet d'apporter des réponses ciblées correspondant à la nature de la situation. Sa responsabilité en ce qui concerne les questions éducatives et pédagogiques ne cesse de grandir depuis le milieu des années 80. Cependant, la construction de l'établissement comme espace d'action collective demeure fragile et de nombreux obstacles subsistent, car il apparaît encore comme une contrainte, même si les acteurs pensent qu'il est une nécessité. En refusant les propositions permettant un recrutement décentralisé et plus proche de la réalité des établissements, les enseignants défendent des principes, mais aussi leur liberté et leur marge de manœuvre, car ils savent que le système les protège [1]. De plus, la mobilisation pour l'établissement n'existe qu'à la condition de ne pas empiéter sur la classe, domaine de référence et refuge des professeurs.

La classe et l'enseignant

Le niveau de l'établissement revient souvent lorsqu'il s'agit d'envisager l'action face à la violence, mais chaque fois les participants à l'intervention sociologique ajoutent que « c'est une question de personne ». L'engagement est individuel, et la mobilisation repose sur des liens interpersonnels que l'établissement ne semble pas en mesure d'organiser : « Une équipe de professeurs soudés, ça rigole, ça met en appétit », « Ça aussi, c'est une question de personnes ». Il semble que l'établissement se construise au hasard des rencontres et de l'envie de chacun de partager des actions, beaucoup plus que sur une volonté du proviseur de mettre en place une organisation collective. L'établissement comme unité d'action demeure fragile, car ceux sur qui reposent ses fondations n'ont ni formation spécifique ni culture leur permettant

---

1. Cf. François Dubet, *Les Lycéens*, *op. cit.* ; François Dubet et Danilo Martuccelli, *A l'école*, *op. cit.* ; Monique Hirschorn, *L'Ère des enseignants*, Paris, PUF, 1993 ; Hervé Hamon et Patrick Rotman, *Tant qu'il y aura des profs*, Paris, Éd. du Seuil, 1984.

d'investir ce nouvel espace [1]. Et c'est au niveau de la classe, en réalité, que les enseignants estiment avoir à la fois une capacité suffisante pour agir et une légitimité pour entreprendre des actions. L'établissement devient parfois un obstacle, un espace rigide qui bride la spontanéité. Selon les professeurs, les actions démarrent plutôt sur l'engagement spontané de deux ou trois personnes : « Comment ça peut se faire ? C'est... voilà, un matin : "Bon, j'irais bien au ski avec les cinquièmes, ça te branche ?" On le fait, on ne le fait pas ! » « Sur une équipe enseignante, avoir un discours... Bien sûr, on sait avoir des projets. N'empêche que ça se passe comme ça : "Pendant les vacances j'ai vu ça, est-ce que ça te branche ?" » L'efficacité tient à la souplesse des rencontres informelles où les enseignants s'associent sur des bases affectives, alors qu'ils éprouvent souvent des difficultés à définir la politique de l'établissement.

Pour remédier à la violence, les professeurs privilégient le face-à-face. C'est dans la relation pédagogique que les enseignants donnent sens à leur activité et trouvent les ressources nécessaires pour résoudre les problèmes. La question est donc d'abord de savoir quelle attitude adopter face aux élèves. Plusieurs positions s'expriment, qui montrent que la figure de l'enseignant n'est plus stable, mais varie selon les parcours, les lieux et les moments : « On n'est pas élus. On est comme des despotes éclairés. Il y a des droits de l'individu. Les droits des élèves dans la charte, je ne vois pas comment ils peuvent fonctionner en termes juridiques dans une classe », « Dans la vie d'un établissement, ça ne peut pas être la démocratie, je ne sais pas si ça doit être du despotisme éclairé, peut-être du despotisme tout court. L'important est que les élèves y soient en paix », « Il faut qu'on apparaisse comme d'autres humains... Il faut qu'ils [les élèves] comprennent que moi aussi je vais acheter du beurre : "Ne vous inquiétez pas, on mange, on dort"... ». D'un côté, il est important d'établir une distance entre les enseignants et les élèves et d'assurer au professeur son statut particulier, qui le met à l'écart et le distingue des autres adultes, en particulier des parents. De l'autre, les enseignants rappellent qu'ils sont comme tout le monde, qu'ils vivent comme leurs élèves et partagent les mêmes expériences. Chacune de ces positions, affirmée de manière individuelle, engage le professeur en tant qu'individu, et non pas en tant que personne tenant un rôle.

Mais la classe, si elle permet de trouver la parade à la violence, isole

---

1. Cf. Olivier Cousin, « Construction et évaluation de l'effet-établissement : le travail des collèges », *Revue française de pédagogie*, n° 115, avril-mai 1996 ; Jean-Pierre Obin, *La Crise de l'organisation scolaire, op. cit.*

et rend les affrontements d'autant plus violents. En classe, bavardages, regards et attitudes déstabilisent les enseignants, les atteignant en tant que « profs et individus ». Or il est très difficile d'en parler. En effet, cette violence ne s'exprime pas publiquement, et traduit des insuffisances – parfois des incompétences. Être chahuté par des élèves, c'est faire preuve de faiblesse et risquer d'être désigné devant la communauté enseignante comme un « mauvais prof ». De ce point de vue, le jugement des professeurs entre eux n'est pas très différent de celui que les élèves portent sur eux. Dans le groupe d'intervention sociologique, les plus jeunes disent souffrir de la violence et se sentent démunis[1] : « J'ai ce problème constant avec les sixièmes. J'ai des élèves qui me disent : "Ça me pose un problème, je ne peux pas me taire." Je ne sais pas quoi leur dire. Il le dit, il le reconnaît, il ne peut pas se taire. Effectivement, je comprends… » Un autre jeune professeur raconte son désarroi : il n'est pas directement confronté à la violence, même s'« [il] attend qu'ils parlent à peu près correctement, qu'ils [le] regardent aussi en [lui] parlant, sans [le] dévisager, sans [le] toiser. La violence, elle est dans le regard ». Dans une de ses classes, il est dépassé : « Je suis là à 8 h 30, j'ai la bagarre en cours à 8 h 31. Que ce soit un cours sur l'agriculture française, qui n'est pas un sujet qui passionne, bon… Je n'avais rien dit, je n'avais rien fait. Avec ces élèves, je ne fais pas de pédagogie, le but c'est qu'ils se sentent bien, que moi aussi je me sente bien. Je ne prends pas de calmants, je ne me mets pas en arrêt maladie, je reste patient, ma vie ne s'arrête pas au collège. » Une de ses collègues, plus âgée et plus expérimentée, tempère le propos en expliquant qu'elle « essaie de trouver des ruses ». Ce à quoi il répond : « Tu t'investis plus que moi dans le travail. »

Les solutions ne passent pas ici par des réponses collectives mais par des arrangements au sein de la classe : des « ruses » et des « trucs » qu'acquièrent les enseignants dans leurs pratiques, mais qui ne se communiquent pas, ou peu. Chacun réagit de manière particulière et l'investissement repose sur l'engagement personnel et individuel. Les plus aguerris réussissent à se sortir des situations délicates parce qu'ils ne s'estiment pas prisonniers d'un système ou d'un programme : « Il y a des jours où j'ai le temps. Ils vont poser des questions au début du cours, je vais passer un quart d'heure, et puis ce jour-là, puisque je suis bien dans mon programme, je suis bien avec un tas de choses, je ne

---

1. Le groupe d'enseignants ayant participé à la recherche en Seine-Saint-Denis n'est pas statistiquement représentatif des professeurs de collège, en banlieue ou ailleurs. Rien ne permet donc de dire que, dans l'ensemble, les jeunes enseignants subissent plus de violence que les plus anciens.

vais pas avoir l'impression d'avoir perdu mon temps. Et comme par hasard, le cours va marcher, c'est tout. »

Les plus jeunes se sentent débordés, dépassés par l'urgence et la nécessité de prendre de la distance par rapport à leur travail : « Quand on subit la violence, on n'a pas envie de passer trop de temps. On a fini sa journée, on s'en va », « Il faut quand même dire comment ça se passe. On arrive, on fait cours, on prend le cahier de textes, on écrit les devoirs, ça sonne. Même si on a pris le cahier de correspondance pour mettre un mot aux parents, les gamins sont partis. Est-ce que j'ai le temps de dire deux mots aux gamins ? Je ne peux pas ». Chacun tente de s'organiser au mieux, et c'est le sauve-qui-peut qui l'emporte.

La confrontation entre des enseignants d'âges et d'établissements différents le révèle : chaque cours est une succession de rencontres, où chacun propose un mode spécifique de gestion des problèmes et du temps. « Pour des incidents graves, j'arrive à prendre du temps. Ça m'arrive avec la cinquième. Un garçon insulte une fille constamment, alors là on parle avec tous les élèves. C'est assez rare, ça arrive une fois par trimestre, ça dure cinq minutes. Ils le prennent comme une leçon de morale, donc eux ne parlent pas en fait. – Moi, je ne fais jamais la morale au début d'un cours, ou même au milieu, parce que je sais que ça casse mon cours, et ils vont jouer la montre. Quand je veux faire la morale, j'arrête mon cours un quart d'heure avant la fin, comme ça j'ai un quart d'heure et pas plus. »

Les plus anciens dévoilent leurs « trucs » et annoncent même parfois qu'ils peuvent baisser les exigences : « Je vais leur laisser le cahier pour le contrôle. Si je constate qu'ils ont une note épouvantable, le prochain contrôle, s'ils veulent, je leur donne le cahier. Si en ayant le cahier ils constatent qu'ils peuvent avoir des points, la fois suivante peut-être qu'ils apprendront des choses. – Si on fait des choses comme ça, c'est extrêmement déstabilisant », rétorque un jeune professeur.

Le repli et l'investissement sur la classe sont efficaces et payants. La violence s'y exprime rarement, et, quand elle existe, elle reste marginale et épisodique. Les enseignants parviennent dans la grande majorité des cas à la contenir, et si le professeur est devenu un individu comme un autre, la fonction le protège malgré tout. Lorsque la violence éclate, quelle que soit sa forme – chahut, insulte, bagarre –, l'enseignant a toujours le moyen d'exclure l'élève, c'est-à-dire de chasser la violence hors de la classe et de la faire prendre en charge par d'autres, la vie scolaire et l'équipe de direction. Ainsi, la classe reste un lieu protégé, même dans les collèges les plus difficiles, car l'enseignant sous-traite les problèmes de discipline. Le repli sur la classe est donc moins un moyen de contrôler la violence que de l'évacuer. D'ailleurs, la fonction des « classes-relais », parfois appelées SAS, est d'accueillir les élèves les plus difficiles afin que les autres classes fonctionnent normalement, elles permettent rarement de résoudre le problème de fond. Ainsi, dans un collège de Saint-Denis, sur douze élèves placés dans la « classe-relais » entre quatre et six semaines durant l'année scolaire, cinq seulement ont réintégré leur classe ; les autres ont été exclus définitivement du collège quelque temps après.

Une autre limite du repli sur la classe est le sentiment de dispersion qui prévaut. Chaque classe peut être considérée comme un espace privé fonctionnant avec ses propres règles. Les élèves le savent bien, et ils ne se comportent pas de la même manière selon l'enseignant et la discipline. Dans certains cours, le désordre est toléré, dans d'autres il est vigoureusement sanctionné ; la règle varie à l'intérieur de la classe mais aussi à ses abords, ainsi qu'au sujet des retards. Malgré les règlements qui fixent généralement le temps de retard autorisé et les procédures à suivre en cas de dépassement, la tolérance varie selon les enseignants : quelques-uns refusent les élèves dès que le temps réglementaire est dépassé, d'autres les acceptent afin d'éviter l'affrontement avec les retardataires, pour ne pas courir le risque d'être déstabilisés devant la classe. Un tel fonctionnement, que renforce le principe de la division du travail, affaiblit l'établissement comme organisation, et les enseignants dans leur rôle, car les élèves ont alors le sentiment de n'avoir affaire qu'à une succession d'individus avec lesquels ils négocient leur espace de liberté. Dans les établissements en proie à une tension permanente, les mécanismes se renversent : les élèves, à la limite, font la loi, dans la mesure où la règle se négocie au coup par coup, où chacun essaie de sauver la face en proposant ses propres arrangements, et l'établissement est sous l'emprise des « procéduriers », pour reprendre l'expression d'un principal. Dans les cas extrêmes, le repli sur la classe offre une protection aux enseignants mais va à l'encontre du fonctionnement collectif de l'établissement. L'univers de la classe, espace privé avec ses propres règles, s'oppose à celui de l'établissement, qui fonctionne comme un espace public dont le champ d'influence s'arrête aux portes de la classe [1].

Enfin, le repli sur la classe permet-il de répondre à ce que les enseignants ont appelé la « violence institutionnelle », à commencer par celle qui s'exprime par le classement et le jugement des élèves ? En

---

1. Cf. Olivier Cousin, « De l'institution à l'établissement », art. cité ; et L'Efficacité des collèges, op. cit.

partie, en ce qui concerne l'écoute et l'attention portées à ceux-ci. Malgré les programmes et les autres contraintes, les professeurs, dans leur classe, disposent d'une marge de manœuvre suffisamment importante pour se mettre à l'écoute des élèves et sortir du cadre rigide de l'enseignement : « Moi, je trouve mes gamins vraiment très bien et je me fais plaisir. Je suis hors programme en espagnol, parce que je fais la guerre d'Espagne en troisième. Je sais que ça ne se fait pas dans le programme, mais j'en ai rien à foutre. Ça me fait plaisir, parce que la prof d'histoire-géo a traité Guernica, elle m'a dit : "Ça t'embêterait de traiter Guernica avec la troisième ?" Et j'ai fait Guernica, car ça a aussi été traité en arts plastiques. C'est hors programme mais les gamins sont passionnés. Ils m'ont écouté pendant une heure introduire mon poème. Ils sont attentifs. Je fais la corrida, c'est pareil. Je me fais plaisir, et les gamins fonctionnent. » Dans la mesure où la violence tient à la relation pédagogique et à la non-reconnaissance de l'élève en tant qu'individu, elle est du ressort des enseignants. En changeant leur approche de l'enseignement et en jouant avec les marges de manœuvre qu'offre la relation pédagogique, ceux-ci peuvent modifier la situation. Mais une telle action reste individuelle, elle tient au hasard des rencontres et ne modifie pas l'acte pédagogique dans son ensemble. Le classement et le jugement demeurent une obligation scolaire, des actes complexes et en partie obscurs aux yeux des élèves [1].

La logique de la sélection et de la compétition s'affronte à celle de l'écoute et de l'attention portée à l'élève [2]. Dilemme qui oppose ceux qui placent celui-ci au centre du système et ceux qui privilégient le savoir. Au niveau individuel, dans la classe, les professeurs ne choisissent pas : ils bricolent et s'accommodent de la situation en la vivant avec plus ou moins de regrets. A un niveau plus institutionnel, la tendance est de libérer les enseignants de ce dilemme en introduisant de nouvelles structures et de nouveaux acteurs chargés de prendre en charge les problèmes. Ces structures permettent d'évacuer partiellement les difficultés et contournent la violence institutionnelle en en faisant une question d'adaptation. La gestion de la violence institutionnelle est donc en partie retirée aux enseignants ordinaires pour être confiée à des « spécialistes » qui l'encadrent.

La classe est à bien des égards le niveau pertinent et efficace pour traiter des problèmes de violence. Les enseignants, en se mettant à l'écoute

---

1. Cf. Anne Barrère, *Les Lycéens au travail*, op. cit. ; Pierre Merle, *L'Évaluation des élèves*, op. cit.
2. Voir Luc Boltanski et Laurent Thévenot, *De la justification*, op. cit. ; Jean-Louis Derouet, *École et Justice*, op. cit.

des élèves, en prenant des libertés avec les programmes, peuvent changer et dédramatiser la relation pédagogique. Ils peuvent revaloriser les élèves, surtout les plus faibles, en les traitant comme des individus. Mais le repli sur la classe souffre de nombreuses limites. Dans certains établissements, la violence ne se résout qu'au prix de l'exclusion des élèves; dans d'autres, le repli sur la classe renforce l'anomie et aggrave parfois la violence, car il entraîne la disparition de l'établissement comme organisation proposant des règles collectives. L'établissement devient alors une succession de classes et d'épreuves sans lien apparent.

Peut-on sortir de la violence scolaire? L'écoute et l'attention portées aux enseignants laissent plus de questions en suspens qu'elles ne permettent d'apporter de réponses définitives. Un des enseignements de notre étude est qu'il existe de nombreuses marges de manœuvre. Le système est moins figé et assailli par les problèmes que ne le laissent croire spontanément les acteurs eux-mêmes. La violence physique existe, mais elle reste marginale. C'est pourquoi c'est un thème qui mobilise faiblement et peu sur le long terme. Les enseignants, les chefs d'établissement, le personnel d'encadrement parlent plus du système scolaire que de la violence. L'affaiblissement du système et sa perte d'unité les inquiètent et suscitent plus d'amertume que la violence elle-même.

La dispersion du système se manifeste clairement quand les acteurs envisagent de répondre à la violence. Ce qui fait la spécificité du problème aujourd'hui, ce n'est pas que des réponses différentes soient envisagées selon le niveau considéré – l'institution scolaire, l'établissement, la classe, auxquels on pourrait ajouter le territoire (commune, département, par exemple) –, c'est surtout que ces niveaux ne s'articulent pas et ne se fassent pas écho. Il n'y a pas d'enchaînement logique entre les réponses attendues du côté de l'État, *via* le ministère, celles recherchées dans l'établissement et celles, enfin, imaginées dans la classe. Les niveaux fonctionnent de manière indépendante et entrent parfois en concurrence, au risque d'être contradictoires. Il en est ainsi, par exemple, de la gestion des postes, qui repose sur un système de notation du personnel aboutissant à affecter systématiquement les personnes les moins expérimentées dans les établissements les plus difficiles. C'est également le cas avec le recrutement des chefs d'établissement, qui sont nommés séparément de leur adjoint, sans concertation possible ni harmonisation des gestions de carrière. Or l'élaboration d'une politique d'établissement est d'autant plus fragile que l'équipe de direction est par définition aléatoire. De même, l'établissement et la classe ne vont pas nécessairement de pair. Les professeurs se réfè-

rent d'abord à une discipline et sont évalués sur leur pratique pédagogique. Rien ne les oblige réellement à s'investir dans la politique d'établissement, pour laquelle ils n'ont ni formation ni intérêt particulier.
La résistance demeure la règle et l'établissement est pour les enseignants autant une contrainte qu'une ressource [1].

En revanche, la distinction des niveaux laisse entrevoir qu'une
réponse à la violence des élèves est donnée par les processus de mise
à l'écart instauré dans de nombreuses situations. Loin de traduire
un sentiment sécuritaire, une telle politique, qui s'incarne dans les
« classes-relais » ou les « écoles de la deuxième chance [2] », montre à
quel point l'école est impuissante face au problème de l'hétérogénéité
des élèves. Après avoir supprimé les classes de transition, puis les
classes de niveau, l'école revient en arrière et propose des formules qui
visent toutes à rétablir des lieux spécifiques pour les élèves difficiles,
c'est-à-dire pour ceux qui sont en échec scolaire. Ces structures permettent aux classes ordinaires de fonctionner. Tous les enseignants le
disent : en général, le problème tient à quelques élèves, parfois un ou
deux, qui entraînent la totalité de la classe dans le chahut. Ce sont dix
ou quinze élèves dans l'établissement qui ruinent l'ambiance et menacent la collectivité. En les isolant et en leur proposant des structures
spécialement aménagées, dont un des points forts est de regrouper
ensemble un petit nombre de collégiens encadrés par plusieurs adultes,
l'école affronte directement la violence. Mais ces formules font aussi
problème : elles sont plus souvent pensées comme un moyen de se
débarrasser des élèves que comme de véritables structures pédagogiques et éducatives, et renforcent alors les mécanismes d'exclusion et
parfois de ségrégation, aggravant la violence institutionnelle. Elles sont
organisées moins pour permettre aux élèves concernés de s'insérer
dans une scolarité normale que pour les exclure. La réponse à la violence par les nouvelles classes de transition produit d'autres formes de
violence. Violences contre l'école et violences institutionnelles sont
indissociables et ne peuvent être traitées séparément qu'au risque de
s'alimenter mutuellement et d'aggraver la situation.

---

1. Au moment où nous rédigeons cette étude, nous sommes en droit de penser que, si le
ministère adopte les propositions de la commission Meirieu sur les lycées, l'ordre des
choses pourra changer. Cette commission propose de ramener de dix-huit à quatorze les
heures d'enseignement hebdomadaire des professeurs, les quatre heures libérées étant
réservées à des activités pédagogiques dans l'établissement (cours de soutien, tutorat...).
Les syndicats restent sceptiques par rapport à cette mesure. Cf. *Le Monde*, 29 avril 1998.
2. Cf. *Libération*, 4 mai 1998. Les « écoles de la deuxième chance » font partie des propositions du ministère pour résoudre la crise qui a mobilisé pendant plusieurs mois des
établissements, des enseignants et des parents d'élèves de Seine-Saint-Denis.

Conclusion.
Les promesses de la République

Qu'il s'agisse du service public qu'assure la RATP ou des missions classiques de socialisation et d'instruction dont l'école publique a la charge, qu'il s'agisse de l'insécurité dans les réseaux de transports ou de la violence scolaire, une même conclusion s'impose, qui pourrait être généralisée à bien d'autres expériences : l'analyse ne saurait faire l'économie d'un examen serré du fonctionnement et des transformations des institutions républicaines. Celles-ci ne se définissent plus – si tant est qu'une telle définition ait jamais pu correspondre à la réalité – comme l'incarnation pure et simple de principes abstraits, mais comme des organisations devant chercher à accorder l'idéal républicain à des changements économiques, sociaux et culturels qui les pénètrent.

Dans une telle mutation, certaines institutions sont susceptibles de se transformer jusqu'à disparaître en tant que telles, par exemple pour se professionnaliser en abandonnant toute référence à l'idéal républicain – ce qui est le cas de l'armée –, ou bien encore pour devenir des entreprises privées, pour lesquelles priment alors la présence sur le marché et les seules logiques de l'économie. Les autres sont confrontées à d'innombrables difficultés au rang desquelles on trouve la violence et l'insécurité, qu'elles contribuent à générer, dont elles sont victimes, mais aussi qu'il leur faut affronter. Dans ce cas, sont en jeu non pas la référence à l'idée républicaine, qui demeure incontestée, mais les formes concrètes de sa transcription pratique. Dès lors, leurs dirigeants, leurs personnels, les acteurs politiques ou les intellectuels qui interviennent dans les débats sur ces questions ont le choix entre deux postures principales.

La première consiste à affirmer la pérennité et la viabilité des institutions concernées telles qu'elles ont été façonnées par le passé, et à demander qu'on résiste à tout ce qui les désinstitutionnalise, à commencer par la pénétration en leur sein de logiques économiques, de demandes sociales et d'affirmations culturelles. Au-delà des discours, cette position ne peut se solder que par le repli et la fermeture, qui transforment ces institutions en autant de forteresses assiégées, et par la répression – éventuellement policière –, seule réponse possible lorsque au sein d'une organisation il y a non pas des acteurs susceptibles de développer des politiques, mais des agents réduits à l'incarnation de principes et de règles.

La seconde posture consiste, au contraire, à maintenir l'idéal républicain tout en le combinant, au sein des institutions concernées, à des stratégies et des formes d'engagement, et donc en reconnaissant que l'action est possible, et souhaitable, pour prendre à bras-le-corps les problèmes de violence et d'insécurité, et bien d'autres souvent plus décisifs. Les directions, les personnels, dans cette perspective, ne sont plus des agents, mais des acteurs, ils sont sujets, et pas seulement garants des lois et des règlements de la République. Et ces acteurs, toujours dans cette perspective, ont eux-mêmes affaire non pas à des individus abstraits, mais à des personnes ayant elles aussi besoin de reconnaissance, et dont la violence est souvent, en partie du moins, la marque d'une subjectivité déniée ou d'une subjectivation impossible.

La violence et l'insécurité sont filles du changement et de la difficulté à l'orienter et le maîtriser. Elles nécessitent non pas tant qu'on rappelle les grands principes, mais que soit élevée la capacité d'action de tous ceux qui sont susceptibles d'intervenir. L'*aggiornamento* des institutions de la République implique plus d'action de la part de leurs dirigeants, mais aussi à la base. Il appelle aussi des mécanismes assurant l'intégration des systèmes d'action qu'elles constituent et qui risquent sinon d'être emportés par des forces centrifuges, par exemple par les tendances au corporatisme et à la seule défense des intérêts catégoriels. Ces mécanismes politiques ne sont susceptibles de fonctionner que s'ils reposent sur une vision largement partagée du sens le plus élevé de l'action, et donc des finalités des institutions concernées ; or ces finalités n'ont cessé de se brouiller depuis les années 80, aboutissant à l'image d'une République ne tenant ses promesses que pour une partie de la population, la moins démunie. La lutte contre la violence, l'effort pour faire régresser le sentiment d'insécurité commandent que l'on repense les notions qui assurent la mise en relation des grands principes d'égalité et de solidarité et du fonctionnement concret des institutions. Ainsi, l'expérience de la RATP suggère qu'il est urgent de reformuler le service public et de décliner institution par institution ce qu'il doit être pour être conforme à son concept ; de même, le thème de la violence scolaire nous met en face d'une école qui doit impérativement dire comment elle entend lutter contre les inégalités qu'aujourd'hui elle renforce.

L'analyse de la violence et de l'insécurité nous conduit à considérer les institutions comme des systèmes d'action susceptibles d'intervenir dans la production de la sécurité, ce qui confère à leurs dirigeants un rôle politique important puisqu'il s'agit pour eux non seulement d'incarner des principes ou de représenter le pouvoir étatico-administratif, mais de plus en plus de se comporter en stratèges et en décideurs disposant de degrés de liberté dans l'élaboration et la conduite de politiques. Encore faut-il ajouter ici que ces politiques s'inscrivent dans des espaces qui ne sont pas seulement internes aux institutions.

Cette remarque vaut tout particulièrement à propos de la violence et de l'insécurité : si celles-ci sont produites par les institutions, elles sont aussi le fruit de logiques sociales qui leur sont extérieures, et appellent une action mobilisant d'autres acteurs que ceux qui relèvent du seul système institutionnel. Le jeu de ces logiques diffère considérablement d'un territoire à un autre, et tout particulièrement d'une ville à une autre, d'un quartier à un autre, d'une banlieue à une autre. C'est pourquoi, après avoir envisagé l'expérience des institutions, nos recherches vont maintenant considérer des ensembles territoriaux, qui constituent autant d'unités sociales de la violence et de l'insécurité, ainsi d'ailleurs que de leur traitement politique.

TROISIÈME PARTIE

La violence et la ville

Territoires de la violence

Depuis le début des années 80, le thème de la violence et de l'insécurité est fortement associé à la ville, et plus précisément à sa périphérie. Parler de banlieues par exemple, c'est immédiatement renvoyer à un imaginaire collectif où ces phénomènes seraient omniprésents, même si chacun peut aisément constater que toutes les banlieues ne constituent pas des quartiers de relégation, que, dans plusieurs grandes villes, de tels quartiers existent *intra-muros*, et que la violence objective ou la délinquance sont souvent à l'œuvre dans les centres-villes.

L'espace, la ville, disaient Henri Lefebvre, Manuel Castells et d'autres marxistes des années 60 et 70, sont la projection sur le sol des rapports sociaux. On pourrait reprendre cette image, du moins dans un premier temps : l'espace, la ville, aujourd'hui, sont la projection sur le sol des non-rapports sociaux que façonnent les processus d'exclusion, de discrimination et de ségrégation. La violence, le sentiment d'insécurité s'inscrivent dans des logiques territorialisées du fait de l'ancrage spatial de leurs protagonistes, souvent basés dans un quartier, une cité, un pâté de maisons ; du fait des représentations qui en organisent une sorte de topographie plus ou moins fantasmatique – telle rue est dangereuse, tel quartier est un véritable Bronx, telle commune de banlieue est Chicago ; du fait, aussi, des politiques de la ville, par définition elles-mêmes territorialisées, et dont ils sont précisément un des enjeux principaux.

Un territoire, qu'il s'agisse d'un quartier, d'une ville ou de l'ensemble qu'elle constitue avec ses banlieues, d'une région, d'un pays, est une unité où les questions qui nous occupent – la violence, l'insécurité – relèvent de logiques nombreuses dont elles sont la synthèse instable. Tout change dans le temps au sein d'un territoire, mais aussi dans l'espace, d'un territoire à un autre. C'est ainsi que les violences urbaines donnent l'image, depuis les années 80, d'une sorte d'épidémie se déplaçant d'une ville à une autre, au gré des événements certes, mais aussi selon des logiques médiatiques qui se fixent ici ou là sans

173

que la gravité ou l'importance des faits puissent apporter l'explication de leur traitement à la télévision ou dans la presse nationale. Un jour, les banlieues de l'Est lyonnais font la « une », un autre c'est au tour de celles de la Région parisienne, ce qui n'est pas surprenant ; mais soudain, ce peut être aussi Strasbourg ou Le Havre qui entrent dans l'espace médiatique de la violence puis en sortent aussi rapidement, tandis que d'autres villes, qui ne sont pourtant pas particulièrement épargnées par le phénomène proprement dit, échappent, du moins pour l'instant, à la médiatisation.

Une analyse générale, menée à l'échelle du pays, peut rendre compte des constantes que l'on observe dans le temps et dans l'espace, d'une ville à l'autre : partout en France, la violence et l'insécurité s'alimentent des mêmes difficultés, liées à la mutation générale de notre société, de ses institutions, de sa culture. A la limite, comme on vient de le dire à propos des médias, une perspective d'ensemble peut apporter un éclairage sur les différences qui font entrer et sortir certaines villes dans l'espace au moins médiatique de la violence. Mais, d'une situation à une autre, bien des différences s'observent qui ne s'expliquent pas seulement, ou pas principalement, par des logiques générales, mais par des spécificités locales. La violence et l'insécurité, en effet, sont le fruit de processus qu'il faut aussi analyser dans leur spécificité locale ou régionale, elles ont à voir, par exemple, avec des mécanismes de ségrégation particulièrement actifs et entretenus pendant des années par les autorités municipales, ou avec l'épuisement d'un modèle local de prise en charge de la jeunesse. Elles sont fonction, aussi, de spécificités culturelles locales ou régionales, qui autorisent ou au contraire interdisent plus qu'ailleurs l'expression d'identités particulières, religieuses. Elles dépendent aussi de l'existence et du mode d'intervention d'acteurs locaux, associatifs, politiques, et de la façon dont, sur place, le pouvoir municipal se comporte, sait ou non apprécier les problèmes, élabore des réponses à dominante répressive, ou au contraire préventive, ou encore cherche à faire de la régression de la violence et de l'insécurité l'effet d'une politique plus générale.

C'est pourquoi nous allons examiner quatre expériences, suffisamment diversifiées pour fonder une réflexion sur les conditions locales de la sortie de la violence et sur leur articulation à des conditions plus générales.

Au Havre, la crise sociale, particulièrement impressionnante, se double d'une panne du système politique ; dans ce contexte, qui offre un large espace d'influence aux médias locaux, l'équipe municipale, aux affaires depuis 1995, a pris l'initiative de créer une police municipale à laquelle un important budget est consacré : une telle situation et cette réponse du pouvoir local nous ont semblé mériter examen.

Vaulx-en-Velin est souvent décrit comme le haut lieu de la violence urbaine en France. Il est vrai que, avec Vénissieux, cette ville a été un des premiers terrains des célèbres rodéos, qu'elle a connu d'importantes émeutes, et qu'elle est la commune de Khaled Kelkal – ce qui n'est pas négligeable dans la mesure où les représentations du terrorisme islamiste l'associent couramment à la dérive des banlieues. Mais bien d'autres raisons plaident pour qu'on examine de près l'expérience de l'agglomération lyonnaise. D'une part, la ségrégation sociale y est manifestement aussi spatiale, tendant à tenir les classes dangereuses à distance du centre-ville, ce qui pèse sur les phénomènes qui nous intéressent ; d'autre part, les politiques nationales de la ville ont transformé Vaulx-en-Velin en laboratoire, mais aussi en vitrine, ce qui a fait de l'émeute de 1990 un véritable traumatisme pour les responsables politiques : à quoi bon, si les jeunes passent à de telles violences là où les efforts les plus soutenus sont prodigués ? Mais l'Est lyonnais se caractérise aussi par la mobilisation des jeunes issus de l'immigration, figure centrale des marches du milieu des années 80, qui jouent un rôle important dans les efforts du tissu associatif pour transformer la rage et la haine en action organisée, ou qui s'investissent dans un islam bien plus modéré et respectueux des valeurs de la République que radicalisé.

Avec Strasbourg, le contraste est considérable : les espaces de relégation sont situés sur le territoire communal, en ville ; la culture concordataire est plutôt ouverte à l'expression de la différence religieuse[1] ; la municipalité, surtout, déploie une politique soucieuse d'intégrer les quartiers populaires dans la ville, d'éviter pour eux la stigmatisation ou la disqualification, de donner aux jeunes qui en sont issus les meilleures chances d'une mobilité ascendante. Politique ouverte et intelligente, conduite par une équipe qui a la chance de piloter une ville relativement riche et capable de se projeter avec confiance vers l'avenir. Et pourtant, à Strasbourg, la violence et le sentiment d'insécurité ont placé la ville sous les feux de l'actualité – notamment en 1997, à propos d'incendies de voitures pendant la période des fêtes de fin d'année –, tandis que, par ailleurs, le Front national atteint localement des scores particulièrement élevés.

1. Le concordat signé en 1801 entre le consulat et le Saint-Siège reconnaît la religion catholique comme étant celle de « la majorité des Français ». Il permet à l'État de conserver les biens de l'Église, de nommer les évêques – auxquels le pape accorde ensuite l'investiture –, tout en assurant l'entretien du clergé. Abrogé en 1905, il reste toutefois en vigueur dans les départements du Bas-Rhin, du Haut-Rhin et de la Moselle.

A Saint-Denis, enfin, la violence et l'insécurité se déploient dans une ville qui a une longue tradition politique et militante de « banlieue rouge ». La mairie a mis en place une « Démarche-quartier » qui entend développer la démocratie locale en articulant l'action municipale aux demandes des habitants. Cette démarche est-elle efficace face à la violence et au sentiment d'insécurité ?

Nous avons choisi d'étudier de manière approfondie ces quatre expériences plutôt que d'envisager superficiellement de plus nombreuses situations. De plus, dans chaque expérience retenue, nous avons privilégié certains aspects, en rapport avec nos préoccupations et qui nous ont semblé particulièrement significatifs, sans prétendre à l'exhaustivité. Le lecteur trouvera dans les chapitres qui suivent non pas une présentation synthétique de telle ou telle ville ou tel ou tel quartier, mais des analyses contextualisées des phénomènes de violence et d'insécurité.

Un système politique en panne :
Le Havre

Détruit à 80 % par les raids anglo-américains de 1944, Le Havre, héritier du commerce maritime, du trafic transatlantique et colonial et de l'industrie lourde nationalisée, a longtemps été une ville de dockers et d'ouvriers de la CGT. Dirigée par le parti communiste entre 1965 et 1995, la municipalité a basculé à droite en 1995 après une campagne dominée par les thèmes du chômage et de l'insécurité.

Sonné par l'effondrement de l'industrie lourde et maritime, coupé d'un port de transit « autonome » géré par la technocratie parisienne, Le Havre, bien que cinquième port européen, voit ses parts de marché portuaire diminuer depuis dix ans, en dépit d'une modernisation ayant laminé la communauté ouvrière des dockers. La ville (195 000 habitants) vieillit et se dépeuple, fixant les pauvres dans sa profusion de HLM tandis que les plus aisés la désertent au profit des riches petites communes rurbaines des alentours. Entre des entreprises et des flux modernisés, mondialisés, et une population assignée au chômage, à la précarité, à la pauvreté, au déclassement, Le Havre cultive le sentiment d'une insécurité croissante et se voit basculer dans la tourmente des « violences urbaines » et de l'enracinement du Front national. En cette fin des années 90, écrit Armand Frémont, « Le Havre a peur[1] ».

Clivages et peurs :
les sources locales de l'insécurité

Le taux moyen de criminalité au Havre (89,8 pour 1 000 habitants en 1996) est relativement modeste par rapport à d'autres villes de France ; il la classe au vingt-neuvième rang national, après, par exemple,

---

1. Armand Frémont, *La Mémoire d'un port, Le Havre*, Paris, Arléa, 1997, p. 228. Ce livre est indispensable à toute approche compréhensive du contexte havrais.

La Rochelle (126,8), Bordeaux (103,9), Angoulême (101,4 %), Laon (91,2) ou Saint-Étienne (90,5)[1]. Toutefois, les statistiques de la police montrent une croissance continue de la « pression du crime » depuis la fin des années 80 : le taux moyen de criminalité est passé de 61 en 1988 à 96,3 en 1994 (soit une augmentation de 60 % en six ans). La baisse observée entre 1994 et 1996 (de 96,3 à 89,8) concerne principalement les cambriolages et les vols liés à la voiture, et masque une augmentation continue depuis 1993 des vols simples et des vols avec violence sur la voie publique, des dégradations et incendies volontaires, des coups et blessures volontaires, des atteintes et agressions sexuelles[2].

Dans le registre des violences urbaines, Le Havre a été le théâtre de plusieurs faits marquants depuis le début des années 90. Ainsi, en mai 1995, à quelques jours des élections municipales, le cadavre d'un jeune homme d'origine tunisienne, habitant d'un quartier stigmatisé de la ville haute, est repêché dans un bassin du centre-ville. L'enquête met rapidement en cause deux skinheads havrais, enfants perdus d'une classe ouvrière défaite, ayant commis leur crime raciste à la sortie d'un meeting du Front national animé par Bruno Mégret. Une émeute enflamme les quartiers du plateau pendant toute une nuit et un bar fréquenté habituellement par les skinheads est saccagé. Le lendemain, à la suite d'une marche silencieuse organisée en centre-ville par les amis et la famille de la victime, et soutenue par le maire communiste Daniel Colliard et le candidat RPR Antoine Ruffenacht, de violents affrontements avec la police se traduisent par de nombreuses dégradations. Les élections municipales sont dominées par le thème de l'insécurité, et le Front national a beau jeu de dénoncer dans ses tracts électoraux « les casseurs, l'insécurité, l'immigration, la drogue » : « Pouvons-nous oublier l'irresponsabilité de Daniel Colliard qui a fourni gratuitement les bus pour que les bandes ethniques descendent au Havre ? Pouvons-nous oublier qu'Antoine Ruffenacht défilait avec Daniel Colliard au milieu des casseurs ? »

Un an plus tard, en mai 1996, les pompiers et la police sont appelés pour l'incendie d'une entreprise située dans un cul-de-sac, au fond d'un quartier de relégation de la ville basse (Les Neiges), enclavé dans une vaste zone industrialo-portuaire. Il s'agit en fait d'un guet-apens, préparé à la suite d'une « bavure » attribuée par les habitants à la police : pompiers et policiers, coincés dans l'impasse, sont bombardés

1. Cf. ministère de l'Intérieur, *Aspects de la criminalité et de la délinquance constatée en France*, Paris, La Documentation française, 1997.
2. Préfecture de Seine-Maritime, *Les Chiffres de la délinquance*, Rouen, 1997.

de cailloux et de cocktails Molotov sur fond d'incendie de locaux industriels. Il faudra l'arrivée de renforts importants pour dégager les agents pris à partie.

Le site urbain du Havre illustre de façon manifeste un triple clivage générateur d'agressivité et de violence entre « riches » et « pauvres », « jeunes » et « adultes », « Français » et « immigrés ».

Les « riches » et les « pauvres »

Le clivage entre « riches » et « pauvres » résulte de la décomposition du conflit de classes entre mouvement ouvrier et acteurs dirigeants. Le Havre, symbole d'une économie internationalisée (négoce maritime, industries et services portuaires), a longtemps été le bastion d'un mouvement ouvrier puissant, s'imposant comme un acteur politico-économique incontournable de l'activité portuaire[1]. Après guerre, le conflit de classes aboutit à une cogestion de fait (par la CGT sur le port, par le PCF à la mairie) du développement industriel lourd (pétrole, chimie, automobile) impulsé par l'État colbertiste[2]. Mais, à la suite du « choc pétrolier » de 1974, la situation économique du Havre se dégrade rapidement, et l'effondrement de l'emploi entamé dès la fin des années 70 se poursuit pratiquement sans discontinuité au rythme de mille suppressions d'emplois par an, entraînant la décomposition d'un monde social populaire essentiellement ouvrier. Au conflit de classes historique se substitue alors la confrontation urbaine : d'un côté, les quartiers populaires ou déclassés (HLM sur le plateau de la ville haute, logements sociaux de fait en basse ville) sont minés par la précarité, la paupérisation, la dépendance à l'aide sociale, le désœuvrement ; d'un autre côté, les quartiers du centre-ville et plusieurs petites communes rurbaines constituent autant de « havres » pour des groupes sociaux épargnés par la crise : cadres retraités et rentiers de l'âge d'or de l'économie havraise, technocrates du secteur public (dont l'administration du port), propriétaires et cadres d'entreprises portuaires, de négoce maritime et de services inscrites dans la temporalité économique globalisée des flux de marchandises et de passagers échangés entre

---

1. Cf. John Barzman, « Identité de classe et 1er mai », *La Revue d'Ici*, n° 13, 1995 ; Jean-Noël Chopart, « Les collectivités de travail en milieu portuaire », *La Revue d'Ici*, n° 5, 1993.

2. Cf. John Barzman, « Maritimité, identité havraise et acteurs de la ville au XXe siècle », *Études normandes*, n° 2, 1997 ; François Gay, « Le Havre et l'estuaire de la Seine, de la place à la région », *ibid.* ; Arnaud Lemarchand, « Le syndicalisme docker au Havre depuis 1947 : de l'action structurante à la double contrainte », *Cahiers du GRHIF*, n° 7, 1997.

Le Havre, Paris, Southampton, Rio de Janeiro, New York et Taiwan[1]. La polarisation entre « riches » et « pauvres » se constate statistiquement dans les mouvements migratoires intra-urbains[2] et dans le caractère massif de la délinquance de prédation (vols, cambriolages, pillages sur la zone portuaire)[3]. Elle s'observe également dans la ségrégation discrète à laquelle se livrent les familles aisées qui vivent dans les villas cossues de la « côte » dominant la ville ou du bord de mer, qui se rencontrent au Yacht Club, au Rotary ou au golf, et dont les enfants fréquentent l'école privée catholique avant de poursuivre leurs études à Paris. La polarisation sociale s'incarne enfin, depuis les élections de 1995, dans les figures du nouveau maire et de sa première adjointe, l'un et l'autre héritiers de la grande bourgeoisie de négoce maritime d'avant guerre évoquée par Sartre et Queneau[4] et considérés dans les quartiers populaires comme les responsables du rationnement de l'importante aide sociale municipale mise en place par la municipalité précédente. Le clivage entre « riches » et « pauvres » constitue le substrat de toutes les représentations sociales et politiques au Havre, que ce soit en matière de développement économique local, de politique de la ville, ou de rapport à l'emploi. L'argument « de classe » est commun au Front national, qui se veut le « véritable défenseur des ouvriers », aux jeunes issus de l'immigration, qui renvoient à leurs « beaux quartiers » les élus venus présenter la création de quelques emplois dans la « zone franche », et aux représentants d'une tradition syndicale qui voit dans l'insécurité le résultat de la « casse sociale » dont profite le patronat.

Les « jeunes » et les « adultes »

Le clivage entre « jeunes » et « adultes », marqué principalement dans les quartiers d'habitat collectif, procède directement de l'effondrement du modèle antérieur de participation sociale par le travail.

Les adultes de la ville pauvre sont dans l'ensemble des ouvriers, des

---

1. Voir Daniel Bourdon et Yvonne Rossi-Cottin, « Le Havre entre ville et port », *Les Annales de la recherche urbaine*, n° 68, 1995 ; Thierry Baudouin et Michèle Collin, « Le Havre face à la mondialisation. Le retour à la ville portuaire », *Études normandes*, n° 2, 1997 ; Jean Lévêque, « L'estuaire de la Seine, porte ouest de l'Europe », *ibid*.
2. Cf. Observatoire « Population et habitat », « Les quartiers du Havre : des oppositions qui s'accentuent », *Le Havre en chiffres*, n° 26, 1992.
3. Cf. préfecture de Seine-Maritime, *Les Chiffres de la délinquance, op. cit.*
4. Jean-Paul Sartre, *La Nausée*, Paris, Gallimard, 1938 ; Raymond Queneau, *Un rude hiver*, Paris, Gallimard, 1939.

employés et des retraités modestes qui vivent en HLM ; certains, retraités plus aisés, petits commerçants, agents de maîtrise ou fonctionnaires, logent en résidence ou dans des lotissements pavillonnaires ; mais pour tous la chute menace. Ces adultes sont sous la pression de la modernisation éventuelle des entreprises, sous la menace de réductions d'effectifs, quand ils ne sont pas déjà victimes du chômage pour les hommes, ou condamnés, pour les femmes, aux emplois précaires, partiels et faiblement qualifiés du secteur tertiaire. Propriétaires et commerçants ont vu s'effondrer la valeur de leur patrimoine immobilier ou de leur fonds de commerce ; les locataires sont en conflit permanent avec les bailleurs à propos des charges d'entretien, qu'ils jugent exorbitantes au regard des prestations fournies ; les retraités ne reconnaissent plus le quartier neuf, moderne, aéré, convivial qu'ils ont connu dans les années 60 ou 70. Beaucoup vivent dans la hantise du cambriolage ou de la casse de leur voiture ; en tant que parents, ils ne maîtrisent pas les codes d'une école qu'ils ont peu fréquentée et sont dépassés par les paradoxes d'une scolarité qui s'allonge, d'un niveau de diplôme qui s'élève et d'un très faible rendement en embauches. Les adultes sont débordés, dépassés, effrayés, par les « enfants de la crise ».

Pour les jeunes de la ville pauvre, l'histoire de leurs parents est l'histoire de la crise, des pertes d'emploi massives, de la dégradation du niveau de vie, de la montée du chômage et de la trahison de l'État, des patrons et des riches. Leur scolarité a été scandée par le leitmotiv d'un accès au travail grâce à l'investissement scolaire, la formation, l'élévation des qualifications, or leur expérience est vite devenue celle de la « galère », de l'empêchement, de la frustration – y compris, souvent, pour ceux qui vont en IUT ou à l'université –, puis celle de l'enfermement dans les quartiers. En rupture avec la mémoire maritime, portuaire, industrielle et ouvrière de la ville, une grande part de la jeunesse de la ville pauvre du Havre est définie par l'appartenance à un microterritoire (la « Mare rouge », le « Bois de Bléville », les « Neiges ») en même temps que par une culture de banlieue sans lieu, commune aux « galériens » de la « mondernisation » de Lyon, Birmingham, New York ou São Paulo et alimentée par les mythologies des films d'action et des musiques rap radicales. Désœuvrés ou actifs, malveillants ou désireux de s'en sortir, agités ou tranquilles, les jeunes circulent entre les écoles, les halls, les caves, les places, les commerces, les structures d'animation de la ville pauvre ; ils voyagent en bus entre les deux villes ; ils se déplacent entre les espaces publics, les équipements, les institutions de la ville riche. Dans la ville pauvre comme dans la ville riche, ils sont craints.

Les « Français » et les « immigrés »

Le troisième clivage est d'ordre « ethnique » et s'exprime par la discrimination dont souffrent les immigrés et leurs enfants. Avec 5,4 % d'étrangers, Le Havre se situe bien en dessous de la moyenne nationale (6,3 %) ; mais là n'est pas la question puisque c'est d'apparence qu'il s'agit, c'est-à-dire de la densité de personnes d'origine non européenne telle qu'elle est perçue dans les rues, dans les écoles, ou dans les immeubles.

Comme ailleurs, la discrimination au Havre ne trouve que rarement son fondement dans un racisme biologique avéré – cette forme de racisme est cependant présente au sein d'une mouvance nazie qui a conduit au meurtre de 1995, aboutissement, nous l'avons dit, de la dérive identitaire d'enfants perdus du Havre ouvrier, et non trait culturel qui prolongerait l'ancienne tradition négrière du port du Havre –, mais elle n'y en a pas moins une histoire. Au XIXe siècle et au début du XXe, avec le transit vers les États-Unis de la marée loqueteuse des pauvres de l'Europe de l'Est, puis l'établissement, dans les quartiers mal famés du port, des immigrés de l'intérieur (bretons pour la plupart), le racisme contribuait à protéger la ville bourgeoise de ces populations. Après guerre et jusque dans les années 70, sont venus les anciens colonisés d'Afrique noire et d'Afrique du Nord au service des durs travaux de la reconstruction, puis des industries lourdes et de l'automobile, hébergés dans les vieux quartiers du port et dans des foyers en basse ville, et le racisme d'ouvriers « français » a alors traduit leur souci de se protéger sur le marché de l'emploi et au sein de quartiers populaires marqués par le conservatisme cauchois[1]. Enfin, les regroupements familiaux, du milieu des années 70 au début des années 90, ont empli les logements sociaux et les écoles de la ville haute de familles et d'enfants doublement déstabilisés par l'immigration et la crise tandis que les classes moyennes se déplaçaient vers les communes rurbaines du plateau, laissant derrière elles une population « blanche », vieillie et modeste[2].

En période de plein emploi déjà, une ségrégation subtile mettait de côté les immigrés. Sur le port, la longue tradition des dockers assurait la « préférence familiale » à l'embauche. Dans les industries lourdes, une séparation fonctionnelle entre production, entretien et maintenance

1. Voir Armand Frémont, *La Mémoire d'un port, Le Havre, op. cit.*
2. Cf. l'observatoire « Population et habitat », *Atlas du Havre et de sa région*, Le Havre, Ville du Havre.

affectait à certains ouvriers, majoritairement « français » et « blancs », des tâches de réglage et de surveillance de la production, sous la protection d'une convention collective solidement défendue par des syndicats ouvriers puissants ; les autres, principalement des immigrés, étaient chargés des tâches pénibles et peu qualifiées, avec souvent un statut précaire au sein d'entreprises de sous-traitance en fait intégrées à l'entreprise de production, mais en dehors de la sphère d'action syndicale. Avec le chômage, le syndrome préférentiel des dockers s'est étendu à l'ensemble des pratiques d'embauche pour prendre la forme d'une discrimination tacite envers les enfants d'immigrés. Ce syndrome préférentiel s'exprime avec véhémence lorsqu'il s'agit de dénoncer la « discrimination positive » à l'œuvre dans les dispositifs de création ou d'aide à l'emploi des jeunes des quartiers pauvres : « Pourquoi le donner à eux alors que nos enfants ne trouvent rien ? »

C'est sur fond de discrimination ethnique plus que nationale à proprement parler que se développe un racisme qui croit pouvoir se prévaloir d'un constat : la plupart des incivilités, des troubles, des gênes, des désordres observables quotidiennement seraient le fait de jeunes et d'enfants noirs ou maghrébins. « Les parents ça va, mais c'est ceux qui sont nés ici qui posent problème : ils saccagent tout, ils cassent tout, ils dépouillent tout, ils font le mal ! Si on ne fait rien pour eux, ils râlent, si on fait des choses, ils les bousillent ! Tous des voleurs, des drogués, c'est la faute des parents qui les laissent traîner dehors ! Ils disent qu'ils sont français, mais quand ça les arrange ils disent qu'ils sont arabes… vous avez vu les graffitis "Algérie !" ? » nous dit un ouvrier à la retraite.

Le racisme traverse toute la ville, autant sur le mode exaspéré de la véhémence contre les « crouilles et les cafards » que dans les catégories plus tranquilles de l'incompatibilité culturelle et du respect des différences. Au sein de la ville pauvre, il renvoie aux difficultés de cohabitation de ménages fragilisés, à la présence de nombreux enfants d'origine immigrée dans les classes, au pied des immeubles et dans les cages d'escaliers – comme le déclare un employé des HLM : « Je préfère sacrifier une cage d'escalier en y mettant toutes les familles polygames plutôt que de répartir le déséquilibre sur tout le quartier[1]. » Le racisme s'exprime également chez les commerçants et les agents du service public, dont les policiers, qui ont « toujours affaire aux mêmes ». On le trouve aussi dans l'imaginaire de la population de la ville riche, et notamment parmi les habitants et les commerçants du centre de la basse ville, qui craignent, comme l'annonce le Front national

---

1. Entretien.

à longueur de tracts, qu'à nouveau les « bandes ethniques » descendent du plateau. Le racisme, ici, entend mettre à distance radicale le racisé et exprime de nombreux fantasmes. Avec lui, les situations problématiques apparaissent comme le produit non pas de relations sociales et interpersonnelles, mais de « traits culturels » particuliers qui seraient profondément ancrés dans les subjectivités, y compris des plus jeunes. Il décontextualise les problèmes et les rend de ce fait insolubles – sinon par des méthodes autoritaires. On retrouve partout au Havre, même parmi les personnes les plus disposées à une attitude compréhensive (gestionnaires HLM ou militants de gauche par exemple), cet « allant de soi » culturaliste qui fait lire à travers des catégories « ethniques » des problèmes sociaux ou relationnels – l'objet principal de fixation est donné par quelques familles polygames originaires d'Afrique noire, dont le chef travaille le plus souvent comme OS chez Renault[1]. L'interprétation « ethnique » des difficultés de la vie sociale peut rester implicite : on ne dit pas « des Noirs et des Arabes », mais des « jeunes » ; elle génère en retour une défiance et un mépris de la part des jeunes issus de l'immigration pour ceux qu'ils considèrent comme des racistes et des « gros fachos » – en premier lieu les policiers, les commerçants, et ceux des habitants qui prônent des méthodes autoritaires.

Ainsi, dans le milieu populaire havrais des « Français de souche », la critique du patronat et de technocrates exploiteurs et « protégés » de la misère en temps de crise se redouble souvent d'un racisme envers la jeunesse d'origine immigrée, considérée comme une calamité étrangère et prédatrice. Cette conjonction fait du Havre un laboratoire du « gaucho-lepénisme[2] », le FN parvenant à agréger une forte proportion d'un vote ouvrier et populaire traditionnellement de gauche.

Trait d'Union

Le point de fixation emblématique de ce triple clivage de classes, de générations et de « races » est sans doute l'association Trait d'Union. Créée en 1991 à la suite de violences spectaculaires et répétées dans le

1. Voir Albert Nicollet, « Minorités ethniques et société urbaine. Au Havre, l'exemple africain », *La Revue d'Ici*, n° 3, 1992.
2. Cf. Pascal Perrineau, *Le Symptôme Le Pen*, Paris, Fayard, 1997 ; Andrew Knapp, « Le Havre, laboratoire du gaucho-lepénisme ? », *La Revue d'Ici*, n° 16, 1997. L'hypothèse du « gaucho-lepénisme » havrais est renforcée par la superposition des zones de force électorale du Front national à la délimitation des quartiers les plus en difficulté ; cf. Michel Bussi, « PC, FN et évolution droite/gauche », *in* OPH-CIRTAI, *Atlas de l'estuaire de la Seine*, universités du Havre et de Rouen.

centre commercial Auchan (lui-même implanté dans la ville haute en 1973), l'association Trait d'Union est animée par un enseignant d'origine algérienne né au Havre. Elle est soutenue par le procureur de la République, la Ligue des droits de l'homme et les commerçants de la galerie marchande, et financée en grande partie par Auchan, qui met un vaste local à sa disposition. Depuis l'ouverture de ce lieu associatif dynamique et l'embauche, par son intermédiaire, des « grands frères » des « petits durs » comme vigiles, et de certains de ces derniers comme magasiniers (afin qu'ils « remplissent les rayons au lieu de les vider »), l'hypermarché a retrouvé son calme [1].

A l'échelle nationale, l'expérience de Trait d'Union est considérée comme exemplaire d'une sortie de la violence par une coopération réussie entre le monde de l'entreprise, le tissu associatif et les institutions [2]. Mais les haines et les gênes locales à son encontre révèlent une tout autre appréciation, dans laquelle le procureur de la République et la Ligue des droits de l'homme sont présentés comme les instigateurs de manœuvres antisociales. Avec Trait d'Union, ils sont accusés d'être les militants d'une discrimination ethnique « antifrançaise » et « anti-syndicale » : en effet, ne font-ils pas financer par Auchan la « paix sociale » au moyen d'un « caïdat » qui s'exercerait autant sur le quartier qu'à l'intérieur du magasin et passerait par l'embauche des « durs » du quartier ?

Un documentaire consacré à Trait d'Union, *Anges et Démons de la cité*, diffusé sur France 3 à plusieurs reprises depuis 1994, alimente – malgré lui – toutes les rumeurs de « collusion » entre le procureur, Trait d'Union, Auchan et les « voyous » issus de l'immigration, en particulier une scène où le procureur et l'animateur de Trait d'Union se mettent d'accord pour la libération conditionnelle d'une « terreur » locale, multirécidiviste de vols et de rixes graves, avec probation au sein de l'association [3]. Dans le conflit qui oppose à leur ex-employeur un collectif de chômeurs licenciés par Auchan (soutenu par la CGT) [4], la thèse de cette collusion est manifeste : « *Quand les patrons ont les mains libres. La délinquance n'est pas toujours réprimée, là où elle est. Ainsi, chez Auchan, la direction sanctionne, licencie à tour de bras,*

---

1. Cf. Julie Bertuccelli, *Trait d'Union*, film documentaire, Paris, Films du village-groupe Auchan ; « Au Havre, un Trait d'Union de la rue à la ville », *Libération*, 26 juin 1996.

2. « Au Havre, un Trait d'Union de la rue à la ville », art. cité.

3. Frédéric Laffont, *Anges et Démons de la cité*, film documentaire, Paris, Interscoop, 1994.

4. Cf. « Des salariés d'Auchan-Le Havre continuent à se battre de l'extérieur », *Le Monde*, 3 décembre 1997.

tous ceux qui n'ont pas exactement le comportement réclamé. Elle organise par exemple ce qu'elle appelle elle-même des interrogatoires où un salarié convoqué dans un bureau est cuisiné par une équipe de dirigeants. Si Auchan se croit tout permis, alors que les pouvoirs publics et la justice ont été saisis, où se trouvent les complicités ? De même que les mafieux qui passaient pour être des hommes bons dans leurs villages, la direction d'Auchan aime intégrer certains délinquants et chefs de bandes du quartier. Population sans moralité complètement "déculturée", ils sont le personnel idéal pour appliquer et faire appliquer des méthodes de gestion fascistes [1]. »

Par ailleurs, le procureur de la République et la Ligue des droits de l'homme sont à l'origine, en février 1997, d'une action qui, en dénonçant la discrimination à l'embauche chez les dockers, a conduit à casser une clause d'« embauche héréditaire » signée entre leurs syndicats et les entreprises de manutention. Cette intrusion dans les arrangements spécifiques à la vie du port est d'autant plus mal ressentie que cet accord était considéré comme une contrepartie « en nature » de la perte du statut dérogatoire des dockers survenue en 1992, suppression obtenue par l'État et les dirigeants de l'économie maritime en dépit de la mobilisation syndicale [2]. Le Front national n'a évidemment pas manqué cette occasion de dénoncer une discrimination « anti-française » : « Cette vieille tradition de la préférence familiale des dockers est-elle choquante ? Nous disons non ! Cette préférence familiale corporatiste est un acquis tout à fait honorable de la profession de docker à une époque où celle-ci était dure. La tradition s'en perpétuait dans la fierté ouvrière, et elle se perpétue légitimement sans être absolue puisque la profession se rétrécit et qu'une technicité est de plus en plus demandée. C'est donc un faux procès que l'on fait aux dockers (et peut-être parce que cela privilégie bien évidemment l'emploi de Français !). Et c'est un faux procès que l'on fait également au Front national quand il réclame que l'emploi soit réservé aux Français dans leur patrie la France [3]. »

Pour ses adversaires, l'association Trait d'Union serait la protectrice des « caïds » qui « pourrissent » les cités, la machine de guerre du patronat et de la « préférence immigrée » contre les salariés et les habitants « français » en ville haute, et en même temps la « raison sociale » de ceux qui sur le port combattent les intérêts des dockers français au profit de l'État et du patronat portuaire.

---

1. Lettre d'information syndicale de la CGT-Auchan, novembre 1996.
2. Cf. Arnaud Lemarchand, « Le syndicalisme docker au Havre depuis 1947 », art. cité.
3. « Qu'en pensent les politiques ? », *Le Havre libre*, 11 février 1997.

La construction médiatique
de l'insécurité

De la violence objective telle que peut tenter de la connaître une recherche sur le terrain à la violence subjective telle qu'elle est perçue, la distance est toujours considérable – ce qui ne veut pas dire que les deux phénomènes sont indépendants : au contraire, ils s'informent mutuellement.

La violence subjective doit beaucoup à l'intervention des médias, à la façon dont ils construisent les représentations du réel, aux catégories qu'ils utilisent pour façonner les perceptions et leur apporter la force de l'évidence. Au Havre, la scène médiatique est suffisamment limitée pour qu'on puisse l'envisager dans son ensemble.

Une scène médiatique limitée

Il n'existe qu'un seul quotidien d'information généraliste, appartenant à un groupe (lui-même aux mains du groupe Hersant) en situation de monopole de la presse écrite locale et dont les titres, aux mêmes contenus (*Le Havre libre*, *Havre Presse*), sont rédigés par la même rédaction (le maintien de titres autrefois politiquement opposés procède sans doute d'une stratégie de marketing). L'information télévisée se réduit localement à un journaliste de France 3 chargé de couvrir l'ensemble de l'actualité du Havre et de sa région pour un journal régional de la Haute-Normandie alimenté pour l'essentiel par l'actualité de la capitale départementale et régionale, Rouen – la venue de journalistes non havrais n'a lieu qu'en cas d'événements extraordinaires (lors des émeutes de 1995 par exemple) ou à l'occasion de reportages ciblés et emblématiques des clichés du Havre (sur les skinheads néonazis ou sur l'escale du paquebot *France*).

Le quotidien *Le Havre* est ainsi quasiment à lui seul l'espace public médiatique local. La rédaction se compose de quelques journalistes spécialisés (faits divers, vie portuaire, vie politique, économie et commerce), de pigistes (pour les pages nationales et internationales, à base de dépêches d'agence) et de nombreux « localiers », chargés de la routine des réunions et fêtes des quartiers du Havre et des petites communes environnantes. L'insécurité et la violence urbaine y sont traitées différemment selon qu'il s'agit du journaliste spécialisé dans les faits divers ou de ceux de la « locale », par exemple lorsqu'ils rendent compte des « conseils de quartiers ».

La couverture des faits divers touchant à l'insécurité urbaine est formellement sobre : les signalements en « une » sont rares et ne font l'objet que d'encadrés réduits. Les faits divers, habituellement en page 2, constituent l'essentiel de la rubrique « Société » – cet emplacement en fait, après la « une », la page la plus lue du journal – et les crimes et délits et les accidents de la circulation en composent la plus grande part. Mais cette rubrique n'est pas « neutre » : par la seule accumulation de faits liés à la délinquance et à la criminalité, elle offre l'image généralisée du désordre et de la transgression, ce qui encourage les lecteurs à penser que le monde dans lequel ils vivent est en totalité menacé par la barbarie[1]. Souvent dévalorisée par les journalistes, qui méprisent les « chiens écrasés », la rubrique des faits divers est centrale dans la construction médiatique de l'insécurité urbaine[2] : en effet, faute de distance critique et de recontextualisation, elle constitue la source principale de justification et de légitimité de rhétoriques autoritaristes soutenant que, en matière d'insécurité, l'accumulation des faits parle d'elle-même.

Le journaliste spécialisé dans les faits divers travaille pour l'essentiel à partir de sources policières et judiciaires qu'il sollicite quotidiennement. Ces sources sont locales (« tournées » physiques ou téléphoniques, interception de transmissions sur scanner, comptes rendus de procès) et nationales (publications faisant le point sur telle ou telle question ayant des implications locales). Le manque de relations personnelles sur le terrain, le travail dans l'urgence, l'absence de ligne éditoriale qui l'encouragerait et, enfin, la situation de monopole font que, au Havre, le traitement des faits divers ne donne que très rarement lieu à enquête. Le travail de journaliste est ainsi le plus souvent affaire de compilation des sources institutionnelles disponibles[3] : « J'ai beaucoup de mal à rencontrer ceux qui connaissent bien la question, y compris les auteurs des violences urbaines. Je laisse ma carte, mais personne ne me rappelle, ou alors pour des coups foireux du style "trafic d'armes dans les caves des HLM", alors forcément ça limite les sources. Et puis on sait que la violence urbaine, au Havre comme

1. Voir Klaus Jensen et Karl Rosengren, « Cinq traditions à la recherche de l'audience », *Hermès*, n° 11-12, 1993.
2. Cf. Philip Schlesinger et Howard Tumber, *Reporting Crime*, Oxford, Clarendon Press ; Erik Neveu et Louis Quéré, « Le temps de l'événement », *Réseaux*, n° 75, 1996.
3. Cf. Philip Schlesinger, « Repenser la sociologie du journalisme. Les stratégies de la source d'information et les limites du média-centrisme », *Réseaux*, n° 51, 1992.

ailleurs, est la résultante de plusieurs facteurs, et on aboutit toujours aux mêmes généralités… C'est frustrant pour le journaliste et pour les lecteurs. C'est vrai qu'on n'explique pas grand-chose : on n'arrive pas à aller plus loin, mais on n'a pas le temps de faire de la sociologie. Mais le pire, ce sont ces journalistes de la presse nationale qui débarquent en terrain conquis et n'hésitent pas à payer des photos ou des témoignages. Le problème des faits divers, c'est qu'ils conduisent nécessairement à déformer la réalité en accumulant tout ce qui ne va pas. Et puis, s'il nous est arrivé quelquefois de souligner certains aspects un peu trop musclés de descentes de police dans un quartier, on a écopé d'un boycott des sources policières pendant trois semaines[1]. »

La double décontextualisation

L'énonciation des faits divers dans la presse locale havraise procède paradoxalement de deux processus de décontextualisation. Le premier repose sur l'emploi de catégories extrêmement générales (la délinquance, la violence urbaine) pour rendre compte des événements locaux ou évoquer des données produites au niveau national. On a là un effet de « consonance[2] » : les journalistes, mais aussi les policiers et les élus locaux, évoquent leur territoire à travers le vocabulaire et les images qui leur proviennent du dehors, par information interne, par médias spécialisés ou par les médias grand public.

« *Violence urbaine au Havre.* La violence urbaine n'a pas de cause précise mais une multiplicité de facteurs qui l'engendrent : le manque de socialisation, le désœuvrement, la pauvreté et la concentration sur des zones urbaines précises de cas sociaux difficiles. "Il n'y a pas une solution, mais plusieurs", affirmait le préfet Jean-Paul Proust lors de la dernière présentation des chiffres de la délinquance en 1995. "Elle est économique, répressive, associative. Nous sommes confrontés à un véritable défi de société. Il faut briser les ghettos", affirmait-il alors. Rude tâche au Havre[3] ».

Le second mouvement de décontextualisation repose, à l'opposé, sur des constructions qui réduisent les événements à l'image de profils singuliers de leurs auteurs, établis à partir de sources policières et judi-

1. Entretien.
2. Voir Élisabeth Noelle-Neuman, « The "Event as Event" and the "Event as News" : The Significance of "Consonance" for Media Effects Research », *European Journal of Communication*, Londres, SAGE, vol. 2, 1987.
3. 16 mai 1996.

ciaires, et donnant lieu à la mise en scène d'un folklore des bas-fonds et des tares personnelles.

« *La fête ponctuée de coups de fusil*. Dans la nuit de samedi, une petite fête organisée cité Chauvin a été ponctuée de quelques coups de fusil tirés par des fêtards ayant visiblement trop abusé de l'alcool. Une douzaine de voitures, stationnées à proximité, ont été atteintes par les projectiles. La fête aurait pu finir bien mal, par la faute de quelques énergumènes se croyant dans une fête du Far-West au siècle dernier. »

« *Vol en état d'ivresse*. Dimanche matin, un vol à l'étalage a été commis dans la station BP rue Winston-Churchill. Les deux voleurs, tous deux complètement ivres, ont dérobé cinq cassettes vidéo et cinq paires de lunettes. Ils ont été remis en liberté par la police, qui n'a pas jugé utile de les mettre en garde à vue. »

Entre les images d'un territoire havrais dépassé par la tourmente locale d'événements nationaux devant lesquels chacun est démuni et la mise en scène de personnages familiers marqués de tares personnelles, c'est en fin de compte l'ensemble de la ville comme système de relations et de décisions politico-institutionnelles qui disparaît, au profit de généralités abstraites et de profils d'individus « bien connus des services de police ». Ce double mouvement de décontextualisation doit beaucoup à la distance par rapport au terrain du journaliste : la « réalité » qu'il produit est le reflet des filtres policiers, judiciaires ou institutionnels, voire des acteurs politiques locaux qui constituent ses sources. Faute d'enquête et de familiarité avec les habitants des quartiers du Havre, le journaliste construit un univers étranger à la « norme » et dominé par une insécurité irrationnelle, sans s'interroger sur les dessous d'une recrudescence de la violence dans tel ou tel quartier, sur les tensions locales liées au mode de gestion de la délinquance juvénile, sur les éventuels dysfonctionnements institutionnels, notamment policiers. Par là même, il alimente les « bonnes raisons » qu'ont les habitants de se sentir menacés par le désordre[1].

L'insécurité se trouve également dans les pages du journal consacrées à la vie des quartiers, surtout pour rendre compte des conseils de quartiers, réunions publiques organisées par la municipalité plusieurs fois par an et dont le public est principalement composé des interlocuteurs habituels des élus. Les journalistes adoptent ici un point de vue soit « objectif », soit supposé être partagé par l'ensemble des lecteurs. Ils ont recours à plusieurs types de configuration narrative : l'*euphé-*

---

1. Cf. Martin Sanchez-Jankowski, « Les gangs et la presse. La production d'un mythe national », *Actes de la recherche en sciences sociales*, n° 101-102, 1994.

misation allusive (les problèmes évoqués sont supposés bien connus et relèvent alors d'un non-dit collectif que le journaliste adopte comme tout le monde), la *positivation* (les quartiers qui constituent les vitrines de la politique municipale sont traités de telle sorte que l'expression de l'insécurité soit délégitimée), l'*ambiguïté formelle* (par exemple en plaçant un intertitre du genre « Les locataires ont peur » à propos de questions locatives sans rapport avec l'insécurité), la *minoration distante* (dans laquelle l'extrême éloignement social et culturel du journaliste délégitime aussi bien les soucis que la bonne volonté des habitants), la *réassurance officielle* (qui rend compte des questions d'insécurité à travers la seule parole des élus), et enfin l'*objectivisme* (qui retranscrit les affirmations des uns et des autres sans précisions informatives).

L'espace public local au Havre apparaît ainsi moins comme une arène publique que comme une scène sans acteurs, qu'animent simplement la routine du point de vue institutionnel et l'humeur de journalistes maîtres de leur rubrique[1]. Le manque de concurrence au sein de la presse peut expliquer en partie l'atonie du débat public : rien n'incite les journalistes à « monter en affaire » ou à problématiser telle ou telle question. Bien au contraire, cliver le débat reviendrait à cliver un lectorat qui, en raison du monopole, ne peut être pris en charge qu'à la « normande », c'est-à-dire qu'un « peut-être que oui » appelle nécessairement un « peut-être que non »[2]. Cette prudence rend l'espace public médiatique local fortement perméable aux modes d'interprétation produits à l'extérieur de la ville. Ceux-ci alimentent les séquences désormais classiques représentant Le Havre à la télévision nationale à travers les clichés de la violence urbaine, de la crise industrielle, du dévoiement néonazi de sa jeunesse et, en écho rituel, les « droits de réponse » outragés des dirigeants locaux publiés dans la presse locale[3]. Ils aboutissent, comme on va le voir, à une forte intégration des catégories journalistiques, des catégories policières et des attentes ou du sens commun d'une partie importante de la population.

---

1. Cf. Daniel Cefaï, « La construction des problèmes publics », *Réseaux*, n° 75, 1996.
2. Voir Jean-François Tétu, « L'espace public local et ses médiations », *Hermès*, n° 17-18, 1995.
3. « "Envoyé spécial" de France 2 rencontre quelques crânes rasés. Des journalistes ont suivi l'errance d'une bande de *skinheads* havrais. La haine, la détresse et l'ennui mortel », *Le Monde*, 25 janvier 1996 ; « France 2 : reportage sur les "skins". De nombreuses réactions », *Le Havre libre*, 27 janvier 1996.

État des lieux
à travers la presse locale

La presse havraise fait régulièrement état de la dégradation des indicateurs de criminalité et de délinquance, et récapitule plusieurs fois par an le nombre de véhicules ou de poubelles incendiés. A cette comptabilité s'ajoute l'accumulation quotidienne de faits divers. Par exemple, entre avril et septembre 1997, un lecteur assidu de la page 2 du *Havre libre* ou de *Havre Presse* aura comptabilisé en six mois 40 incendies volontaires (véhicules en stationnement, poubelles publiques, caves et locaux à poubelles d'immeubles d'habitation), 12 cas de violence contre des agents de police ou des services publics (agressions, jets de pierres ou de cocktails Molotov), 11 arrestations de jeunes responsables de vols, de violences et de dégradations, 9 démantèlements de réseaux de trafics de drogue, d'armes, de prostitution, et 7 cas d'usage d'armes à feu (braquages de petits commerces, tireurs fous, différends de voisinage). Ces faits sont commis principalement par des jeunes adultes masculins (entre 18 et 30 ans) dont la plupart sont d'origine française (c'est-à-dire non issus de l'immigration récente).

L'essentiel, du point de vue qui nous intéresse ici, est que la dégradation de la sécurité est présentée dans la presse locale à travers les catégories policières nationales. Ainsi, la presse révèle en août 1995 (à la suite des émeutes) que Le Havre est dorénavant classé au niveau 4 de l'insécurité urbaine selon l'échelle des Renseignements généraux (qui en compte 6). En septembre de la même année, la signification de cet indicateur est donnée aux Havrais par le dirigeant national d'un syndicat de policiers, qui parle à cette occasion de « zones de non-droit » : « *N° 1 du principal syndicat policier, Jacky Viallet lance un cri d'alarme : "On ne peut plus appliquer les lois !"* Lors de sa visite havraise, il dénonce les effectifs trop minces : "Il manque au moins soixante policiers au Havre. Pendant ce temps, des trafiquants de drogue développent ou créent des réseaux, notamment parmi les mineurs. Ce sont ces jeunes-là, plus faciles à convaincre, qu'on envoie jeter des pierres en y ajoutant une connotation intégriste : 'Allah va vous foutre en l'air !', s'écrient les lanceurs de cailloux ! On espère ainsi interdire certains quartiers, pour mieux s'y livrer à des fructueux trafics ! Le travail de la police devient de plus en plus difficile. Il arrive même qu'on ne puisse plus intervenir. Il se crée en France des zones de non-droit. Va-t-on en tolérer au Havre ? Les banlieues sont des Cocottes-Minute prêtes à exploser", assure celui qui vient d'en parcourir plusieurs. "Les collègues n'en peuvent plus. Ils en ont ras le bol", conclut Jacky Viallet[1]. »

Enfin, l'année 1995 se clôt, pour le lecteur de la presse havraise, par un état des lieux peu rassurant, validé par l'institution policière : « *Selon une enquête confidentielle des RG : Le Havre dans la tourmente des violences urbaines.* Après Vénissieux, Lyon, Vaulx-en-Velin et Rouen, Le Havre est en cinquième place à ce triste palmarès, selon le syndicat des commissaires et des hauts fonctionnaires de la police nationale. Commerces pillés, vitrines brisées, Abribus détruits, conteneurs à ordures et véhicules incendiés, écoles et locaux municipaux dévastés ; avec des auteurs de plus en plus jeunes, souvent armés de coutcaux mais aussi de fusils et de pistolets ; insultes, quolibets et lazzis à l'encontre des policiers mais aussi caillassages et agressions de policiers du fait de caïds de banlieues et des troupes qu'ils contrôlent ou aiguillonnent ; augmentation constante de la drogue et des tensions interethniques. Les commissaires constatent que depuis 1990, les villes qui avaient été épargnées par les scènes de pillage découvrent avec hébétude les lendemains de violence, aux magasins saccagés ou au mobilier urbain détruit[2]. »

A la suite de la police, la presse locale alimente le plus souvent les interprétations de la délinquance et de la violence en termes d'étrangeté menaçante, de sauvagerie et de désordre. La lecture des faits divers havrais laisse ainsi entendre que la ville est menacée par la « furie des vandales », une « faune aux instincts destructeurs », des « hordes sauvages ». Presse et police sont en phase avec le sentiment général d'une dégradation dans laquelle l'insécurité est perçue comme croissante. Ce qu'attestent les résultats de sondages d'opinion commandés en 1988 et 1994 par la municipalité du Havre et qui portent sur l'action municipale et la qualité de la vie[3] – rappelons que l'année 1988 était le creux de la « pression du crime », tandis que l'année 1994 en était le pic. En 1988, la « défense de l'emploi » est considérée par les Havrais comme le premier « domaine dont la mairie devrait s'occuper le plus », la « sécurité » est le deuxième, à égalité avec l'aide sociale, l'école, la formation professionnelle et la propreté. En 1994, la sécurité est toujours le deuxième motif de demande d'intervention municipale, mais cette fois presque au niveau de la « défense de l'emploi », et loin devant tous les autres domaines.

---

1. *Le Havre libre*, 26 septembre 1995.
2. *Le Havre libre*, 15 décembre 1995.
3. Observatoire « Population et habitat », *Les Havrais et leur ville*, Le Havre, 1994.

La panne

Les élections municipales de 1995 ont été dominées au Havre par les questions de l'insécurité et des violences urbaines. Deux modèles de prise en charge locale de ces problèmes se sont alors opposés : le premier, en place depuis 1983, donnant tous les signes de l'épuisement, le second promettant le changement.

L'épuisement de l'ancien modèle

L'ancien modèle s'articulait autour de trois pôles : une mobilisation culturelle et militante, une coordination institutionnelle, une sollicitation de l'État.

Pour la municipalité de gauche majoritairement communiste, en place depuis 1965, la violence urbaine et la délinquance sont la conséquence du chômage et du démantèlement de la société de travail (y compris de ses formes syndicales et populaires de mobilisation, de solidarité et d'éducation). La paupérisation et le désœuvrement en découlent, avec le développement des vols et des révoltes de la jeunesse. Comme le résumait un élu communiste : « Donnez-nous le plein emploi, on se charge du reste [1]. » Lutter contre l'insécurité et la délinquance exige donc de combattre les dirigeants économiques et l'État libéral, responsables de la précarisation et de la désorganisation, ainsi que les fascistes, qui en profitent pour affaiblir les milieux populaires en les divisant sur des bases xénophobes et racistes. De cette conception procède la densité du maillage associatif paramunicipal des quartiers au moyen de centres de loisirs et d'échange culturel (CLEC), aux fins de maintien d'une tradition mobilisatrice (sociale, culturelle, internationaliste) mise à mal par la crise de la société de travail. Parallèlement, dès 1983, les élus socialistes ont été les promoteurs et les animateurs d'une action plus préventive et territorialisée au moyen de la mise en place d'un conseil communal de prévention de la délinquance (CCPD) : la délinquance et l'insécurité étant principalement le fait de jeunes des quartiers populaires, il convenait, pensait-on, d'articuler la répression policière et l'action institutionnelle (éducative, pénale, sco-

---

1. Cité dans Jean-Claude Barette et Bernard Ramé, *Stratégies pour l'emploi et l'amélioration des conditions de vie des chômeurs*, Le Havre, CHAS, 1990.

laire) avec une meilleure connaissance du terrain afin de « dédramatiser » la question de l'insécurité [1]. Enfin, la municipalité a constamment jugé qu'il était du ressort de l'État, et non du sien, d'assurer les responsabilités (et le financement) en matière de solidarité nationale et de garantie de la sécurité publique.

Mais, à mesure de l'approfondissement de la crise économique et de la pression de la délinquance, ce modèle n'a cessé de révéler ses insuffisances. La question de l'insécurité et du sentiment d'insécurité n'a jamais été véritablement considérée comme légitime par la municipalité communiste, longtemps insensible, y compris lorsque la dégradation de la situation était manifestement induite par l'écart entre l'offre municipale (d'animation des quartiers et de rénovation urbaine) et les « demandes » et les pratiques des habitants, notamment des jeunes. Les rhétoriques mobilisatrices, voire militantes, des CLEC recouvraient le plus souvent une bureaucratisation telle que la plupart des locaux, ouverts aux heures de bureau, étaient fermés durant les week-ends. Et la dénonciation du chômage faisait obstacle à la reconnaissance des difficultés, des aspirations, voire des revendications spécifiques liées à l'exclusion et à la discrimination [2].

Par ailleurs, dans le modèle communiste, les élus déléguaient à la police nationale les tâches de sécurité publique, au nom du partage des rôles entre l'État et les communes. Cela sans tenir compte du fait que, en règle générale, la police nationale assure mieux ses missions de maintien de l'ordre et de poursuite du crime que celles liées à la sécurité publique [3], pour des raisons historiques qui tiennent à une conception de la police au service de l'État plutôt qu'à celui des citoyens. Pour les policiers, les indicateurs administratifs de valorisation des carrières privilégient le « rendement » en matière d'interpellations ou l'« efficacité » en matière de maintien de l'ordre plutôt que l'appréciation subjective d'une amélioration du « climat » quotidien d'un quartier ou d'un site urbain. La dévalorisation des tâches de police de proximité, perceptible dans l'échec des programmes de développement de l'îlotage pourtant soutenus par plusieurs gouvernements [4], se traduit par une rupture entre la police et la population, principalement dans les

---

1. Voir Michel Kokoreff et Patrick Mignon, *Diagnostic local de sécurité au Havre*, Paris, ARIS, 1991.
2. Voir Jean-Claude Barette et Bernard Ramé, *Stratégies pour l'emploi*, *op. cit.* ; Claude Legrand et Guido De Ridder, *Insertion et Emploi dans la politique de la ville : un traitement urbain de la mélancolie sociale ? Le cas du Havre*, Rouen, IRTS-LERS, 1993.
3. Cf. Dominique Monjardet, *Ce que fait la police*, *op. cit.*
4. Cf. Barbara Jankowski, *La Police de proximité*, Paris, IHESI, 1992 ; Annie Maguer et Jean-Marc Berthet, *Les Agents de service public dans les quartiers difficiles*, *op. cit.*

quartiers populaires où beaucoup se sentent de sa part l'objet permanent de soupçons et de confinement préventif. C'est ainsi que, au Havre, un programme de rénovation du commissariat central et d'ouverture de commissariats de quartier, au début des années 80, a rapidement trouvé ses limites : emménagement du commissariat central dans les locaux neufs mais inadaptés d'un bâtiment initialement destiné à abriter un foyer de travailleurs et situé loin du centre-ville et des lignes de bus ; ouverture des commissariats de quartier aux seules heures de bureau en semaine, en sous-effectifs permanents et avec des agents généralement moins volontaires pour l'îlotage qu'exilés par leur hiérarchie. Jusqu'en 1995, la police de proximité au Havre a eu pour principales figures les équipages surchargés de Police-Secours et la bureaucratie de commissariats de quartier, dont la tâche essentielle consiste à recueillir, plus ou moins bien, les plaintes concernant les troubles de voisinage, les différends familiaux et conjugaux, les vols de voitures et les cambriolages.

De ce fait, le CCPD a rapidement montré les limites de son efficacité, dans un contexte où la délinquance, après une baisse régulière jusqu'en 1988, entamait une croissance continue. Les habitants exprimaient une demande de résultats qui déstabilisait le CCPD tandis que celui-ci se bureaucratisait sous l'effet conjugué des logiques d'action sectorielle des professionnels et des décideurs qui le composaient (de la police au secteur municipal d'animation des quartiers). Les conceptions « préventives » et « pédagogiques » du CCPD ont été dès lors débordées par la thématique de l'insécurité et du racisme investie par la droite et le Front national.

Bureaucratisation de l'appareil paramunicipal d'animation des quartiers, carences de la police nationale, débordement du CCPD : tout au long des années 80 et jusqu'en 1995, le modèle local de gestion de l'insécurité s'est donc épuisé, prolongeant par sa crise spécifique celle du système politique municipal piloté par les élus communistes[1].

Volontarisme et réassurance : un nouveau modèle ?

Comme la gauche havraise, la droite impute la délinquance et l'insécurité au chômage et à ses effets (pauvreté, oisiveté, difficultés fami-

1. Voir Sophie Camard, *Le Déclin du PCF et les Mutations du communisme municipal dans les années 80 : le cas du Havre* (mémoire), IEP de Paris, 1992.

liales), se démarquant en cela du Front national, qui se polarise sur l'immigration. Elle promet de faire mieux que la gauche en matière d'emplois, principalement grâce à son savoir-faire, pour inciter les entreprises à s'implanter au Havre, et, une fois élue, elle défend avec succès la candidature de la ville au programme gouvernemental des « zones franches urbaines ». Cependant, là où la gauche mettait d'abord en avant les responsabilités du patronat et de l'État libéral, la droite souligne celle des familles et des jeunes dans le développement de la délinquance et des incivilités, insistant par là même sur la dimension régulatrice – voire éducative – de l'action municipale dans les quartiers. Elle insiste, comme la gauche, sur le nécessaire renforcement des effectifs de la police nationale, et s'engage à obtenir des résultats sur ce point, mais, en revanche, elle propose la création d'une police municipale qui « renforcera la présence sur le terrain et répondra immédiatement aux appels de la population » afin de « rétablir la tranquillité » et de « rassurer les Havrais »[1].

La formule élaborée par la droite au moment de son arrivée aux affaires repose donc également sur trois pôles : une « politique de la ville » et d'animation des quartiers, ayant pour tâche de restaurer l'emploi et la civilité ; une police nationale assurant le contrôle et la répression du crime ; et une police municipale (non armée) chargée de rassurer par sa présence et sa disponibilité, et de rétablir la tranquillité par le dialogue. Deux ans après la mise en place de ce modèle, on peut en observer les effets.

Rupture des médiations

La volonté de la nouvelle équipe de « reprendre en main » et de « réorienter » les services municipaux et les politiques municipales d'animation et de développement des quartiers après trente ans de pouvoir communiste s'est traduite par la rupture progressive des médiations entre les élus d'une part et d'autre part les acteurs de terrain et les habitants, en particulier les jeunes. La municipalité, en effet, a remplacé le « faire » par le « faire faire » en matière d'animation des quartiers : il s'agissait de passer d'un réseau décentralisé d'associations paramunicipales, dotées de locaux propres (les CLEC), à un système municipal déconcentré chargé du « management » de l'action associative et des locaux municipaux dans les « salles d'animation municipales » (SAM)

---

1. Vanessa Lainé, *La Gestion politique de l'insécurité : les élections municipales au Havre en juin 1995* (mémoire de maîtrise de sociologie), université de Rouen, 1996.

au sein des quartiers. La dissolution des CLEC (considérés comme les places fortes du parti communiste) et les réorganisations successives des services municipaux ont en fait conduit à un blocage de ces services, dont le point d'orgue a sans doute été la vague de dégradations et d'incendies des gymnases de la ville haute en décembre 1996 : « Les jeunes ne comprennent pas pourquoi ce qui était possible ne l'est plus alors que rien n'a été mis en place en remplacement[1]. » Les tensions s'étaient en effet accumulées entre des gardiens isolés, aux seules compétences techniques, et des jeunes n'ayant pas accès à des équipements fermés pendant les vacances, souvent inoccupés bien que formellement réservés par les écoles et les clubs, et ouverts prioritairement aux jeunes, extérieurs au quartier, qui appartiennent à des clubs sportifs affiliés aux fédérations nationales (à l'inverse de la plupart des clubs et associations de quartier). Les heurts avec les gardiens, la désorganisation des équipes d'animation et la faible réactivité de l'appareil municipal à ces problèmes ont conduit aux violences constatées.

Par ailleurs, l'injonction du « faire faire » s'est heurtée à la fragilité du milieu associatif, une fragilité accrue par l'amalgame, au sein de la municipalité, entre la politique municipale d'animation des quartiers et la vie associative. En effet, pour une majorité d'entre elles, les associations d'« animation » destinées aux enfants et aux adolescents sont dirigées non par des bénévoles, mais par des quasi-permanents ; elles dépendent des finances publiques et demeurent dans l'incertitude en matière d'investissements, d'embauches et de reconduction budgétaire. On observe un autre malentendu : la municipalité sous-traite l'animation jeunesse à des associations dont elle attend des résultats en échange de ses financements, or ces associations sont considérées par les habitants comme des officines paramunicipales ne faisant pas leur travail (ou servant des intérêts de notables), tandis que leurs animateurs vivent de contrats précaires et sont regardés avec méfiance par les services municipaux, et avec dépit par les habitants et de nombreux jeunes. On assiste dès lors à un épuisement rapide de ces animateurs et à des cambriolages fréquents de locaux associatifs : « On fait tout ici, et on n'a aucune gratification. On se fait critiquer de partout, et on ne sait même pas ce qu'on va devenir plus tard[2]. »

En sous-traitant l'animation de quartier à des associations incontournables faute d'alternatives, la municipalité s'attire les reproches des électeurs de droite, qui « ne comprennent pas pourquoi ce sont toujours

---

1. Entretien avec un responsable de SAM.
2. Entretien avec deux jeunes animateurs d'une association de quartier.

les mêmes associations qu'avant qui sont subventionnées[1] ». De leur côté, ces associations indiquent qu'elles sont d'autant plus indispensables que la désorganisation et la panne de l'appareil municipal d'animation des quartiers génèrent un mécontentement croissant : « Tout le monde sait bien le boulot qu'on fait, même ceux qui disent du mal de nous, mais peut-être qu'un jour on en aura tellement marre qu'on mettra la clef sous la porte, et ils verront combien ça coûtera de laisser en face à face des jeunes et des flics qui n'attendent que ça pour se taper dessus[2] ! » Cette relation de dépendance mutuelle entre la municipalité et les associations ne convient ni à l'une ni aux autres, et laisse en fin de compte aux habitants un sentiment assez vif d'abandon.

C'est sans doute cette rupture des médiations entre les habitants et la municipalité qui a conduit cette dernière à multiplier les embauches de « médiateurs », principalement affectés aux bus et aux quartiers de la « zone franche ». L'observation montre deux limites de ce type de dispositif. La première est celle de « médiateurs sans médiation », ce qui est le cas, avant tout, des jeunes gens recrutés pour assurer une présence dans les bus. Accomplissant leur mission en dépit des difficultés et des risques, ils se trouvent néanmoins en situation permanente d'isolement : suivi flottant du côté de la municipalité, non-intégration fonctionnelle et carence des dispositifs techniques (radios) et humains (interlocuteurs) de coordination du côté de l'entreprise de transports[3]. La seconde limite est celle du malentendu né entre les projets de création d'emplois de « service de proximité » dans le cadre de la « zone franche » et les « emplois d'insertion ». Contrairement à ces derniers, en effet, les activités dites « de médiation » supposent des compétences professionnelles et des qualités personnelles que les seuls attributs de « jeune », de « chômeur » ou d'« habitant du quartier » n'assurent pas nécessairement[4]. Or la confusion est récurrente, surtout par méconnaissance du terrain et de la pratique du travail de « médiation ». De plus, les problèmes dans les quartiers recouvrent souvent des expériences sociales et des marginalités « lourdes » (liées à la polytoxicomanie, à l'alcool, mais aussi aux troubles de la personnalité), et la déshérence de l'éducation spécialisée « de rue » – ancienne au Havre –, tout comme les déstabilisations administratives et financières des orga-

---

1. Entretien avec un élu de la majorité municipale.
2. Entretien.
3. Cf. *Agents de paix sociale, bilan d'activité et fiches journalières d'incidents*, Le Havre, Ville du Havre, décembre 1996.
4. Cf. Éric Macé, « Les contours de la médiation », *Revue française des affaires sociales*, n° 2, 1997.

nismes d'aide aux toxicomanes, ne facilite pas ce renforcement des médiations au sein des quartiers et vis-à-vis de la municipalité[1].

En d'autres temps, la société havraise a su gérer l'alcoolisme et la violence dans la sociabilité populaire et les conflits du travail[2]; elle est désormais impuissante face à la violence, la rage et la toxicomanie d'« enfants de la crise » qui se débrouillent comme ils peuvent pour exister, fût-ce en accédant au statut reconnu (médiatiquement, institutionnellement) de délinquants.

Les modes d'action de la police nationale

Depuis le début des années 90, le commissariat du Havre a vu s'accentuer le clivage entre la dévalorisation des tâches de proximité et le renforcement de la lutte contre la criminalité. Au sein de l'institution, les bureaux de police et leurs « îlotiers » sont considérés comme la « planque » d'agents qui n'ont plus de policier que le nom, et les sections de Police-Secours sont perçues comme les soutiers corvéables (« bons à rien » parce que bons à tout faire) d'une police de voie publique qui ne se pense qu'à travers son élite : les « chasseurs de crânes » en civil des brigades anti-criminalité travaillant la nuit (BAC) et les sportifs en tenue de maintien de l'ordre des sections d'Intervention (dites « BAC de jour »). La police nationale superpose ainsi quatre « territoires policiers » sans liens nécessaires entre eux.

Les îlotiers assurent l'enregistrement administratif des plaintes, aux heures ouvrables des bureaux de police; ils se déplacent en voiture pour assurer la routine de la délivrance des convocations au tribunal. Dans leur territoire peuplé de victimes, de couples déchirés et de plaintes accumulées, l'îlotage se réduit à de rares permanences claquemurées dans les toutes nouvelles « vigies de police » de la « zone franche », où l'essentiel de l'activité consiste à surveiller la voiture de service garée sous les fenêtres du local.

Les patrouilles de Police-Secours assurent les servitudes de l'administration pénitentiaire, du tribunal et de la préfecture, ainsi que les appels du « 17 », reflet de la misère du monde : cambriolages, vols à l'étalage, tapages, rixes, ivresse sur la voie publique, violences conjugales et sexuelles, drames familiaux liés à l'alcool ou aux disputes sur la garde des enfants, enfants en danger. La plupart du temps, les inter-

1. Voir « Trois médecins de l'Association Havraise d'Aide aux Toxicomanes démissionnent : la lutte contre la toxicomanie en danger », *Le Havre libre*, 10 mai 1997.
2. Cf. Jean-Pierre Castelain, *Manières de vivre, manières de boire. Alcool et sociabilité sur le port*, Paris, Imago, 1989.

ventions de Police-Secours sont considérées par les agents comme du travail non pas tant de policier que de juge de paix ou d'assistante sociale. Un travail pour lequel ils ne sont pas formés et qui met en cause leur autorité : « Les gens appellent pour n'importe quoi... nous on n'est pas là pour discuter, c'est pas du travail de police ! » « Beaucoup d'agents préfèrent travailler la nuit parce que c'est de la lutte contre la délinquance et la criminalité, alors que le jour c'est n'importe quoi, entre les astreintes de la maison d'arrêt, les consignes venues d'en haut qui n'ont pas de sens, les peccadilles et le travail social[1]. » A l'ingratitude de la hiérarchie et du public s'ajoute l'agressivité de ceux qui se plaisent à « caillasser » ou à insulter des agents venus par exemple porter secours à une femme battue ou faire cesser une querelle de cage d'escalier ; aussi, après 18 heures, les patrouilles évitent de passer sans motif dans les quartiers « difficiles », attendant d'être « couverts » par d'autres équipages et par la BAC avant de répondre aux appels du « 17 ». Les agents s'exposent le moins possible et cultivent leur ressentiment envers la hiérarchie au moyen d'une inertie collective telle que la productivité des équipages est très faible ; de la même façon, beaucoup d'entre eux cultivent leur ressentiment envers les « branleurs » (les jeunes) et autres « singes » (les Noirs) en développant l'idée, y compris devant les victimes, que « ça n'est qu'un début ! Ça va être pire ! ».

Strictement nocturne, le territoire des BAC est un espace de chasse, peuplé non pas de victimes ou de « branleurs », mais de criminels engagés volontairement dans la transgression. L'appréciation des « affaires » est ici d'abord d'ordre esthétique : rien ne vaut un flagrant délit de cambriolage, une course-poursuite avec une voiture volée, un « serrage » de casseurs ou de pilleurs de containers, qui justifient les heures ennuyeuses de veille. Simples gardiens de la paix pour la plupart, les agents des BAC sont considérés par leurs pairs comme l'élite de la police de voie publique et s'attirent l'estime (et les défis) de jeunes des cités fascinés par la puissance de leurs voitures banalisées et par la fausse modestie de tenues civiles masquant le holster d'un gros calibre. Le travail des BAC est ainsi le plus valorisé (et le mieux équipé), il est aussi le plus simple puisque fondé sur la « flagrance » dans un contexte nocturne et sans public ; inversement, l'îlotage et le travail de Police-Secours (dans des conditions de fonctionnement et d'équipement particulièrement dégradées) sont dévalorisés, bien qu'ils soient autrement plus complexes et mettent en œuvre des compétences multiples dans

---

1. Entretien avec un gardien de la paix.

un contexte incertain et non stabilisé où l'agent en tenue doit en même temps adapter son mode d'intervention et le justifier aux yeux du public.

Pour rétablir l'autorité et le prestige perdus des agents en tenue (vis-à-vis d'eux-mêmes et du public), une section d'intervention a été créée au Havre en 1996, sur le modèle des forces de « sûreté » de la banlieue parisienne. L'objectif est la « reconquête du territoire » sur les « voyous », les « méchants » et les « branleurs » par l'inversion du rapport de force entre la police et les jeunes : il s'agit de faire changer la peur de camp en « sécurisant les honnêtes gens » et en « insécurisant les voyous »[1]. Les patrouilles et les opérations de contrôle dans les quartiers se font à plusieurs véhicules emplis de jeunes agents sportifs en tenue de maintien de l'ordre et bardés d'armes de défense et de menace (casques, boucliers, bâtons, bombes lacrymogènes, fusils à pompe). Pour les agents de la section d'intervention, le territoire est celui du soupçon et du rapport de force avec des « jeunes » qui, bien souvent, « n'ont rien dans le crâne » : ils entendent signifier clairement à tous les règles du licite et de l'illicite et rétablir le respect dû à la police. Leur « stratégie de la tension » se traduit, certes, par une hausse des interpellations concernant la délinquance de voie publique (en particulier les vols de Mobylette et le port d'arme blanche), mais elle est diversement appréciée par les responsables associatifs et municipaux de l'animation jeunesse, ainsi que par les agents de Police-Secours : les premiers doivent calmer des jeunes souvent confrontés à la rudesse et à l'arbitraire des opérations de sécurisation des « chiens bleus » et font eux-mêmes parfois les frais de la politique du soupçon ainsi engagée ; et les seconds restent réservés au sujet des méthodes de « cow-boys » d'une section qui cesse son travail à 20 heures et laisse ensuite Police-Secours gérer l'image répressive de la police ainsi produite.

Instrument de politique policière destiné à dissuader les délinquants et à étouffer les violences urbaines, la section d'intervention est aussi un outil de communication politique supposé « sécuriser » le territoire de la « zone franche ». Instrumentalisée de ce fait par les habitants et les commerçants, dont les « demandes de police » sont aussi un chantage à la « mauvaise publicité » du territoire auprès des élus et de la sous-préfecture, la section d'intervention est dépêchée pour des troubles, des litiges ou des problèmes vis-à-vis desquels elle est surdimensionnée dans ses aspects répressifs : « De plus en plus souvent la police est requise pour des problèmes qui ne sont pas de son ressort.

---

1. Entretien avec les responsables de la section d'intervention.

Ce n'est pas tellement ce que fait la section d'intervention que ce qu'on nous demande d'en faire qui pose problème [1]. »

La création d'une police municipale

En général, la création d'une police municipale correspond d'abord à une stratégie de communication politique de la part d'élus ayant à répondre à une « demande de police » ou de sécurité, éventuellement exacerbée par l'actualité – comme ce fut le cas au Havre en 1995, lors des émeutes de la veille des élections. Mais les missions d'une telle police varient considérablement selon que les élus en font un instrument de propagande sécuritaire, un simple service municipal ou bien un acteur original de la sécurité publique [2].

Au Havre, cette création a été pour l'essentiel liée aux déficiences manifestes de la police nationale en matière de police de proximité. La nouvelle municipalité tenant à rassurer les habitants, les commerçants et les agents du service public, elle a recruté et formé (durant six mois) quarante agents dotés de tenues (sans armes à feu) et de véhicules de police. Depuis mai 1997, les policiers municipaux assurent par brigades de dix agents une disponibilité vingt-quatre heures sur vingt-quatre et sept jours sur sept au moyen d'un PC radio et de patrouilles à pied et en voiture – ce qui correspond à une présence réelle sur le terrain de sept agents le jour et de quatre la nuit, pour un budget de fonctionnement de 8 millions de francs par an (le cinquième poste des dépenses de la ville) [3]. Les activités des policiers municipaux sont diversifiées : patrouilles à pied en zone piétonne et dans les marchés, surveillance générale à bord des véhicules, interventions à la demande des habitants (tapages, querelles, stationnements abusifs, chiens errants) ou des autres services municipaux (manifestations sportives, circulation, fourrière, objets trouvés, etc.), participation aux réunions publiques ou professionnelles consacrées à la sécurité. Rassurer, réguler, informer : ces trois dimensions du travail des agents de la police municipale sont chacune génératrices de tensions, que ressentent les agents eux-mêmes.

La capacité de *rassurer* est liée à la disponibilité. C'est le cas des patrouilles à pied dans les quartiers (parfois excentrés), où les agents reçoivent en général un bon accueil lors de leurs « prises de contact »,

---

1. Entretien avec un dirigeant de la police du Havre.
2. Cf. Nicole Chambron, « Les polices municipales en France : concurrence, complémentarité ou coopération avec la police nationale ? », *Politique et Management public*, vol. 13, n° 4, 1995.
3. Cf. « La ville a voté son budget », *Océanes* (magazine municipal), n° 4, 1997.

y compris de la part de groupes de jeunes occupés à boire au pied d'immeubles ou sur des placettes et surpris d'« entendre des flics leur dire bonjour ». Une autre forme de disponibilité est celle de l'envoi de patrouilles à la suite d'appels téléphoniques, sur le mode du « 17 » de la police nationale. La tâche est cependant contrariée par la saturation rapide du dispositif : le fonctionnement vingt-quatre heures sur vingt-quatre impose un roulement qui réduit drastiquement le nombre d'agents disponibles, ce qui encourage à délaisser les patrouilles à pied ailleurs qu'en centre-ville ; par ailleurs, le décalque du fonctionnement du standard et des envois de patrouilles sur un modèle « police natio-nale », connu pour sa faible efficacité[1], conduit à gérer les appels selon le principe de la file d'attente unique, contradictoire avec l'objectif affiché d'une disponibilité meilleure que celle de la police nationale.

La *régulation* consiste pour les policiers municipaux à intervenir sur l'ensemble des différends, litiges, disputes, bagarres ou agressions por-tés à leur connaissance, avec pour seule arme l'autorité de leur délé-gation, de leur tenue et de leur appréciation de la situation, de nuit comme de jour. La régulation s'opère ici sous tension dans la mesure où elle se veut à la fois conciliatrice et *a priori* non policière, forte-ment inscrite dans la trame sociale et urbaine de la cité, mais aussi policière, orientée par le souci de lutter contre la criminalité, et sujette alors au mimétisme par rapport à la police nationale. Dès lors, la sub-jectivité du chef de patrouille ou de la majorité des équipiers donne le ton des interventions : une chose est de rouler le jour à petite vitesse devant un groupe de jeunes et de ne pas réagir à leurs gestes afin « de ne pas risquer l'outrage », une autre est d'aller au contact de jeunes au pied d'immeubles au milieu de la nuit dans tel quartier en dépit de la dramatisation des agents de la BAC (« N'allez pas là-bas cette nuit sans nous prévenir, ils sont chauds ! »).

La tâche d'*information* se traduit par la rédaction de mains courantes et de rapports d'intervention ou de mission. En théorie, la police muni-cipale a pour « vocation d'être un instrument de communication entre les habitants et la municipalité », mais l'observation montre que la communication s'opère à sens unique : l'expertise des situations locales et des quartiers dont certains agents sont issus est peu sollicitée et peu reconnue. Le travail étant d'abord défini par la présence sur la voie publique, la rédaction des rapports occupe un temps en sus, en fin de journée, peu propice à la mise en forme d'une intelligence des connais-

---

1. Voir Michel Dartevelle, « Le 17 ou les ressources d'une police de proximité à dis-tance », *Les Cahiers de la Sécurité intérieure*, n° 22, 1995.

sances. Par ailleurs, le tropisme policier ambiant tend à marginaliser les formes d'expertise ou de contact pourtant liées à la diversité du recrutement; c'est ainsi qu'un agent d'origine maghrébine s'est vu préventivement défendre par son chef de patrouille de parler arabe sur la voie publique : « Mais moi si je vois un vieux "sage" qui ne parle que l'arabe, je ne vais pas parler français ! Ou alors on m'interdit de parler anglais aux touristes qui demandent un renseignement ! »

Un cas exemplaire

Ainsi, au Havre pas plus qu'ailleurs, l'insécurité urbaine n'est un « phénomène de société » qui viendrait du dehors toucher la ville à son tour. Ses causes dépassent certes le seul territoire de la ville, mais l'insécurité est aussi le produit du système local de relations et de représentations. Le territoire du Havre offre un cas de figure significatif d'une « panne » politique qui alimente l'insécurité urbaine sans parvenir à la réguler. L'impuissance des modes politiques de prise en charge collective de la violence et de l'insécurité aboutit à la dissociation des moyens et de la politique : sous-dimensionnement régulateur et surdimensionnement répressif de la police nationale, empilement des dispositifs de la politique de la ville, substitution des médiations défaillantes par une police municipale ambivalente. Le système politique local, dans l'incapacité de transformer en débat public conflictuel les violences urbaines privatisées dans les dérives délinquantes et les souffrances de victimes, accroît ainsi l'impact de constructions médiatiques décontextualisées de la violence, ouvrant la voie aux lectures « ethniques » des problèmes sociaux et aux succès électoraux des projets autoritaires de « rétablissement de l'ordre ».

Ainsi, au cours de l'année scolaire 1996-1997, un groupe d'une quinzaine d'enfants et d'adolescents, la plupart descendants d'immigrés (Afrique du Nord et Afrique noire), « squatte » obstinément les espaces publics d'un groupe HLM en fonction des aléas climatiques : halls d'immeubles et bibliothèque municipale en hiver, placette commerçante en été. Le fond de l'affaire est la revendication d'un lieu chauffé de réunion pour l'hiver et d'un « city-stade » pour l'été. Cette occupation de l'espace est donc motivée par des pratiques juvéniles de sociabilité et par le défaut d'équipements de proximité *ad hoc*. Elle n'est pas sans débordements (chahuts, tags et dégradations, lazzis, menaces et chapardages), comportements qui donnent lieu à des plaintes, elles-mêmes objet de traitements successifs.

Le cycle commence à l'automne 1996 par la plainte des personnels de la bibliothèque, d'abord par voie syndicale interne. Une première mission de médiation auprès des jeunes par des représentants du comité d'hygiène et de sécurité souligne que ce qui était initialement posé en termes « d'insécurité urbaine » par des personnels apeurés et des élus interpellés se présente plutôt comme une pression revendicative concernant l'offre locale d'équipements pour les jeunes. Cependant, faute de résultats, la plainte s'exprime ensuite par voie de presse, avec le soutien d'un élu communiste. L'affaire devient ainsi à la fois publique et politique. La municipalité annonce alors le recrutement de deux jeunes animateurs originaires d'Afrique noire, embauchés pour rétablir le calme à l'intérieur de la bibliothèque.

Puis une seconde mission de médiation auprès des jeunes est commanditée, cette fois par les animateurs municipaux du quartier. Après avoir rappelé le fond revendicatif de l'affaire, ces derniers constatent que, à défaut de réponse, « le règlement des problèmes de la bibliothèque risque de se transférer en d'autres lieux du quartier ». Effectivement, avec le retour des beaux jours, les troubles passent de la bibliothèque à la placette commerçante. A ce point du « traitement » politico-institutionnel du problème, la pression revendicative du groupe de jeunes s'exerce dorénavant non plus sur la seule bibliothèque et ses agents, mais sur l'ensemble des habitants et des commerçants du quartier. Ces derniers expriment leur crainte – qui prend cette fois un tour très nettement sécuritaire – auprès du sous-préfet et du commissaire de police. Elle aboutit à deux types de mesure policière : une patrouille d'îlotiers est placée en garde statique à l'intérieur d'un véhicule à l'heure de fermeture des commerces « pour les déranger [les jeunes] », et la section d'intervention effectue des rondes de « sécurisation » et des contrôles fréquents jusque dans la bibliothèque. Ce sont à nouveau les catégories générales de l'insécurité et de la violence urbaine qui sont mobilisées de façon dominante. Mais cette surveillance policière accrue ne produit pas non plus de modification du problème, ni même de réduction du sentiment d'insécurité des plaignants. De sorte que les commerçants de la placette accentuent leur pression, interpellant cette fois directement le maire.

Les élus chargent alors la police municipale d'une nouvelle mission de médiation auprès des jeunes (la troisième). Dans leurs rapports, les agents consignent à nouveau les données d'un problème déjà connu : les jeunes demandent un local de réunion et un équipement sportif de proximité du type « city-stade », et feront pression jusqu'à satisfaction. Ce sont alors les policiers municipaux qui s'interrogent sur la multiplication des « médiations » sans résultats concrets sur le problème lui-même, ce qui les met en posture délicate lorsque, à nouveau, ils doivent aller au-devant des jeunes ; de leur côté, ceux-ci refusent tout nouvel interlocuteur tant que leurs revendications ne sont pas satisfaites. Les animateurs de Trait d'Union, sollicités en dernier recours par le sous-préfet, le procureur de la République et les élus, refusent de s'engager dans une relation pédagogique avec les jeunes sans gages financiers institutionnels. Pendant ce temps, entre les deux tours des élections législatives de 1997, des voitures brûlent sur un parking non loin de la placette, et les amicales de locataires sont reçues à la sous-préfecture et à l'OPHLM, relançant la dimension « sécuritaire » d'un problème de désajustement entre la « demande » et l'« offre » d'animation. Deux jours plus tard, le Front national obtient 33 % des suffrages de la circonscription. De guerre lasse, les services techniques « espaces verts » de la ville du Havre sont appelés par les élus pour envisager la construction d'un « city-stade » – évacuant ainsi le fond de l'affaire, qui apparaît d'abord comme une demande de reconnaissance et d'attention de la part des jeunes.

Dans l'enchaînement de séquences et de modes de configuration du « problème d'insécurité » de cette placette, le comportement obstiné d'appropriation de l'espace public par une quinzaine de jeunes mineurs exerce des effets impressionnants sur l'ensemble des acteurs politico-institutionnels et médiatiques de la ville. Les compétences stratégiques de jeunes, en particulier à travers l'instrumentalisation qu'ils font des « médiateurs » successifs qui leur sont dépêchés, alimentent un jeu délibéré mais qui les enferme dans un rôle revendicatif et transgressif finissant par les dépasser, notamment dans ses dimensions sécuritaires et répressives.

Malgré la sollicitation directe des élus, donnant lieu à enquêtes et à un rapport de synthèse, la police municipale ne parvient pas à s'imposer comme un partenaire à part entière. Dans le vide laissé par un appareil municipal d'animation en crise et par un milieu associatif refusant de s'exposer sans gages de soutien et de suivi, la « médiation » de la police municipale est inopérante. Tout au plus participe-t-elle d'une stratégie de communication politique qui se substituerait à une capacité d'action politique défaillante ou impossible. Créée pour compléter la police nationale et s'y substituer dans les tâches de police de proximité où elle est défaillante, la police municipale s'est rapidement transformée en un corps supplétif : ses agents délaissent l'îlotage et les missions de médiation en faveur de tâches de surveillance générale (rondes et réponses aux appels téléphoniques). Cette évolution paradoxale s'explique en partie par un tropisme policier alimenté par certains agents de la police municipale (la plupart recalés des concours de la police et de la gendarmerie) et par les interactions avec les agents de la police nationale (qui développent à l'envi auprès des policiers municipaux un imaginaire de « gangs » entre les jeunes et la police). Elle tient aussi, et surtout, aux ambiguïtés de la définition initiale de la police municipale par les élus, qui ont voulu pour elle une organisation et une tenue calquées sur la police nationale pour des missions de « médiation » n'imposant pas un tel mimétisme[1]. Dans une conjoncture de panne de l'animation et de crise des dispositifs de prévention de la délinquance dans les quartiers populaires, les ambivalences de la police municipale et l'instrumentalisation répressive de la section d'intervention de la police nationale conduisent ainsi à des situations de disproportion et de contre-productivité de l'intervention policière, alimentant la spirale régressive de l'agressivité réciproque entre les jeunes et la police.

1. Éric Macé, « La médiation : paradigmes et référentiels des politiques publiques de sécurité », *Les Cahiers de la Sécurité intérieure*, n° 33, 1998.

Entre violence et action collective : la banlieue lyonnaise

L'agglomération lyonnaise compte plusieurs communes et quartiers bénéficiant d'une notoriété nationale : la ville de Vaulx-en-Velin (et le quartier du Mas du Taureau), la ville de Vénissieux (et le quartier des Minguettes), la commune de Saint-Priest et, plus récemment, le quartier de la Duchère à Lyon[1]. Ces espaces sont sortis de l'anonymat et ont acquis une forte visibilité dans les médias en raison des « violences urbaines » dont ils ont été le théâtre.

L'histoire de l'Est lyonnais apparaît ainsi comme le récit d'une représentation à la fois locale et nationale de la banlieue, qui en fait un des lieux les plus stigmatisés du pays. Mais cette stigmatisation ignore les dynamiques à l'œuvre dans les quartiers populaires et les réduit abusivement aux images sommaires de la violence généralisée, de l'islamisme radical ou de la décomposition.

A partir de la fin des années 70 et du début des années 80 en effet, émeutes, vandalisme anti-institutionnel, affrontements entre jeunes et policiers ont alterné avec des mobilisations plus paisibles, dont les plus significatives ont pris l'allure des marches des Beurs de 1983 et 1984, puis du renouveau de la vie associative : c'est lorsque la mobilisation échoue, rencontre des blocages et s'essouffle que s'ouvre l'espace de la violence, et c'est dans la violence que se cherche le conflit et se forment de nouvelles mobilisations collectives. Si l'élan des acteurs qui organisent une marche pacifique ou créent une association retombe, n'est pas entendu, ou s'il se limite à la cooptation d'une petite élite d'origine populaire, il cède l'avant-scène à la violence spectaculaire

1. La communauté urbaine de Lyon (la Courly) est composée de 55 communes (1 260 000 habitants au total), dont 24 communes rurales de moins de 5 000 habitants, 23 communes de taille moyenne (de 5 000 à 30 000 habitants) et 6 grandes communes (de 30 000 à 75 000 habitants, dont Vaulx-en-Velin). Lyon (467 000 habitants) et Villeurbanne (117 000 habitants) constituent les deux principales communes de la Courly ; la population se concentre surtout dans les 17 communes de l'est (qui représentent 73 % de la population totale de la Courly).

des émeutes et des rodéos, ou à la liste laconique des « agressions ». Et si la violence soulève l'émotion, suscite le scandale et la médiatisation, provoque des débats, il en sort une nouvelle vague d'engagements, notamment associatifs. Telle est la spécificité de l'expérience des banlieues lyonnaises, dont certaines oscillent depuis près d'un quart de siècle entre violences et actions collectives, donnant l'image de cycles, bien visibles depuis le début des années 80.

De la violence à l'action

Marches et rodéos

Un premier cycle de cette dialectique des violences et de la mobilisation correspond à la fin des années 70 et à la première moitié des années 80. Dans le contexte de la montée de la gauche, puis de son arrivée aux affaires, et alors que le pays s'engage dans une mutation où la plupart des responsables politiques ne veulent encore voir qu'une crise, les jeunes de la deuxième génération issue de l'immigration maghrébine, pour beaucoup nés en France et souvent de nationalité française, font l'expérience du racisme et de discriminations à la fois sociales et raciales. Ils constatent que la violence raciste revêt couramment un tour meurtrier, qu'il s'agisse d'actes individuels ou de « bavures » policières, et oscillent, dès lors, entre une rage susceptible de prendre un tour émeutier et la mise en avant de revendications démocratiques et antiracistes. La banlieue lyonnaise est au centre des événements et se signale par les premiers rodéos. C'est d'elle, aussi, que sont issus nombre de leaders nationaux du mouvement beur et des marches de 1983 et 1984.

Précédée d'une part par des rodéos (dès 1979) et par l'explosion des premières émeutes des Minguettes (1983), et, d'autre part, par diverses manifestations contre les bavures policières et les meurtres racistes, organisée alors même que s'ébauchent les dispositifs qui seront systématisés par la suite sous le vocable de « politiques de la ville », la marche pour l'égalité et contre le racisme de 1983 provoque un véritable séisme politique[1]. Partie de Marseille, mais très largement organisée par des militants de la région lyonnaise, elle rassemble quelque

---

1. Cf. notamment François Dubet et Didier Lapeyronnie, *Quartiers d'exil*, *op. cit.* ; Adil Jazouli, *Les Années banlieues*, Paris, Éd. du Seuil, 1992.

cent mille personnes sous le slogan « La France, c'est comme une Mobylette, pour avancer, il faut du mélange[1] ». Son arrivée à Paris, le 3 décembre, est triomphale, et le collectif de jeunes issus de l'immigration qui en a pris la tête est reçu à l'Élysée par François Mitterrand. Il en obtient la création d'une carte de séjour unique de dix ans.

La région lyonnaise est à la pointe de l'action, et l'enthousiasme du combat antiraciste est alors à son comble. Pourtant, les modalités nouvelles de ce combat sont lourdes de malentendus, qui feront de SOS Racisme le symbole ambigu des « années banlieues ». Suspectée d'être l'objet de manipulations de la part du pouvoir socialiste, l'organisation antiraciste rencontre des échos très inégaux auprès de la jeunesse des cités défavorisées, et bien des jeunes Beurs ressentent un profond décalage entre les promesses ambitieuses formulées dans l'allégresse de la marche et la persistance des difficultés de la vie dans les grands ensembles. Les débats deviennent âpres entre tenants d'une action radicale et indépendante, farouchement rebelles à l'égard de toute forme de « récupération », et partisans d'alliances, ne serait-ce que tactiques, avec le parti socialiste ; aussi bien l'opération Convergence 84 qui invite les jeunes à se rendre à nouveau à Paris, cette fois en Mobylette, ne rencontre-t-elle guère l'écho de la marche de 1983. C'en est fini de la volonté d'auto-organisation pacifique manifestée par les jeunes Beurs à l'échelle nationale ; neutralisé, l'antiracisme est désormais pris en charge par des instances officielles ou des organisations de plus en plus éloignées des réalités du terrain. Pour le mouvement beur, l'heure est venue de la désillusion : les jeunes émeutiers des années 90 sauront rappeler à leurs aînés les espoirs déçus et les promesses non tenues auxquelles ils avaient cru.

Émeutes et politiques de la ville : violences et déceptions

S'ouvre alors un deuxième cycle, qui culminera en 1990 avec les journées d'émeute de Vaulx-en-Velin et qui est dominé par la montée de tensions que ne résolvent pas les dispositifs sociaux mis en place par l'État. Le taux de chômage augmente, les discriminations sont vécues comme chaque jour plus pesantes, les heurts entre jeunes et policiers ont parfois des conséquences dramatiques – comme la mort

---

1. Cf. Christian Bachmann et Nicole Leguennec, *Violences urbaines*, *op. cit.*, p. 417-422.

d'adolescents tués par balles ou dans des accidents de la circulation alors qu'ils tentaient d'échapper à la police. La région lyonnaise n'a pas le monopole des tensions, qui éclatent dans de nombreuses banlieues françaises (Sartrouville en mars 1991, Mantes-la-Jolie en juin 1991, etc.), mais elle en est à l'évidence le lieu paradigmatique. A Vaulx-en-Velin ou à Vénissieux, vers la fin des années 80, les marches de 1983 et 1984 sont perçues comme un échec et l'idée d'une mobilisation pour les droits civiques est associée à celle d'un combat perdu d'avance. La déception est croissante vis-à-vis des institutions, le sentiment se radicalise, chez les jeunes, d'être victimes de mécanismes d'exclusion et de relégation. La violence se déploie, sous la forme non seulement d'émeutes, mais aussi d'attaques visant les objets et les lieux de consommation (vols et destructions de voitures, pillages ou incendies de magasins et de centres commerciaux) ainsi que l'État, qui n'est plus considéré comme un interlocuteur fiable (vandalisme affectant les établissements publics, agressions atteignant les travailleurs en tenue, la police, les pompiers, etc.), ce qui contribue à expliquer que ses symboles soient attaqués.

Les violences de Vaulx-en-Velin en octobre 1990 marquent non seulement la ville et l'agglomération lyonnaise dans son ensemble, mais le pays tout entier. Elles surviennent après la mort, dans la soirée du 6 octobre, du passager d'une moto qui tentait d'échapper à un contrôle de police dans les rues du quartier du Mas du Taureau. Durant quatre nuits, la ville connaît émeutes, rodéos et affrontements entre jeunes et policiers : le centre commercial est mis à sac, d'autres magasins sont pillés et incendiés, divers emblèmes de la réhabilitation du quartier sont détruits.

S'appuyant sur les ressources prévues par les politiques de la ville, l'équipe municipale avait pourtant engagé une réhabilitation des cités HLM du Mas du Taureau, comme ailleurs dans le reste de la ville, amélioré les logements, implanté des commerces de proximité et un supermarché, contribué à la construction d'une tour d'escalade (inaugurée quelques semaines auparavant et symbole de la réussite de la commune) : de vitrine ou de « laboratoire national » des politiques de la ville, Vaulx-en-Velin devient en quelques nuits le haut lieu de leur échec, ou tout au moins de leurs insuffisances criantes. En effet, les jeunes Vaudais, par leur violence, ne se contentent pas de dénoncer l'arbitraire policier, ils mettent en cause l'exclusion sociale et le racisme, ainsi que les carences de l'action publique. L'émeute, lorsqu'ils la décrivent, est un acte de colère émotive où des revendications sociales et économiques se mêlent à des demandes démocratiques. Elle est également un moyen de pression destiné à obtenir davantage de financements et d'équipements de la part de l'État. Émotive et revendicative, elle est aussi instrumentale. Surtout, elle vient indiquer les limites de l'action politique face à la crise urbaine et sociale : les efforts conjugués de la municipalité et de l'État – incluant le développement social des quartiers, la réhabilitation des sites dégradés et la prévention de la délinquance – ne sont pas parvenus, malgré les attentes suscitées, en particulier, par les annonces relatives à la politique de la ville, à doter les habitants des grands ensembles d'une véritable « citoyenneté urbaine », préalable indispensable à la résolution des drames et difficultés des banlieues. La violence exprime, tout à la fois, l'essoufflement et les désillusions du mouvement beur pour les droits civiques et l'impuissance des acteurs politiques, dont les interventions et les discours, comme le montrent clairement Alain Battegay et Ahmed Boubeker[1], loin d'être à la hauteur des « fractures sociales », se situent dans une optique de normalisation qui ne tient pas suffisamment compte des revendications identitaires et de participation démocratique des jeunes de banlieue.

A partir de là, deux logiques principales vont caractériser le cycle suivant : d'une part, la violence urbaine perdure ; d'autre part, la violence cède la place, non sans difficulté, à des pratiques qui tentent de construire *par le bas*, localement, une action politique, sociale et culturelle que le mouvement beur a voulu en vain promouvoir *par le haut*, en s'adressant directement à l'opinion publique nationale et aux plus hautes autorités du pays.

La violence fondatrice :
de la violence à l'action collective

D'un côté, en effet, la violence urbaine se perpétue sous des formes souvent radicalisées. Dans certains cas, elle appelle la même analyse que dans la phase précédente. Ainsi, les émeutes d'avril 1994 à Vaulx-en-Velin et à Bron (autre commune de l'Est lyonnais) sont consécutives au décès de jeunes – trois en une semaine – tentant d'échapper à la police au volant de voitures volées : à la suite de ces accidents, le gymnase de Bron et le palais des sports de Vaulx-en-Velin sont brûlés et, au cours de la même semaine, des voitures et des autobus du réseau

---

1. « Des Minguettes à Vaulx-en-Velin, fractures sociales et discours publics », *Les Temps modernes*, n° 546, janvier 1992, p. 51-76.

des transports en commun sont incendiés. Les jeunes considèrent ces violences comme autant d'actes de vengeance et de contestation.

Et si, pour la plupart des adultes, le vandalisme et les explosions de rage restent incompréhensibles ou dénués de sens, si certains éducateurs et travailleurs sociaux parlent de crise et d'anomie, si, enfin, certains observateurs estiment que la violence des jeunes relève de défis suicidaires ou dangereux lancés à la police, mais aussi à la ville et à ses habitants, l'enquête sur le terrain suggère qu'elle a un sens, qui peut être dans certains cas au moins référé aux institutions locales et à la façon dont elles sont gérées. Le cas de l'incendie, en décembre 1995, du centre social et de la bibliothèque de Vaulx-Sud est particulièrement significatif de ces conflits d'interprétation que seule, souvent, peut résoudre une analyse centrée sur les carences du système institutionnel. Alors que le maire envisage l'hypothèse d'un acte de vengeance de la part de trafiquants de drogue (dont un groupe vient d'être arrêté), que certains habitants s'indignent d'une violence autodestructrice puisque s'en prenant à des équipements qui sont destinés à ceux qui les incendient, un animateur de la MJC propose une interprétation plus convaincante : « Le conseil d'administration du centre social était verrouillé, les associations du quartier contestaient ce rôle… Quand on verrouille trop, il y a des retours de flamme… Il y avait des revendications par rapport au centre social, même si la version officielle accuse les dealers… On avance toujours la version de la déstabilisation, on nie les ressorts politiques de la violence en l'accusant d'être purement criminelle et on renvoie aux jeunes cette image de violence. »

Mais cette violence est aussi à bien des égards fondatrice. Elle active, ou réactive, l'action politique, locale ou nationale, au point qu'elle est parfois décrite comme exerçant une influence décisive : « Si Vaulx est aujourd'hui un laboratoire, une ville médiatisée, une machine qui attire les subventions, explique le sociologue Azouz Begag, c'est parce qu'il y a eu du bruit. Si aujourd'hui la mairie ne reconnaît pas le rôle qu'ont eu les producteurs du bruit dans la lumière jetée sur cette commune, il y aura un sentiment de frustration parmi les jeunes, qui ont l'impression que, en France, un ministère de la Ville a été créé grâce à eux ! »

Par ailleurs, et même si l'émeute comporte des dimensions qui la réduisent à une conduite de crise, le plus souvent déclenchée par un événement exacerbant le sentiment d'injustice – bavure policière faiblement sanctionnée ou même pas du tout, par exemple –, elle est aussi, et surtout, un moment de condensation politique d'où surgissent d'autres modalités d'action. Ainsi, à la suite des émeutes du Mas du Taureau en octobre 1990, plusieurs associations ont surgi à Vaulx-en-

Velin, avec pour souci de transformer la colère et la haine en mobilisation constructive, de maintenir une certaine pression sur les responsables politiques locaux, ou de tirer profit de la manne financière distribuée dans le cadre des politiques de la ville. Les débats occasionnés par les émeutes sont l'occasion de voir émerger de nouvelles figures militantes, qui elles-mêmes infléchissent les modalités de formulation et le contenu des revendications, en particulier lorsqu'elles émanent des jeunes issus de l'immigration. Voici comment le président d'Agora, association phare de Vaulx-en-Velin, évoque la « révolution » qu'a constituée l'émeute du Mas du Taureau d'octobre 1990 : « Après les émeutes et face à cette mobilisation massive, les opinions se sont partagées. D'un côté, il y avait les tenants de la violence qui disaient : "Il n'y a que ça que l'État comprend", et de l'autre, un groupe de personnes qui voulait proposer une alternative à la violence avec une continuation dans la lutte, pour pérenniser des choses et, en même temps, être un outil de vigilance. Pour nous, dans notre tête, c'était la révolution. » L'émeute, à Vaulx-en-Velin plus qu'à Vénissieux, demeure, près de dix ans après, une référence constante et une source de fierté. Même si les associations nées dans la foulée d'octobre 1990 ont pour la plupart dû mettre un terme à leur action en raison de difficultés financières ou de conflits de personnes, le renouveau associatif continue de s'opérer en référence à ce passé exemplaire. La violence occupe un rôle central dans la dynamique associative vaudaise, non pas parce qu'elle la prolonge, mais parce qu'elle l'annonce et la fonde [1].

Rillieux-la-Pape

Ce qui nous conduit à ébaucher une comparaison entre l'expérience de Vaulx-en-Velin, assez proche en la matière de celle de Vénissieux, et celle d'une autre commune de l'Est lyonnais, Rillieux-la-Pape. Dans cette dernière commune, en effet, la violence émeutière n'a jamais jusqu'ici été à l'ordre du jour, et on y observe plutôt une violence diffuse, qui donne davantage l'impression de la désorganisation sociale, du banditisme, du vandalisme occasionnel, de conduites individuelles d'autodestruction (notamment par la drogue) ; le niveau de violence collective y est faible, comparé à Vaulx-en-Velin, et les attaques visant d'une façon ou d'une autre les institutions y sont moins nombreuses et

1. Sur la capacité d'action et de subjectivation des acteurs qui s'organisent après une épreuve de force, cf. Virginie Linhart, « Des Minguettes à Vaulx-en-Velin : la réponse des pouvoirs publics aux violences urbaines », *Cultures et Conflits*, n° 6, été 1992, p. 91-111.

moins spectaculaires. Dès lors, la violence semble moins susceptible d'y être instrumentalisée et d'y constituer une ressource à même d'exercer une pression politique ou institutionnelle. En même temps, à l'exception des associations musulmanes, l'action associative des jeunes y est aussi nettement moins vivante qu'à Vaulx-en-Velin (ou Vénissieux). Cette situation tient, en partie, à la façon dont la municipalité, jusqu'en 1995, a négocié la « paix sociale », sous la forme notamment d'une sorte de « pacte » avec l'association islamique locale, le Groupement – accord tacite qui a fait du Groupement une instance renonçant à s'ériger en force politique et en contrepartie reconnue comme un partenaire chargé du cotraitement de la politique municipale en matière sociale et en direction de la jeunesse, ce qui lui confère en particulier un rôle important face à la toxicomanie. Avec l'arrivée d'une nouvelle équipe municipale en 1995, les carences du tissu associatif de Rillieux-la-Pape apparaissent nettement, ce que relève par exemple un dirigeant du Groupement : « Les associations végètent, elles ont peu de moyens de réaliser leurs projets. Dans l'attente, la motivation s'épuise. Peu d'associations ont un impact important dans les quartiers. Les jeunes n'ont pas confiance dans la classe politique, et la mairie n'a pas confiance dans les jeunes. La mairie a peur que les jeunes puissent se transformer en rivaux politiques. Que les associations se transforment en tribunes, qu'elles négocient des places en mairie. La mairie précédente avait une expérience de quarante ans et le maire savait mieux négocier avec les jeunes. Sa proposition était : "On vous aide mais vous ne faites pas de politique." »

Le contexte politique, l'histoire de la ville et son manque de tradition en matière de mobilisation collective, le cloisonnement des quartiers font de Rillieux-la-Pape une sorte de contre-modèle par rapport à Vaulx-en-Velin, puisque les difficultés sociales y sont comparables, la ségrégation spatiale également, tandis qu'on y observe des violences non pas tant collectives et spectaculaires que diffuses et anomiques – éventuellement prolongées par celles, instrumentales, qu'occasionnent le banditisme et le trafic de drogue –, et que la capacité d'action collective y est limitée.

Ce « contre-modèle » dans lequel violence collective et capacité de mobilisation associative sont faibles est-il l'avenir des banlieues de l'Est lyonnais, y compris de Vaulx-en-Velin ? Il est vrai que, depuis le milieu des années 90, les émeutes sont devenues plus rares, même si le quartier de la Duchère à Lyon en a connu une, importante, en décembre 1997. La rage semble souvent s'essouffler en même temps que les espoirs placés dans l'action revendicative s'évanouissent à nouveau ; la violence des acteurs, hier fondatrice, se retourne contre eux-mêmes : toxicomanie, conduites suicidaires, luttes « fratricides » pour le contrôle du trafic dans les quartiers. Les Grands Frères et les éducateurs constatent que la violence emprunte de plus en plus ses dynamiques à la délinquance organisée et à l'économie parallèle. Ils observent partout que les tendances au repli intimiste sur la famille ou dans l'expérience religieuse gagnent du terrain. Ils remarquent également que, de plus en plus souvent, la police « laisse faire », tandis que les comportements de délation se développent parmi les jeunes. En outre, nombre de travailleurs sociaux qui jusque-là avaient joué un rôle actif dans la transformation de la violence collective ou de la rage en conduites associatives se trouvent désormais en porte-à-faux : d'une part, les préoccupations sécuritaires du pouvoir municipal ont pour effet de les contraindre à participer au maintien ou à l'instauration d'un certain ordre social, à collaborer avec la police, ne serait-ce que comme « thermomètres » de la situation, ce qui les met dans une position délicate vis-à-vis des associations ; d'autre part, ils sont de plus en plus perçus, tout simplement, comme bénéficiant d'un revenu, et donc comme étant du « bon côté » de la société, alors qu'ils sont incapables de trouver des emplois et des revenus pour leurs « clients ». On comprend que le rapport entre jeunes en difficulté et responsables ou salariés des institutions locales tende à se crisper.

Tout cela implique-t-il le glissement inéluctable vers des configurations proches de celle qu'incarne le « contre-modèle » signalé à propos de Rillieux-la-Pape ? Entre la violence collective et la décomposition ou l'anomie, n'existerait-il pas une vie sociale, animée par un tissu associatif qui ne se limiterait ni à de vagues activités de redistribution ni au bénévolat, et qui aurait bien compris les significations sociales et politiques, ou pré-politiques, que la violence des jeunes veut mettre en forme ? Avant de considérer ces questions, il convient d'examiner la spécificité de la région lyonnaise et des processus qui ont ici, plus nettement qu'ailleurs, abouti à la production de la violence.

Pourquoi l'Est lyonnais ?

La région lyonnaise n'a pas le monopole des violences urbaines. Mais, dans le paysage national, elle occupe le devant de la scène, là où par exemple Marseille et les communes environnantes semblent plus ou moins épargnées.

La ségrégation urbaine

Les banlieues périphériques de l'Est lyonnais ont été, au fil des années 70, 80 et 90, fortement déconnectées du centre-ville de Lyon, à la fois spatialement et symboliquement. Les discours stéréotypés dont leurs habitants font l'objet contribuent à alimenter cet isolement; ainsi, le président du tribunal de grande instance de Lyon nous explique : « Le problème est que cette ville est extrêmement "ségréguée". Le rapport de Lyon avec sa banlieue est un rapport de type Nord-Sud. [...] S'il y a violence, c'est une violence qui a lieu dans les banlieues et non dans le centre. C'est une violence des jeunes des banlieues, mais dans les banlieues. En dépit du discours que tiennent les Lyonnais, il n'y a pas d'insécurité dans cette ville. Ils ne sortent pas des banlieues [...]. En 1880, les notables lyonnais s'écriaient : "Les barbares sont dans les faubourgs de nos villes manufacturières." Aujourd'hui, ils diraient : "Les barbares sont à la porte de nos cités[1]." » Divisée entre des banlieues insularisées, dont certaines cristallisent toujours davantage les difficultés liées à l'exclusion et à la ségrégation, et un centre modernisé cherchant à s'en protéger, la communauté urbaine de Lyon se caractérise désormais par des situations d'exclusion économique et de rejet symbolique tendant à éliminer toute forme de rapport social entre les deux[2].

Les anciens conflits de classes structurés à partir des relations de travail ont décliné. Leur épuisement a entraîné celui de l'opposition traditionnelle entre la domination économique de la bourgeoisie lyonnaise et la capacité de mobilisation d'une classe ouvrière incluant une forte population d'origine immigrée, jadis prise en charge par le tissu nationaliste algérien[3] et par des organisations de gauche. Les ouvriers, déjà massivement rejetés à la périphérie de la ville, y ont subi de plein fouet la crise industrielle et ont violemment ressenti le passage d'un rapport de classes à un rapport de type Nord-Sud caractérisé par une ségrégation socio-ethnique de plus en plus manifeste, touchant à la dignité et à l'estime de soi de l'individu, qui ne peut s'appuyer ni sur une identité collective reconnue ni sur un conflit structurant[4].

1. Entretien, 12 février 1996.
2. Cf. Azouz Begag et Christian Delorme, *Quartiers sensibles*, Paris, Éd. du Seuil, 1994, p. 107-108.
3. Notamment l'Amicale des Algériens, institution de type « républicain-colonial » désormais en crise. A cet égard, voir Geneviève Massard-Guilbaud, *Des Algériens à Lyon. De la Grande Guerre au Front populaire*, Paris, L'Harmattan, 1995.
4. Voir Didier Lapeyronnie, « L'exclusion et le mépris », *Les Temps modernes*, n° 545-546 ; et « Banlieues : relégation ou citoyenneté », décembre 1991-janvier 1992, p. 2-17.

Entre la zone résidentielle des collines de l'ouest et les banlieues défavorisées de l'est, entre la richesse de la « Technopole » ou d'« Eurocity » (la cité économico-financière) et les territoires du chômage, de la désindustrialisation et de la pauvreté de l'est, entre l'ostentation des travaux publics du centre de Lyon et de la Cité internationale sur les quais du Rhône et la paupérisation progressive des banlieues, les déséquilibres urbains et sociaux sont tranchés [1]. En outre, tandis qu'au centre de Lyon parkings et travaux de prestige et d'esthétique se multiplient, les anciens quartiers populaires de la Croix-Rousse ou de la Guillotière connaissent de profonds bouleversements : localisés au centre-ville, ces bouleversements semblent destinés à expulser progressivement les couches populaires et immigrées. Le modèle traditionnel centre-périphérie, qui s'était développé par cercles concentriques, cède désormais la place à une structure urbaine sectorielle de ségrégation. Les zones riches ou à forte croissance se séparent des zones de paupérisation et d'exclusion, tandis que dans les zones intermédiaires et hybrides qui se développent, tels les quartiers de la Guillotière et de la Villette, des immeubles neufs destinés aux couches moyennes sont bâtis en lieu et place des anciens immeubles ouvriers, dont une partie seulement demeure habitée par une population en survie.

La distribution des activités économiques se reflète dans celle de la population à travers l'espace urbain. En effet, l'est et le sud de la Courly (communauté urbaine de Lyon) sont dominés par des industries en crise (textiles, chimiques, métallurgiques, mécaniques...) et accueillent des populations encore largement ouvrières, souvent issues de l'immigration, dans les ZUP et les cités des communes de Vaulx-en-

---

1. L'expansion de la ville de Lyon commence véritablement au début du siècle. Les premières HBM (habitations bon marché, ancêtres des actuelles HLM) sont construites en 1914 en réponse à la forte croissance démographique. En 1938, un plan directeur d'urbanisme (PDU) dessine les contours de la future agglomération. Un deuxième plan d'aménagement est élaboré après la guerre, qui prévoit la réalisation de grands travaux (tunnel de la Croix-Rousse, réhabilitation des quartiers des Terreaux, de la Guillotière, du vieux Lyon) ainsi que dans les communes de la première couronne. Mais c'est durant les années 60, sous le mandat de Louis Pradel, que le dualisme centre/périphérie prend ses formes actuelles.

Les années Pradel – parfois appelées les « années béton », en raison du nombre extraordinaire de chantiers de construction durant cette époque – ont pour objectif affiché de faire disparaître les bidonvilles, essentiellement occupés par des immigrés. Les premières ZUP font par conséquent leur apparition à Lyon (la Duchère) et dans les communes de l'agglomération. Le centre-ville est revalorisé et commence à faire l'objet de spéculations. Nombre d'immigrés demeurant dans les quartiers du centre (surtout ceux des Ier, IIe et IIIe arrondissements) sont alors repoussés vers les nouvelles ZUP de la banlieue. Les bidonvilles, notamment ceux de Villeurbanne, sont démolis, et leurs habitants installés dans des appartements HLM.

Velin, Bron, Vénissieux, Saint-Priest, Saint-Fons ou Rillieux-la-Pape. Différemment, à l'ouest et au nord, le secteur tertiaire « avancé » s'affirme à travers la construction d'une technopole, aussi les communes résidentielles de Saint-Cyr-au-Mont-d'Or, Limonest, Champagne-au-Mont-d'Or... accueillent-elles des couches aisées.

L'ouest, qui s'est toujours refusé à admettre sur son territoire l'implantation de logements sociaux, est peuplé de cadres et de membres des professions libérales. Les propriétaires de leur logement y sont par conséquent davantage concentrés (60 % des habitants), demeurant donc dans les communes économiquement les plus riches. L'est enregistre, quant à lui, un taux de propriétaires inférieur à 30 % (la plupart l'étaient avant 1982), et les HLM, qui représentent 22 % des logements de la Courly, sont essentiellement situées dans ses communes – avec des concentrations plus fortes à Vaulx-en-Velin (63 %), Rillieux-la-Pape (57 %) et Vénissieux (56 %). Durant les années 80, une politique timide, destinée à favoriser la mixité sociale, a été initiée à Champagne-au-Mont-d'Or, une commune pavillonnaire de l'ouest qui a accepté que soient construits quelques logements sociaux.

Pour faire face aux difficultés sociales, en particulier dans la banlieue est, la direction de la Courly s'en est largement remise à l'intervention de l'État et aux politiques de la ville. Son implication dans le développement de la région, et plus précisément dans le projet de transformer Lyon en une grande métropole « non capitale », reliée au réseau économique de ses homologues d'Europe du Sud (Barcelone, Milan, Munich, Genève), ne semble pas prendre en compte les problèmes sociaux des banlieues. Réalisé avec le concours d'acteurs économiques privés, ce projet se concentre sur le développement des infrastructures – notamment des transports et des communications – et sur la promotion de l'image de Lyon comme « pôle économique international ».

Aux portes de la cité, et non concernées par les projets de développement économique, les populations des banlieues de l'Est lyonnais sont dès lors de plus en plus perçues et traitées comme de nouvelles « classes dangereuses ».

Trois communes en ségrégation

Cette étude porte surtout sur le cas de Vaulx-en-Velin ; cependant, le cas vaudais présentant des caractéristiques spécifiques – en particulier un tissu d'associations dont certaines sont en relation conflictuelle avec la municipalité –, il n'est pas inutile de poursuivre la comparaison déjà ébauchée entre Vaulx-en-Velin et deux autres communes de la banlieue lyonnaise : Vénissieux et Rillieux-la-Pape.

Vaulx-en-Velin compte environ 45 000 habitants (dont 70 % ont moins de 40 ans et un tiers moins de 20[1]). A l'origine village cerné de terrains marécageux, Vaulx est resté longtemps sous la menace des crues du Rhône, jusqu'à la construction du canal de Jonage en 1894 ; celui-ci entoure désormais la partie sud de la ville et en fait une presqu'île, favorisant le sentiment de séparation par rapport à Lyon (on ne peut y accéder que par quatre ponts). Dans les années 50 et 60, l'industrialisation a transformé cette partie de la commune en un véritable village ouvrier autour des usines Rhône-Poulenc, et, dans les années 70, la construction de la ZUP dans la partie nord a provoqué une véritable explosion démographique : la population est passée de 9 600 habitants en 1954 à 43 700 en 1978.

L'évolution de Vénissieux est semblable : cet ancien bourg agricole s'est transformé de bonne heure en ville ouvrière. La commune compte aujourd'hui 60 700 habitants (dont 29 % ont moins de 19 ans) mais en a perdu environ 4 000 depuis 1982. Les premières usines de l'industrie chimique datent de la fin du XIXe siècle, et, aujourd'hui encore, Vénissieux est l'une des villes les plus industrialisées de l'agglomération, au carrefour des axes industriels de la chimie et des usines RVI (Renault Véhicules Industriels) ; mais ces industries ont cessé depuis longtemps d'attirer la main-d'œuvre et elles emploient de moins en moins d'ouvriers. La ZUP de Vénissieux, les Minguettes, a été construite entre 1967 et 1974, pour répondre à la pénurie de logements due à l'affluence massive d'immigrés ; elle occupe 20 % du territoire de la commune, dont elle accueille 40 % des habitants.

Rillieux-la-Pape se distingue fortement de Vénissieux et de Vaulx-en-Velin. « Charnière » entre les communes pavillonnaires des monts du Lyonnais et les communes ouvrières de l'est, elle compte environ 30 000 habitants. Rillieux n'est pas, à l'origine, une ville ouvrière et industrielle : sa zone industrielle est plus récente que celles de Vaulx-en-Velin et Vénissieux et sa ZUP, construite durant les années 70 et 80, fut conçue comme une ville-dortoir destinée à une population de petits fonctionnaires ou assimilables (La Poste, SNCF…). Aussi bien la ville n'a-t-elle jamais véritablement été le théâtre de luttes ouvrières et syn-

---

1. Cependant, la part des moins de 20 ans a tendance à diminuer (– 15 %), tandis que celle des plus de 60 est à la hausse (+ 40 %). Aussi bien la pyramide des âges tend-elle vers l'équilibre, à l'instar de ce que connaissent l'ensemble des communes de la Courly (où la moyenne des moins de 20 ans est de 26 %).

dicales. Sa population, plus récemment installée et plus mobile que dans les deux communes voisines, semble moins soudée, moins solidaire, et les quartiers y constituent des enclaves fermées, ce qui pourrait, au moins en partie, expliquer la passivité de la vie sociale et la moindre présence associative qui caractérisent la ville. La différence la plus significative entre Rillieux-la-Pape d'une part et Vénissieux ou Vaulx-en-Velin d'autre part tient au défaut de tradition ouvrière de la première de ces villes : « A Rillieux, il n'y a pas d'histoire. A Vaulx et à Vénissieux, il y a un passé historique qui pèse sur eux [...] et puis Vaulx est un laboratoire où tout le monde veut faire des expériences. [...] Vénissieux est une commune martyre... », explique un animateur.

A Vaulx-en-Velin, à Vénissieux comme à Rillieux-la-Pape, les constructions des années 60 et 70 ont souvent constitué un progrès social. Des appartements dans des immeubles HLM équipés en eau chaude, en électricité, et pourvus de salle de bains ont été mis à la disposition d'immigrés qui résidaient auparavant dans les bidonvilles de Villeurbanne ou des communes voisines ; des ouvriers qualifiés et des cadres issus des classes moyennes ont accédé à la propriété dans ces communes dont ils appréciaient la tranquillité. Ces propriétaires seront les plus frappés par la dépréciation de la valeur de leurs appartements, surtout après les émeutes de 1990.

Puis les grands ensembles, conçus à l'origine pour accueillir des populations en voie d'ascension sociale, se sont mués en espaces d'exclusion politique et culturelle et de ségrégation à la fois sociale et ethnique[1] : à partir des années 70 et 80, des zones de relégation se sont formées et insularisées, où se sont affirmées identités marginales et identifications ethniques[2].

Les statistiques soulignent cette évolution. Vaulx-en-Velin confirme cette tendance, avec un taux de chômage de 18 %, un pourcentage d'étrangers de 23 %, et un revenu moyen par ménage de 56 000 francs par an[3]. Une recherche du CREDOC a établi en 1995 que, dans les

1. La municipalité de Vaulx-en-Velin n'a eu, comme le reste des petites communes de la région, qu'un faible contrôle sur les attributions de logements. Elle dispose d'un pouvoir limité pour agir sur l'aménagement de la ville (la politique d'urbanisme dépendant, depuis 1969, de la communauté urbaine de Lyon), aussi n'a-t-elle pu préserver l'hétérogénéité sociale qui avait caractérisé les premières années de la ZUP.
2. Cf. Azouz Begag et Christian Delorme, *Quartiers sensibles*, op. cit., p. 107-108.
3. 60 % de la population de la ville de Vaulx-en-Velin touche une allocation de la CAF (Caisse d'allocations familiales), 5 à 10 % de la population bénéficient du RMI, 25 % des foyers ont un revenu au-dessous de 2 500 francs par mois (chiffre qui atteint 35 % dans les quartiers de la Grappinière et des Noirettes). La « famille typique » des logements HLM a des enfants de nationalité française (70 %), le chef de ménage a moins de 40 ans (77 %) et le revenu moyen de la famille se situe autour de 6 000 francs par mois. La ville de Vaulx-en-Velin présente l'un des taux de chômage les plus élevés de toute l'agglomération, avec

quartiers concernés par les contrats de ville ou par le grand projet urbain (GPU), 20 % seulement de la population active possédaient un emploi fixe, 30 % étaient dotés d'un contrat précaire, et 30 % (dont 35 % sont des jeunes de moins de 30 ans) effectuaient un stage ou bénéficiaient de contrats à durée limitée (souvent un CES).

A Vénissieux, seuls 28 791 habitants (dont 33 % sont des ouvriers et 5 % des cadres) possèdent actuellement un emploi. Le taux de chômage moyen de la commune était de 22 % en 1995 (parmi les chômeurs, 59 % sont des femmes)[1] et 70 % des ménages ont un revenu total inférieur à 6 000 francs par mois. Moins de 40 % de la population est propriétaire de son appartement, tandis que plus de 40 % des Vénissiens habitent dans des HLM. Les « familles nombreuses » (ménages de plus de cinq personnes) représentent 22 % de la population. Chaque année, plus de soixante-dix familles, n'étant plus en mesure de payer leur loyer, sont menacées d'expulsion. Les étrangers (plus de quarante nationalités sont présentes aux Minguettes) représentent 24 % de la population résidente.

Rillieux-la-Pape présente, des points de vue démographique et statistique, de fortes similitudes avec ses voisines de l'Est lyonnais : les jeunes de moins de 19 ans y représentent 30 % de la population, les chômeurs en moyenne 22 % (dont 30 % de jeunes et jusqu'à 39 % de femmes). Parmi les salariés, 31 % sont ouvriers, et 25 % des habitants n'ont aucun diplôme. Les étrangers représentent 11 % de la population.

Dans chacune des trois communes qui nous occupent, le sentiment de ségrégation est renforcé par la situation du logement et des transports.

---

une moyenne officielle de 18 % (mais qui peut aller jusqu'à 30 %), contre 14 % pour le reste de la Courly. La situation est encore plus dramatique pour les étrangers (31,5 % de chômeurs) ; parmi ceux-ci, 21 % des chefs de famille se trouvent en chômage de longue durée, 41 % ayant une activité précaire. Environ 4 000 Vaudais sont sans travail. Le taux de chômage varie suivant les quartiers : au Village, habité surtout par les couches moyennes, il touche 17 % des moins de 25 ans ; dans la ZUP, et en particulier à la Grappinière, ils sont 29,7 % ; au Mas du Taureau, 33,2 %. Parmi les chômeurs, 37 % sont de longue durée (un an ou plus). Le bilan 1995 de la mission locale pour l'emploi de Vaulx montre que la demande d'emploi des jeunes est supérieure à ce qu'elle était en 1994 (8 % en plus, soit 780 nouveaux inscrits).

1. Les chômeurs de moins de 25 ans atteignent le chiffre de 1 500, les chômeurs de longue durée, celui de 2 076, tandis que les RMIstes sont environ 1 600 (les chômeurs sans indemnités, souvent des femmes, sont 2 600).

Les chômeurs sont environ 6 200, dont 30 % de jeunes de moins de 20 ans. A l'instar de Vaulx-en-Velin et de Saint-Fons, Vénissieux, qui compte 39 % de moins de 25 ans, présente un taux de chômage des jeunes des plus élevés. Une enquête SOFRES réalisée à Vénissieux en 1991 auprès des 15-25 ans montre qu'ils réclament avant tout des emplois sur place (63 %).

Avec 83 % de logements collectifs, Vaulx-en-Velin connaît la plus forte proportion de « grands ensembles » de l'agglomération lyonnaise. La présence élevée d'appartements à prix modéré a attiré dans la commune des familles en difficulté économique ou des familles d'immigrés n'ayant pas accès aux appartements de Lyon ou de Villeurbanne [1]. La ZUP de Vénissieux, les Minguettes, accueille 24 000 habitants et comprend 85 % de logements de type HLM, soit 60 % des logements sociaux de la ville. Elle a été le théâtre des premiers rodéos médiatisés. Quant à la ZUP de Rillieux, elle rassemble la moitié de la population et accueille des familles en difficulté. Les trois communes sont donc non seulement ségréguées chacune, dans l'ensemble, au sein de l'agglomération lyonnaise, mais aussi en elles-mêmes, puisque la différenciation sociale et spatiale y est nettement à l'œuvre, entre les grands ensembles et le reste de la commune.

La ségrégation est aussi le fruit de la politique des transports publics. Depuis 1978, Vaulx-en-Velin est relié au centre de Lyon par un réseau de bus et par la ligne A du métro. Celui-ci s'arrête toutefois au boulevard périphérique de Bonnevay, à la frontière de la commune : la ligne a été réalisée en 1970, à l'époque de la construction de la ZUP de Vaulx, et le premier projet prévoyait la possibilité de faire parvenir le métro jusqu'à Vaulx-en-Velin, mais il a finalement été décidé de ne pas dépasser Bonnevay et de relier la commune à Lyon par un tramway, qui n'a jamais vu le jour. Au sein de l'équipe municipale, de nombreuses personnes évoquent une « population captive », prise en otage par la politique des transports : les bus sont en effet insuffisants et circulent à des horaires trop limités pour faire face aux besoins d'une population « pauvre » et dépourvue de voiture personnelle.

La ZUP de Vénissieux souffre également des carences des transports publics. Située à environ quinze kilomètres du centre-ville de Lyon, la ville est desservie par une ligne de métro qui s'arrête à la gare de Vénissieux, terminus à partir duquel il faut emprunter l'autobus pour rejoindre le centre de l'agglomération. La partie ouest de la commune, jouxtant le VIIIe arrondissement de Lyon, bénéficie de deux stations de métro supplémentaires ; en revanche, les habitants de la ZUP se trouvent à plus d'un kilomètre du métro et n'ont d'autre choix que d'emprunter des lignes de bus dont la plupart s'arrêtent vers 21 heures ou 22 heures.

Enfin, Rillieux-la-Pape est reliée au centre de Lyon par des bus qui

---

1. Les organismes HLM préfèrent accueillir des familles en difficulté, mais bénéficiant de l'allocation-logement. En effet, la CAF payant directement à l'organisme HLM le loyer de la famille, l'organisme est de la sorte assuré de recevoir son argent régulièrement.

sont moins nombreux qu'à Vénissieux et à Vaulx-en-Velin ; le plus rapide emmène de la ZUP de Rillieux au centre de Lyon en une demi-heure.

Il existe un lien manifeste entre une politique des transports qui tient à distance la population des ZUP du centre de Lyon et de l'Ouest lyonnais et le souci de protéger les espaces riches de la Courly de l'invasion des « classes dangereuses ». Ainsi le président d'un syndicat de commerçants nous explique : « Il y a certainement, même si on ne le dit pas, un phénomène où l'on préfère que les banlieues restent dans les banlieues, et que le centre-ville ne voie pas les bandes arriver, que ce soit à la Part-Dieu ou dans la presqu'île. Et si les métros allaient jusqu'au cœur de Vaulx ou de Vénissieux, ça faciliterait. Même à Vénissieux, il n'irrigue pas la commune. » Dès lors, si la mobilité de la population de la banlieue est est réelle (les jeunes se déplacent nombreux à la Part-Dieu ou à Bellecour, où ils déambulent, souvent par groupes, devant les magasins et les centres commerciaux), les habitants de la commune n'en éprouvent pas moins la conviction d'être frappés de relégation. La fréquentation du centre-ville s'effectue par conséquent sur un mode « malheureux » : les jeunes Vaudais ont le sentiment que leurs « intrusions » sont considérées comme illégitimes par la population lyonnaise, et les « incidents » et les agressions témoignent de ce climat de tension.

Enfin, dans l'agglomération lyonnaise, la ségrégation concerne également l'école. Tandis que, jadis, la sélection sociale s'opérait en amont, désormais c'est au sein même de l'institution scolaire que se manifestent les inégalités. Ainsi, moins de 40 % des jeunes Vaudais atteignent le niveau du baccalauréat, contre 80 % des jeunes résidant dans les communes de l'ouest, et 70 % des jeunes habitant Lyon ; 33 % des Vaudais de plus de 15 ans n'ont aucun diplôme et seuls 11 % ont le baccalauréat ; 25 % des enfants vaudais accusent des retards scolaires en CM2 (35 % des enfants issus de l'immigration, 20 % pour les autres). La ville de Vénissieux ne compte que 22 % de jeunes ayant obtenu le bac ; 30 % de la population n'y possède aucun diplôme.

Les enseignants se partagent entre « militants » (qui ont choisi de rester ou de venir dans la banlieue lyonnaise) et jeunes enseignants débutants, qui demandent chaque année à être mutés. Plus de 50 % des professeurs déposent régulièrement une demande de mutation ; ils disent faire face à des problèmes de discipline et éprouver des difficultés à adapter leur enseignement au niveau de leurs élèves : « Les enseignants à Vaulx-en-Velin sont de qualité assez exceptionnelle. Il faut être costaud pour tenir... dans les collèges c'est dur... Les écoles de la ville sont fréquentées presque exclusivement par les plus "faibles"...

ceux qui le pouvaient ont envoyé leurs enfants à l'école privée... Les écoles de notre ville n'ont pas le même niveau que les écoles de Lyon. Les enseignants sont obligés de travailler lentement et les élèves sans problème sont obligés de s'adapter au niveau modeste de la majorité... », explique un conseiller d'éducation.

La ségrégation scolaire est-elle uniquement le fruit ou la prolongation de la ségrégation sociale et spatiale ? Des efforts non négligeables, qui passent en particulier par l'inscription d'établissements scolaires en ZEP, peuvent donner à penser que l'institution scolaire combat les inégalités liées à l'environnement social des écoles et tend à les contrebalancer ; mais ce combat n'est pas à la hauteur de l'inégalité dont souffrent les écoles, soulignent notamment certains militants du tissu associatif, car les politiques de « discrimination positive » que constituent les ZEP n'apportent pas les ressources qui mettraient les établissements scolaires sur un pied d'égalité avec leurs homologues des communes riches de la Courly.

Médiatisation, stigmatisation

A la ségrégation s'ajoute la stigmatisation, qui frappe en particulier les communes de Vaulx-en-Velin et de Vénissieux. Ces deux villes sont prisonnières de l'image négative que les médias ont largement contribué à construire et que leurs maires, Maurice Charrier (Vaulx-en-Velin) et André Gerin (Vénissieux), tentent de corriger en défendant avec vigueur la réputation de leur commune [1].

Vénissieux a été la première à être lourdement stigmatisée. Les Minguettes ont en effet été associées, dès le début des années 80, aux rodéos et aux émeutes qui mêlent violence et spectacle, mobilisant les médias et donnant une grande visibilité à la commune dans son ensemble. La ville a dès lors combiné, dans l'imaginaire national, les tares d'une « cité-dortoir » et celles d'une « banlieue maudite ».

A Vaulx-en-Velin, depuis les émeutes d'octobre 1990, les médias ont contribué à fabriquer une représentation sociale de la ville caractérisée par l'anomie et la violence [2]. Aussi bien les habitants les plus précarisés de la commune se plaignent-ils du mépris qui leur est témoigné,

1. Voir, par exemple, Maurice Charrier, « Une petite ville en France », tribune parue dans *Le Monde* du 10 octobre 1995 ; et André Gerin, *Jeunes, une chance pour la ville*, Paris, Messidor, 1991.
2. Cf. Patrick Champagne, « La construction médiatique des malaises sociaux », *Actes de la recherche en sciences sociales*, 1991.

ainsi que des discriminations (notamment à l'embauche) dont ils font l'objet ; ils ont le sentiment d'être frappés du sceau d'une « infamie ». Selon un animateur de la MJC de Vaulx-en-Velin : « Malheureusement, Vaulx-en-Velin a une mauvaise réputation. Je ne sais pas jusqu'à quel point elle est justifiée, mais, de façon consciente ou pas, les médias en sont responsables. Et cela porte préjudice à la fois à l'intérieur de la ville, mais aussi à l'extérieur. Dire qu'on vient de Vaulx-en-Velin, c'est tellement stéréotypé que ça ne passe pas, ça fait barrage. Les petits sont très concernés aussi. Quand ils vont dans une sortie de ski, même s'ils n'ont encore rien fait, le fait de venir de Vaulx, ils sont déjà désignés. La MJC avait organisé une sortie boxe avec des jeunes de Vaulx, ils se sont fait agresser parce qu'ils étaient de Vaulx. On voulait savoir s'ils étaient si méchants que ça. Forcément, ils ont répondu, donc ça a bastonné... Les petits sont aussi touchés que les grands, ça les suit ! C'est un peu comme un casier judiciaire. »

La contribution des médias à la construction de la réalité a deux types de conséquences : d'une part, ils mettent au jour les difficultés liées aux conditions de vie dans les banlieues et peuvent être utilisés par les jeunes et par les habitants pour communiquer et exercer une sorte de pression sur les institutions ; d'autre part, en donnant à voir la violence juvénile, ils contribuent à construire une image négative de la banlieue, à l'origine d'une stigmatisation ultérieure, entraînant elle-même la colère des jeunes et parfois des personnels et responsables des institutions.

Les jeunes de Vaulx-en-Velin ou de Vénissieux se plaignent souvent de vivre dans des « villes transparentes », où tout ce qui advient dans les quartiers est systématiquement évoqué par les médias. Mais, en même temps, l'intérêt de ceux-ci pour les banlieues et leurs jeunes suscite un traitement politique : les banlieues sont présentes dans l'agenda de tous les partis, ainsi que dans l'action gouvernementale.

Les premiers rodéos ont coïncidé avec la montée au pouvoir de la gauche (1981), qui a considéré la violence urbaine comme une priorité appelant une politique de prévention. Dans un contexte politique « favorable », la médiatisation, surtout s'agissant d'émeutes, a attiré l'attention des hommes politiques et permis de faire aboutir des demandes d'intervention sociales qui souvent n'étaient pas entendues. L'attention que les médias portent aux banlieues reflète aussi de fortes attentes s'adressant à l'État, de la part des citoyens en général, des habitants de ces banlieues, et en particulier des jeunes.

Du point de vue symbolique, la médiatisation des violences produit ou renforce chez ces derniers l'impression d'être les acteurs d'événements « qui comptent ». Pendant les émeutes en particulier, ils ont le sentiment d'être les personnages d'une pièce dont la mise en scène et l'épilogue sont déjà connus, ils jouent exactement les rôles que l'imaginaire collectif leur a imposés. La médiatisation confère une importance historique et sociale au protagoniste du moment ; elle procure aux acteurs de la violence la sensation que, après l'oubli, tout le pays les regarde et prend connaissance de leur existence.

Ajoutons ici un aspect souvent méconnu : la médiatisation des Minguettes ou de Vaulx-en-Velin est allée de pair avec une mobilisation importante de la part des chercheurs en sciences sociales, eux-mêmes encouragés par une politique de financements publics pour leurs travaux sur les banlieues. Les chercheurs, pour mener à bien études et recherches, ont noué des relations parfois difficiles avec les acteurs sur le terrain et ont alimenté, chez certains d'entre eux, des dynamiques dans lesquelles ceux-ci ont utilisé et amélioré leur capacité d'auto-analyse. Les jeunes ont alors fréquemment témoigné d'un grand talent discursif et d'une capacité critique très articulée, parlant de « problèmes personnels et psychologiques », de « culture de la violence ». Ils sont au courant du taux de chômage de leur ville, ils connaissent et utilisent tous les services sociaux à leur disposition, ils évoquent les « responsabilités de l'État », ils connaissent l'histoire de la colonisation. La participation forcée au débat sur les banlieues et le contact parfois prolongé avec des chercheurs leur ont fourni, au moins, des outils pour analyser leur situation.

Poussée du Front national et sentiment d'insécurité

La situation politique des trois villes ici considérées est emblématique du paysage plus général de l'est de Lyon. Rappelons que Vénissieux et Vaulx-en-Velin sont deux villes ouvrières, alors que Rillieux-la-Pape est une banlieue-dortoir sans histoire et coupée des traditions ouvrières, syndicales et politiques.

Vaulx et Vénissieux sont des fiefs du PCF depuis la fin de la Seconde Guerre mondiale, même si les maires actuels ont progressivement infléchi leur politique pour s'attirer les votes des couches moyennes. Rillieux, à l'inverse, a été dirigée pendant trente ans par le même maire RPR et n'a basculé à gauche que le jour où le patriarche de la ville a décidé de ne pas se présenter aux élections municipales de 1995 : le nouveau maire, M. Jacky Darne, a été élu avec 41 % des suffrages, tandis que le FN obtenait 25 % des voix en moyenne.

La montée du Front national constitue l'élément politique le plus caractéristique de l'agglomération. En effet, ce parti a su utiliser la médiatisation des violences urbaines et les difficultés d'intégration sociale des jeunes pour émerger et se consolider dans l'échiquier politique du département. La rhétorique contre les immigrés et le thème même du « déclin culturel » de la France se soudent aux discours populistes sur le chômage et l'insécurité. Depuis 1992, l'escalade et l'implantation du FN dans le département du Rhône s'accélèrent rapidement : 21 % aux élections régionales de 1992, de 25 % à 35 % dans les communes de la banlieue est en 1995 (33 % à Vaulx-en-Velin, 21 % au Mas du Taureau et 44 % à Vaulx-Village).

Le sentiment d'insécurité a été au cœur de la campagne pour les élections municipales de 1995 dans toute la banlieue lyonnaise. En traduisant la peur de la chute sociale, la sensation, pour de nombreuses personnes, de n'être pas écoutées par les institutions et d'être méprisées, il constitue un terrain d'autant plus favorable au discours d'extrême droite que, longtemps, la gauche a refusé de reconnaître un lien de causalité entre montée du sentiment d'insécurité et montée de la violence urbaine. Et la région de l'Est lyonnais est de ce point de vue un espace d'autant plus sensible au Front national que la violence urbaine y est une réalité spectaculaire et pas seulement une menace dont les manifestations concrètes se joueraient ailleurs.

Le sentiment d'insécurité renvoie aussi à un imaginaire et à des représentations qui varient suivant la position sociale occupée par la personne interrogée. Les personnes âgées ainsi qu'une partie des adultes (les copropriétaires et les commerçants notamment, surtout s'ils habitent ou travaillent dans des quartiers démunis) associent l'idée de violence à la présence de « bandes » de jeunes (essentiellement d'origine étrangère) coupables d'actes de vandalisme, d'incivilités, de vols et d'agressions. Certains établissent un lien direct entre la violence et la présence des « immigrés » – localisés dans les ZUP.

Quant aux jeunes eux-mêmes, ils ne sont pas à l'abri de ce sentiment. Ils mettent en cause les institutions, souvent perçues comme responsables de violences physiques et symboliques qui s'exercent à travers des mécanismes d'exclusion ou de domination culturelle, à l'école, à l'occasion de la recherche d'un emploi, ou lorsque l'accès à certains lieux de consommation – pubs et discothèques – leur est interdit. Aussi bien la violence des jeunes est-elle, pour partie au moins, directement liée au ressentiment et à la souffrance engendrés par des mécanismes de violence symbolique.

Or, si désormais, dans la banlieue lyonnaise comme dans le reste de la France, les « problématiques de sécurité » sont une préoccupation majeure des politiques publiques, et si l'État semble investi non plus de la responsabilité du maintien de l'ordre, mais de celle d'assurer la sécurité, un décalage persiste entre ce que proposent les institutions et ce qu'attendent les citoyens. Le changement sémantique (de la référence à l'« ordre » à celle de la « sécurité ») traduit une modification dans l'approche du problème – qui reste, au fond, celui de l'ordre et du contrôle –, mais ne lève pas l'ambiguïté de la relation entre violence réelle et représentation de la violence.

Le lien implicite entre sécurité, ordre et contrôle est bien montré par la multiplication des « audits » sur la sécurité des villes de la banlieue lyonnaise, et notamment sur la question des « caméras vidéo » telle qu'elle se pose à Vaulx-en-Velin. En 1996, un schéma directeur de la sécurité-sûreté de la ville a été proposé par une société de conseil qui a suggéré l'installation de caméras vidéo aux « points stratégiques de la ville ». Ce plan a été approuvé par la mairie, qui a commencé à installer ces appareils – la commune fait partie des villes retenues dans le cadre des politiques de la ville pour figurer dans les programmes GPU (grand projet urbain), et ne peut de ce fait en négliger l'aspect sécuritaire : il lui faut en effet encourager la venue de nouveaux commerces et satisfaire les classes moyennes qu'elle entend attirer. L'installation de caméras vidéo a été fortement contestée par les jeunes ainsi que par une partie des habitants de la ZUP, qui se sont sentis criminalisés et placés sous contrôle. Les associations de quartier, et en particulier les associations de jeunes, ont proposé de valoriser la mobilisation citoyenne plutôt que d'opter pour une surveillance privée : une vie de quartier active, la solidarité associative ont été alors évoquées comme les meilleurs antidotes à l'insécurité. La politique du maire a été d'autant plus contestée qu'elle est le fait d'un homme de gauche, lui-même en porte-à-faux car disposé à reconnaître une certaine légitimité au refus des caméras vidéo, qui n'en ont pas moins été mises en place.

Action associative, action politique

L'expérience des banlieues de l'Est lyonnais a ceci d'important qu'elle présente deux faces indissociables : la violence ne doit pas masquer des formes d'action auxquelles elle est souvent liée et dont les protagonistes principaux dessinent un tissu associatif susceptible de lui substituer des modalités de participation accrue à la vie politique, sociale et culturelle locale ; animé par des militants majoritairement issus de l'immigration, ce tissu associatif, pour l'essentiel soucieux d'intégration politique et culturelle, est en même temps susceptible d'entrer en conflit tendu avec les pouvoirs locaux.

L'affirmation culturelle

A travers le tissu associatif qu'ils fréquentent et font vivre, les jeunes expriment leur volonté d'être reconnus individuellement et collectivement, non seulement en tant qu'objets auxquels s'appliquent des politiques, mais aussi en tant que véritables sujets ; non seulement comme consommateurs trouvant dans la formule même de l'association l'accès à des ressources publiques, mais aussi comme auteurs autonomes de leur trajectoire, comme producteurs de leur propre existence. Cette demande de reconnaissance peut revêtir un tour politique, que nous examinerons plus loin ; elle peut aussi transiter par diverses modalités d'affirmation identitaire.

Les unes relèvent de la production culturelle, au sens classique du mot. Tournée vers les notions de respect, de dignité et d'identité, la quête de sens, pour bien des animateurs ou simples membres d'associations de la banlieue est de Lyon, a pour principal objet de leur permettre de se doter d'une image revalorisée d'eux-mêmes. Alors qu'ils sont en proie à une forte stigmatisation – spatiale, sociale et ethnique –, ils entendent se définir positivement, de manière à la fois individuelle et collective, et trouvent dans l'art, la danse, la chanson, le sport et autres activités culturelles le moyen d'afficher une spécificité tout en affirmant leur attachement aux valeurs universelles. L'effervescence de la « culture de banlieue », notamment musicale ou d'expression corporelle, traduit la vitalité de cette orientation, dont témoigne le directeur d'une grande salle de concerts de Lyon : « Je pense que la communauté maghrébine, par le rap, par le hip-hop, par la danse, ça faisait longtemps qu'il n'y avait pas eu de mouvement aussi inventif et une place aussi forte dans la société [...]. Tous ces jeunes qu'on disait sans espoir dans les banlieues, ils ont apporté une forme de création, leur pierre à l'édifice. » La reconnaissance par la « culture officielle » de ces formes d'expression culturelle ne va cependant pas sans peine : aucune salle d'envergure ne programme les concerts de rap que les groupes locaux sont contraints d'organiser dans les MJC de leurs quartiers ; et à Lyon, lors de la Biennale de la danse de septembre 1996, l'idée de convier des groupes de danse issus de cette culture des banlieues à se produire aux côtés des troupes brésiliennes invitées s'est heurtée à de nombreuses et fortes réticences, au prétexte, notamment, qu'une telle initiative risquait de donner aux jeunes de faux espoirs de réussite.

La tentation islamique

Contrairement aux fantasmes qui circulent d'ordinaire dès qu'il est question de l'islam, les associations musulmanes de la région lyonnaise sont, de par leurs pratiques sociales, les formes de solidarité qu'elles mettent en œuvre et leur engagement en faveur de la citoyenneté, assez comparables à d'autres types d'associations. Leur impact, comme le note Farhad Khosrokhavar, doit beaucoup à la retombée des marches de 1983 et 1984, mais aussi au refus de la violence et à la quête d'un sens qui s'accommode pour l'essentiel des valeurs de la démocratie : « Ce n'est pas un hasard si les banlieues lyonnaises sont des lieux privilégiés de l'islamisation des jeunes. On y assiste, sur fond d'échec et de pourrissement des mouvements pour l'égalité des années 80, à des revendications identitaires qui intègrent le fiasco de ces mouvements et le transcrivent dans un registre islamiste[1]. » Ajoutons que la crise puis la guerre du Golfe ont été pour elles un moment important : les jeunes issus de l'immigration ont subi à l'époque un avatar nouveau du racisme et de la disqualification, sous la forme de soupçons et d'accusations à peine voilées qui en faisaient des « ennemis de l'intérieur », des traîtres en puissance, hostiles à l'intervention française aux côtés des Américains et des Britanniques, et favorables à Saddam Hussein. Les mesures antiterroristes de l'époque – notamment le plan Vigipirate, réactivé ensuite à l'occasion des attentats de l'été 1995 – ont renforcé la stigmatisation et encouragé de nombreux jeunes à intérioriser le stigmate en le renversant sous la forme d'une identification à l'islam.

Les associations islamiques ne se situent pas, loin s'en faut, aux marges du paysage associatif de l'Est lyonnais, elles en sont au contraire des acteurs centraux et ont acquis une forte visibilité. Elles participent activement aux débats publics consacrés à l'intégration et à la citoyenneté, avec une capacité de mobilisation impressionnante : elles sont parmi les rares organisations à pouvoir rassembler en région lyonnaise plusieurs centaines, voire plusieurs milliers de personnes, en

1. Farhad Khosrokhavar, *L'Islam des jeunes*, Paris, Flammarion, 1997.

dehors de l'exercice du culte, pour un meeting, un colloque, une série de conférences. Les attentats islamistes, à partir de l'été 1995, ont été pour elles une occasion, et presque une obligation, de rompre avec la discrétion. En effet, elles ont été alors presque sommées de donner des gages de transparence et de clarté : dans une région d'où provenaient certains des protagonistes du terrorisme islamiste, à commencer par Khaled Kelkal, elles ont été amenées à exprimer nettement et fortement leurs choix, articulant une identification communautaire défensive, définie à partir de l'exclusion et de la discrimination raciste, à des demandes de participation démocratique qui en font des interlocuteurs obligés pour les pouvoirs publics locaux.

Véritables forums politiques, les associations à caractère islamique sont devenues les principales instances de socialisation pour nombre de jeunes issus de l'immigration. Elles apportent une identité culturelle autre que celle, territoriale, que mettent en avant beaucoup d'entre eux[1], et leur permettent de transcender le mépris social et de gérer dignement la marginalité. La conscience musulmane rend possibles fierté et estime de soi. Elle confère un sens à la situation, qui est dès lors moins subie[2]; avec elle, la prise en charge de la personne, dans son être à la fois individuel et collectif, autorise une affirmation du sujet qui s'écarte de la rage ou de la tentation de la violence. Contrairement à une idée reçue, les jeunes sont en effet d'autant moins actifs dans les émeutes, d'autant plus éloignés de la délinquance et des incivilités, qu'ils s'inscrivent dans la pratique du tissu associatif musulman. L'islam, sauf dérive radicale relativement rare, est en banlieue lyonnaise un barrage qui résiste et s'oppose à la violence. Le passage au terrorisme, dont Khaled Kelkal fut la figure la plus connue, est l'aboutissement de processus qui ne concernent qu'une infime minorité des jeunes musulmans[3]; au contraire, pour la plupart, l'identification à l'islam est indissociable d'une revendication de participation, voire de représentation, politique, et s'il faut parler d'un début d'ethnicisation, d'une distanciation, aussi, par rapport à la culture parentale, on doit y voir la contrepartie légitime d'un effort d'intégration, le fruit d'un apprentissage de la citoyenneté qui transite par un phénomène de « conscientisation » des origines. Les écarts par rapport à cette ten-

---

1. Voir Azouz Begag et Christian Delorme, *Quartiers sensibles*, op. cit.
2. Cf. François Dubet, « A propos de la violence des jeunes », *Cultures et Conflits*, n° 6, été 1992, p. 20.
3. Cf. « Moi, Khaled Kelkal », *Le Monde*, 7 octobre 1995. Cet entretien, réalisé en 1992 par le sociologue Dietmar Loch, nous informe sur l'état d'esprit d'un jeune musulman qui se veut exemplaire et qui, manifestement, n'est pas encore passé au terrorisme.

dance majoritaire, la conviction d'être totalement exclus de la citoyenneté et de n'avoir rien à attendre de la société ou des institutions républicaines peuvent toutefois conduire à la dissidence des acteurs qui se radicalisent et oscillent alors entre islamisme et banditisme, sur fond de résonances étrangères, comme en témoigne l'« épopée » de Khaled Kelkal. Mais ces écarts ne doivent pas empêcher de constater que, dans sa majorité, l'islam de la région lyonnaise, au-delà de son insertion dans la vie locale ou municipale, a pour horizon l'intégration dans la laïcité française, quitte à en contester certaines formulations. « Jeune musulman, fais entendre ta voix », déclare l'UJM (Union des jeunes musulmans), puissant rassemblement d'associations islamiques qui encourage ses partisans à participer à la vie de la cité et à ses débats collectifs.

Face aux institutions

L'expérience des jeunes des grands ensembles de Vaulx-en-Velin et de Vénissieux les a habitués à ne pas se contenter de la passivité et à se tourner vers d'autres acteurs locaux, politiques et institutionnels, pour exprimer leurs doléances, notamment en matière d'urbanisme et de participation des habitants à la vie de la cité. Ils ont appris à se regrouper, dans des associations ou de façon encore moins formelle, pour tenter d'exercer une influence sur l'attribution et l'usage des subventions ou de locaux, ainsi que, plus largement, pour peser sur les orientations générales des politiques publiques à destination de leurs quartiers.

Ce comportement en fait parfois des opposants ou des concurrents aux structures en place. Revendiquant une réelle familiarité avec le terrain, les jeunes militants associatifs reprochent aux intervenants institutionnels de méconnaître les difficultés propres aux situations concrètes et de mépriser les solutions qu'eux-mêmes avancent pour y remédier. Il est vrai que, souvent, les salariés des institutions concernées par ces problèmes n'habitent pas les quartiers où ils officient, ignorent l'histoire particulière des zones où ils pratiquent, ainsi que les enjeux précis qui s'y dessinent, ce qui contribue à les y faire considérer comme des « colons » : « On n'habite pas là, reconnaît la directrice du centre médico-psychologique de Vaulx-en-Velin, on ne se promène pas là, et on ne mange pas là. On n'est pas très intégrés. »

Aussi bien certaines associations ont-elles clairement pour ambition de se substituer aux acteurs institutionnels en place. S'érigeant en porte-parole de leurs quartiers, elles tentent de s'imposer comme interlocuteurs des pouvoirs publics. Si l'offre de service représentait la vocation première du tissu associatif lyonnais, son champ d'intervention s'élargit désormais pour concerner l'ensemble des secteurs de la vie sociale et politique des quartiers. Cette volonté d'auto-organisation – présente dans des associations telles que Agora, Itinéraire-Bis, Antidote – traduit un refus de la condition d'assistés qui est souvent la seule à être proposée ou imposée aux populations des quartiers en difficulté. Elle met en cause le « juteux social bizness » dont sont parfois accusés les promoteurs des politiques sociales urbaines, soupçonnés d'entretenir à dessein la précarité dont souffre la population des grands ensembles de banlieue aux seules fins de recueillir les dividendes de l'aide publique.

Dans certains cas, la relation aux institutions est moins critique que soucieuse de créer une médiation. Il en est ainsi, par exemple, lorsque des mères de famille, parfois appelées « femmes-relais », s'engagent sur le terrain de la prévention de la délinquance. En effet, dans les banlieues lyonnaises comme dans d'autres, la délinquance juvénile et les « incivilités » sont de plus en plus souvent imputées à des pré-adolescents et à des adolescents qui échapperaient à l'autorité de leurs aînés. Le très jeune âge de ces « petits frères », dans le langage courant, est associé aux images de la démission des parents et de la déstructuration de la cellule familiale. Or, regroupées au sein d'associations comme Myla, Sables d'Or, l'Association des femmes du Mas, des mères de famille se mobilisent, offrant des structures de médiation qui les éloignent du discours stéréotypé concernant la démission des parents ou leur incapacité à éduquer leur progéniture.

La légitimité que les jeunes reconnaissent à ce type d'associations dépend étroitement de leur ancrage dans un territoire, réduit le plus souvent à l'échelle d'un micro-quartier. La territorialisation comporte des avantages – proximité vis-à-vis des réalités du terrain, relations interpersonnelles, forte légitimité des leaders –, mais elle induit aussi des inconvénients, à commencer par la difficulté à transcender des objectifs purement locaux. Malgré la faiblesse de leur représentativité réelle, les associations ancrées dans un territoire limité et spécialisées dans des domaines étroits et bien précis proposent des repères collectifs permettant à des individus de se construire, d'élaborer des projets et même, pour certains, d'entrevoir des perspectives tangibles d'ascension ou de reconnaissance. Elles sont parfois aussi à l'origine de quelques emplois, ceux que peuvent offrir par exemple des régies de quartier – l'embauche, ici, peut avoir, du point de vue de ceux qui l'offrent, la fonction instrumentale de désamorcer ou de neutraliser les conflits que seraient sinon susceptibles d'animer certaines associations.

De façon plus générale, les associations jouent un rôle de structuration de la vie sociale, mais leurs limites apparaissent vite : enlisement dans les questions d'ordre uniquement local, faible représentation de certaines catégories, sociales ou autres (notamment des filles), défaut de reconnaissance officielle. C'est pourquoi l'engagement associatif débouche pour certains sur une réflexion critique qui prépare ou accompagne, bien souvent, le passage au politique.

Cette réflexion, à Vaulx-en-Velin notamment, met en cause les politiques de la ville et la philosophie qui semble les inspirer, surtout depuis les mesures de 1997 prévues par le pacte pour la ville du gouvernement Juppé. C'est ainsi que les animateurs d'associations parmi les plus politisées se disent hostiles à tout dispositif qui aurait pour effet d'enfermer davantage encore les banlieues dans leurs spécificités les plus dévalorisantes, de les disqualifier au nom du principe d'équité qui anime les pratiques dites de « discrimination positive »[1] : mettre en place pour certains quartiers ou certaines communes des mesures, même transitoires ou de simple compensation, afin de pallier des inégalités criantes, n'est-ce pas désigner des espaces et les marquer d'infamie, renforcer la stigmatisation dont ces villes et quartiers font déjà l'objet, et interdire toute perspective de mobilité spatiale ? « Vous naissez à Vaulx, constate un responsable de l'association Léo-Lagrange de Vaulx-en-Velin, vous grandissez à Vaulx, vous allez à l'école à Vaulx, vous travaillez à Vaulx, vous allez vous marier à Vaulx et vous allez finir vos jours à Vaulx. La banlieue, on est en train de l'isoler […]. Ça veut dire que le gamin de Vaulx, au pire, il ira aux Minguettes, mais il n'ira pas à Charbonnières. On ne veut pas de lui, vous me direz. »

Ou bien encore, la critique s'en prend à la désignation de médiateurs originaires des quartiers en difficulté et recrutés en fonction de critères quasi ethniques, par exemple pour assurer des tâches de surveillance dans les équipements commerciaux ou éviter les dérapages et la violence dans les transports publics : n'y a-t-il pas là un modèle colonialiste de « fixation » et de contrôle des populations des grands ensembles ? « La médiation, dit un militant d'Antidote, une association de Vaulx-en-Velin, c'est fait uniquement pour qu'on se bouffe la gueule entre nous. Dans les quartiers, on les appelle les "cerbères", les "gilets pare-balles". »

Dans la conjoncture de la fin des années 90, et alors que le bilan des

1. A ce sujet, cf. Hacine Belmessous, « Quinze ans de politique des quartiers », *Études*, juin 1996, p. 757-764.

politiques de la ville est mitigé, comme l'indique notamment le rapport Sueur, le mouvement associatif issu des marches de 1983 et de la violence fondatrice des émeutes apparaît comme un espace de vigilance et de critique. Celle-ci trouve aisément son objet, ou son adversaire politique : le pouvoir municipal, avec lequel quelques associations sont dans un conflit particulièrement novateur. La ville de Vaulx-en-Velin, de ce point de vue, est emblématique d'un modèle conflictuel qui, paradoxalement, constitue une des modalités les plus tangibles de sortie de la violence.

Le passage au politique

Puisque les formes les plus courantes de participation à la démocratie locale peinent à franchir les frontières de l'animation socioculturelle, confinant les associations dans des rôles d'« auxiliaires du social » même si elles affichent une vocation à être les promoteurs d'une véritable citoyenneté, et puisque les politiques de la ville semblent dans l'impasse, incapables de résoudre les problèmes pour lesquelles elles ont été mises en place dans les années 80[1], ne faut-il pas investir le champ politique à partir de l'expérience associative, s'y constituer en acteur capable de peser localement sur les décisions, sur l'affectation des ressources, et, par là, sur la vie politique en général ? Cette idée n'est présente que chez certains militants, dans quelques associations, et il ne faudrait pas déduire de son importance sociologique qu'elle est incarnée massivement sur le terrain. Pourtant, elle mérite examen, car elle est au cœur d'une formule qui s'esquisse, elle ouvre des perspectives intéressantes en ébauchant ce qu'on peut appeler un « modèle d'intégration conflictuelle ».

Les jeunes issus de l'immigration, et plus précisément de l'immigration maghrébine, ont longtemps été considérés comme un électorat captif de la gauche et leur faible taux d'inscription sur les listes électorales a fait qu'ils n'ont guère joué de rôle significatif dans les échéances politiques locales. Mais, depuis le milieu des années 90, un mouvement d'inscription sur les listes électorales dont il ne faudrait pourtant pas exagérer l'ampleur ainsi que la constitution de listes manifestement liées à l'immigration ont commencé à modifier la situation.

Se définissant comme des « déçus de la gauche » eu égard aux promesses, jugées non tenues, du second septennat de François Mitter-

---

1. Cf. Didier Lapeyronnie, « L'exclusion et le mépris », art. cité.

rand, des leaders associatifs de l'Est lyonnais affirment leur autonomie politique en se démarquant des acteurs politiques installés, mais aussi de l'organisation qui a pendant un temps fédéré les espoirs politiques de certains jeunes des banlieues, SOS Racisme. « SOS Racisme, explique un responsable d'association de Vaulx-en-Velin, a fini par ne faire que des grands concerts de cinquante mille personnes. Quand tu as cinquante mille personnes derrière toi, tu peux faire autre chose que des grandes incantations, des grands discours sur la République. Les grands concerts, c'est sympathique, mais après, tout le monde rentre chez soi ! »

Pour certains animateurs du tissu associatif, la situation autoriserait le refus d'allégeance à tel ou tel camp politique et un pragmatisme consistant, à chaque échéance électorale, à choisir le plus offrant. « Ensemble, entre associations de différentes communes, explique un dirigeant d'une association islamique de Rillieux-la-Pape, on peut faire évoluer la politique sur les quartiers sensibles. Les politiques ne voulaient pas entendre car ils croyaient qu'on représentait un électorat qui ne votait pas, qui ne s'inscrivait même pas sur les listes. Or les dernières élections municipales nous ont montré qu'il y a un électorat potentiel. Tout le monde doit s'impliquer politiquement, mais cela ne doit pas être un mouvement, cela doit se faire à partir des partis politiques, en y adhérant. On ne s'improvise pas en politique, il faut des convictions, avoir plusieurs années de pratique et, à un moment, on voit comment ça se passe dans l'échiquier politique. »

En fait, pour les jeunes issus de l'immigration, trois modèles de participation politique se dessinent en région lyonnaise, qui n'excluent pas des passages de l'un à l'autre. Le premier consiste à intégrer purement et simplement une équipe locale. Déjà emprunté dans les années 80, il fait l'objet d'âpres critiques car, pour nombre de jeunes, la présence d'une ou de quelques figures issues de l'immigration au sein d'une équipe municipale n'est pas une garantie : faisant souvent office d'« alibi », presque toujours confiné dans des rôles subalternes, l'« Arabe de service » n'aurait guère la possibilité de prendre la moindre initiative importante. Une deuxième modalité de la participation politique consiste à se positionner sur l'échiquier politique en adhérant à un parti, mais en conservant ses distances : de ce point de vue, la gauche, au fil des deux septennats de François Mitterrand, semble avoir perdu les faveurs des jeunes issus de l'immigration. Enfin, le dernier modèle de participation politique consiste à créer sa propre force : c'est le cas du « Choix vaudais » à Vaulx-en-Velin, rassemblement sur une même liste de jeunes leaders associatifs qui se sont présentés aux élections municipales de 1995 en riposte à la politique urbaine de l'équipe municipale en place, et en opposition tranchée avec elle. Cette logique ne mobilise pas exclusivement des jeunes issus de l'immigration ; elle est surtout une extension politique de l'action associative.

Le Choix vaudais

« On ne veut pas de nous, ni en tant qu'individus ni dans les formes qu'on s'est données. C'est clair, il y a maintenant un conflit ouvert entre la municipalité et certaines associations. On n'est pas reconnus, on ne veut pas de nous, alors, quelles sont les armes dont nous disposons pour nous faire entendre ? Si on met de côté les actions violentes, il reste la revendication et sa retranscription sur le terrain des élections. C'est donc une démarche relativement naturelle, logique. Avec qui et pour qui construit-on la ville de Vaulx ? Le terme qui est utilisé dans les contrats de ville ou les DSQ, c'était "la mutation de la ville". C'est quoi, la mutation de la ville ? C'est avec qui ? On a le sentiment, dans tout ce qui a été fait autour de la politique de la ville, qu'il y a une population qui n'est pas à sa place. Rien n'a été fait pour rassurer ces gens. Il y a une fragilisation de la population. Au-delà du problème de l'immigration, la question de ces gens c'est : "Quelle est notre place"[1] ? »

Les promoteurs du Choix vaudais sont, pour l'essentiel, issus d'associations elles-mêmes nées du refus de la spirale de la violence et s'efforçant de construire une action collective portant les espoirs de la jeunesse. Agora, Itinéraire-Bis ou ODC, qui sont les plus emblématiques de cette orientation, n'ont cessé, depuis leur création, de déployer des activités sociales et culturelles ayant souvent pour résultat de concurrencer les initiatives « officielles » et de mettre en cause le fonctionnement plus ou moins bureaucratique des institutions publiques, à commencer par celles qui ont en charge la prévention de la délinquance. Ces associations entretiennent des rapports tendus, parfois jusqu'à l'extrême, avec l'équipe municipale : elles considèrent qu'elles jouent un rôle essentiel dans le maintien de la paix sociale, elles critiquent la façon dont sont gérées et utilisées les ressources de la commune – en particulier celles qui procèdent de la politique de la ville –, elles ont le sentiment de ne pas être entendues par le pouvoir local.

---

1. Entretien, le 13 février 1996, avec un candidat inscrit sur la liste du Choix vaudais aux élections municipales de 1995.

Il est vrai que les élus n'ont pas toujours une connaissance approfondie de la situation, comme le reconnaît un conseiller du maire du Vaulx-en-Velin : « Les élus ont besoin d'une profonde remise à jour concernant leurs relations avec la jeunesse […]. Ils sont ringards, complètement largués. Pour un élu de 50 ans aujourd'hui, vous savez, un jeune qui ne travaille pas à 20 ans, c'est déjà un mec bizarre. » Propos sans nuance, excessif ? Toujours est-il que le passage au politique, à partir de l'action associative, repose, chez ses promoteurs, sur la conviction d'un fossé séparant le pouvoir politique local, dont nous savons qu'il est de gauche, aux populations issues de l'immigration : « Je travaille sur Vaulx depuis 1987, explique un candidat du Choix vaudais, et je me suis aperçu, de fil en aiguille, qu'il y a un problème qui est celui de la représentation des gens de banlieue, et en particulier des gens issus de l'immigration. Même dans une municipalité qui se targue d'être de gauche, qui se targue de vouloir refonder un projet politique, on s'aperçoit qu'il y a une distance énorme entre la parole et les actes. Et que les prises de position, les déclarations d'intention à propos de la démocratie locale et du principe de participation de tous à la vie de la cité n'empêchent pas que dans les faits, concernant le mode de reconnaissance des acteurs de la cité, les choses sont rigidifiées. C'est l'une des raisons de l'arrivée en politique. C'est une réponse à l'absence de reconnaissance et de représentation des habitants de Vaulx ou de ceux qui œuvrent dans la ville. »

On peut ainsi justifier le passage au politique par le déficit de représentation dont pâtiraient les habitants, et surtout les jeunes ; ce que confirme une des têtes de liste du Choix vaudais : « A Vaulx, il y a environ 30 % d'étrangers. Le poids des jeunes issus de l'immigration est important. Mais sur la liste de l'équipe municipale, il n'y avait que des Blancs, et un Arabe de service. On peut s'interroger, dans la ville la plus jeune du département, sur une liste blanche dont la moyenne d'âge est de 50 ans. » Mais, du point de vue qui nous intéresse, l'essentiel est dans le cheminement qui fait passer des acteurs du tissu associatif à un engagement explicitement politique.

Les jeunes militants d'Agora, d'Itinéraire-Bis ou d'ODC ont contribué à dégager la jeunesse de Vaulx-en-Velin des logiques de la violence en inventant une action qui a été à bien des égards constructive, ils ont joué, avec d'autres, un rôle non négligeable dans les sympathies parfois décisives dont a pu bénéficier la ville – avec par exemple l'intervention de la fondation Agir dans les domaines culturel (soutien à une création théâtrale) et économique (ouverture sous son égide, en particulier, d'un hypermarché Casino). En conflictualisant leurs demandes, ils se sont heurtés de plus en plus nettement à un pouvoir municipal avec qui les relations, qui furent dès l'origine marquées du sceau de la méfiance réciproque et de l'antagonisme, sont devenues difficiles, presque haineuses. Et certains d'entre eux s'engagent dans une action politique dont les premiers résultats sont médiocres (le Choix vaudais a obtenu, selon les quartiers, entre 7 et 18 % des voix aux élections municipales de 1995).

L'avenir est donc ici très incertain. Ce passage au politique peut-il être un prolongement pour l'action associative, un renforcement de celle-ci, une politisation maintenant l'autonomie des associations tout en leur assurant une plus grande capacité de pression sur les institutions ? Ou bien, plutôt, dans une conjoncture de difficultés et d'affaiblissement de ces associations, un déplacement de la conflictualité risquant de déboucher sur la dissociation croissante entre une nouvelle élite politique issue des grands ensembles, aux effectifs limités, et les attentes des populations qu'il s'agit de représenter ? L'enthousiasme de quelques-uns ne doit pas masquer le désintérêt fondamental de la grande majorité des plus jeunes à l'égard de la politique. Ainsi, lors des élections législatives de 1997, il était possible de constater que rares étaient les jeunes à s'être déplacés dans les bureaux de vote pour participer au scrutin, alors qu'ils étaient nombreux à vouloir assister au dépouillement : peu soucieux d'exprimer leurs opinions et de choisir, ils souhaitaient néanmoins connaître ceux auxquels ils allaient désormais avoir affaire.

Un modèle d'intégration conflictuelle ?

A Vaulx-en-Velin, l'action associative dans ce qu'elle présente de plus conflictuel et les tentatives politiques qui la prolongent ne doivent pas faire illusion : elles sont faibles, limitées, et ne mobilisent, en dehors de conjonctures très particulières, que des réseaux actifs composés de quelques dizaines de personnes. Pourtant, leur aura demeure indéniable auprès des habitants, et aussi bien leur portée symbolique que les significations qu'elles mettent en jeu méritent notre attention ; elles ont d'ailleurs contribué, ces dernières années, à une médiatisation nationale, voire internationale, de la commune, qui ne doit donc pas tout aux émeutes, à son rôle de « vitrine » des politiques de la ville ou à la figure terroriste de Khaled Kelkal.

Le couple hautement conflictuel constitué de quelques associations et du pouvoir municipal est peut-être encore plus important que l'action de ces seules associations et de leurs éventuels prolongements politiques. Lorsqu'il fonctionne, en effet, lorsqu'il y a échange d'arguments, débat public, il crée un espace au sein duquel peuvent être traités certains des problèmes qui alimentent la violence urbaine, qu'elle soit collective ou individuelle. Le passage au politique, de ce point de vue, n'est pas nécessairement la meilleure option car il risque d'affaiblir les associations pour déboucher sur un affrontement purement politique entre quelques leaders issus de quelques associations et le pouvoir local. En revanche, la conflictualisation transforme les populations concernées en acteurs et donne la possibilité de négocier sur des enjeux liés à la vie locale et, par là, de réduire la violence.

Le modèle d'intégration conflictuelle que dessinent les militants associatifs de Vaulx-en-Velin en pointillés très légers s'ébauche dans des conditions difficiles. Entre ces militants et l'équipe municipale, la relation conflictuelle qui met aux prises deux acteurs vaut bien mieux qu'une violence qui a elle-même joué dans le passé un rôle fondateur et qui est toujours prête à surgir. De la qualité et de la densité de leurs échanges et débats dépend, au moins en partie, la sortie de la violence, mais aussi la capacité de la commune à se projeter avec plus de confiance vers l'avenir.

A Rillieux-la-Pape, nous le savons, le paradoxe est que la violence collective n'est pas un problème : la déréliction, la faiblesse du tissu associatif sont la contrepartie d'une situation où l'émeute ou le rodéo n'ont jamais eu véritablement leur place. A Vénissieux, le tissu associatif qui avait surgi à la suite des émeutes des Minguettes s'est progressivement essoufflé, et ses leaders se sont souvent coupés d'une base leur reprochant leurs « compromissions ». Entre le maire et les associations les plus tentées d'en contester les orientations en matière, notamment, de politique urbaine, le dialogue est moins orageux qu'à Vaulx-en-Velin, et un rapport d'instrumentalisation réciproque semble à bien des égards commander la relation : tandis que le maire entend « maintenir le calme » dans les cités, les leaders associatifs espèrent obtenir un poste au sein des services sociaux municipaux. Cette formule d'intégration peut fort bien, effectivement, limiter la violence et en restreindre l'espace, mais elle a pour prix de ne pas encourager la mobilisation citoyenne, elle oppose la violence à l'ordre et à la paix sociale, bien plus qu'à la capacité des acteurs à se constituer en sujets et à construire leur avenir. L'expérience fragile et limitée de Vaulx-en-Velin nous permet d'imaginer une sortie de la violence par le conflit, c'est-à-dire, précisément, par la formation d'acteurs et l'affirmation de sujets politiques capables de s'affronter en adversaires, en lieu et place d'oppositions où il n'y a que des ennemis.

Violence, médias et intégration :
Strasbourg et le quartier du Neuhof

La violence dans la ville

A Strasbourg, en 1995, 453 voitures ont été incendiées ; le chiffre retombe à environ 400 en 1996 pour remonter, en 1997, de manière inattendue, à 522. Le Neuhof, parmi les quartiers strasbourgeois, occupe la première place dans l'autodafé, avec 170 automobiles mises à feu[1].

Dans la nuit du 31 décembre 1997 au 1er janvier 1998, 53 véhicules ont brûlé, 32 Abribus ont été incendiés et 21 cabines téléphoniques endommagées. La Saint-Sylvestre 1997 a été l'occasion d'une escalade non seulement dans les incendies, mais aussi dans la nature des explosifs utilisés : on est passé du « pétard » de naguère aux engins explosifs et, après les incidents, la police a mis la main sur de véritables petits arsenaux[2]. L'affaire a eu des conséquences institutionnelles : une polémique a en effet opposé le procureur de la République de Strasbourg au préfet de région, le premier se plaignant de l'inefficacité de la police et du nombre réduit des délinquants arrêtés.

Pour la deuxième année consécutive pourtant, la ville avait organisé la « Big Party II », s'appuyant sur les réseaux associatifs et accueillant plus de deux mille jeunes qui ont fêté la nuit sans le moindre incident. D'un côté, de nombreux jeunes prenant part à la fête municipale dans la paix ; de l'autre, une poignée qui sème le désordre et cause des dégâts (selon la police, deux cents à trois cents individus, en majorité mineurs[3]). Parmi eux, certains ont un emploi : l'un est peintre en bâti-

1. Contre 48 à Hautepierre, 45 à Meinau, 34 à Cronenbourg, 33 à Schiltigheim et 28 à Elsau ; cf. *Dernières Nouvelles d'Alsace*, 3 janvier 1998.
2. *L'Alsace*, le 3 janvier 1998, parle d'une vingtaine de bouteilles explosives prêtes à l'emploi à Hautepierre, de vingt-cinq à Schiltigheim, en plus d'explosifs confectionnés à base de chlorate de soude.
3. Voir *Le Monde*, 3 janvier 1998.

ment dans une entreprise allemande et gagne un salaire décent, l'autre, une jeune fille de 18 ans, est en apprentissage dans une pâtisserie de la ville ; un troisième, âgé lui aussi de 18 ans, vit chez ses parents dans le centre-ville de Strasbourg et appartient aux classes moyennes [1]. On ne retrouve pas le profil classique des casseurs des banlieues chez nombre de personnes interpellées, même si un mineur de 17 ans, originaire d'une cité périphérique de Strasbourg, semble être l'auteur d'une vingtaine d'incendies de voitures [2]. En fait, des jeunes des quartiers de relégation mais aussi du centre, chômeurs comme travailleurs en herbe, ont participé à une fête collective, déployant dans l'effervescence la tradition des pétards de la Saint-Sylvestre germanique et perdant leurs inhibitions – l'excès d'alcool et le code de l'honneur (ne pas être traité de « mauviette » par ses copains) jouent dans les exactions une part aussi importante que le besoin de faire disparaître les traces par la mise à feu des voitures.

Strasbourg, théâtre national des autodafés de voitures et, au-delà, de la violence ? Cette image, qui a sa part de vérité, devient fausse lorsqu'on l'étend à l'ensemble des relations sociales dans la ville, ou même, simplement, à la prise en charge de ses quartiers difficiles. La violence sporadique ne signifie pas l'échec de la politique de la ville. D'ailleurs, dans la banlieue lyonnaise, le chiffre des incendies de voitures avoisine celui de Strasbourg.

A Strasbourg, ont été imaginées des expériences pionnières de citoyenneté et de gestion des quartiers et des cités populaires par les autorités municipales qui pourraient inspirer d'autres villes. Et aussi paradoxale que puisse paraître cette proposition, on peut affirmer que la mise en œuvre de cette politique explique en partie au moins, sur le court terme, les dysfonctionnements et la recrudescence de la violence, qui ne s'atténueront que sur le moyen et le long terme. C'est pourquoi l'analyse doit traiter de manière autonome les expressions de la violence dans des cités, ainsi que les modes d'apprentissage de citoyenneté et les formes nouvelles de participation à la société qui s'y développent. La violence est une préoccupation légitime des pouvoirs publics et des victimes, tout comme du citoyen de base, qui se sent de plus en plus dans l'insécurité ; mais prendre son atténuation ou son accroissement comme le seul et unique critère pour juger d'une cité fait perdre de vue une réalité complexe. Il existe des cités sans violence

1. Voir *La Croix*, 8 janvier 1998.
2. Cf. *Dernières Nouvelles d'Alsace*, 5 janvier 1998.

excessive où la citoyenneté et les formes de mobilisation sociale sont en sommeil. La participation sociale et la violence urbaine, sans être totalement indépendantes l'une de l'autre, n'en demeurent pas moins distinctes ; on ne peut juger la réalité sociale d'un quartier ou d'une cité à partir du seul paramètre de la violence.

Le problème à Strasbourg s'articule autour de l'histoire de la ville : constitution de zones de plus ou moins grande exclusion dans certains quartiers[1] et connexion de plus en plus étroite de la ville avec l'Europe économique et culturelle.

L'intervention de la municipalité dans les quartiers difficiles est extrêmement visible, plus que dans nombre de villes de la Grande Couronne parisienne. A la différence des « banlieues », où fonctionne un rapport triangulaire entre l'État, la municipalité et les jeunes – ce qui donne lieu à des périodes d'alternance entre dialogue et violence –, à Strasbourg, le rapport se décline de manière plutôt binaire : les jeunes se trouvent face à la municipalité, l'État étant beaucoup moins présent et, en tout cas, plus ou moins ignoré par eux, même si ses ressources sont mises à contribution par les uns et par les autres. Les demandes d'aide, d'intervention ou de prise en charge affluent vers la mairie et font de la municipalité l'interlocuteur privilégié.

A la différence de Lyon et de Paris, les quartiers difficiles de Strasbourg sont situés en ville ou dans ses pourtours immédiats, leur gestion relève de la municipalité strasbourgeoise et la délimitation géographique ville/banlieue n'est pas opératoire au sens administratif ou institutionnel. Dans un même quartier, par exemple celui du Neuhof, il arrive qu'une partie soit « à problèmes » et une autre habitée par des résidents de classes moyennes ; symétriquement, le centre-ville est dans l'ensemble aisé, mais des poches de pauvreté et des groupes à problèmes sociaux s'y rencontrent.

La population d'origine immigrée est composée pour l'essentiel de Marocains et de Turcs. Ces deux groupes se côtoient dans les quartiers, parfois même leurs appartements se jouxtent, mais chacun a ses propres formes de sociabilité et ses propres réseaux (associations, lieux de prière, etc.). Cette dichotomie oblige les autorités à mener de front deux dialogues, les questions difficiles (telle la fondation d'une mosquée-

---

1. L'Alsace comptait près de 15 000 allocataires du RMI en décembre 1994 : avec leur progéniture et leur conjoint, ils constituaient quelque 28 000 individus, soit 1,7 % de la population régionale. La progression du nombre d'allocataires a été de 29 % en 1993 et de 13 % en 1994, alors qu'au niveau national les chiffres sont respectivement de 18,6 % et de 14,6 %. Cf. Marie-Catherine Sélimanovski, « Regards de géographe », *Saisons d'Alsace*, n° 131, printemps 1996.

cathédrale) ne pouvant se résoudre dans une approche unifiée. Quelquefois, comme c'est le cas au Neuhof, des groupes restreints de gitans plus ou moins sédentarisés vivent non loin de ces immigrés, sans s'y mêler, formant des poches supplémentaires de ségrégation et donnant lieu à des expressions spécifiques de violence.

Un trait qui caractérise Strasbourg est sa relative richesse[1]. La municipalité peut se permettre d'étendre un lacis finement tissé de structures d'aide et d'accueil aux populations fragilisées et de prendre en charge nombre de leurs problèmes qui, dans d'autres villes, demeurent en suspens faute de moyens. Les investissements publics ont été multipliés par deux entre 1990 et 1995, ce qui a procuré du travail à un certain nombre de jeunes[2].

Strasbourg est l'héritier d'une culture concordataire où sont tolérés de nombreux faits qui, ailleurs, sont perçus avec suspicion, surtout en matière religieuse. La turbulence des jeunes, le renouveau de l'islam chez eux, l'ouverture de mosquées ou les débats sur la place de l'islam dans la cité y sont beaucoup plus aisément abordés que dans d'autres villes[3]. Strasbourg, jusqu'à présent, n'a pas eu à souffrir de l'islamisme radical. Il est vraisemblable que la tolérance, en accordant aux jeunes musulmans une légitimité conditionnelle (en tout cas en ne fermant pas la porte au dialogue), les « pacifie » sur le plan institutionnel. Nombre de sujets tabous ailleurs en France sont abordés avec sang-froid, le religieux n'engendrant pas la hantise de l'islamisme. Enfin, et surtout, les autorités sont beaucoup plus impliquées sur le terrain. Tout cela ne change pas fondamentalement la réalité de l'exclusion et du racisme, mais évite la radicalisation et la frustration liées au refus du dialogue. La disponibilité des dirigeants municipaux de Strasbourg tranche avec la rigidité et l'incompréhension de ceux de nombreuses autres villes du pays, où la mairie ne devient momentanément accessible que moyennant violence ou menace de violence. Certes, cette disponibilité a des limites, mais les associations savent qu'elles peuvent

1. L'Alsace est la région de province où le revenu net imposable moyen par foyer fiscal a été le plus élevé en 1991 (cf. Marie-Catherine Sélimanovski, « Regards de géographe », art. cité) et le taux de chômage y est de 7 % (9 % à Strasbourg). Elle draine 10 % des investissements nationaux, dont la moitié pour la seule ville de Strasbourg, où les PME et PMI constituent un tissu économique fort dense. De même, 60 000 Alsaciens, dont 6 000 Strasbourgeois, travaillent de l'autre côté de la frontière, en Suisse et en Allemagne. Cf. *Villes en débat*, séminaire Aménageurs/Chercheurs, 1997.
2. De 1990 à 1995, le budget de l'investissement public est passé de 450 à 850 millions de francs pour la CUS (communauté urbaine de Strasbourg) et de 180 à 300 millions pour la seule ville de Strasbourg ; cf. *Villes en débat, op. cit.*
3. Cf. Franck Fregosi, « L'islam en terre concordataire », *Hommes et Migrations*, n° 1209, septembre-octobre 1997.

avoir un interlocuteur municipal, ne serait-ce qu'en cas d'urgence[1]. Cette représentation de l'ouverture au dialogue avec les acteurs sociaux de base est à son tour exploitée par l'équipe municipale dans un rapport aux autres mi-médiatique, mi-narcissique, où se mêlent réalité et fiction.

Strasbourg est marqué par la personnalité charismatique de son ex-maire, Catherine Trautmann. Strasbourgeoise et protestante, celle-ci incarne en même temps la perpétuation de la tradition locale et l'ouverture graduée sur la modernité. Dans une ville où la sensibilité de gauche est minoritaire, dans une région où l'extrême droite est puissante, elle a rendu possible le vote en faveur des socialistes par une gestion qui s'est voulue pragmatique. La tâche est facilitée par l'opulence de la ville et sa relative générosité vis-à-vis des quartiers sensibles, où les structures associatives sont mieux dotées qu'ailleurs.

Strasbourg vit selon un rythme qui lui est dicté par l'Europe. Siège du Parlement européen, la ville adopte une allure fébrile presque une semaine par mois : les activités de service battent leur plcin et les gens s'affairent dans ce qui devient lc centre politique de l'Europe ; plusieurs milliers de personnes supplémentaires, aisées – quelquefois même très aisées –, déversent alors des ressources importantes dans la ville, qui s'en enrichit. Ce temps plus intense renforce les frustrations des habitants des quartiers difficiles, comme le Neuhof, qui se sentent doublement rejetés, tant par la ville que par les parlementaires nantis de l'autre côté de la frontière. La violence qui consiste par exemple à brûler des voitures de grosse cylindrée volées à Strasbourg ou dans les villes allemandes, ou à commettre des déprédations dans le tram, trouve une raison d'être dans la différence entre l'opulence « indécente » de certains quartiers et l'exclusion insupportable de certains autres faisant partie de la même ville et situés à une distance aisément franchissable – à la différence des banlieues parisiennes, éloignées des quartiers aisés de la capitale.

La richesse de la ville permet, outre l'ouverture de la municipalité au dialogue, sa politique de promotion d'une élite d'« origine immigrée ». Manifestation de la volonté des élus de coopter des jeunes issus de l'immigration, cette politique vise à atténuer en eux le sentiment d'exclusion et celui d'être définitivement infériorisés et racialisés au point de ne pas être aptes à l'accès aux postes de responsabilité collectifs. En outre, les personnes ainsi insérées dans les structures munici-

---

1. Au sein de la municipalité, sont pourvues dix fonctions d'adjoints de quartier, remplies par autant d'élus dans dix quartiers (cantons).

pales servent à leur tour à relier la ville à sa jeunesse en difficulté. Ces mesures se doublent de créations d'emplois dans les quartiers mêmes et mobilisent la ville, qui peut apporter avec célérité des solutions *ad hoc* aux problèmes qui surgissent localement, ce qui désamorce la violence ou l'atténue de manière sensible.

Ces particularités locales ne doivent pas occulter de nombreux traits que partagent les quartiers difficiles de Strasbourg avec les « banlieues » d'autres villes. Dans ces quartiers où prévaut une image dépréciée de soi, les jeunes se sentent malmenés, stigmatisés par leur origine immigrée, par leur lieu de résidence et par leur faciès, et la drogue dure peut constituer un sérieux problème, plus même que dans certaines banlieues populaires de Paris.

Enfin, une dernière spécificité alsacienne, et en particulier strasbourgeoise, est le taux élevé du vote pour le Front national[1]. Ce phénomène révèle une conception de soi et de l'autre qui intervient, au moins indirectement, dans la manière dont la violence des jeunes est perçue et dans la façon dont une partie de la société – même celle qui n'est pas directement concernée, comme certains cantons ruraux où le score du FN est supérieur à 30 % – riposte aux problèmes par un vote pour l'extrême droite. Le message de rejet que charrie un tel vote exacerbe à son tour l'incompréhension mutuelle et, à terme, la violence.

Le Neuhof : un quartier comme les autres, ou le repoussoir de la ville ?

Le Neuhof se trouve dans la partie sud de Strasbourg, où il constitue un cul-de-sac entouré par une forêt, accessible par une seule grande route venant du centre-ville (la route du Polygone et son prolongement, la route du Neuhof). Deux lignes de bus le lient au centre-ville : le 24 dessert le vieux Neuhof-Stockfeld, le 14 la partie nouvelle du Neuhof. Cette organisation des transports publics reflète la structura-

---

1. Lors du premier tour de l'élection présidentielle de 1995, Jean-Marie Le Pen réalisa ses meilleurs scores dans les deux départements alsaciens, atteignant 25 %, voire 30 %, des suffrages dans certains cantons. Le second tour a confirmé cette tendance : quelque 218 600 électeurs ont ainsi voté pour Jean-Marie Le Pen, qui obtint en Alsace plus de 25 % des suffrages exprimés, soit plus de 19 % des électeurs inscrits – contre respectivement 15 % et 11 % pour l'ensemble de la France. Seuls trois cantons de Strasbourg demeurent en deçà du score national de Jean-Marie Le Pen ; dans une vingtaine d'autres, son score se situe entre 20 % et 25 %. Cf. Laurent Adam, « La réalité d'une Alsace extrémiste », *Saisons d'Alsace*, n° 129, automne 1995.

tion du quartier en deux entités bien distinctes en termes d'histoire et d'urbanisme.

Deux sous-quartiers

La cité ouvrière de Stockfeld représente le cœur de l'histoire et de la mémoire du vieux Neuhof. En s'inspirant du concept de cité-jardin, né au XIXe siècle en Grande-Bretagne, la ville de Strasbourg y a construit au début de ce siècle des maisons jumelées ou en bande, afin de reloger les ouvriers et les artisans des immeubles insalubres du centre-ville[1]. On se moquait des premiers habitants, exilés hors de la ville en bordure de la forêt du Rhin, en usant du sobriquet de « Stockfeldindianer » (Indiens de Stockfeld). Afin d'attirer des locataires, la municipalité offrait à l'époque une année gratuite sur le tram qui desservait le Neuhof, les trois premiers mois de location étant également gratuits ; aujourd'hui, on envie au contraire ces habitats pour leur qualité de vie et les demandes pour y loger affluent. Au cours du siècle, l'image de Stockfeld et des environs proches du vieux Neuhof a donc changé : de négative, elle est progressivement devenue positive.

Dans les années 50-70, un urbanisme de grands ensembles caractérise les constructions du nouveau Neuhof, faisant en quelque sorte la liaison entre le Stockfeld et le quartier Neudorf, au sud du centre-ville. Tours et barres sont devenues des immeubles de relogement : dans un premier temps s'installent par exemple des personnes venues des baraquements provisoires du centre-ville, suite aux destructions causées par la Seconde Guerre mondiale ; à la fin des années 60, la municipalité y reloge des habitants de l'îlot Broglie, de la Krutenau et du Finkwiller (tous des quartiers du centre-ville) après une rénovation urbaine[2]. « Ces relogements réalisés de façon quasiment autoritaire ont provoqué des ruptures brutales par rapport à un habitat propice à des relations sociales vivantes qui avait été fortement approprié[3]. » Par la suite, la situation au Neuhof s'est aggravée dans la mesure où la politique de logement de la ville a consisté à y installer « des familles présentant des problèmes de comportement, accumulant les difficultés sociales, en situation d'impayés[4]... » : le sous-quartier du Ballersdorf

---

1. Voir *L'Alsace*, 26 août 1995.
2. Cf. Paul-André Gaide, « Le quartier du Neuhof », *in* Francis Cuillier (dir.), *Strasbourg, chroniques d'urbanisme*, La Tour-d'Aigues, Éd. de l'Aube, 1994.
3. *Ibid.*
4. *Ibid.*

en a été jusqu'aux années 80 la représentation extrême. Un terrain de l'aérodrome du Polygone était d'ailleurs, depuis longtemps, un lieu de passage pour les gens du voyage ; la ville de Strasbourg en a en outre sommairement aménagé une partie pour des familles de gitans récemment sédentarisées (la cité des Aviateurs) : « Comme elle était quasiment la seule municipalité du département à prendre en charge cette population, elle s'est trouvée confrontée aux difficultés de gestion d'un tel amalgame, en l'absence d'équipements sociaux[1]. » C'est ainsi que le Neuhof-Cités a accumulé au fil de son évolution les difficultés sociales et qu'il a été prédisposé à devenir un quartier de mauvaise réputation.

Conjurer les angoisses

Le Neuhof représente la mauvaise conscience d'une ville assez riche[2], aménagée selon les besoins d'une classe moyenne supérieure, et dotée d'un patrimoine historique qui lui donne son lustre aux yeux des touristes, des hommes d'affaires internationaux et des hauts fonctionnaires européens.

Aucune mesure sociale et urbaine de la politique de la ville nationale et municipale, dont le Neuhof est devenu l'incarnation strasbourgeoise, n'a pu effacer les stigmates ; au contraire, leurs résultats, toujours insuffisants, ont contribué à focaliser encore plus l'attention sur le quartier[3]. Il est faux de dire qu'on a « oublié » le Neuhof et que ses habitants doivent montrer qu'ils existent par la violence urbaine. Mais une mauvaise conscience ne s'efface pas, et toutes les angoisses sociales concernant le quartier s'y projettent. Bien sûr, d'autres quartiers en difficulté à Strasbourg sont des sites de la violence, le Neuhof n'en détient pas le monopole ; mais sa place dans la mémoire de la ville demeure singulière.

Pour modifier cet état de choses, l'adjoint au maire pour l'éducation populaire a proposé aux associations strasbourgeoises d'écrire les mémoires de leur quartier respectif, ce qui a trouvé un écho favorable

1. *Ibid.*
2. A Strasbourg, le revenu moyen annuel par habitant représente 42 896 francs (contre 75 825 francs à Paris, 51 384 à Lyon et 36 812 à Marseille) ; cf. *Les Grandes Villes en chiffres*, avril 1994.
3. Les procédures ont certainement amélioré la situation dans divers domaines de la vie quotidienne au Neuhof – l'important équipement socioculturel en témoigne par exemple. Mais les difficultés n'ont pas pu être effacées, d'où la mauvaise conscience toujours présente.

au Neuhof, notamment auprès de l'association AGATHE [1]. Ce projet éducatif donne à des groupes d'habitants la possibilité de construire en quelque sorte une « contre-mémoire » : en travaillant l'histoire de leur espace urbain et en s'appropriant l'un ou l'autre élément « mémorable », ils peuvent opposer leur mémoire à l'image de repoussoir qu'a construite d'eux une ville riche et contribuer ainsi à affaiblir l'image stigmatisée de leur quartier.

Pourquoi le Neuhof demeure-t-il le quartier de la violence, alors que l'écart socio-économique entre lui et le reste de la ville est comparable à celui des autres quartiers en difficulté de Strasbourg [2]. C'est son histoire qui a fait du Neuhof l'incarnation urbaine de la misère sociale à Strasbourg. A l'origine lieu de séjour d'une population du centre-ville plutôt démunie économiquement, il est ainsi le quartier des pauvres depuis le début de ce siècle ; une longue histoire locale a assuré la continuité de sa mauvaise réputation – image de quartier repoussoir que la manière dont les relogements au Neuhof ont été menés par les autorités locales a confirmée. Au Neuhof habite, aux yeux des autres habitants de Strasbourg, une population indésirable, exclue de la ville ; cette représentation de l'exclusion, figée, implique celle de la mise à distance du quartier par rapport au reste de la ville. Et l'opposition des deux entités du vieux et du nouveau Neuhof renforce l'image de l'enclave distante et révoltée des cités HLM. Ainsi, dans les propos du président de l'association Neuhof-Village [3], la distance établie se transforme en peur de la contamination, les difficultés sociales et économiques du quartier deviennent comme une maladie contagieuse dont il faut se protéger, un peu comme de la peste au Moyen Age. Le conducteur de bus qui refuse de desservir des stations dans la cité après une certaine heure du soir agit, notamment, en fonction de représentations, même si à cela s'ajoute sa crainte d'être malmené par les jeunes : par son refus, rendu public, il contribue à la reproduction de cette image négative où les jeunes deviennent une « classe dangereuse ». La conversation avec des chauffeurs de taxi strasbourgeois est également révélatrice d'un état d'esprit très répandu ; après avoir écouté ces descriptions alarmantes de la violence du quartier, le client, étranger à la ville et souhaitant se rendre au Neuhof, peut avoir l'impression d'aller dans un endroit en dehors de la ville, voire de l'Alsace, un lieu où la loi

---

1. Entretiens avec l'adjoint pour l'éducation populaire, 23 avril 1996 et 20 mai 1996.
2. En ce sens, la situation est encore plus extrême dans d'autres cités, par exemple la cité de l'Ill, avec ses problèmes sociaux et économiques dans le quartier majoritairement aisé de la Robertsau.
3. Voir *Dernières Nouvelles d'Alsace*, 14 février 1995.

ne règne pas et où la violence est omniprésente. La phrase « On croyait le problème de la violence réservé à l'Ile-de-France[1] », qu'on peut entendre souvent à Strasbourg, témoigne de ce sentiment d'exterritorialité du Neuhof par rapport à la ville ; or de nombreux déplacements dans le quartier pendant un an et demi nous ont montré que la violence n'y est pas aussi présente qu'on le dit. En effet, le Neuhof est très injustement décrié comme *le* quartier violent à Strasbourg : la réalité du terrain ainsi que le vécu des habitants incitent à mettre en cause la négativité quasi absolue de l'image que l'on s'en fait et que l'on colporte ou amplifie quelquefois à son corps défendant.

Certes, le Neuhof a connu toutes les mesures nationales et municipales de la politique de la ville. On a voulu améliorer la situation, et cela a certainement eu des effets positifs, mais, paradoxalement, les procédures menées par cette politique d'aide ont contribué à focaliser l'attention sur le quartier[2]. Comme celui-ci a une image dégradée historiquement construite dans la mémoire collective, cette focalisation a corroboré ladite image, s'inscrivant en continuité avec elle, accroissant encore la négativité du quartier : plus on parle du Neuhof, plus la mémoire collective accumule des « preuves » pour le noircir, inscrivant dans un registre cumulatif ce qui relève de ses travers. On peut se demander s'il ne serait pas plus expédient de ne pas se focaliser sur le Neuhof, pour atténuer cette centralité dans le péjoratif que lui attribue la mémoire strasbourgeoise depuis un siècle.

Reste la mauvaise conscience. Celle-ci a nourri la construction de la distance imaginaire de la ville vis-à-vis du Neuhof à travers la géographie de la violence : le Neuhof incarne tout ce qu'on ne veut pas voir dans la ville. L'angoisse de la chute sociale, de la marginalisation économique, etc., en fait un territoire de « contamination » : les problèmes qui talonnent ses habitants – la pauvreté, la délinquance, le chômage et la marginalité – peuvent être le sort de tout le monde, de tous ceux qui sont en voie de précarisation. Par leur rejet de ce quartier, ceux-ci exorcisent leur propre anxiété de se trouver, dans un avenir indéterminé, dans la situation des laissés-pour-compte du Neuhof ; en dénonçant les désordres du quartier, chacun conjure mentalement le spectre de sa propre déchéance, de son propre déclin socio-économique. Ainsi, une population relativement nantie et qui a peur de la précarité trouve dans

---

1. Table ronde de l'ORI (Observatoire régional de l'intégration), Strasbourg, 27 juin 1996.
2. La focalisation de l'attention sur le Neuhof et la mauvaise conscience contribuent certainement à expliquer la capacité critique de contestation du milieu associatif du quartier.

un quartier à la fois dans la ville et marginalisé le foyer symbolique de la conjuration de ses angoisses.

Temps et lieu de la violence

Certains chauffeurs de taxi nous ont affirmé laisser la nuit leurs clients à l'entrée du Neuhof-Cités sur la route, de peur de recevoir des cailloux ou d'être physiquement agressés par des jeunes. Aucun, parmi ceux que nous avons rencontrés lors de nos recherches, n'a pourtant été victime d'une telle agression, mais la réputation du quartier en fait une « zone interdite », surtout la nuit. Le croisement de la route du Neuhof avec la rue de l'Indre est devenu la frontière[1] : au-delà commencent la violence et la délinquance.

Cette géographie imaginaire est en contradiction avec la réalité observée. Le fonctionnaire des RG, l'ancien responsable du centre socioculturel au Neuhof-Ballersdorf et l'adjoint au maire pour la prévention[2] constatent, en effet, la facilité avec laquelle la violence se déplace sur l'ensemble de la ville ; ils sont unanimes à propos de la mobilité des jeunes délinquants : les incidents ne se produisent pas forcément dans les quartiers dont ils sont issus. Cette mobilité de la violence urbaine est liée notamment à la géographie de Strasbourg : les quartiers en difficulté sont à proximité du centre-ville, ce qui facilite le déplacement des auteurs de la violence. Tracer une frontière ou des limites de la violence urbaine relève dans une grande mesure de fantasmes. En l'occurrence, il s'agit d'une tentative de transposer les dysfonctionnements de la société sur une zone urbaine circonscrite ; la mise à distance des problèmes sociaux par le biais d'une géographie urbaine imaginaire permet alors de s'en décharger symboliquement. Le Neuhof est le bouc émissaire des difficultés de l'espace urbain strasbourgeois.

Au sein même de ce quartier, la perception des lieux de la violence change avec la résidence et la forme d'implication des habitants dans la vie sociale. Néanmoins, deux sortes de géographie sont représentées dans les différents discours : d'un côté, celle du feu, de l'autre, celle de la drogue et de la délinquance. Le parvis du supermarché incarne l'« endroit chaud » du quartier, il reflète l'ennui « des jeunes » et leur

---

1. Cette frontière ne correspond pas à la répartition administrative. Si le taxi vient du centre-ville, le Neuhof administratif a, en effet, déjà commencé et continue également sur la droite de la route du Neuhof.
2. Entretiens, 22 mai 1996.

recours à la déviance pour y parer : ce n'est pas le coin de la « vente de la mort » (la drogue), c'est celui de l'« ennui mortel ». Dans la perception masculine, la topographie de la violence et de l'insécurité coïncide avec celle du sentiment d'inutilité : elle révèle la nature, à la longue insupportable, d'absence de vocation, de futilité d'un monde où aucune place n'est aménagée pour les jeunes[1]. Vu sous cet angle, l'ennui est effectivement mortel.

Plus la perception de la violence est éloignée du vécu du quartier, plus sa géographie est saisie en termes de topographie du feu. Les habitants, tous âges confondus, n'intègrent guère les incendies comme un fait dramatique dans leur représentation du quartier : pour eux, il s'agit d'un épiphénomène plutôt que d'une violence intensément ressentie. Par contre, les responsables institutionnels font plus fréquemment et avec plus d'insistance allusion à ce phénomène, ne serait-ce que parce qu'il donne une image négative de la ville entière à l'échelon régional, voire national.

Certaines personnes reconnaissent l'influence de la médiatisation des incendies dans leur propre élaboration d'une géographie de la violence. Un pompier interviewé voit par exemple combien les images de la télévision se superposent à sa propre expérience, lui qui est pourtant en prise directe avec la réalité de la violence incendiaire et qui devrait être immunisé contre ce cliché. N'empêche, il est aussi influencé que les gens de l'extérieur par la représentation de la violence telle qu'elle est transmise par les médias ; à la limite, c'est à partir de celle-ci qu'il réinterprète sa propre implication dans la violence incendiaire des jeunes. Il est pris entre son expérience concrète et l'image télévisuelle qui en est donnée, son discours oscille entre l'une et l'autre, montrant à sa façon l'extrême difficulté qu'éprouve le citoyen à épouser une attitude critique vis-à-vis de la construction médiatique des événements.

Les différents lieux de la violence ne sont pas stables dans le temps. Pour certains, la topographie est également traversée par une histoire de la violence, et parfois la géographie change à cause des améliorations ; d'autres soulignent une temporalité rythmée par des périodes relatives aux événements nationaux ou au calendrier scolaire et festif. En effet, les médias parlent du caractère saisonnier de la violence, qui s'amplifie au début ou à la fin de l'année scolaire[2] et qui est perçue

1. Pour une description de cet ennui, cf. Farhad Khosrokhavar, « L'universel abstrait, le politique et la construction de l'islamisme comme forme d'altérité » *in* Michel Wieviorka (dir.), *Une société fragmentée ?, op. cit.*

2. Voir, par exemple, « Violence : il suffit d'un rien… », *L'Alsace*, 14 octobre 1995.

surtout à travers les incendies et la dégradation des biens publics, tandis que cette temporalité n'est guère ressentie sous cette forme par les habitants, qui semblent vivre la violence à travers le quotidien – ce qui fait qu'elle ne peut être décrite par un temps spécifique.

L'automne 1995 a été un moment particulièrement fort. Il est difficile de distinguer l'influence de la forte médiatisation sur les éventuels auteurs de la violence indépendamment de celle qu'elle exerce sur la perception des événements par les uns et par les autres, mais en tout état de cause la bouteille remplie d'essence et jetée dans le tram en octobre a marqué la conscience des Strasbourgeois[1] – dans le contexte du terrorisme des mois précédents, et dans le cadre du dispositif Vigipirate, des militaires avaient été appelés par la préfecture pour veiller sur la sécurité dans la ville, mesure publique dénoncée par la majorité des responsables municipaux et par le maire de l'époque, Catherine Trautmann. La médiatisation de la violence urbaine à Strasbourg commence en ce même mois d'octobre avec la « une » de *France-Soir* titrée « À feu et à sang »[2]. Dans cette période, la ville de Strasbourg incarne donc l'amalgame entre terrorisme et violence urbaine. Celui-ci explique en partie l'identification de certains jeunes d'origine maghrébine avec Khaled Kelkal (c'est-à-dire avec sa mort, non pas avec les actes de terrorisme qui lui sont imputés). La médiatisation facilite le rapprochement entre la fin de Kelkal et le racisme que ces jeunes subissent au quotidien.

L'expérience de Strasbourg pendant l'automne 1995 montre que les périodes de violence ont des effets spécifiques par des liaisons et des associations au niveau médiatique, par la constitution d'une mémoire, d'un ensemble de repères, et par l'identification des adversaires (la police, les gendarmes, les pompiers et, plus généralement, tous ceux qui portent l'uniforme ou ont une fonction officielle). Les rapprochements, les amalgames, les identifications ont peu à voir avec les caractéristiques précises de la violence sur les lieux concrets où elle se manifeste ; ils sont le résultat d'une conjoncture locale, régionale, nationale, voire internationale, d'une construction médiatique, d'un effet d'imitation et, enfin, de faits concrets se déroulant sur le terrain. Autant dire que la maîtrise de cette violence « imagée » échappe non seulement aux acteurs locaux et aux responsables institutionnels, mais aussi à ceux-là mêmes qui la décrivent ou tentent d'en comprendre les

1. Selon le chargé de la prévention auprès de la CTS (Compagnie de transport de Strasbourg), cet incident a provoqué un dégât de 3 000 francs ; l'image de violence qu'il a donnée de la ville est donc sans commune mesure avec les dégâts matériels.
2. Entretien avec les deux journalistes de France 2-Strasbourg, 28 mai 1997.

mécanismes (la presse écrite ou télévisuelle). Ceux qui exercent la violence ne sont, à la limite, qu'un de ses acteurs : l'extension des événements, les modalités de leur transmission, les formes de leur insertion dans l'actualité, enfin leur concomitance avec d'autres faits se déroulant souvent à plusieurs centaines, voire plusieurs milliers de kilomètres interviennent dans la construction de son image. N'étaient l'affaire Kelkal, la visite d'un ministre, le climat général d'insécurité et la nouveauté du tram, dont la ville tirait fierté, la bouteille enflammée lancée dans la rame aurait pu donner lieu à quelques lignes dans la presse locale au lieu d'attirer l'attention nationale sur Strasbourg et de la stigmatiser pour plusieurs mois.

Certains observent une augmentation régulière de la violence pendant les vacances scolaires, période où le désœuvrement des jeunes est particulièrement grand – cette observation est d'ailleurs à la base des programmes gouvernementaux conçus dans les années 80 pour les vacances d'été. L'adjoint au maire chargé de l'éducation populaire à Strasbourg insiste, pour sa part, sur le fait que la rentrée scolaire provoque davantage de violence : elle serait, en effet, un moment décisif de l'année pour l'insertion des jeunes dans le monde du travail ou de l'école ; ce temps de violence est perçu comme la colère de ceux qui n'ont pas réussi à s'intégrer [1]. C'est dans la même perspective que cet adjoint au maire appréhende la violence aux alentours de Noël et du Nouvel An, moments forts de consommation qui, à ses yeux, font sentir d'une manière accrue l'exclusion à ceux qui en souffrent : certains jeunes marginalisés répondraient par des actes de violence à la fête et à l'ostentation consumériste. Selon cette hypothèse, la temporalité de la violence va de pair avec les fortes périodes marquant l'intégration sociale chez des inclus et l'exclusion des exclus. Chaque rentrée des classes et chaque fête de fin d'année reproduit non seulement la nation, mais aussi les ruptures en son sein.

La perception de la violence

Aussi convient-il de ne pas s'arrêter à l'image d'une représentation unifiée et homogène de la violence, telle qu'elle est imputée au Neuhof. Entre les acteurs extérieurs au quartier, mais concernés par ses difficultés, et les acteurs intérieurs, entre ses jeunes (filles et garçons), ses

1. Table ronde de l'ORI, 27 juin 1996.

habitants d'âge intermédiaire, ses militants associatifs et ses animateurs, la perception de la violence peut varier considérablement.

Les acteurs institutionnels

Les travailleurs sociaux

Travailleurs sociaux en contact permanent et direct avec le quartier, personnel administratif chargé des questions urbaines et sociales, observateurs du FAS (Fonds d'action sociale) ou de l'ORI (Observatoire régional de l'intégration) sans contact quotidien avec le terrain, tous ont en commun leur regard *social* sur le quartier et ses problèmes, tous sont appelés, selon des logiques certes différentes, à apporter des réponses *sociales* concrètes à la violence et au sentiment d'insécurité.

Leurs propos révèlent trois explications principales. La première perçoit la violence à travers les difficultés économiques et sociales du quartier et sa disqualification. Pour la directrice de l'ORI[1], les actes violents au Neuhof relèvent de sa stigmatisation : les voitures brûlées et la casse exprimeraient la tentative des jeunes habitants de valoriser leur quartier ; d'après elle, ils veulent repousser les labels DSQ, ZEP ou autres. L'ancien chef de projet au Neuhof renverse, par contre, la logique de cet argument ; selon lui, ce ne sont pas la stigmatisation d'un quartier en difficulté et son histoire de mauvaise réputation qui entraîneraient la violence, mais sa banalisation : « La situation se banalise, donc les problèmes s'aggravent[2]. » Puisqu'il y aurait réussite sociale, l'échec serait d'autant plus mal vécu. En ce sens, l'écart favorise la violence et mène un certain nombre de personnes vers la délinquance.

Selon un deuxième type d'explication, les « jeunes », réduits souvent à leur origine maghrébine, à leur extrême difficulté pour s'intégrer économiquement ainsi qu'au racisme qu'ils subissent, sont centraux dans la perception de la violence : « Il y a beaucoup de violence accumulée, je veux dire par rapport aux parents immigrés. Les parents immigrés, eux, ils étaient vraiment méprisés, ils étaient tutoyés, ils étaient exploités. Quand on voit son père ou sa mère se faire traiter de cette manière, on est jeune, tout ça c'est de la violence qu'on refoule, parce qu'on ne peut pas réagir [...]. C'est toujours à vous de faire un effort, c'est à vous de vous intégrer, c'est à vous de faire ceci, c'est à vous de faire

---

1. Entretien, 12 février 1996.
2. Entretien, 6 mars 1996.

cela. Mais de l'autre côté, il n'y a rien : on ne vous promet rien, on ne vous promet pas, c'est à vous de faire cela. En fait le problème est là, c'est un problème d'acceptation, et non pas d'intégration[1]. » Ici, les jeunes ne sont pas appréhendés en termes de tradition culturelle : « Ils ne sont ni choucroute ni couscous [...] ils se reconnaissent pas plus dans le McDonald's que dans le stand de thé à la menthe[2]. »

Les déficits d'inclusion économique et de sens citoyen entraîneraient les actes violents. Dans cette perspective, la situation économique et sociale désastreuse (chômage, absence de projet d'avenir, démission des parents, etc.) rend impossible la construction d'un sens ; elle entraîne l'incapacité à prendre la parole et, surtout, à revendiquer des droits. La carence de citoyenneté, comprise entre autres comme une conséquence de la marginalisation économique et sociale, s'exprime, dans une variante de cette interprétation, par une « logique de territoire » : incapables de développer leur individualité hors de la consommation, ces jeunes appartiennent, aux yeux d'une éducatrice de rue, à « un État Neuhof, à une masse Neuhof[3] » ; faute d'autres repères sociaux, ils s'approprieraient le quartier comme une catégorie d'identité sociale, d'où le phénomène de la compétition interquartiers qu'exprime le nombre des voitures incendiées et qu'amplifie la médiatisation des actes de violence.

Selon cette explication, les jeunes sont violents parce qu'ils sont avant tout victimes d'une violence quotidienne faite de racisme, d'exclusion, d'infériorisation et de stigmates. Ainsi, d'aucuns notent que le dialecte alsacien, exigé par certains employeurs même pour des postes subalternes, discrimine les jeunes issus de l'immigration qui ne le connaissent pas, et serait donc requis pour sa fonction dissuasive – un sondage des *Dernières Nouvelles d'Alsace* révèle que, sur un échantillon de quatre cents personnes interrogées, 55 % donneraient, à compétences égales, la priorité à un travailleur alsacien[4]. Et les travailleurs sociaux peuvent rapporter bien d'autres illustrations de la discrimination dont les jeunes sont victimes quotidiennement... En liaison avec le racisme, la violence, à leurs yeux, est commise par le « jeune immigré », notamment « maghrébin », pour exprimer sa révolte ; les jeunes Turcs, dans le propos de nos interlocuteurs, ne sont pratiquement jamais appréhendés comme auteurs de la violence.

1. Entretien avec un responsable du centre socioculturel, 24 septembre 1996.
2. *Ibid.*
3. Entretien avec une éducatrice de rue, 23 janvier 1996.
4. *Dernières Nouvelles d'Alsace*, 29 octobre 1996. Cf. François Barthelmé, « La discrimination à l'emploi », *Hommes et Migrations*, n° 1209, septembre-octobre 1997.

Cette perception permet aux acteurs institutionnels d'envisager des réponses politiques à la violence. Ainsi, un responsable du centre socioculturel, aujourd'hui « médiateur » auprès de la mairie, souhaite favoriser une élite des jeunes issus des quartiers populaires et capables d'en véhiculer une image positive dans l'ensemble de la ville – il s'inscrit, en ce sens, dans la politique de la municipalité. Lorsque l'acteur institutionnel social perçoit la violence moins en termes de rapport de domination quartier-ville que de difficultés d'une personne discriminée, il y répond par un travail sur la personne et essaie de transmettre une capacité de parole au jeune démuni.

Enfin, une troisième explication de la violence fait état des dysfonctionnements de l'institution à laquelle l'interlocuteur appartient, de ses limites et de ses défauts. Dans certains cas, l'incapacité de changer la situation (arrêter les actes de violence, assurer l'intégration économique et sociale des jeunes) induit chez l'acteur institutionnel un sentiment d'impuissance ou d'embarras sur son propre rôle : en ce sens, il se voit proche « du jeune », il éprouve les mêmes sentiments, et seul l'acte violent marque la frontière entre lui et son protégé. Dans d'autres cas, l'acteur institutionnel formule des critiques précises sur son institution. Ainsi, le chargé de prévention et de vie des quartiers de la CTS (Compagnie de transport de Strasbourg) – également responsable d'une entreprise d'insertion de cette compagnie (Pulsar) –, s'appuyant sur une enquête qui montre que la majorité des incidents dans les transports publics de la ville est provoquée en partie par les conducteurs, estime que le sentiment d'insécurité est moins un problème de la clientèle que du personnel. Selon lui, la CTS a connu un développement technique considérable ces dernières années, « mais les hommes qui y travaillent n'ont pas fait le même développement, on les a oubliés ». Le dépassement des conducteurs de bus par la technique et par leur tâche entraînerait chez eux un besoin énorme de sécurité se traduisant par une forte pression syndicale ; un éventuel comportement raciste serait un autre résultat de ce dépassement technique et de ce besoin sécuritaire. Ainsi, la violence dans les transports publics strasbourgeois (agressions du personnel, incendies volontaires et vandalisme[1]) relèverait d'un dysfonctionnement institutionnel. De même, une éducatrice de rue explique l'attaque d'un centre socioculturel à Cronenbourg par son inadéquation face aux attentes des jeunes.

Dans une telle perception de la violence contre les institutions, les

1. Une étude interne de la CTS révèle pour l'année 1995 904 incidents, dont 314 cas de vandalisme (35 %), 380 jets de projectiles (42 %), 156 agressions du personnel (17 %), 48 cas d'agression physique sérieuse (5 %) et 6 incendies volontaires (1 %).

actes renvoient les « institutionnels » – les victimes – à un travail sur eux-mêmes. L'explication de cette violence est ici appliquée à certains actes dans des circonstances précises. Cependant, pour couvrir tout le phénomène – par exemple l'incendie des voitures ou des poubelles d'immeubles –, elle doit être inscrite dans le cadre plus large d'une crise générale des institutions républicaines.

La police

Les policiers rencontrés lors de la recherche appartiennent à différentes unités et leurs tâches spécifiques influencent leur perception de la violence. Un îlotier au Neuhof, chargé de la détection, de l'information et de l'identification des auteurs d'infractions, souligne la nécessité de la sécurité dans le quartier et décrit le sentiment d'insécurité de la population[1]. Le responsable du centre de loisirs des jeunes (CLJ), qui mène au Neuhof un travail de prévention auprès des récidivistes, appréhende la question à travers le traitement des jeunes délinquants. La brigade anti-criminalité (BAC) est chargée de la répression – comme nous l'explique un commissaire de police : « Je veux qu'elle dérange. » Elle est à part dans la structuration du travail policier strasbourgeois, organisé autour de l'idée qu'il faut « donner une meilleure image de la police[2] » en encourageant le dialogue et la communication entre celle-ci et les jeunes ; ainsi n'est-elle pas concernée lorsque, à l'occasion d'une émeute au Schiltigheim, des îlotiers discutent trois nuits de suite avec les jeunes du quartier afin de les calmer.

Pour l'essentiel, la perception de la violence par les policiers s'organise en termes de jeunes et de délinquance. L'existence du centre de loisirs des jeunes, créé et géré par des policiers, en témoigne : par les loisirs (stages de moto, chantiers, proposition d'un lieu pour jouer au ping-pong) et par un travail de prévention, on pense limiter la violence et la délinquance. Tout en soulignant à plusieurs reprises la baisse des infractions au Neuhof, les policiers remarquent une augmentation des délits entre jeunes (les rackets) et du nombre de mineurs mêlés à des infractions. A travers le récit de leurs expériences, les agents de police dessinent un tableau nuancé de la violence et du quartier, mettant ainsi en question les descriptions des autres acteurs institutionnels sociaux, pompiers ou autres. D'après l'îlotier et le fonctionnaire du CLJ, la violence est amplifiée dans la perception publique : « Je ne pense pas que

---

1. A Strasbourg, quarante-huit îlotiers et trente policiers auxiliaires travaillent sur douze îlots. Cinq îlotiers sont affectés au Neuhof.
2. Entretien, 12 février 1997.

l'augmentation de la violence est réelle[1]. » Ils mettent en garde contre une lecture simpliste des statistiques : bien que les conflits « judiciés » augmentent, les faits réels ne se multiplieraient pas forcément. D'après eux, la sensibilité face aux phénomènes violents s'est accrue. L'Éducation nationale, par exemple, appellerait actuellement systématiquement la police, ce qui n'était pas le cas avant. Une seule exception, le vol des voitures par des jeunes : « Il n'y a pas plus de faits dans le quartier [au Neuhof]. Mais il y a plus de jeunes qui volent des voitures ici qu'ailleurs ou qu'il y a vingt ans[2]. »

Dans la perception policière de la violence, le sentiment d'insécurité occupe une place importante ; il viendrait essentiellement de ce que les habitants trouvent des seringues par terre ou observent des rassemblements de jeunes. Les agents constatent un effet amplificateur des incidents à travers la communication entre habitants : par une sorte de « colportage[3] », l'incendie d'une voiture autour de la rue Brantôme, qui serait le lieu le plus exposé à l'insécurité au Neuhof, est répercuté et amplifié par la parole dans tout le quartier. Le commissaire central souligne également l'importance du sentiment d'insécurité dans la perception de la violence au niveau de la ville, voire du pays : nourri par le travail des médias, surtout télévisés, ce sentiment, d'après lui, ne correspond pas à l'ampleur réelle du phénomène. Nos interlocuteurs sont unanimes à constater le décalage entre les faits rapportés par les médias et les infractions mineures commises pendant la nuit. Cette « diarrhée médiatique » (selon un commissaire) aurait, par contre, produit des incendies de voitures (environ dix par week-end, deux week-ends de suite après le Nouvel An 1997). Les policiers demandent aussi qu'on considère le caractère spécifique des incendies dans la région strasbourgeoise : suivant la tradition germanique, on lance des pétards et on sort dans la rue à l'occasion du Nouvel An. En Allemagne, cette fête produit chaque année des dégâts considérables que personne ne songe à intégrer dans un contexte de violence urbaine ; leur médiatisation nationale en France en termes de problématique urbaine et de jeunes en difficulté d'intégration revient donc à se méprendre en partie sur les dimensions symboliques de cette fête populaire, et une comparaison avec la violence qui accompagnait les bals populaires de jadis correspondrait mieux à l'appréhension de ce phénomène. Ainsi, dans la police strasbourgeoise, on saisit la violence en termes d'interaction sociale et pas uniquement à travers la répression d'un coupable, tâche

1. Entretien avec un îlotier, 12 février 1997.
2. *Ibid.*
3. Le terme est d'un îlotier *(ibid.)*.

réservée à la BAC[1]. Les jeunes délinquants sont, pour les policiers, d'origine maghrébine : « c'est la génération perdue », celle dont les parents sont absents et qui est touchée par le chômage ; mais, à les suivre, il s'agit essentiellement aussi de jeunes Alsaciens : des récidivistes notoires, issus de familles bien précises, toutes avec des noms à consonance germanique, reviennent maintes fois dans leurs propos sur les auteurs de vols de voitures et d'incendies. Enfin, à les suivre, la violence extrême semble être l'affaire de quelques familles de « vanniers », gitans déracinés et sédentarisés depuis longtemps dans la ville. Selon eux, les « Beurs » n'agissent pas de manière aussi violente que les jeunes « vanniers », perçus comme primitifs, impulsifs, voire quelquefois sauvages et asociaux, et les Turcs, qui ne se mélangent ni avec les Maghrébins ni avec les « vanniers », se caractériseraient plutôt par des délits de travail clandestin, de trafic de stupéfiants ou par des actes violents intracommunautaires. Cependant, dès que le propos s'éloigne des expériences concrètes du travail policier, le jeune qui pose problème est souvent celui de la deuxième génération de l'immigration maghrébine – pour l'îlotier : « Je vais vous dire, toute la journée, j'entends à la radio : vol ici, vol là-bas. Toujours types arabes. Ce sont des faits. Je n'y peux rien[2]. » Le racisme, aux yeux des policiers, ne permet pas d'expliquer la violence des jeunes : si on ne veut pas avoir de problèmes, il faut être « comme les Français[3] ».

Enfin, les policiers dissocient en partie le phénomène de la violence des jeunes de la problématique du territoire. Les jeunes, en effet, n'agissent pas forcément dans leur quartier. Une haute mobilité caractériserait les jeunes auteurs de délits, d'où une répartition des incidents sur toute la commune, notamment en centre-ville. Les policiers observent, par ailleurs, la formation de bandes informelles à partir des foyers d'accueil. Cette perception, elle aussi, va à l'encontre de la logique du territoire et contredit l'interprétation des incendies de voitures en termes de compétition entre quartiers.

---

1. Dans les récits de jeunes habitants du Neuhof et de travailleurs sociaux, la BAC est désignée comme l'« ennemi » et comme le « raciste ». Ainsi, nous dit un responsable du centre socioculturel (entretien, 5 mars 1996), les jeunes ont des problèmes avec la BAC, pas avec les îlotiers. Un autre responsable du centre rapporte des actes provocateurs de la part de la BAC : l'un de ses agents aurait, par exemple, dégonflé le ballon d'un gamin sans raison apparente (entretien, 12 février 1997).
2. Entretien, 12 février 1997.
3. *Ibid.*

Les pompiers

Les sapeurs-pompiers de Strasbourg sont confrontés à la violence à travers leur travail d'extinction des incendies, mais aussi en tant que victimes d'agressions (jets de projectiles). Deux de nos trois interlocuteurs ont été agressés physiquement. L'un d'eux a reçu une pierre à la tête et a été en arrêt maladie pendant deux semaines ; d'après lui, les conséquences psychologiques ont été les plus lourdes à porter : « Je n'arrivais pas à dormir, je pensais à ça. Maintenant, j'ai oublié, mais là je pense de nouveau, maintenant qu'on en parle : "Pourquoi ils nous ont tiré dessus ? Pourquoi ils nous ont fait ça ? On n'a rien fait[1]." »

Les pompiers ne comprennent pas pourquoi ils sont devenus les cibles de la violence juvénile. Leur rôle de sauveteurs[2], ainsi qu'eux-mêmes se perçoivent, et leur éthique professionnelle rendent incompréhensible cet accueil agressif sur les lieux de l'incendie. Le feu, aussi mineur et anodin qu'il soit, on l'éteint ; or, lors de cette agression, « on a tout laissé là-bas. On est partis et on a laissé, on a laissé brûler ! ». Une telle situation est vécue comme un échec professionnel.

Les pompiers sont unanimes : les incendies de voitures ou de poubelles ne représentent pas de danger important. Accomplir leur tâche, dans ce cas, n'est pas à la hauteur de leur profession, c'est pourquoi ces incendies sont ressentis comme une provocation : « Vous savez, franchement, si vous êtes cinq fois réveillé la nuit et vous devez sortir une sixième fois à 4 heures ou 5 heures du matin, et vous voyez des jeunes rigoler dans leur coin, vous vous dites : "Ils me font chier !" »

Dans de telles situations, le pompier peut regarder le jeune en face avec agressivité. L'écart entre la perception qu'il a de son propre rôle et la réalité des tâches à accomplir engendre une frustration ; humilié, le pompier a le sentiment d'une violence faite à son métier. La régularité des feux, toujours au même endroit, la répétition des sorties au cours d'une même nuit rendent le phénomène banal et habituel et peuvent provoquer des comportements interprétés par les jeunes en termes d'agressivité ou de racisme.

Cependant, les pompiers eux-mêmes perçoivent la violence dont ils sont victimes en relation avec les problèmes du quartier : « C'est systématique [les incendies criminels]. Vous étiez là derrière ? Bon,

---

1. Entretien au CLJ, 12 février 1997.
2. Cf. Farhad Khosrokhavar, « Festivités et turbulences dans les banlieues », *Agora*, n° 7, 1997, p. 63-76.

vous avez vu un petit peu, comment est le quartier. Ce qui habite là-bas, le genre de population qui y habite maintenant [1]... »

Le Neuhof accumule, aux yeux des pompiers, tous les problèmes sociaux. En ce sens, le « là-bas » représente l'« autre », dont on n'approuve pas l'éducation des enfants, qu'on ne comprend pas (comme on ne comprend pas davantage les incendies et les agressions). Le quartier est alors appréhendé comme un monde à part, déterminé par un intérieur et un extérieur. Le pompier fait partie du dehors.

Le « jeune », par contre, est l'incarnation du dedans et des difficultés du quartier. Il rend visibles le problème d'éducation et la concentration des populations immigrées. C'est pourquoi la violence est vécue par les pompiers en termes de territorialité, c'est-à-dire comme une confrontation entre l'intérieur et l'extérieur.

Néanmoins, les pompiers expriment également leur proximité avec la population du Neuhof à travers des relativisations qu'ils apportent à leur propre description du quartier : « Il y aura toujours des feux de voitures, il y aura toujours des feux de poubelles, des feux de caves. Mais je vous dis, ça va mal partout. C'est général. Il n'y a plus rien et vous pouvez accéder à tout actuellement : si vous voulez une télé, vous allez à Mammouth et vous l'achetez, vous la payez en dix fois... Les voitures c'est pareil, il y a des gens qui leur vendent des voitures [2]... »

A travers ces propos surgit une certaine identification avec le malaise de la population du Neuhof : « Ça va mal partout. C'est général ! » Et même s'il y a un problème d'éducation parentale et une surconcentration des étrangers dans le quartier, les pompiers connaissent eux-mêmes les difficultés économiques et les envies de consommation des habitants : « Mais bon, et la vie est dure, même pour nous. Quand on voit à la fin du mois, on voit qu'on n'arrive pas. Et il y a plein de publicité. C'est ahurissant de voir toujours les autres avec de belles voitures [3]. »

Les pompiers éprouvent de la sympathie pour la majorité des habitants des quartiers à problèmes. Cette ambiguïté entre le sentiment d'une certaine proximité et une distinction catégorique d'un « là-bas » (d'un « autre ») est caractéristique de leur perception de la violence ; elle explique en partie leur stupéfaction face à l'accusation de racisme et surtout face aux agressions dont ils sont victimes. Ils croient bénéficier d'une image positive de la part de 90 % de la population, les 10 % restants étant les jeunes qui posent problème et ne savent pas évaluer la véritable tâche honorable des sapeurs-pompiers dans la

1. Entretien, 27 novembre 1996.
2. Entretien, 28 novembre 1996.
3. *Ibid.*

société. Ces enfants de « toutes les races » qu'on a concentrés « là-bas », on ne les connaît pas. C'est pourquoi toute la problématique est structurée par le conflit entre deux mondes différents, entre un intérieur et un extérieur.

La violence vue de l'intérieur

A l'intérieur même du quartier, les représentations de la violence sont diversifiées. Les « jeunes » sont loin d'être aussi homogènes que le pense l'opinion publique et, parmi eux, la violence n'est pas perçue de la même manière par les femmes et les hommes. Ensuite, la perception change selon la situation du jeune et selon le travail de subjectivation de chaque individu : un échec personnel (par exemple, l'expérience de la prison) ou une réussite quelconque (par exemple, scolaire, artistique) ont pour conséquence une perception différente de soi, de l'autre et de la violence. Néanmoins, force est de constater la place prédominante qu'occupe la perception d'une violence subie dans la vie quotidienne chez une grande majorité des jeunes, en particulier les garçons : tout acte violent est alors saisi comme une réponse à cette expérience intolérable.

Les jeunes gens

Chez les garçons, le sentiment est vif que la société leur en veut, les déteste, les stigmatise, et ce, de multiples façons : pour leur origine non européenne, maghrébine (quelquefois turque) ; parce qu'ils vivent dans un quartier mal famé (le Neuhof) qui les rend suspects ; en raison d'une supposée incapacité au travail, d'une prétendue nature « incasable » qui en fait des surnuméraires passant d'un projet à un autre, non pas pour trouver par la suite du travail, mais pour tuer le temps. Les garçons ripostent alors à cette « violence » par une agressivité à fleur de peau et par le rejet de ceux qui les rejettent. Leur agressivité est une contre-agressivité, une riposte à cette agressivité globale de la société à leur égard, qui peut donner lieu à une vision monolithique, voire paranoïaque, de l'ordre social, perçu comme un ensemble totalement homogène où aucune chance n'est laissée aux jeunes.

La drogue occupe une place centrale dans l'intelligence de la violence chez ces jeunes garçons. Elle impliquerait des actes violents parce que les dealers défendent leur clientèle ou que les toxicomanes deviennent nécessairement délinquants ; en ce sens, la violence est

« normale », c'est-à-dire qu'elle ne pose pas de question aux jeunes : « Oui, c'est normal, les jeunes ils veulent vendre la drogue, ils veulent garder leur clientèle, c'est comme ça partout[1]. »

La drogue introduit également le problème de l'autoviolence et de la mort. Dans cette perspective, elle est cruciale pour la perception de la violence chez nos interlocuteurs : « Il y a eu trop de morts ces trois dernières années... une quinzaine de jeunes dans le quartier, ça fait un peu mal [...]. Les causes, ce sont des accidents de voiture, des bagarres entre familles et la toxicomanie. Ici, on n'a pas de vieillesse ! Soit on meurt par un shoot, soit on meurt en voiture[2]... »

Le mal, c'est la violence de la drogue et des dealers – qui « vendent de la mort » (Karim) – et non pas celle des voitures brûlées ou de la casse. Le chômage, le racisme et la discrimination des habitants du Neuhof sont, aux yeux des jeunes gens, *la* violence. La toxicomanie, le principal fléau du quartier, est imposée et voulue par un « ailleurs », en l'occurrence l'État ; celui-ci devient complice de la violence dans une vision paranoïaque qui fait des jeunes d'éternelles victimes que l'on refoule au bas de l'échelle et que l'on maintient dans cet état d'infériorité par tous les moyens, y compris la drogue. Dans cette vision des choses, exprimée essentiellement par les hommes, la police, d'accusatrice, devient accusée : elle ne fait pas son métier et, par sa passivité, contribue au refoulement des jeunes dans l'indignité, nourrissant de la sorte les idées reçues sur la délinquance des jeunes à cause de leur origine « bougnoule » : « Par rapport à la drogue et ce qui se passe dans le quartier. Parce que l'État ne nous protège pas. La police ne nous protège pas, elle nous accuse plus qu'elle nous protège. Qui va nous protéger contre la drogue ? Qui va nous protéger contre la criminalité ? Qui va prévenir nos enfants contre la drogue ? L'autre jour, je descends dans l'escalier, je vois une seringue jetée comme ça, comme toutes les seringues partout qu'ils prennent[3]. »

Tout le monde ne partage pas cette vision paranoïaque et, chez certains, on perçoit une perception beaucoup plus réaliste : « Ce qui nous touche surtout, c'est qu'il n'y a pas de travail, le premier truc, et la drogue, la délinquance, c'est plutôt ça déjà. [...] On ne se dit pas : "Est-ce que je suis français ? Est-ce que je suis..." peu importe, à la limite, peu importe... "Est-ce que j'ai du travail ? Non, je n'en ai pas. Est-ce que je suis bien dans la vie ?" C'est ça le problème maintenant :

---

1. Entretien avec Karim, 28 juin 1996. Les noms des personnes interrogées ont été changés afin de protéger leur anonymat.
2. *Ibid.*
3. Entretien avec Boujemaâ (musicien), 5 mars 1996.

"Est-ce que je suis bien ? Est-ce que matériellement je suis bien ?"
C'est plutôt ça. Ce n'est pas : "Est-ce que je suis français ou pas[1] ?" »

Ici, les jeunes gens avant tout sont au chômage ou n'ont qu'un travail précaire ; ensuite, ils ont des difficultés parce qu'ils habitent des
« quartiers » ; enfin, ils sont confrontés à la drogue, dont ils vivent les
conséquences tous les jours.

Le chômage signifie l'impossibilité de construire une situation autonome avec une famille à soi. Il empêche les jeunes gens de réaliser leur
vision d'avenir, il les prive de dignité : « Le plus important maintenant
pour nous, c'est d'être digne. Et c'est quoi d'être digne, humainement
digne ? C'est avoir un travail, pour se constituer un rapport, une famille,
avoir un équilibre, pratiquer sa religion tranquillement dans son coin,
et puis c'est tout. On s'en fout des grandes idées politiques[2]. »

Le chômage interdit la réalisation de la dignité humaine, c'est une
violence qu'on subit chaque jour. Quelquefois on y riposte par la violence physique, par la haine. Mais on ne cherche pas à changer le
monde par cette violence, qui n'a pas un contenu « révolutionnaire » :
les jeunes gens n'entendent en rien bouleverser la structure sociale et
économique, ils veulent simplement pouvoir exister comme ceux qui
ont du travail, comme des gens normaux, « intégrés » à la société. Leur
vue des choses est, en un sens, conformiste – d'aucuns diraient « petite-
bourgeoise ». Les jeunes gens exclus veulent avoir accès aux mêmes
avantages que les « inclus », et avant tout, au travail.

Comme les membres d'un groupe de rap connu dans le quartier,
Karim veut s'intégrer dans la société, « entrer dans la société ». Pour
l'instant, suite à des difficultés familiales, à une série d'échecs dans
son parcours de formation et à l'impossibilité de trouver un travail
stable, il vit dans les caves des immeubles de la cité. Il ne trouve pas
d'appartement faute de fiches de paie et, dans un cercle vicieux qui
s'amplifie chaque fois, il est incapable de tenir, sur une longue période,
un travail ou un engagement quelconque, faute de domicile. Le chômage est, certes, un problème objectif de manque de travail, surtout
pour des personnes sans formation, mais le cas de Karim montre
également la déstructuration que cause cette situation, la difficulté à
s'appréhender comme individu autonome, tant les formes diverses
d'exclusion refoulent dans l'hétéronomie et renvoient, pour le noyau
dur de l'identité, à un ailleurs qui amplifie l'éclatement de la personne :
« Moi, ça fait un mois et demi, et je trouve rien, ils sont pas capables

---

1. Entretien avec Mohammed (musicien), 5 mars 1996.
2. *Ibid.*

de me trouver une chambre, ou un studio, non, ils sont pas capables, c'est pas possible[1]. » Le jeune homme s'appréhende comme un être dépendant des services publics : « ils » sont incapables. Le « Moi » attend et exprime son désir de s'intégrer, mais, avant tout, il se perçoit comme victime – victime de la violence dans une situation désespérée, mais aussi victime de la délinquance qu'il exerce lui-même et dont il a du mal à se libérer, au même titre qu'il ne parvient pas à se concevoir autonome par rapport aux services publics. Karim conçoit sa personne en termes passifs de victime alors que ceux qui réussissent un projet (par exemple, la sortie d'un disque et un début de reconnaissance par le public, pour ceux qui font de la musique) développent une action, des perspectives et une responsabilité.

La différence entre passivité suite à la victimisation de soi-même et activité suite à la prise de conscience de la marginalisation s'exprime également dans la perception du quartier. Pour Karim, les « banlieues » sont voulues, créées consciemment par le pouvoir, et l'État y amène la drogue pour qu'il y ait la misère. Alors que la classe ouvrière attribuait sa misère à une classe bourgeoise dont elle subissait la domination dans des relations concrètes de travail, à présent il y a un « ils » indéfini à l'origine de l'existence de banlieues servant à parquer des gens que l'on refuse d'intégrer. Karim se sent victime du Neuhof ; s'il est devenu délinquant, c'est la faute du quartier : « Une fois qu'on a trop vécu au Neuhof, on ne peut pas vivre ici, on ne peut rien faire. [...] Tu vois, tu es une étudiante en sociologie, tu prendrais un appart ici, je pense que tu vivrais ici cinq, six ans, tu te retrouverais comme des gens d'ici. Malheureux à dire, mais vrai[2]. »

On peut, certes, souligner comme Robert Castel[3] le primat des causes sociales dans la constitution d'une population exclue, mais il faut aussi tenir compte de la « banlieue » comme phénomène source d'exclusion. Car pour une bonne partie des exclus, la manière dont ils sont entassés et traités en banlieue engendre à son tour marginalisation, sentiment d'indignité, renvoi à l'impossibilité de devenir un individu positif et refoulement dans l'individualité négative[4].

Parmi ces jeunes, certains disent ne pas trouver de travail à cause du quartier : « Quand on va chez un patron, rien qu'on lui dit qu'on vient du Neuhof, on n'est pas pris, rien qu'on est du quartier, quoi[5]. » Par

---

1. Entretien avec Karim, 28 juin 1996.
2. *Ibid.*
3. Cf. *Les Métamorphoses de la question sociale*, Paris, Fayard, 1995.
4. Entretien à la mission locale, 24 septembre 1996.
5. *Ibid.*

contre, les musiciens qui ont déjà « percé » sur le plan local, voire régional, parlent des difficultés de vivre les « quartiers ». La discrimination et les problèmes spécifiques ne signifient pas la fatalité d'un espace urbain qui confinerait inexorablement dans l'insignifiance. Pour ceux qui réussissent dans la musique, ou qui trouvent dans l'islam un sens et des repères, à la négativité de l'espace du quartier il faut ajouter la positivité du lieu d'émergence et de maturation d'une culture spécifique. A la différence de la conception d'une banlieue imposée par le haut (le point de vue des jeunes exclus désespérés), on trouve chez les jeunes qui ont eu quelque réussite l'idée que la difficulté de vivre dans le quartier permet le développement de stratégies d'action originale. C'est pourquoi l'un d'eux peut dire : « C'est à nous-mêmes de prendre nos propres responsabilités » face à la toxicomanie. Peu importe l'impact réel de ces « responsabilités », l'essentiel est le sentiment qui se développe et qui fait qu'un tel jeune pense pouvoir agir et ne définit pas le quartier comme le lieu de la perte de soi et de l'indignité imposées par l'extérieur.

En vivant dans le même quartier, l'un se sent prisonnier et l'autre peut avoir un projet artistique et social. Le premier est incapable de quitter les lieux, le second se sent responsable grâce à sa mobilité nouvellement acquise sur l'ensemble de l'espace de la ville, voire au niveau national (par des concerts, des enregistrements, etc.). Cette sortie de l'exclusion peut rendre ceux qui ont réussi solidaires des exclus ; du moins est-ce ainsi qu'ils le ressentent : « On a grandi avec eux et on est toujours amis, jusqu'à la mort[1]. » Mais pour ceux qui sont dans l'échec, l'image d'une communauté des jeunes du quartier, solidaires et inséparables, se révèle au mieux ambivalente : « Il n'y a pas de communication, en fait c'est... comme ils se connaissent depuis leur enfance, c'est "salut, salut" et... ça reste là[2]. »

Alors que pour les pompiers les jeunes font corps, les descriptions qu'ils donnent d'eux-mêmes dès qu'ils sortent du modèle de la réussite renvoient à une collaboration occasionnelle dans des buts utilitaires ou pour s'opposer à la police, tout cela dans une solitude émotionnelle et un repli individuel. Il n'y a pas de communauté, mais des regroupements occasionnels pour « s'éclater » ensemble ou partager le mal-être : « On va, on se met sur des bancs, on fume des joints, on boit la bière, et on laisse passer le temps. Voilà, c'est la vie des jeunes de la cité[3] ! »

1. Entretien avec Mohammed (musicien), 5 mars 1996.
2. Entretien à la salle de prière, 25 novembre 1996.
3. Entretien avec Karim, 28 juin 1996.

Il n'y a pas de sens dans le rassemblement des jeunes, sauf à tuer le temps. C'est pourquoi il peut servir à tout ou à rien : on peut brûler des voitures ou se violenter soi-même en buvant de la bière. L'ennui est l'élément central de la différence entre ces jeunes et, par exemple, les musiciens qui se retrouvent pour faire de la musique, rompant ainsi avec la passivité des victimes d'injustices sociales.

Le regroupement par l'ennui relativise la prétendue forte identité du quartier. Certes, tous nos jeunes interlocuteurs soulignent la solidarité du quartier à l'occasion d'une agression venant de l'extérieur, mais celle-ci semble être aussi sporadique ou utilitaire que les « bandes de jeunes ». Certaines descriptions des conflits à l'intérieur du quartier témoignent, en fait, d'une grande méfiance et d'une agressivité entre familles repliées sur elles-mêmes ou déstructurées. En ce sens, les propos des jeunes du Neuhof correspondent plus aux statistiques des saisines de médiation de l'association SOS-Aide aux Habitants[1] qu'aux descriptions de l'identité forte neuhofienne par certains acteurs institutionnels : « Les infractions pour lesquelles nous sommes saisis sont le plus souvent liées à des infractions de voisinage et/ou familiales, dans lesquelles sont mis en cause soit des couples (conjoint fautif), soit des personnes qui habitent côte à côte[2]. »

A force d'habiter un quartier stigmatisé, certains jeunes inversent l'idéal. Ils cherchent à être plus « moches » que les autres et à le prouver par des actes d'intimidation et de violence entre eux. Cette manière de se disputer la suprématie entre adolescents et post-adolescents indique bien qu'ils ne croient plus à la possibilité de briller dans une hiérarchie d'excellence et entendent désormais surpasser l'autre en devenant plus horribles ou, à tout le moins, en se faisant percevoir comme plus redoutables, plus violents, plus détestables. On est dans le registre de l'inversion des valeurs, de la prééminence des contre-valeurs que choisissent à bon escient certains jeunes, cette fois pour briller au moins dans un domaine, pour être moins nuls, moins inférieurs, pour faire ressortir leur quartier de cette médiocrité dans laquelle il est confiné.

Les animateurs

Les animateurs rencontrés au Neuhof ont une perception de la violence très semblable à celle des jeunes gens. Ils s'en distinguent par leur âge : environ dix ans de plus. Ayant grandi dans les mêmes condi-

1. Cf. *SOS-Aide aux Habitants*, 1996.
2. *Ibid.*, p. 16.

tions et dans le même quartier, ils développent leur vision du Neuhof, de la violence et des jeunes davantage à partir de leur propre expérience qu'en termes de professionnalisme social ; en ce sens, ils sont des acteurs de base et non pas des institutionnels sociaux, quoiqu'ils représentent forcément une institution. Ainsi, deux animateurs du centre socioculturel de Ballersdorf appréhendent-ils leur travail actuel, en continuité avec l'ensemble de leur parcours personnel, comme un choix contre la drogue ; ils distinguent un « avant » et un « après » : « Avant, il y avait vols de voitures et des trucs comme ça, c'était pas méchant quoi. C'était pas méchant, c'était pas violent, c'était ça qui était bien. Et ils n'allaient pas agresser une vieille femme, pour un rien, pour 60 francs. Une vieille, une personne âgée qui a 60 francs dans sa poche, qui descend du bus tranquillement, elle est allée faire ses courses, il lui reste 60 francs, elle a les mains bien chargées, ils l'agressent. Pourquoi ? On va où [1] ? »

La propagation de la drogue dure représente, d'après eux, le changement essentiel dans la « culture des jeunes » du quartier. Avant, il y avait du « vrai vol », mais aujourd'hui cette délinquance aurait perdu son éthique et sa qualité à cause des toxicomanes et de leur délinquance. La drogue a « cassé » la véritable délinquance, la sociabilité des jeunes du quartier et la hiérarchie d'âge entre les jeunes ; en ce sens, elle détruit *la* communauté des jeunes au Neuhof.

Bien qu'ils aient pu donner un sens à leur propre existence grâce au travail et qu'ils aient développé leur responsabilité sociale par leur rôle d'animateurs, ils expriment un fort sentiment de violence subie – « on se sent largués, c'est ça » – et décrivent leur situation en termes de précarité, conséquence, d'après eux, de l'abandon de la population du Neuhof par la société, par l'État, par la ville. Une forte séparation entre l'« extérieur » (les « autres ») et l'« intérieur » (le « nous ») s'installe dès lors dans leur vision du quartier. L'« extérieur » les a abandonnés et ne comprend rien à leur vie ; à leurs yeux, sa méconnaissance nocive ne conduit pas seulement à des décisions politiques, sociales et éducatives désastreuses, mais aussi à une image fausse de la violence au Neuhof : les « autres » parlent de la casse et des incendies, qui ne seraient en réalité pas le véritable problème ; celui-ci, en effet, serait la drogue. La construction de l'opposition nette entre l'« intérieur » et l'« extérieur » du quartier permet aux animateurs de surmonter la rupture avec le « monde des jeunes » et des anciens copains, devenus toxicomanes. Par leur travail et leur rôle, ils se sont en effet rappro-

1. Entretien avec deux animateurs au centre socioculturel, 23 avril 1996.

271

chés de cet « extérieur » tant critiqué, et l'identité proclamée avec le quartier, avec les jeunes qu'ils ont vus grandir ou leurs petits frères, est un moyen de s'affirmer toujours solidaires d'eux. Cependant, l'établissement d'une frontière entre l'« intérieur » et l'« extérieur » introduit avant tout de l'ordre dans un monde social dont on se sent la victime. C'est pourquoi ces notions donnent sens autant à l'expérience qu'à l'action quotidienne.

La perception de la violence par les animateurs est une vision masculine où la violence subie et la drogue sont des éléments centraux. En introduisant la dimension du temps, ils proposent une représentation plus dynamique de la situation, qui contredit la fatalité d'une situation immobile : l'existence d'un « avant » meilleur permet, en effet, de penser un avenir différent. Dans cette logique, l'opposition nette entre l'« intérieur » et l'« extérieur » du quartier remplit un rôle important pour entretenir l'espérance du changement : bien qu'on se sente abandonné, on peut envisager des stratégies d'action propres à l'intérieur du quartier. En ce sens, les animateurs se distinguent des jeunes gens dont les descriptions de l'ennui et du non-sens soulignent la déstructuration intérieure du Neuhof.

Les jeunes femmes

Dans les récits des filles, la discrimination en termes de quartier, le racisme et les difficultés sociales et économiques existent, certes, mais ces réalités ne sont pas appréhendées à travers le prisme de la violence subie. Les jeunes femmes rencontrées à la mission locale du Neuhof ne projettent pas leur problème d'emploi sur un responsable extérieur ; elles parlent plutôt de leurs propres défauts (manque d'expérience, âge inadapté pour l'un ou l'autre poste, etc.), ou d'une situation (le manque de travail dans la société française) qui n'est ni la conséquence d'une discrimination ni l'effet du racisme, qu'elles n'évoquent qu'avec une grande prudence [1]. Cependant, si au début de l'entretien ces jeunes femmes qui cherchent « n'importe quel travail » – et, en général, les postes les moins qualifiés et les moins considérés – n'attribuent pas leur situation désespérante au racisme, elles citent au cours de l'interview des expériences de discrimination à l'embauche vécues par des proches et reconnaissent en avoir elles-mêmes souffert. Néanmoins, elles ne s'enferment pas dans une vision de victimes qui subissent, elles se perçoivent toujours comme des sujets avec un objectif d'em-

1. Entretiens à la mission locale, 24 septembre 1996.

ploi. Une telle attitude ne veut pas dire que le travail aurait une moindre importance pour les filles que pour les garçons ; au contraire, elles expriment sa valeur cruciale pour leur construction subjective, qui dépasse largement le simple fait de pouvoir s'assurer financièrement une situation indépendante de la famille. Le travail représente en effet un moyen élémentaire dans l'émancipation vis-à-vis de la famille et dans le processus de subjectivation.

Le racisme s'exerce beaucoup plus contre les garçons, considérés comme violents, non fiables, incapables de se soumettre aux rigueurs du travail et enclins à une agressivité à fleur de peau ; les filles se révèlent plus aptes à accepter les contraintes dues au travail et dictées souvent par des hommes (ou des contraintes tout court, dictées par la hiérarchie). Elles ne sont pas aussi déstructurées que leurs frères : aux yeux des employeurs, elles paraissent beaucoup plus sûres, acceptant de petites responsabilités et montrant une réelle capacité de travail ; ainsi, tant qu'elles ne portent pas le foulard, elles bénéficient d'un *a priori* positif.

Même celles qui expriment une conscience aiguë de la discrimination et du racisme n'appréhendent pas leur situation ou celle de leurs frères en termes uniques de violence subie ; elles saisissent les problèmes plutôt en référence aux « lacunes » des habitants d'origine immigrée qu'à travers la seule optique de la victime[1]. Cette catégorie de jeunes femmes se distingue par une relative réussite scolaire ou professionnelle.

En général, l'image du quartier est plus positive chez les filles que chez les garçons. Cependant, on retrouve vis-à-vis de la perception féminine du quartier la même distinction entre les femmes, selon leur réussite scolaire ou professionnelle, que chez les jeunes garçons. Celles qui ont construit leur subjectivité sur une réussite et qui possèdent une vision aiguë des problèmes sociaux sont souvent engagées dans des activités associatives ou contribuent à la fondation d'une association. Elles décrivent le Neuhof en termes de réussite possible des jeunes et d'une cohabitation enrichissante entre les habitants et tentent de montrer par la positivité de leur propre parcours la possibilité de son extension dans le quartier ; elles sont conscientes des problèmes, mais ne les appréhendent pas comme une fatalité : « En fait, le garçon à partir de 10 ans commence à savoir ce qu'est vraiment la vie. Il va dans le café avec le grand frère, ou il fait ce qu'il fait aujourd'hui. Alors au collège on sait déjà, on ne fait rien. Si on sort, on va faire

---

1. Entretien avec une jeune fille au centre socioculturel, 6 mars 1996.

comme le grand frère. Au contraire, les filles, elles, ont plutôt envie de s'en sortir[1]. »

La qualité de vie au Neuhof se reflète, d'après ces femmes, dans la cohabitation des habitants de différentes cultures et origines : « Il y a une qualité au Neuhof, c'est la familiarité, le mélange. C'est génial. [...] Il y a des couples mixtes ici[2]. »

Les tensions ne sont pas spécifiques au Neuhof, « c'est partout pareil[3] ». Une telle perception du quartier mène à une tout autre évaluation des conflits en son sein : la représentation des tensions entre familles d'origine maghrébine et de gitans sédentarisés peut être citée à titre d'exemple. Ainsi, Karim, le jeune homme qui cherche un logement et un travail, nous décrit un événement à la cité des Aviateurs : « A cause de... j'ai cassé une vitre d'une voiture, à cause d'un vol à la roulotte, j'ai été condamné à deux semaines de TIG [travail d'intérêt général], ce qui peut tourner à un an de prison, quoi, un an de prison pour ça ! Ça dépend... Il y en a qui tuent ici, ça peut faire six, sept ans... une balle en pleine tête, ça arrive au Neuhof, c'est pas grave. Ça dépend du nom aussi... quand on a un nom arabe, c'est pas pareil. Si vous vous appelez, je ne sais pas moi, comme un gitan, Hase, Aal, vous avez un nom comme ça... pour ça, là, vous n'auriez rien eu, vous n'auriez pas fait de prison [...] tout aurait été effacé. Moi, si je m'appelle Haag [...] je vous arrache votre sac, je vous piétine par terre, je ne reçois rien. Je m'appelle Benmedin, je vous bouscule, je fais dix-huit mois... c'est comme ça[4]. » Le jeune homme signale l'existence d'une violence meurtrière entre « Maghrébins » et « gitans » et évoque la discrimination devant la loi française. Naïma, qui prône les qualités de la cohabitation multiculturelle, décrit différemment le rapport entre ces deux groupes de populations au Neuhof : « Il y a des tensions, mais peu de cas de bagarres[5]. »

Bien que la perception de la violence dans le quartier soit avant tout une construction de la personne interrogée en situation d'interview et que, de ce fait, elle ne soit jamais le reflet direct de la réalité, celle de ces jeunes femmes impliquées dans des activités du quartier laisse supposer un indéniable volontarisme. Elles veulent contribuer à établir une « contre-réputation » au Neuhof et tentent d'en transmettre une image positive, tout en connaissant sa stigmatisation par la violence : « Il

1. *Ibid.*
2. Entretien avec Naïma, 22 mai 1996.
3. *Ibid.*
4. Entretien avec Karim, 28 juin 1996.
5. Entretien, 22 mai 1996.

existe une image négative. La violence était une période [1995 ?], mais c'était partout pareil[1]. »

Celles qui n'ont pas pu réussir dans un domaine quelconque n'en transmettent pas moins, elles aussi, une vision plutôt positive du quartier : « Le travail n'a rien à voir avec le quartier, rien à voir avec les racistes. Oui, j'aime bien le Neuhof, le quartier[2]. » Elles n'entendent pas vivre ailleurs. Bien que leur sortie du monde parental soit soumise à des contraintes spécifiques aux filles de familles immigrées, elles ne peuvent que difficilement imaginer une rupture avec la vie au Neuhof, où elles semblent se trouver en sécurité : « Je ne sais pas, je me sentais peut-être perdue [ailleurs], je ne sais pas[3]. » Le sentiment d'un chez-soi protecteur prévaut dans cette perception du quartier ; s'il y a de la violence, elle n'est pas spécifique au Neuhof : « La violence, c'est partout. Je veux dire, ce n'est pas seulement le Neuhof[4]. »

Aux yeux de toutes, les auteurs de la violence au Neuhof sont des hommes, et lorsqu'elles emploient l'expression « les jeunes », la masculinité est toujours sous-entendue – les garçons seraient plus « influençables ». Des jeunes gens « tiennent les entrées » ; les femmes, par contre, iraient à l'école ou chercheraient du travail. Les garçons brûleraient les voitures, les filles, non[5]. Dans la vision des femmes interrogées, les jeunes gens « sortent », alors que les femmes veulent « s'en sortir ».

La différence entre la perception de la violence par les femmes et par les hommes n'est certainement pas toujours aussi catégorique. Certains jeunes gens n'appréhendent pas le quartier uniquement en termes de violence, et leurs propos ressemblent parfois à ceux des femmes : dans ce cas, on peut parler d'une vision féminine bien qu'elle soit exprimée par un jeune homme, vision qui se caractérise par la mise à distance de la violence et par une certaine positivité attribuée au Neuhof. Par contre, dans la perception masculine prévaut l'idée d'une violence subie qui trouve un écho dans la violence du quartier ; celle-ci a des origines sociales et économiques, elle est ce qu'une société inhospitalière exerce sur les jeunes exclus, surtout d'origine immigrée.

---

1. *Ibid.*
2. Entretien avec une jeune femme à la mission locale, 24 septembre 1996.
3. *Ibid.*
4. *Ibid.*
5. Cf. Françoise Gaspard et Farhad Khosrokhavar, *Le Foulard et la République, op. cit.*

Les âges intermédiaires

Dans la tranche d'âge des parents de ces jeunes, la majorité perçoit la violence en termes d'incivilités : les « squats » dans les caves, les boîtes aux lettres cassées et les ordures jetées par la fenêtre semblent en effet être le lot quotidien[1]. Aux yeux des habitants rencontrés, la violence en termes d'agression physique ou verbale est plutôt rare au Neuhof, et ils lient ce phénomène davantage au centre-ville de Strasbourg qu'à leur propre lieu de vie. Néanmoins, leur perception de la drogue et de son trafic rompt avec les descriptions d'une violence plutôt banale : d'après eux, l'existence de la violence au Neuhof a pour cause la drogue, « elle [la violence] est venue avec la drogue[2] ». Dans le même sens, ils parlent de l'insécurité dans la rue ; les incendies de voitures, d'un club de prévention (hiver 1995), du deuxième centre socioculturel du Neuhof (hiver 1995) ou des Abribus ne font pas partie de leur perception de la violence.

Le profil de la violence que les habitants dénoncent ressemble aux statistiques des saisines de médiation de 1995 assurées par l'association SOS-Aide aux Habitants[3]. Les litiges civils ne concernent pratiquement pas la question de la violence, quoiqu'ils témoignent d'une grande détresse sociale, financière et humaine[4] ; les infractions pénales révèlent, par contre, une violence spécifique au Neuhof[5] : les cas de coups et blessures volontaires représentent 28 % (38 dossiers) de l'ensemble de ces infractions, ceux de vol et de recel 10 % (14 dossiers), ceux de vandalisme et de dégradation 10 % (14 dossiers), et enfin ceux de menaces et d'injures 9 % (13 dossiers)[6]. Les cas d'abandon de famille s'élèvent au même niveau que les infractions à la circulation (6 %, 9 cas), le vol avec violence, l'homicide et le viol sont représentés par 3 cas (2 %), l'atteinte à la pudeur par 2 (1 %)[7].

1. Entretien avec des habitants au centre socioculturel de Ballersdorf, 13 février 1996.
2. *Ibid.*
3. Les infractions pénales y représentent 27 %, ou 143 dossiers (24 % en 1994) ; les affaires d'origine civile alimentent 73 % (ou 389 dossiers ; 53 % en 1994) de l'ensemble des médiations menées par cette association (cf. *SOS-Aide aux Habitants*, 1996, p. 9-10).
4. Les litiges civils concernaient, en 1995, 1 accident de travail et 15 conflits avec des assurances, 17 problèmes de voisinage, 51 litiges familiaux, 91 cas de dettes, 105 litiges administratifs et 109 autres litiges (*ibid.*, p. 10).
5. La majorité des demandeurs étaient des habitants, bien que l'association ait reçu des dossiers d'autres quartiers par les bureaux de police et le parquet de Strasbourg (*ibid.*, p. 23).
6. *Ibid.*, p. 10.
7. *Ibid.*

Certes, cette énumération ne reflète pas exactement la violence au Neuhof ou dans d'autres quartiers, car faire appel à une médiation en tant que victime d'un viol ou parent de la victime d'un homicide est certainement plus difficile s'il s'agit de coups et blessures volontaires. Cependant, ces chiffres témoignent de la présence d'une violence interne au quartier, c'est-à-dire entre habitants, possible à n'importe quel moment et avec n'importe quelle personne rencontrée dans le quotidien. Dans ce sens, elle est banale, il lui manque le moment de la provocation, si présent dans les descriptions proposées par la presse. « Les injures, menaces, débouchent souvent sur des violences légères ou coups et blessures volontaires... Les personnes qui se présentent à nos permanences sont parfois les auteurs de l'infraction ou victimes de leurs propres actes [1]. »

Aux yeux des habitants, la thématique de la violence au Neuhof va de pair avec la mauvaise réputation du quartier : la vie y serait « pareille » qu'ailleurs, mais « la mauvaise publicité dans le journal » donnerait une image négative du Neuhof, qui en réalité leur offrirait une bonne qualité de vie, à la base d'une certaine identification avec lui : « Tout ça [les problèmes] n'empêche pas de l'aimer [2] ! »

Les « drogués » posent des problèmes, pas les « jeunes », totalement absents des propos de ces habitants comme auteurs de la violence. Les conflits qu'ils décrivent se déroulent à l'intérieur des familles ou entre voisins : « La violence, non, non, on n'a pas vraiment ça. Il y a plutôt des problèmes dans les familles, les couples [3]. »

L'image que les habitants de l'âge des parents de ces jeunes donnent de la violence et du quartier se caractérise également par la banalité, elle n'est pas aussi spectaculaire que celle perçue par les jeunes gens ou les animateurs. La positivité qu'ils attribuent au quartier ressemble à la perception qu'ont les jeunes femmes de leur lieu de résidence. Les habitants décrivent un quotidien, certes difficile, mais banal.

Les acteurs associatifs

Au Neuhof, deux associations culturelles et cultuelles interviennent dans la vie des importantes communautés maghrébine et turque : l'Association des familles populaires syndicales témoigne de l'héritage d'une conscience politique de gauche et d'une culture influencée par le christianisme social, J'assume est un exemple d'engagement civique

---

1. *Ibid.*, p. 16.
2. Entretien avec des habitants au centre socioculturel de Ballersdorf, 13 février 1996.
3. Entretien avec une « femme-relais », 22 mai 1996.

parmi les jeunes habitants. Color Café se donne pour objectif d'améliorer la communication entre les habitants de tous âges, SOS-Aide aux Habitants assure une assistance juridique et administrative, et Mosaïque est une association de mères de famille qui proposent, entre autres, des repas à midi.

Cette réalité d'un dense tissu associatif crée une base solide pour des réseaux de sociabilité souvent mentionnés par les habitants eux-mêmes comme un élément d'une bonne qualité de vie au Neuhof. La grande majorité des réussites sociales du quartier dont parle la presse provient de l'intervention directe ou indirecte du milieu associatif[1]. Celui-ci n'est pas uniquement une vitrine pour le « bon Neuhof », il a pu se constituer partenaire conflictuel dans les rapports avec les pouvoirs publics. « La tâche est bien délicate : les associations du quartier regroupées en collectif étaient [dans les années 80] porteuses de revendications telles que le dialogue était difficile[2]. » L'ancien chef du projet Neuhof au service du développement social et urbain de Strasbourg parle d'une « habitude de contestation, d'être contre les projets » au Neuhof[3] ; les articles de journaux concernant la politique de réaménagement actuel du quartier révèlent souvent l'opinion critique et bien affichée des habitants par le biais des associations[4].

AGATHE existe depuis 1984. Créée dans le contexte des projets de réhabilitation, cette association a pour objectif « de former la parole des habitants pour qu'ils puissent se constituer comme acteurs dans les affaires qui les concernent » (école, réhabilitation)[5]. Les actions des années 80 se déroulaient en termes de conflit politique selon le clivage gauche/droite : un groupe d'habitants de gauche s'opposait alors à une mairie de droite. Depuis 1989 et l'arrivée de Catherine Trautmann au pouvoir à Strasbourg[6], « c'est vrai, c'est mieux ! », mais d'après une militante associative la mairie actuelle essaie de « municipaliser les associations », et on leur « reproche de ne pas être assez collaborants ». Quelles que soient en ce moment les tensions entre la mairie et le milieu associatif du Neuhof, les associations comme AGATHE ont rendu possible la mobilisation des habitants sur les questions de leur

1. Cf., par exemple, les articles sur le groupe de rap NAP, *Dernières Nouvelles d'Alsace*, 21 janvier 1994, ou sur le prix national de kick-boxing, *Dernières Nouvelles d'Alsace*, 7 décembre 1994.
2. Paul-André Gaide, « Le quartier du Neuhof », art. cité, p. 87.
3. Entretien, 6 mars 1996.
4. Cf., par exemple, *L'Alsace*, 28 novembre 1995.
5. Entretien avec une permanente de l'AGATHE, 25 septembre 1996.
6. Les entretiens se sont déroulés avant sa démission de la mairie de Strasbourg en tant que ministre du gouvernement Jospin.

vie quotidienne – en tout cas, elles y ont contribué. La dimension conflictuelle introduite par la mobilisation associative au niveau politique a permis, entre autres, que se développent diverses activités sociales et culturelles qui constituent aujourd'hui la vitrine du « bon Neuhof ».

La violence est ici largement perçue en termes de déficit d'engagement des habitants ou de moyens politiques, de manques auxquels on peut répondre par des activités associatives. Pour les militants associatifs, la violence n'est pas une fatalité : le dialogue et la prise au sérieux des demandes des habitants pourraient changer la situation. La violence est alors perçue comme un appel à l'initiative, car elle est, en effet, le résultat d'une violence subie, la conséquence de l'injustice (Color Café) et du manque d'autonomie des habitants (AGATHE), phénomènes qu'il faut combattre. La solidarité et la mobilisation des habitants, selon ces militants associatifs, sont possibles sur certains enjeux comme le logement [1].

Les responsables associatifs tentent, en effet, d'appréhender le Neuhof comme une unité, perception qui peut amener à construire, comme chez les animateurs, une opposition nette entre l'« intérieur » et l'« extérieur ». Ce dernier ne comprendrait pas les besoins des habitants : ainsi, tandis que la permanente de l'AGATHE déplore le problème du temps qui s'écoule entre l'expression des demandes et leur réalisation par les responsables politiques extérieurs, le fondateur de Color Café souligne la méconnaissance des problèmes de l'« intérieur » par l'« extérieur ». A l'injustice s'ajouterait l'hypocrisie des « institutionnels » : le sentiment qu'ont les habitants qu'ils mentent intentionnellement les rend odieux et donne, en partie, la clé de la violence de certains jeunes contre des locaux associatifs dont ils se servent pourtant quotidiennement pour leurs propres besoins en matériel, en jeux, etc. Ici, la violence est l'expression de la révolte contre ceux qui vous « mènent en bateau » et vous humilient par leur hypocrisie, par leur langage faussement cordial, par leur attitude faussement fraternelle.

En conclusion, la perception de la violence par les militants associatifs se situe entre l'image de la violence subie par les jeunes gens et celle de la banalité d'un quartier en difficulté, telle qu'elle apparaît aux habitants d'âge intermédiaire. Sa particularité réside dans le fait de désigner une injustice. Cet acte est, certes, la base primordiale de toute action associative. Dans le contexte de la perception de la violence, il permet de dépasser la passivité de la victime et son acceptation d'une

---

1. Entretien avec une permanente de l'AGATHE, 25 septembre 1996.

violence quotidienne, anonyme et banalisée qu'elle contribuerait à perpétuer, par sa propre inertie et par ses propres réactions.

Les médias

Les médias jouent un double rôle dans la violence au Neuhof : ils nourrissent la perception publique du quartier et d'une certaine forme de violence à Strasbourg, attirant l'attention nationale sur la ville et ses phénomènes spectaculaires ; et ils font partie de l'interaction sociale qui produit de la violence au Neuhof comme dans d'autres quartiers de la ville, avec de ce fait un rôle quelquefois moteur non seulement dans la couverture de la violence, mais aussi dans sa distorsion, voire dans son amplification [1]. A cela s'ajoutent des effets paradoxaux d'occultation. En effet, dans les départements du Haut-Rhin et du Bas-Rhin, ce sont essentiellement les villes de Strasbourg et de Mulhouse qui attirent l'attention : la violence y est médiatiquement captée, traitée, transmise et, surtout pour Strasbourg, nationalement relayée par les grandes chaînes ; mais celle qui sévit à Colmar est plus ou moins tue, on en parle peu et, quand cela se produit, elle n'a pas l'écho escompté au niveau régional, encore moins au niveau national. C'est qu'il y a comme la fixation d'un modèle préétabli pour ce qui est de la violence dans ces départements, où les rôles sont en quelque sorte pré-attribués : Strasbourg en premier lieu, Mulhouse en second.

Maints interlocuteurs signalent l'incitation à l'acte que sont les reportages, surtout télévisés, pour les jeunes auteurs de la violence urbaine [2], et des journalistes régionaux de France 2 eux-mêmes le reconnaissent.

La télévision

« Ça fait un an et demi, quand il y avait des événements, des jeunes avaient brûlé une Ferrari. On est partis pour couvrir ça, et le lendemain une autre bande a brûlé un bus. C'est la surenchère, et c'est à cause de nous [3]. »

1. Dans certains cas, et dans plusieurs villes, des journalistes ont encouragé, voire rémunéré, des jeunes pour qu'ils perpètrent des violences spectaculaires (en incendiant les voitures, par exemple), se fassent passer pour des détenteurs d'armes à feu, etc.
2. Entretiens avec le commissaire central, 12 février 1997 ; et avec un ancien responsable du centre socioculturel, 23 janvier, 13 février et 5 mars 1996.
3. Entretien avec un cameraman, 28 mai 1997.

Les journalistes télévisuels rencontrés lors de la recherche témoignent d'une grande sensibilité quant aux conséquences de leur travail ; ils analysent la logique institutionnelle de la télévision et ses effets pervers. D'après eux, les demandes de « sujets » pour les informations nationales sont en général formulées par la rédaction parisienne, et 10 % seulement des sujets transmis relèveraient de propositions des journalistes régionaux. Un sujet doit avoir pour qualité d'« être vendable », il faut des thèmes « qui branchent les gens »[1]. Cette façon de travailler mène les journalistes interrogés à remettre en question la qualité de leur profession : « On travaille comme des pompiers, pas comme des journalistes », « On n'est plus journalistes, on est réalisateurs »[2].

Depuis quelques années, selon ces journalistes, la couverture des événements, à l'imitation servile de TF 1, adapte l'offre des thèmes à la demande des téléspectateurs. Pour cela, il faut faire du spectaculaire, ce qui aboutit à marginaliser les journalistes locaux, qui connaissent bien les affaires et pourraient donner une vision équilibrée des choses, au profit de confrères qui débarquent de Paris sans connaissance du terrain et assurent une couverture unilatérale de la réalité. Mais le choix d'un sujet pour une couverture télévisuelle ne relève pas pour autant, d'après eux, de l'initiative ou d'une idée de la rédaction parisienne : la dépêche d'une agence de presse ou l'article d'un grand journal parisien sont, en général, à l'origine d'une demande formulée par « Paris » et adressée aux journalistes régionaux. C'est pourquoi la presse écrite nationale exerce une influence déterminante sur le contenu des actualités télévisées.

Ces journalistes de France 2-Strasbourg avaient réalisé entre le 22 mars et le 7 avril 1995 un dossier sur les incendies de voitures à Strasbourg, dont le nombre élevé (publié par la préfecture) les avait étonnés. A l'époque, « Paris » ne s'intéressait pas à ce sujet, et le dossier a été diffusé le 21 juillet 1995 dans le vide de l'été, à 13 heures, à un moment où il y avait peu d'audience. En octobre 1995, *France-Soir* titre à la « une » « A feu et à sang », avec la photo d'une voiture brûlée à Strasbourg. A partir de ce jour, les journalistes locaux ont été tous les jours mis à contribution par « Paris » pour des images de voitures brûlées ; une équipe de la capitale est même venue pour tourner un reportage au Neuhof : « Comme ça, le phénomène a été amplifié pendant deux semaines. [...] En conséquence, davantage de voitures ont brûlé[3]. »

---

1. Entretien à France 2, 28 mai 1997.
2. *Ibid.*
3. *Ibid.*

Par ailleurs, selon ces mêmes journalistes, un sujet d'actualité doit être filmé et constitué avec une telle rapidité que, bien souvent, ils ne disposent pas du temps nécessaire pour entreprendre des recherches approfondies ou se laisser imprégner de l'ambiance locale. Dans ces cas, la logique commerciale bien sûr domine, et il n'est alors pas étonnant que la plupart des acteurs sur le terrain ne se reconnaissent pas dans la retransmission des faits, qui dure entre trois et cinq minutes.

Dans la perspective nationale, le quartier spécifique de Strasbourg où les voitures incendiées sont filmées a peu d'importance, son nom a très rarement une signification précise pour les spectateurs de Marseille, de Caen ou de Lille. Il ne semble donc pas que le Neuhof ait acquis une réputation nationale lors de la période de transmission intense des faits violents en automne 1995. Cependant, l'image de Strasbourg tout entière a été entachée par les phénomènes de violence dans l'opinion publique. La portée de cette médiatisation au niveau national réside, en effet, dans sa nouveauté : cette ville, connue pour sa richesse, pour son caractère européen et pour sa tranquillité bourgeoise, n'était guère associée jusqu'alors à l'image de la violence urbaine. Par contre, au niveau local, l'annonce du nom des quartiers mis en cause par la transmission télévisuelle s'intègre pour les Strasbourgeois et les habitants des environs dans une géographie urbaine déjà porteuse de références sociales et de réputation. Cette médiatisation de la violence dans les quartiers de Strasbourg a contribué à confirmer leur image déjà passablement dégradée, elle a renforcé une stigmatisation qui existait bel et bien auparavant et qui est nourrie au quotidien par le travail de la presse écrite locale. Déjà auparavant, le Neuhof se trouvait au centre de la médiatisation par la violence de ses jeunes d'origine étrangère ; mettant à profit cette image évocatrice de la violence, le journaliste oriente ses recherches vers l'endroit où il estime avoir le plus de chances de trouver du spectaculaire qui soit en même temps crédible : « On va là où il y a le plus[1] ! »

Cette démarche professionnelle, justifiée par la logique du travail journalistique, mène à la construction ou au renforcement des archétypes : pour la ville de Strasbourg, le Neuhof est *le* lieu de la violence urbaine et de l'insécurité. Le quartier, on le sait, remplit toutes les conditions (situations démographique, économique et sociale, histoire d'une mauvaise réputation et événements de violence) pour prêter le flanc à la disqualification totale qu'apporte une violence démultipliée par la mise à feu de voitures.

1. *Ibid.*

Une autre conséquence de cette médiatisation est la sensibilisation du public et des pouvoirs publics au quartier et à ses problèmes. Ainsi, avant l'automne 1995, un des deux journalistes de France 2 avait fait une émission sur la violence autour de la mort de deux jeunes délinquants[1], qui a été la première à traiter des voitures incendiées et a exercé une influence considérable sur la ville, en particulier sur la police et la préfecture. Suite à ce magazine de vingt-six minutes, un centre pour enfants délinquants, montré dans l'émission, a pu recevoir son statut définitif auprès de la DDASS, et il semble que la police a accru ses efforts dans la lutte contre les incendies : ceux-ci ont en effet diminué, ce qui a amené les compagnies d'assurances à baisser leurs tarifs dans la région.

Certains jeunes des quartiers en difficulté à Strasbourg ont bien compris la logique de l'intervention de la télévision, la signification de la médiatisation par images, sa capacité de sensibilisation du public et ses effets pervers. Ils utilisent les médias visuels pour se donner en spectacle festif, pour provoquer ou pour rendre publique leur situation de marginalisation et souligner en même temps une logique de fragmentation sociale selon les quartiers. Karim en décrit les conséquences : « Parce que le Cronenbourg et le Neuhof, c'est un peu le pôle Sud et le pôle Nord. – Pourtant, la situation est pareille. – Justement, c'est ça. On dirait, ils font de la concurrence pour que leur quartier soit plus moche que l'autre[2]. »

La presse locale

La presse écrite locale joue un autre rôle. Elle est moins disposée à transmettre du spectaculaire que la télévision ou les photos. Son impact ne se situe, en effet, pas sur le court terme, mais à travers la continuité de ses publications[3] ; celles-ci forgent l'image d'un quartier et de sa spécificité, qui peut par la suite être exploitée par la télévision en corroborant les préjugés, voire en créant de toutes pièces une « identité violente » pour un territoire qui n'en souffre pas nécessairement beaucoup plus qu'un autre. Ainsi, la violence du centre-ville à Strasbourg n'a rien à envier à celle du Neuhof, mais, compte tenu de l'importance symbolique du centre, on ne la met pas sur le même pied

1. *Les Incasables*, diffusé sur France 3 en septembre 1995.
2. Entretien, 28 juin 1996.
3. Cf. Fabrice Dhume, « Violences urbaines et (re)présentations », *Hommes et Migrations*, n° 1020, septembre-octobre 1997.

que celle de Cronenbourg et du Neuhof : ce qui est perçu comme un fait structurel dans ces quartiers est traité en tant que phénomène transitoire ou marginal dans les avenues chic de la ville.

Certains journalistes tentent de mettre en valeur la spécificité locale, estimant que les quartiers alsaciens ne sont pas la banlieue parisienne, avec sa violence et son insécurité[1] ; cependant, dans la description des désordres et des incendies, force est de reconnaître des traits qui rapprochent certains quartiers de Strasbourg des banlieues d'autres villes : au Neuhof, par exemple, les jeunes (quelquefois de moins de 15 ans) « caillassent » les forces de l'ordre ou se comportent de manière incivile[2]. Pour caractériser les troubles et les désordres, la presse fait parfois appel à des dénominations qui évoquent presque directement l'arabité des jeunes ou leur africanité et, indirectement, leur non-francité : on parle, pour ce qui est des jets de pierres aux forces de l'ordre, de « l'Intifada version banlieue[3] », ou bien on combine Intifada et « guérilla urbaine » pour donner une vision de quartiers hors de l'ordre républicain, voués à la violence[4]. Souvent, celle-ci opère dans un duo où Mulhouse et Strasbourg se disputent la vedette – ainsi en est-il des incendies : dans le même titre, on dénombre « Six voitures incendiées à Mulhouse, quatre à Strasbourg[5] » ; mais on prend soin toutefois, dans un esprit régional, de souligner que, malgré les bouffées de violence, ces villes ne se comparent pas au reste de la France[6]. Quelquefois, l'image des États-Unis apparaît lors de comparaisons où on fait ressortir autant les parallélismes troubles que les différences : on peut encore, ici, parer aux violences sans qu'elles échappent au contrôle des uns et des autres, comme c'est le cas dans des villes américaines où la police ne pénètre pas dans certains quartiers[7]. Malgré des descriptions qui peuvent corroborer l'idée que la violence dans les quartiers difficiles de Strasbourg n'est pas foncièrement différente de celle qu'on observe ailleurs, on déplore que la télévision nationale en fasse une « ville de violences urbaines[8] ». Par-

---

1. Voir « A la reconquête de la ville » (le journaliste rapporte les propos du préfet de région), *L'Alsace*, 30 mars 1995.

2. Voir « Des cailloux faute d'espoir », *L'Alsace*, 29 juillet 1997.

3. Cf., dans *Dernières Nouvelles d'Alsace* (25 août 1995), « La guerre des mondes », titre significatif, en référence peut-être au thème de la guerre des civilisations de Huntington, qui a été banalisé par la presse.

4. Cf. « Dans l'univers nocturne des quartiers sensibles », *Dernières Nouvelles d'Alsace*, 31 août 1995.

5. *Dernières Nouvelles d'Alsace*, 30 octobre 1995.

6. Voir « Violence : il suffit d'un rien... » (avec un encadré : « Mulhouse n'est pas Vaulx-en-Velin »), *L'Alsace*, 14 octobre 1995.

7. Cf. « Ces banlieues qui font peur », *Dernières Nouvelles d'Alsace*, 23 octobre 1995.

8. « Violences urbaines : pour les vraies solutions ! », *Dernières Nouvelles d'Alsace*, 31 octobre 1995.

fois, la préoccupation se déplace des quartiers difficiles vers la ville elle-même, qui serait menacée de contamination, surtout dans des endroits symboliquement centraux comme l'avenue Kléber, l'Esplanade et, plus globalement, le centre-ville : ce n'est plus alors la périphérie qui est atteinte, mais le cœur même de la ville européenne où se loge l'identité urbaine, voire régionale[1].

Dans l'ensemble, la presse régionale oscille entre le thème d'une révolte extérieure à la ville (d'où l'image de l'Intifada), celui d'un désordre semblable à celui des autres banlieues du reste de la France mais qui ne s'en différencie pas moins (le stade de violence de Vaulx-en-Velin n'est pas atteint, ni celui des banlieues parisiennes), celui d'une marche vers la mondialisation à travers l'épouvantail américain des villes-ghettos où la police ne pénètre pas, et celui d'une menace diffuse sur Strasbourg et son identité. L'analyse factuelle de chaque trouble urbain renvoie souvent aux particularités de la région et souligne constamment l'urgence de l'intervention des autorités municipales et de l'État pour la restauration de l'ordre.

Les incendies rapportés par la presse locale peuvent entraîner une violence au second degré, comme celle qui se manifeste dans l'agression des pompiers : dépêchés sur place pour éteindre le feu, ces derniers sont parfois, nous l'avons vu, accueillis par des jets de pierres destinés à les empêcher d'accomplir leur tâche. Selon certains acteurs institutionnels[2], un pourcentage non négligeable des pompiers sont des électeurs du Front national et auraient une attitude méprisante à l'égard des jeunes des quartiers en difficulté ; mais quoi qu'on dise des convictions politiques et du vote des sapeurs-pompiers de Strasbourg, d'une part, cela ne saurait s'appliquer à leur ensemble et, d'autre part, il serait abusif de ne pas voir comment en eux les jeunes fustigent une image de l'ordre, indépendamment de leur opinion politique.

Les pompiers représentent l'ordre de la société et des adultes, l'uniforme qu'ils portent en fait des agents de l'ordre, ils sont de l'« autre côté » pour de nombreux jeunes. Ayant une situation stable, ils représentent, au même titre que la police et les agents de services de transports, une société qui mépriserait les jeunes. Lorsqu'ils arrivent dans les quartiers pour éteindre le feu, ils imposent à leur corps défendant l'ordre de l'« autre côté » : en ce sens, ils sont de l'« extérieur » et en représentent les normes.

---

1. Cf. « Radiographie d'une fracture sociale », *Dernières Nouvelles d'Alsace*, 14 octobre 1995.

2. Entretiens avec un responsable du centre socioculturel à Ballersdorf, 23 janvier et 13 février 1996.

A ce sujet, il faut distinguer deux types d'intervention des pompiers : lorsqu'ils sont appelés pour éteindre des feux dans les appartements du Neuhof, d'après notre expérience personnelle, on ne les empêche pas d'opérer ; par contre, s'il est question de voitures incendiées, ils sont perçus comme contrariant le jeu des jeunes, mettant fin à la fête qu'ils se donnent et dont ils veulent rester les maîtres – quand il s'agit de voitures volées par des délinquants, l'action des pompiers peut être perçue comme entravant leur volonté de faire disparaître les traces du délit (empreintes digitales, etc.) ; parfois aussi, des particuliers tentent de mettre le feu à leur voiture pour se faire rembourser par les assurances et l'intervention de jeunes peut alors être orchestrée avec des délinquants pour gêner l'action des pompiers.

Il existe par ailleurs une dimension de « potlatch » dans ces jeux incendiaires. Les jeunes gens vivent en effet un état de surexcitation dans la destruction de la voiture et dans la parade où les uns surpassent les autres en intrépidité ; la tension fait ainsi partie intégrante de la situation, et les pompiers jouent un rôle de trouble-fête. A côté de cela, le regard de travers d'un pompier fatigué, énervé, peut être interprété comme une expression raciste et suffit pour faire monter la tension jusqu'à l'agression physique.

Le lecteur d'un article sur l'agression de pompiers par les jeunes n'appréhende pas la situation dans un tel contexte : l'attaque de sauveteurs au cours d'un incendie irresponsable ou criminel (ou les deux à la fois) est l'élément central qui structure sa perception.

La violence rapportée par la presse écrite atteint encore un troisième degré quand les CRS interviennent : aux yeux d'un lecteur, ces événements, assez rares, prouvent la rupture des cités avec la société.

L'endommagement des biens publics trouve un large écho dans la presse locale. La détérioration des cabines téléphoniques et des Abribus est relatée dans des articles de la période du Nouvel An, où elle semble liée aux débordements de la fête. Si la dégradation est dirigée contre les transports publics (en l'occurrence contre la CTS), l'explication en termes de provocation raciste ou de stigmatisation de quartier n'est jamais suggérée par les journalistes, et le lecteur ne perçoit que l'agressivité des auteurs du délit. Une permanente de l'association AGATHE remarque d'ailleurs que tout incident sur la ligne 14 est localisé par la presse au Neuhof, bien que le bus traverse d'autres quartiers de la ville[1].

Une dernière catégorie de violence rapportée par la presse écrite

1. Entretien, 25 septembre 1996.

touche la délinquance, en particulier le vol. Celui-ci ne comporte aucun élément spécifique en ce qui concerne le Neuhof ou d'autres quartiers de Strasbourg ; la cité des Aviateurs, le sous-quartier du Neuhof, fait par contre exception : elle est mentionnée à plusieurs reprises en cas de vols ou d'arrestations, et le lecteur retiendra son nom à force de le trouver dans la presse.

Cette évaluation de la presse ne permet pas d'en déduire la surreprésentation des événements violents au Neuhof par rapport à d'autres quartiers. Il n'en demeure pas moins que ce quartier occupe une place importante dans l'ensemble des articles et que le lecteur de journal a le nom du Neuhof toujours sous les yeux. Bien qu'il existe aussi des articles relatifs à la vie quotidienne dans le quartier ou aux réussites de ses habitants, la régularité des informations sur des événements violents impose une mauvaise réputation, et la perception publique lie alors dans une large mesure le quartier avec la violence urbaine. L'autoviolence (la toxicomanie par exemple) ou le sentiment d'une violence subie (comme le racisme) n'occupent pas une place importante dans la transmission des informations par la presse, alors que ces deux formes de violence sont pourtant celles qui prédominent dans la perception des habitants du quartier ou des acteurs institutionnels travaillant sur le Neuhof.

Rien ne permet de parler d'une violence « neuhofienne » typée. Mais les conduites violentes d'une partie des jeunes de Strasbourg s'intègrent mieux dans l'image d'un quartier réputé pour ses difficultés et son écart de la ville. Plus encore, leur évocation répond exactement aux angoisses sociales et économiques de la population en général : le conducteur de bus et le chauffeur de taxi qui lisent dans les journaux des articles sur les incendies et voient les agressions des pompiers de la nuit précédente aux actualités télévisées se trouvent confirmés dans leur représentation – même si la voiture a été incendiée à Elsau, l'image du Neuhof s'impose dans l'imaginaire. La violence qui concerne l'« extérieur » – les agressions des pompiers, les affrontements avec la police ou les CRS et les dégradations des biens publics – a plus d'intérêt pour le public que la violence silencieuse et autodestructrice : la première est plus facile à comprendre puisqu'elle s'intègre aisément dans l'image construite. En ce sens, comme la télévision, la presse écrite souscrit par le choix de ses sujets sur la violence à une conception « imagée » de l'information où une hiérarchisation implicite contribue à stigmatiser certains quartiers.

Sortir de la violence

Dans une situation de pauvreté et de manque de ressources culturelles et politiques, l'action est toujours difficile à construire, et largement hétéronome. Elle attend beaucoup d'acteurs extérieurs à la situation, qu'il s'agisse de forces politiques, d'intellectuels ou encore de responsables institutionnels. L'expérience du Neuhof montre que ce quartier n'est pas un désert social et culturel et que, non sans de grandes difficultés, des acteurs savent rechercher les voies individuelles et collectives d'une sortie de la violence par le bas.

L'action d'en bas

La construction d'une individualité par le biais de la musique, de l'action associative, du travail, du dialogue institutionnel ou de l'islam permet à certains jeunes du Neuhof de surmonter leur sentiment d'être des victimes désespérées. Les propos des uns et des autres sur la violence se modulent selon leur réussite relative dans la vie : celle-ci constitue l'élément central d'une subjectivité qui transforme l'agression d'une violence subie en responsabilité envers l'autre, envers le quartier, ou, simplement, en envie d'aider les autres à s'en sortir.

Parmi les stratégies visant à dépasser l'état de la violence subie, il faut distinguer les démarches centrées sur le Moi de celles qui s'ouvrent vers l'action sociale. Les premières sont illustrées par l'exemple d'un jeune homme qui place le langage au cœur des difficultés : « C'est un problème de langage si les gens ne trouvent pas de travail[1]. » A 28 ans, Omar tire son revenu de petits boulots et habite chez sa mère, algérienne. L'essentiel dans sa vie est le cinéma, le théâtre et les livres ; une bonne culture générale et un français soigné lui permettent de s'intégrer et de « se sentir bien dans sa peau ». Parlant de son ami marocain au chômage il dit : « Il faut être heureux. Mais lui, il est trop compliqué[2]. » Cet ami appréhende entièrement ses difficultés en termes de racisme et de stigmatisation des musulmans. Omar, lui aussi, connaît le racisme et se trouve confronté à la stigmatisation dans sa vie quotidienne, mais il ne se considère pas uniquement comme une

1. Entretien à la mission locale, 24 septembre 1996.
2. *Ibid.*

victime puisque la culture l'aide à sortir de la violence subie et à constituer le noyau de son identité ailleurs que dans l'affrontement avec une société qui rejette ses semblables ; la subjectivation permet à Omar de construire un sens. Dans ce cas, ce n'est pas le travail, mais le savoir, l'éducation culturelle et la distanciation par rapport au sentiment de victimisation qui permettent la construction d'une subjectivité autonome – on est tenté de dire que l'idéal de la *Bildung* est le moyen dont use Omar pour sortir de la violence et de l'ennui de la cité.

La difficulté qu'affrontent les jeunes est, comme il le remarque, le sentiment d'être « paumés », d'être victimes, qui empêche une construction positive de soi par la distanciation et par le refus de la fatalité de l'exclusion. Omar comprend bien que les exclus ont d'abord à livrer combat contre leur propre désespoir, contre leur sentiment d'être condamnés à perpétuité à la passivité d'une victime qui ne peut que marquer sa haine de la société tout en souffrant en silence de sa marginalité. Une des priorités des politiques devrait donc être d'aider les jeunes à prendre conscience que l'enfermement dans la victimisation ne résout aucun de leurs problèmes et que, au contraire, il rend toute solution impossible. Ruminer à longueur de journée son impuissance face à l'omniprésence du racisme et de l'exclusion rend définitivement les jeunes victimes de leur propre enfermement mental dans une situation paranoïaque. Les jeunes femmes, pour des raisons qui tiennent à leur éducation au sein de la famille, mais aussi à la perception moins défavorable qu'a la société envers les filles d'origine maghrébine, s'en sortent mieux : elles refusent la fatalité de la victimisation et elles arrivent mieux à construire une image positive de soi et de l'autre dans la société.

Trouver un emploi qui garantisse une certaine stabilité est évidemment un autre moyen de sortir de la violence. Le travail impose, en effet, une temporalité qui arrache l'individu à l'état de « paumé », il implique une autonomie financière qui peut être un facteur important dans le processus subjectif. Les animateurs d'un centre socioculturel du Neuhof, déjà évoqués, en sont un bon exemple : bien que précaire, leur poste leur a permis de prendre un « autre chemin » que celui de la drogue et de l'isolement dans la misère. L'un des deux décrit son parcours par un « avant » et un « après » de l'embauche au centre ; le travail comme animateur lui a permis de « s'ouvrir » aux autres, de s'assumer lui-même, de sortir de l'impasse de la drogue. Bien que cet animateur exprime toujours un fort sentiment de violence subie, il voit grâce à ses propres expériences des possibilités d'action, mais exclusivement à l'« intérieur » du quartier – l'« extérieur » ne l'intéresse pas, car tout y serait mensonger ou faux.

La séparation tranchée entre l'« intérieur » et l'« extérieur » du quartier peut dans certains cas représenter un autre moyen de surmonter la victimisation ; elle permet de libérer le quartier de la violence qui le surplombe aux yeux de beaucoup d'habitants. Une expérience positive liée à l'« intérieur » du Neuhof peut alors amener l'individu à tracer des frontières et à surmonter le flou qui entoure son sentiment de violence, frontières qui lui permettent de construire l'action malgré la violence subie.

Ce qu'apporte aux uns la culture ou le travail, d'autres le trouvent dans la pratique du sport, ou de l'art. Neuhof-Contact est une association qui propose de la boxe. Pour son responsable, il s'agit « de donner un cadre à l'agressivité, à la violence par la boxe [1] » : « La boxe, c'est d'abord le sport des pauvres, des exclus. [...] C'est canaliser l'explosion [...]. Dans le ring, c'est le combat de la vie, ça se voit. Un bourgeois n'a pas la même capacité parce que cette capacité s'apprend dans la vie quotidienne, la vigilance, la réaction, etc. [2]. » L'apprentissage de la boxe, d'après lui, est un moyen de surmonter la violence arbitraire, mais aussi un outil de formation subjective ; la boxe permet d'être soi-même : « ... c'est en fin de compte "être moi", c'est-à-dire se dire "je suis capable d'aller en ville" [3] » – un tel propos est une indication de l'importance de la subjectivité dans les offres d'activités : elle occupe une place centrale dans les propositions des acteurs institutionnels pour sortir de la violence.

Le groupe musical du Neuhof, NAP, illustre l'image d'une construction subjective par l'action culturelle. En même temps, ces musiciens montrent que la démarche individuelle peut se tourner par la suite vers autrui, que, à partir de la constitution du Moi, on s'ouvre ensuite vers le prochain. Leur récit sur la musique et ses fonctions retrace clairement le processus subjectif qui se tourne vers l'« autre », vers l'action sociale par la pratique de l'art. Ces jeunes construisent dans un premier temps une individualité par le « délire » de la musique : ainsi, ils s'émancipent de l'image des plus âgés, des « délinquants ». Conscients de leur propre parcours et de leur propre travail subjectif, ils découvrent dans un second temps leur responsabilité comme acteur social et culturel – ce processus est difficilement réalisable sans l'expression religieuse que développent ces musiciens et dont nous parlerons par la suite. La musique devient leur procédé personnel pour sortir de la violence et, en même temps, un moyen social de la combattre dans le

1. Entretien, 6 mars 1996.
2. *Ibid.*
3. *Ibid.*

quartier. Cette démarche se retrouve chez la majorité des acteurs associatifs : une réussite scolaire, la pratique de la boxe (ou d'autres sports, d'un art…) peut déclencher le processus ; l'expérience individuelle est la base sur laquelle l'action sociale (associative) pourra se construire par la suite.

L'islam

L'islam occupe une place importante et décisive dans la stratégie de certains jeunes pour surmonter la violence dont ils se sentent victimes ou qu'ils ont envie de faire subir à une société qui les stigmatise. Au Neuhof, c'est non pas une, mais plusieurs religiosités islamiques qui se croisent et cohabitent[1] : on y trouve une salle de prière de la communauté maghrébine et une autre, turque. En fait, le cadre de l'analyse de l'islam trouve son unité bien plus au niveau de la ville de Strasbourg qu'à celui d'un quartier comme le Neuhof.

Selon Michel Reeber[2], deux tendances fortes occupent l'espace musulman au niveau institutionnel à Strasbourg : Milli Görüs[3] parmi les croyants turcs, l'UOIF[4] et l'AEIF[5] dans la communauté maghrébine. La « grande mosquée » de Strasbourg est plutôt marocaine, étant donné la prédominance des Marocains parmi les immigrés maghrébins strasbourgeois[6]. Elle offre un grand espace où elle propose diverses activités, et dispense entre autres un enseignement religieux à quatre cents élèves[7]. Le recteur souligne l'importance d'un islam français, voire européen, dont la constitution passe, d'après lui, par l'établissement d'une formation française des imams. Strasbourg représenterait le seul endroit possible pour un institut universitaire théologique islamique, et, grâce au Concordat et à l'existence de tels instituts pour le judaïsme et le christianisme à l'université strasbourgeoise, cette idée s'impose, en effet, à de nombreux esprits (des intellectuels comme

1. Pour une analyse de ces formes de religiosité et leur typologie dans les quartiers difficiles, cf. Nikola Tietze, *L'Entrée en religion et la Culture musulmane dans les espaces publics français et allemand* (DEA), Paris, Éd. de l'EHESS, 1995. Pour une typologie à base de l'exclusion et de la génération, cf. Farhad Khosrokhavar, « L'islamisation des jeunes », *in* Alain Obadia (dir.), *Entreprendre la ville, op. cit.*
2. Entretien, 12 février 1996.
3. Milli Görüs est une fédération d'associations sunnites turques en Europe. Elle est liée (financièrement et à travers des personnes) au parti politique Refah en Turquie.
4. Union des organisations islamiques de France.
5. Association des étudiants islamiques de France.
6. Cf. *Le Monde*, 4 avril 1997.
7. Entretien avec le recteur de la mosquée, 7 mars 1996.

Mohammed Arkoun l'ont soutenue dans le passé) : des négociations et les premières tentatives sont déjà en cours, dont témoigne par exemple le projet d'une faculté de théologie musulmane dans cette université[1]. Mais, indépendamment de l'éventuelle réalisation d'une telle idée, le recteur de la mosquée affirme ainsi son identité « strasbourgeoise ». Celle-ci va, certes, de pair avec l'expression d'un islam français, mais elle implique surtout l'ouverture européenne : « Un tel institut peut être le départ pour donner à l'islam une dimension européenne[2]. »

Au centre-ville, la mosquée de la tour des Pêcheurs, qui est celle des Turcs, fonctionne plutôt comme une communauté de diaspora : on y enseigne par exemple le turc et la culture turque, et le prêche du vendredi est en turc (sans traduction)[3]. Nous n'y entendons pas une réflexion semblable sur la nécessité d'un islam français ou européen, cependant on nous explique les stratégies pour protéger les enfants turcs de la délinquance et de la mauvaise influence des quartiers en difficulté. L'ambiance dans la mosquée, les difficultés à poursuivre une conversation sans l'aide d'un interprète et les propos des responsables témoignent de la « jeunesse » de cette communauté de croyants en France, mais aussi de leur capacité (ou de leur habitude ?) à gérer la situation d'exil.

Bien que les rapports entre croyants d'origine turque et maghrébine ne soient pas faciles, les grandes fêtes de l'année musulmane (l'Aïd al-Fitr et l'Aïd el-Kebir) sont célébrées ensemble. L'organisation de ces fêtes témoigne de la particularité de la situation de l'islam à Strasbourg : avec l'aide de la mairie, les communautés strasbourgeoises louent un hall de foire. Certes, les querelles entre tendances culturelles et politiques existent à Strasbourg comme ailleurs en France – les conflits autour de la construction d'une « mosquée-cathédrale » en donnent l'exemple –, mais la célébration commune des fêtes représente une tentative importante pour les surmonter et se constituer comme acteurs politiques vis-à-vis de la municipalité.

La façon dont se présente l'islam à Strasbourg tient au pragmatisme dont témoignent les politiques municipales[4]. Depuis le second mandat

1. Cf. *Die Zeit*, 3 janvier 1997.
2. Entretien avec le recteur de la mosquée, 7 mars 1996.
3. Entretien à la mosquée de la tour des Pêcheurs, 5 mars 1996.
4. « Cela ne veut pas dire que la Ville va prendre elle-même des initiatives au nom des musulmans. Je crois que c'est aux musulmans eux-mêmes de les prendre et de s'organiser. La Ville n'a pas à choisir non plus ses interlocuteurs parmi les musulmans. En revanche, elle doit être disposée à lever les obstacles et à éviter que de faux obstacles ne viennent entraver la marche du processus, en particulier éviter que le droit de préemption ne soit invoqué de façon abusive (lorsqu'il s'agit d'acheter des terrains pour la construction des

de Catherine Trautmann, les questions relatives à la communauté musulmane de Strasbourg font partie du domaine de la responsabilité de l'adjoint au maire chargé des cultes et de l'éducation, tandis qu'avant elles étaient du ressort de l'adjoint pour l'intégration : « La décision de Catherine Trautmann de conférer à l'adjoint chargé des cultes les questions relatives à l'islam a une signification politique claire : c'est en tant que croyants, en tant que fidèles, que les musulmans de Strasbourg sont pris en considération ; les problèmes liés à l'exercice du culte sont traités en tant que tels, comme ils le sont pour les chrétiens et pour les juifs [1]. »

Cette politique des responsabilités donne leur spécificité aux musulmans strasbourgeois et signifie leur reconnaissance publique par la municipalité. Elle est censée se concrétiser « par des gestes positifs » et une sorte de « caution morale » de la part de la mairie [2] : il ne s'agit pas d'intégrer l'islam dans le système concordataire de l'Alsace-Moselle (celui-ci touche le christianisme et le judaïsme, pas l'islam), mais d'aider la communauté à « mieux vivre ».

Les « lois locales » qui constituent entre autres la spécificité alsacienne du statut de la religion dans cette région fondent un terrain favorable, outre l'aide pratique pour l'introduction de l'islam dans la cité [3] – elles peuvent par exemple régler l'enseignement de la religion musulmane à l'école. La situation juridique et l'histoire particulière du Concordat ouvrent un champ privilégié pour la reconnaissance de l'islam à Strasbourg, champ que la politique actuelle de la mairie utilise pour favoriser la constitution d'un islam français.

Strasbourg est la ville où le parti des musulmans de France (PMF) s'est créé, juste avant les élections législatives du 25 mai 1997. Ce parti a été fondé par un groupe de musulmans autour de Mohammed

---

mosquées). [...] Nous avançons de cette façon-là, en levant les obstacles et animés d'un certain nombre de principes, à savoir un principe de tolérance, la nécessité pour l'ensemble des participants à ce processus de respecter les lois de la République – cela va de soi, encore fallait-il le dire et que cela soit entendu par tous – et le respect, au sens large, du principe de la laïcité, c'est-à-dire de la neutralité de l'autorité publique par rapport aux différentes confessions » (Philippe Forstmann, « La politique de la ville de Strasbourg et l'islam », *Revue de droit canonique*, 46, 2, 1996, p. 263-264 ; Philippe Forstmann est adjoint au maire de Strasbourg, chargé des cultes).

1. Philippe Forstmann, interview dans *Devenir* (publication du Conseil consultatif des étrangers de Strasbourg), n° 3, 1996, p. 6.

2. Entretien avec l'adjoint chargé des cultes et de l'éducation, 23 avril 1996.

3. Ces « lois locales » n'impliquent pas seulement des spécificités dans le domaine religieux, mais aussi dans d'autres domaines. Cet héritage de l'époque impériale a par exemple obligé la Ville à introduire une aide aux plus démunis avant l'existence du RMI – celle-ci existe toujours pour ceux qui ne sont pas actuellement touchés par ce revenu (entretien avec un responsable de la programmation urbaine, 6 mars 1996).

Latrèche – le candidat –, qui s'est présenté dans la troisième circonscription du Bas-Rhin : Strasbourg (Hautepierre, Cronenbourg, la Robertsau), Schiltigheim, Bischeim et Hœnheim. Avec 0,92 % des voix (338 voix), les fondateurs entendent continuer leur action politique[1]. D'après son candidat, qui n'est pas un inconnu sur la scène publique à Strasbourg[2], l'objectif politique est le respect de la communauté musulmane en France : « Je veux créer une stratégie politique communautaire[3]. »

Le cas de Mohammed Latrèche et de ses activités représente certainement une singularité, mais illustre la diversité des initiatives issues de la communauté musulmane à Strasbourg. Avec son style concordataire et sa municipalité pragmatique, cette ville diffère de la majorité des autres cités de France, où les expressions islamiques sont perçues avec méfiance de la part des pouvoirs publics et où la situation est beaucoup plus crispée. Ailleurs, le nombre de jeunes musulmans qui se constituent en opposition à la mairie est plus important, ce qui détériore les relations et conduit plusieurs d'entre eux à se replier sur des micro-communautés fermées. Ailleurs aussi, la création d'un parti musulman est impensable, car l'expression religieuse ouvertement assumée est beaucoup plus difficile et engendre des réactions hostiles.

Aussi paradoxal que cela puisse paraître, une telle action politique au sein de la ville de Strasbourg va de pair avec l'apprentissage civique et le respect des normes sociales par les musulmans et par les jeunes qui y adhèrent. En effet, les jeunes pris en charge par Mohammed Latrèche semblent avoir, sous son impulsion, voté pour la première fois de leur vie. Ils ont renoncé à la délinquance et, au travers de l'islam, ont trouvé une dignité que l'exclusion sociale paraissait leur avoir ôté pour toujours. Par ailleurs, l'action de Mohammed Latrèche et des jeunes musulmans de Strasbourg ouvre une autre possibilité d'expression que l'islamisme radical. Dans certaines villes, les jeunes sont poussés à la radicalisation parce qu'on les suspecte d'islamisme radical alors qu'ils nourrissent un islam identitaire, néocommunautaire ou simplement individuel, destiné à donner sens à leur vie : délégitimés, suspectés de radicalisme religieux, rejetés par les institutions locales, ils sont tentés de se radicaliser. A Strasbourg, la politique consiste à désamorcer la radicalisation par une tolérance mesurée et par une ouverture graduée vis-à-vis des jeunes : là où le malaise juvé-

---

1. Le PMF a dépassé le candidat local du Mouvement des citoyens (0,76 %).
2. Mohammed Latrèche y a été l'organisateur d'une manifestation contre la politique du gouvernement israélien lors de l'affaire de la percée d'un tunnel à Jérusalem. « Je suis antisioniste. Je ne suis pas antijuif », nous a-t-il dit (entretien, 28 mai 1997).
3. *Ibid.*

nile pourrait chercher une transcription en termes d'islamisme radical dans d'autres villes, à Strasbourg il se traduit par le militantisme au sein d'un parti se réclamant de l'islam ou au sein d'associations où les jeunes peuvent assumer leur religiosité sans éveiller les fantasmes d'intégrisme religieux ; s'exprimant en public, ils sont obligés à leur tour de respecter certaines normes, alors que la clandestinité qu'on leur impose dans d'autres villes rend caduc le compromis avec l'espace public. Ici aussi, l'expérience strasbourgeoise en général et la pratique municipale en particulier peuvent se révéler une source d'inspiration pour les autres villes.

Certains jeunes des quartiers défavorisés de Strasbourg optent pour l'islam à un moment de leur subjectivation et développent des formes de religiosité qui peuvent être interprétées comme une tentative de surmonter la violence. Plusieurs interlocuteurs institutionnels nous affirment, d'ailleurs, qu'aucune arrestation n'a eu lieu dans la région de Strasbourg lors de l'affaire Kelkal en été et automne 1995 – un seul individu a été interpellé, soupçonné d'avoir facilité des activités illégales liées à l'islamisme radical.

Surmonter la violence par l'identification à l'islam tient au fait que le religieux introduit un nouveau sens dans la vie quotidienne du jeune, à savoir une référence sacrée qui permet de relativiser les difficultés et les frustrations quotidiennes. Khalifa cherche du travail après avoir fini des études scientifiques, il se trouve dans cette situation « désespérante » où, malgré sa formation de haut niveau, il ne trouve pas d'emploi. Le racisme l'enferme encore plus que les jeunes Alsaciens dans le chômage, mais sa religiosité lui permet de ne pas désespérer face à la violence subie et de ne pas s'adonner à la drogue et à la délinquance : « En fait, ce qui me permet de rester lucide, c'est par rapport au fait de ne pas travailler. Parce qu'il y a des gens qui ne travaillent pas, qui deviennent... qui perdent... [...] Mais c'est pas le travail mon but dans la vie, c'est pas ça mon objectif principal [c'est l'islam], alors qu'il y a des gens qui... c'est par rapport à ça ils passent leur vie. S'ils n'ont pas de travail, alors, tout ce qu'ils peuvent projeter est faible[1]. »

Lorsque l'individu arrive à intérioriser la référence de l'« au-delà », l'« ici-bas » – le chômage, le racisme, l'exclusion – lui devient plus supportable, puisque plus périphérique dans sa conscience. L'échec dans l'ici-bas se relativise et peut alors être compensé par le recours au sacré, d'où l'importance de la notion de patience[2] dans cette forme de

---

1. Entretien avec Khalifa à la salle de prière, 25 novembre 1996.
2. Cf. Farhad Khosrokhavar, *L'Islam des jeunes, op. cit.*

religiosité. Cette subjectivité religieuse ne se centre pas sur les règles de l'orthodoxie ou sur une quête de savoir eu égard aux différentes approches théologiques. Certes, il faut apprendre l'arabe, lire le Coran, etc. – ce que l'on fait avec plus ou moins de zèle –, mais l'essentiel réside dans le fait que l'islam donne un cadre : il structure la journée par les prières quotidiennes (cinq), il introduit une hiérarchie dans le temps, rompt avec le nivellement du sens dont souffre le jeune en situation d'anomie, bref, il lui permet de se prendre en main, de se rassembler, de se doter d'une identité moins éparpillée, moins éclatée que par le passé. La prière quotidienne sature le temps, elle renvoie à une ponctualité qui en brise la monotonie chez le jeune exclu, pour qui il est une série illimitée d'instants dépourvus de signification : le fidèle va à un moment précis à la mosquée pour célébrer la prière collective avec les autres, ce qui crée aussi une sociabilité. La nouvelle religiosité introduit une géographie imaginaire dans le quartier, et cette géographie s'oppose, dans la grande majorité des cas, à celle de la violence. La salle de prière devient son centre, elle offre un but précis quand on quitte l'appartement familial. La grande mosquée et d'autres lieux de culte donnent à Strasbourg une topographie qui fait sens, la ville n'est plus l'« extérieur » qui méprise les gens du Neuhof. L'exigence d'ordre et de normes qu'introduit l'islam revêt un sens primordial pour ceux qui, avant de l'embrasser, croyaient qu'aucune contrainte n'était légitime. Par le religieux se réintroduit une exigence de soumission volontaire à l'ordre, ce qui peut avoir des vertus positives de socialisation : « Je vois l'islam comme un code de la route pour la vie. Vous avez besoin du code pour pouvoir circuler, ben, c'est la même chose[1]. »

Les interdits que stipule l'islam introduisent de l'ordre dans une vie quotidienne traversée par des doutes et des contradictions. En acceptant « son ordre », la vie se structure, le bien et le mal se distinguent et on se libère de ses hésitations, de ses oscillations et de ses louvoiements, insupportables à la longue. A partir d'un tel processus, le jeune qui a embrassé l'islam a le sentiment de son « bien-être » : « Avec ce que m'apporte l'islam, donc je reste tranquille, je suis bien [...]. Le bien-être et l'équilibre [...] dans l'islam, je suis bien. Quand je viens ici [à la mosquée du quartier], ça empêche [de faire du mal]... je viens, j'essaie de venir comme il faut à des horaires bien précis, j'ai pas le temps de faire autre chose. Je préfère venir ici, je suis tranquille, bon[2]. »

1. Entretien avec Khalifa à la salle de prière, 25 novembre 1996.
2. Entretien avec un jeune à la salle de prière, 25 novembre 1996.

Ce « bien-être » – cette tranquillité – permet l'ouverture aux autres, l'équilibre d'un Moi qui s'appuie sur le sacré libère l'individu du rapport biaisé à l'« autre ». Le jeune qui se trouve dans une situation de chômage et de dépendance économique se sent capable de nouer des rapports amicaux en s'islamisant. La subjectivité néomusulmane permet non seulement aux individus d'introduire un autre mode de relation aux jeunes – à leurs semblables –, mais aussi d'avoir des relations plus détendues dans la famille, entre les générations. Les conflits familiaux, en effet, surtout entre parents immigrés et enfants grandis en France, occupent une place importante dans les tensions internes du quartier. Or le jeune qui a opté pour la pratique religieuse arrive à se réconcilier avec ses parents, tout en construisant son autonomie, car alors il ne se soumet pas aux parents, mais à sa propre décision de pratiquer la religion. Dans cette construction du Moi, qui devient capable de s'ouvrir aux autres, réside la force d'une subjectivité religieuse désormais capable de surmonter la violence. Nous avons pu voir dans quelle mesure ce sentiment de victime est porteur d'une conduite délinquante, violente. Le Moi qui s'affirme et se rassemble à travers un appui subjectif (en l'occurrence, par le biais de l'islam, mais aussi par l'art, par la pratique sportive ou par la culture) pose des frontières, se ressaisit, parvient à se distancier de son propre sentiment de victimisation et à construire un nouveau rapport à lui et aux autres. Il oppose à la violence une force intérieure, empêchant que la victimisation n'envahisse la personne et ne la pousse à la violence.

Le cas des jeunes musulmans se lançant dans la musique est un exemple, certes étonnant, de la modernisation de l'islam par la nouvelle subjectivité religieuse qui se développe dans des quartiers en difficulté comme le Neuhof. En retravaillant la religion par le biais de leur musique (le rap), ces musiciens ne s'identifient pas à un islam orthodoxe[1]. Dans une interprétation traditionnelle, la musique n'apparaît que dans sa fonction sacrale, dans la psalmodie des versets coraniques *(talâwa)* par exemple. Le concert pour le plaisir de la musique ou dans sa pure dimension artistique ne s'inscrit guère dans la pensée des traditionalistes, surtout s'il se déroule devant un public mixte, hommes et femmes dansant ensemble. Ces jeunes musiciens ne se voient pourtant pas en contradiction avec l'islam puisque celui-ci représente à leurs yeux une démarche « par étapes ».

---

1. Pour l'analyse des textes de leurs chansons, cf. Farhad Khosrokhavar, *L'Islam des jeunes*, *op. cit.*

Cette notion d'étape permet d'accorder l'islam à la vie occidentale des jeunes dans des quartiers comme le Neuhof. Chacun peut avoir son propre rythme, sa propre religiosité, sa façon de se conformer aux rituels, ce qui brise l'uniformité des diverses formes d'islam traditionnel, où la conscience religieuse occupe une place marginale. A partir de cette conciliation, on mène une réflexion sur l'influence des traditions dans l'islam qui faussent sa signification et sa pratique : « ... Des fois, il y a des Arabes... c'est leur tradition... on voit un Arabe qui tape sa femme, on dit : "C'est un musulman, c'est un musulman, il tape sa femme", or c'est faux, c'est pas ça. Parce que dès qu'on voit un Arabe, c'est un musulman. Or c'est faux, un Arabe peut être aussi un catholique, voyez[1] ! » En ce sens, ces musiciens « modernisent » l'islam et l'« européanisent » : « En Europe, ici, les filles sont libres de choix[2]. » Par ce biais, ils intègrent l'islam dans leur situation de vie et en font un projet social pour leur quartier, voire pour la France et l'Europe, où cette religion pourrait s'exercer librement dans un développement où les jeunes seraient rappelés à l'ordre et accepteraient les normes, cette fois par le recours au sacré.

La mairie

Les politiques de la ville contribuent à l'établissement de l'image des quartiers en difficulté, mais aussi à son redressement. A Strasbourg, la mairie joue un rôle essentiel dans ce processus public : elle et sa politique sont en effet omniprésentes dans les propos des habitants – la préfecture, les politiques nationales et départementales en sont en revanche quasi absentes. Ce phénomène semble être une spécificité de la ville, c'est pourquoi la construction municipale de l'objet politique – en l'occurrence, du quartier en difficulté et de la violence – mérite une attention particulière[3].

Au cabinet du maire, on ne veut pas entendre le mot « banlieue » pour les zones urbaines périphériques en difficulté : on parle des « quartiers » tout court, ou des « quartiers ouvriers » et des « quartiers populaires ». Les difficultés de certains quartiers de la ville sont appréhendées en termes de déficit économique et d'intégration sociale, mais

1. Entretien avec Mohammed (musicien), 5 mars 1996.
2. Entretien avec Boujemaâ (musicien), 5 mars 1996.
3. A Argenteuil, où nous avons mené une recherche comparable, la mairie est davantage absente des discours sur des questions politiques, et les habitants se réfèrent beaucoup plus à la politique nationale.

aussi en termes de « crise identitaire [1] », c'est-à-dire de déficit culturel. L'adjoint chargé du budget voit Strasbourg comme « une ville riche avec des îlots de pauvreté plus morale et intellectuelle que financière [2] ». Il se pose la question de savoir comment créer du sens pour des habitants là où l'encadrement socio-catholique, traditionnellement fort à Strasbourg, perd son influence.

A elles seules, les dénominations de la problématique urbaine et sociale montrent qu'il s'agit pour l'équipe municipale de traiter de l'intégration d'une ville, et non pas de zones d'exclusion ou d'extra-territorialité. Contrairement à la notion de « banlieues », qui marque une distance, celle de « quartiers » souligne l'appartenance à la ville et la proximité ; et avec les adjectifs « ouvriers » ou « populaires », on donne à ces quartiers un statut social et une culture, un visage banal, mais pas négatif, tandis que les attributions « difficiles », « d'exclusion », voire « chauds », courantes dans la presse, mais aussi dans le milieu politique en général, expriment, au contraire, l'exceptionnel et font disparaître la vie quotidienne des habitants dans toute sa banalité. Le vocabulaire des adjoints au maire à Strasbourg témoigne d'une sensibilité particulière pour la « ré-inclusion » des quartiers en difficulté de la ville et pour la banalisation de leur représentation.

L'intégration de la ville a été un objectif prioritaire du second mandat [3] de Catherine Trautmann : « Il consiste à parier, en ce qui concerne le développement de Strasbourg, non pas seulement sur les fonctions d'excellence de la ville mais aussi sur ses quartiers où précisément il y a tout à faire ; les traiter comme des quartiers de développement et non pas comme des lieux socialement sous-développés [4]. » L'adjoint au maire chargé de la prévention exprime cette politique de développement, à l'adresse par exemple des habitants du Neuhof : « Nous voulons faire passer le message : "Vous êtes une partie de la ville [5] !" » Il nous fait d'ailleurs savoir que les adjoints se déplacent au moins aussi vite pour un problème dans les quartiers qu'à la demande d'un commerçant au centre-ville.

La priorité de l'intégration des quartiers va de pair avec une poli-

1. Entretien avec l'adjoint au maire chargé de la prévention, 22 mai 1996.
2. Entretien, 24 septembre 1996.
3. Le premier mandat était dominé par le thème prioritaire de la construction du tram, conçu comme un élément important dans la politique d'intégration actuelle. En effet, le tram est censé « démocratiser » l'espace urbain en favorisant la mobilité des citoyens et en facilitant justement l'accès au centre-ville pour ceux qui habitent les « quartiers ».
4. Catherine Trautmann, « Pour un développement territorial intégré », *in* Francis Cuillier (dir.), *Strasbourg, chroniques d'urbanisme, op. cit.*, p. 231-243.
5. Entretien, 22 mai 1996.

tique de proximité et de contact direct. Les adjoints n'hésitent pas à avoir recours à des démarches peu habituelles dans leur fonction : ainsi, au Neuhof, la mairie a acheté un débit de tabac, afin d'assurer la présence de ce type de commerce dans le quartier ; à Cronenbourg, l'adjoint au maire pour l'intégration est intervenu auprès des autorités administratives pour la réouverture d'un café-PMU dans la Cité nucléaire. Selon l'adjoint chargé du budget, responsable pour les quartiers le Neuhof, Musau et Port-de-Rhin, cette politique doit aboutir à la création de comités de pilotage dans chaque quartier, comités qui ont pour objectif de proposer aux habitants une structure informelle et ainsi un lieu pour le débat où des tensions peuvent s'exprimer.

Le souci de favoriser la constitution de la subjectivité à travers l'éveil de la conscience se retrouve dans le concept de dialogue tel qu'il est promu et pratiqué par les responsables municipaux et par les associations. Celui-ci est d'abord employé pour surmonter les ruptures entre les groupes qui s'affrontent dans les moments de violence. L'initiative peut venir du bas, du terrain : le Cercle de Vendredi, fondé par un responsable du centre socioculturel du Neuhof, en est l'illustration. Ce cercle est formé de jeunes issus de différents quartiers de Strasbourg et se réunit environ une fois par mois pour discuter avec des représentants des institutions et d'autres interlocuteurs – des policiers ou des responsables politiques sont alors confrontés à leurs points de vue. Par le biais du dialogue, chaque côté peut connaître la situation de l'autre, ce qui contribue à déconstruire en partie la séparation entre l'« intérieur » et l'« extérieur ». La conséquence en est double : d'une part, le « là-bas » et les « jeunes » deviennent moins étrangers les uns aux autres ; d'autre part, les « jeunes » peuvent à leur tour appréhender la situation du responsable institutionnel, ses contraintes et ses faiblesses. En réunissant des jeunes de différents quartiers, cette action peut mener à surmonter la concurrence entre quartiers ainsi qu'une de ses conséquences, la surenchère de la violence.

Le dialogue occupe également une place importante dans la politique municipale de proximité : les élus se déplacent, invitent des jeunes habitants au restaurant ou chez eux pour discuter de certaines questions[1], et participent aux activités des quartiers[2]. Dans l'ensemble, ces actions sont comprises non pas comme une réponse à la violence

1. Après un repas au restaurant, l'adjoint chargé des quartiers a invité des rapeurs de Strasbourg dans son appartement pour finir la discussion sur un projet de musique (entretien, 23 avril 1996).
2. L'adjoint chargé de l'éducation populaire fait le service pendant la journée de la Femme au restaurant associatif du Neuhof (entretien, 22 mai 1996).

urbaine, mais comme une tentative de satisfaire aux besoins et aux déficits[1]. D'après l'adjoint chargé de l'éducation populaire, tout dispositif contre la violence nourrit la violence, tandis que la réponse à une demande représente la reconnaissance d'un partenaire[2] ; l'adjoint chargé de la prévention comprend l'ensemble de la politique des « quartiers » comme une action de prévention. La sensibilité et l'intelligence dont témoignent ces responsables municipaux sont couronnées d'un certain succès – les propos d'une jeune femme engagée dans des activités sociales et civiques au Neuhof en donnent un exemple : « Il n'y a pas la même confrontation ici. A Vaulx-en-Velin, il n'y a plus de dialogue. Ici, quand même, c'est différent. Les élus, ils viennent. L'adjoint au maire, on peut l'appeler n'importe quand. Le dialogue est possible. On a une approche avec les élus. Ils sont intéressés[3]. »

Après l'épuisement du milieu associatif des années 80 et l'institutionnalisation de ses leaders, la mairie de Strasbourg favorise la constitution d'une nouvelle élite, issue des quartiers en difficulté et qui soit crédible auprès des jeunes[4]. Un des objectifs est de promouvoir les bons exemples, les réussites des « quartiers », de façon à établir une représentation positive et vivante de leurs habitants. Cependant, ce choix ne se cantonne pas aux jeunes, c'est un message destiné à l'ensemble de la ville. La promotion d'une « élite des quartiers » s'intègre dans la priorité du second mandat de Catherine Trautmann : la construction d'une représentation des quartiers populaires positive et vivante est censée s'opposer à l'image de la violence et du malaise social ; cette élite de jeunes artistes, militants civiques ou sportifs est supposée abattre les frontières imaginaires de la violence qui se sont établies dans la ville entre une jeunesse d'origine immigrée et une population craintive pour son identité, tiraillée par ailleurs entre sa spécificité locale, son allégeance nationale et son européanité[5].

Enfin, le dialogue présente une autre vertu. Des jeunes qui n'en ont presque jamais fait l'apprentissage social, qui n'ont pas souvent eu affaire aux « Français », si ce n'est à travers l'école publique (mais là les relations sont hiérarchiques) ou l'administration (les relations y sont anonymes et souvent tendues face aux jeunes), font l'expérience

---

1. Entretiens avec l'adjoint au maire chargé de l'éducation populaire, 23 avril et 20 mai 1996.
2. *Ibid.*
3. Entretien avec Naïma, 22 mai 1996.
4. Entretien avec l'adjoint au maire chargé du budget, 24 septembre 1996.
5. Cf., pour le malaise d'identité strasbourgeoise, Freddy Raphaël et Geneviève Herbérich-Marx, *Mémoire plurielle de l'Alsace*, Publications de la Société savante d'Alsace et des régions de l'Est, 1991.

de l'échange verbal, de la communication avec les autorités locales. Certains apprennent à « gérer » les relations dialogiques, à construire des relations de confiance et à comprendre le mode de fonctionnement d'une société dont ils n'ont, la plupart du temps, qu'une vision sommaire et partiale.

Le développement des quartiers n'est pas uniquement appréhendé en termes socio-économiques, mais aussi en tant que défi d'une politique culturelle. Ainsi l'éducation populaire est-elle censée introduire la culture, l'histoire et la mémoire dans les quartiers et permettre une répartition du savoir technique et universitaire sur l'ensemble de la ville[1]. Dans le même sens, l'adjoint au maire pour l'intégration revendique une reconnaissance de la diversité culturelle et religieuse, puisque « cette jeunesse a soif de découvrir la culture d'origine des parents que ces derniers n'ont pu leur transmettre. [...] Les jeunes en difficulté ont un besoin fort de considération et de dignité[2] ». Pour bon nombre d'élus, cette considération particulière de la dimension culturelle dans l'appréhension de la problématique relève d'une tradition strasbourgeoise, voire alsacienne. L'histoire de la culture confessionnelle (catholique, protestante et juive), d'une culture française et alsacienne et, enfin, d'une culture frontière (entre la France et l'Allemagne) à Strasbourg implique une capacité de négociation et de reconnaissance des différences. Le pouvoir municipal tente d'inscrire sa politique envers les quartiers en difficulté dans cet héritage.

L'islamisme est absent dans l'appréhension de la violence[3]. Selon l'adjoint pour la prévention, l'islamisme n'existe pas à Strasbourg. Pour l'adjoint au maire chargé des cultes et de l'éducation, l'islam représente une alternative à la violence ou à l'intégrisme islamiste pour des jeunes musulmans, à condition qu'ils soient reconnus dans leur spécificité[4].

Par des démarches et des actions souvent originales, la mairie de Strasbourg tente ainsi de réintégrer ses quartiers en difficulté dans la ville. Néanmoins, cette volonté forte connaît des limites et des oppositions. Certes, Strasbourg possède des moyens budgétaires considérables, par rapport à d'autres villes françaises, pour financer une telle politique active et engagée, mais les évolutions économiques et

---

1. Entretiens avec l'adjoint au maire pour l'éducation populaire, 23 avril et 20 mai 1996.
2. *Dernières Nouvelles d'Alsace*, 21 décembre 1995.
3. Cela vaut au niveau politique, mais aussi pour la presse locale. L'amalgame opéré entre violence urbaine et terrorisme islamiste lors du déploiement des CRS dans le tram dans le cadre de Vigipirate reste un mauvais souvenir à Strasbourg.
4. Entretien, 23 mai 1996.

sociales ne se conjuguent pas selon les vœux des autorités municipales. Des dynamiques plus globales interviennent dans les problèmes des quartiers et la politique de la mairie se heurte à des obstacles qui ne sont pas de son ressort, alors même que les habitants attendent des solutions de sa part. Il y a donc des risques de déception et de frustration – des sentiments qui pourront être projetés sur l'équipe politique actuelle en particulier, et sur la municipalité en général. Son omniprésence dans les discours des habitants et dans leur représentation des problèmes sociaux et politiques peut alors mener à des résultats contraires à ce qui est voulu, à savoir à une rupture intérieure au sein de la ville, beaucoup plus forte qu'actuellement.

Par ailleurs, l'impact de ces efforts peut être inégal. Qui est véritablement touché par cette politique de dialogue et de promotion d'une élite intermédiaire où des jeunes d'origine immigrée trouvent parfois leur place ? Un individu totalement démuni ne participera pas au Cercle de Vendredi, il ne fait pas partie de l'élite qui se présente au public de la ville. Par exemple, Karim, dont nous avons déjà parlé, se croit à tel point victime d'une violence subie qu'il est incapable d'agir : il attend qu'on lui donne du travail et un logement, et non une invitation au débat avec un policier, un pompier ou un adjoint au maire. N'empêche, le dialogue peut atténuer le sentiment d'être victime du racisme, d'être moins que rien et de n'avoir personne qui vous écoute exposer des griefs auxquels il est pourtant possible de trouver une solution ponctuelle lorsque les responsables sont accessibles. Le dialogue renouvelé à intervalles réguliers atténue la distance entre les responsables institutionnels et la base ; ainsi, de petites interventions aident parfois à dénouer des situations explosives, la proximité mi-réelle mi-imaginaire des jeunes avec les autorités pouvant être à l'origine de formes de gestion moins autoritaires, moins distantes, moins arrogantes. Cette pratique distingue Strasbourg de nombre de villes en difficulté où les jeunes ont le sentiment d'être économiquement exclus, socialement inexistants et culturellement méprisés. Le dialogue atténue le sentiment d'indignité, réduit celui du mépris et rend possible la prise de conscience, cette fois par les responsables, de la manière appropriée d'agir sur un terrain difficile par définition.

Il est vrai que le travail social « classique » à travers diverses activités – et en particulier le dialogue – possède ses limites. Il peut à son tour contribuer à enfermer les jeunes des quartiers dans une dépendance sociale et financière : même si l'on crée un paradis des activités associatives de sport et de l'art, ils seront prisonniers d'une situation artificielle, hors de la société, hors de la ville, tant qu'ils ne trouveront pas du travail, tant qu'ils ne seront pas autonomes. La tentative de briser les frontières entre les quartiers en difficulté et la ville par le dialogue et par la constitution de nouvelles élites issues de leur sein n'en demeure pas moins l'un des mérites des démarches institutionnelles et politiques à Strasbourg.

Les critiques qui émanent des habitants et des militants associatifs des quartiers en difficulté méritent toutefois d'être prises au sérieux. Le sentiment qu'ils ont d'être « municipalisés[1] » exprime ainsi une critique à l'encontre de l'équipe de la mairie et de sa façon de s'approprier l'action politique. Le conflit entre deux initiatives lors de la mobilisation contre le congrès du Front national à Strasbourg en 1997 reflète à un autre niveau l'opposition entre l'action citoyenne et celle du pouvoir : les militants de l'association Justice et Libertés ont reproché au Front citoyen, une association constituée par l'équipe du maire, la monopolisation du mouvement et des arrière-pensées électorales, tandis que le vice-président de Front citoyen a reconnu le contact difficile avec le mouvement homologue[2]. La mobilisation citoyenne, encouragée et activement soutenue par la maire en personne[3], a été un moment fort pour l'identité de la ville et a pu devenir un symbole national, voire européen, contre l'exclusion raciste et pour l'unité de la ville, de la région, de la nation et de l'Europe à partir des Droits de l'homme. En ce sens, elle compte certainement parmi les succès politiques de la municipalité strasbourgeoise, qui a su doter la ville d'une identité contrecarrant celle qui s'est nouée, dans la région, en faveur du Front national. Les conflits internes au mouvement indiquent par contre les risques d'une politique menée par le haut. En effet, les citoyens peuvent se sentir malmenés par une dynamique politique qui n'est pas la leur et ne correspond pas nécessairement à leurs besoins et demandes. Ce qui est valable pour des mobilisations extraordinaires (contestation contre le Front national) l'est aussi pour la politique de tous les jours concernant les quartiers en difficulté[4]. Mais la manière

---

1. Entretien avec une permanente associative, 25 septembre 1996.
2. Cf. *Le Monde*, 25 mars 1997. Le responsable du mouvement est en même temps l'adjoint au maire chargé de la prévention.
3. Cf. *L'Alsace*, 2 mars 1997.
4. Henry Rey dit à propos de cette difficulté politique : « Ce décalage [entre circonscription électorale et quartier] contribue à l'unilatéralité d'une action imaginée d'en haut, conduite par des agents extérieurs aux quartiers et validée par un intercesseur local, le maire. Les réactions des habitants de ces villes verticales sans statut que sont les quartiers sont difficilement repérables et n'ont pas de cadre pertinent pour s'exprimer. L'absence de contre-pouvoirs incite à l'autonomisation d'une action spécialisée conduite dans la perspective du bien public » (*La Peur des banlieues*, Paris, Presses de Sciences-Po, 1997, p. 80).

dont l'équipe municipale agit au sein des quartiers, privilégiant le dialogue sur l'épreuve de force, donnant la parole aux jeunes et aux habitants, confiant en son sein la prise en charge des problèmes à des personnes spécialisées, confère à l'expérience strasbourgeoise une spécificité qui pourrait être une source d'inspiration pour d'autres villes.

Démocratie locale et vie associative :
la ville de Saint-Denis

Jusqu'ici, un constat semble devoir être tiré de nos recherches de terrain : dans les quartiers populaires, le tissu militant des années 50, 60 et encore 70, alors si vivant et actif, s'est partout étiolé ou défait, et avec lui les relations qu'il entretenait avec le pouvoir local. Et lorsqu'une renaissance s'ébauche, elle semble provenir avant tout de nouveaux acteurs, sans grande continuité avec l'époque précédente, ni sociale, ni culturelle, ni idéologique.

Mais faut-il parler partout de liquidation pure et simple des formes antérieures de l'action collective ? Ne subsiste-t-il pas, par exemple dans certaines « banlieues rouges », des dynamiques perpétuant le militantisme d'hier, avec le soutien d'un pouvoir local lui-même héritier d'une forte tradition politique ? L'expérience de Saint-Denis nous permet de donner toute sa chance à cette hypothèse et d'examiner une démarche dans laquelle la municipalité, sous l'impulsion d'un maire communiste, contribue à animer une action locale et encourage par le haut la mobilisation des habitants sur le terrain : n'y a-t-il pas là une réponse sinon à la violence, du moins au sentiment d'insécurité, si puissant dans les quartiers populaires ?

La « Démarche-quartier »

En 1989, la ville de Saint-Denis, soucieuse de contribuer à la démocratie locale dans les quartiers, a initié la « Démarche-quartier »[1] : une fois tous les deux mois, les élus rencontrent des habitants lors de réunions de quartier organisées par la mairie ; l'ordre du jour est arrêté

---

1. Cf. Alain Bertho, *La Crise de la politique. Du désarroi militant à la politique de la ville*, Paris, L'Harmattan, 1996.

par le conseiller municipal délégué sur le quartier concerné et porte sur des questions de la vie locale ; selon les thèmes, le maire, des fonctionnaires de l'État, ou d'autres responsables institutionnels, assistent et prennent la parole, toujours en réponse à l'invitation des élus.

La mairie pèse de manière évidente sur l'ensemble de la démarche, qui n'en permet pas moins, dans certains cas, à des habitants d'exercer une influence sur des décisions qui les concernent. La vitalité de la « Démarche-quartier » varie considérablement selon les quartiers et les réseaux militants qui y existent. Son dynamisme, reconnu par tous, ne pallie pas l'effondrement des structures militantes autrefois animées en Seine-Saint-Denis par le parti communiste – qui reste l'étiquette politique du maire, Patrick Braouezec –, mais l'ensemble de la démarche maintient en éveil des réseaux associatifs, qui peuvent être aussi bien des amicales de commerçants que d'anciennes cellules du parti communiste.

Comme l'information sur la tenue d'une réunion est toujours largement diffusée, des groupes d'habitants se mobilisent, parfois ponctuellement, et s'y intègrent pour y défendre leurs intérêts particuliers, par exemple à propos des restructurations urbaines. La « Démarche-quartier » permet aussi de centraliser les expressions d'inquiétude ou de mécontentement. Dans des conjonctures critiques à l'échelle d'un quartier, il arrive aussi qu'interviennent des groupes encore plus ponctuels, par exemple des jeunes qui se sont vus refuser une salle pour leurs activités ; le mode habituel d'intervention est alors franchement bousculé, jusqu'à provoquer l'embarras des élus qui en ont habituellement la maîtrise – paradoxalement, c'est probablement dans ces moments que la démarche atteint le mieux ses objectifs.

La « Démarche-quartier » repose sur un chargé de mission par quartier. Recrutés et payés par la mairie, ces contractuels doivent « accompagner socialement la population » : l'intitulé du poste parle d'un « coordinateur, animateur, chef de projet, responsable d'équipement et des actions de développement sur le quartier [...] à l'écoute des habitants ». Le chargé de mission est aussi l'« interlocuteur du maire-adjoint, des conseillers municipaux des habitants sur le quartier, du secrétaire général administratif », ainsi que « des professionnels municipaux ou non », techniciens par exemple.

Le chargé de mission connaît bien le quartier dont il s'occupe. Habitué des équipements collectifs, notamment des bibliothèques ou des salles mises à la disposition des clubs d'animation culturelle, il monte des projets et organise des petites fêtes de rues ou des rencontres amicales dont la préparation demande généralement un temps considérable. Il intervient aussi dans la gestion du patrimoine municipal, lorsqu'il prête une salle ou un bâtiment. Le chargé de mission est surtout une tête de réseau pour le tissu associatif, ancien comme nouveau.

La « Démarche-quartier » est en fait tiraillée entre plusieurs orientations contradictoires qui mettent les chargés de mission sous tension. Le risque est grand qu'ils se substituent malgré eux au militantisme de quartier, à moins qu'ils ne le portent à bout de bras au prix d'un investissement épuisant dont témoignent alors des agendas surchargés. Un autre risque, inverse, est qu'ils intègrent fortement les orientations municipales au point d'étouffer les dynamiques provenant du quartier.

Les habitants qui suivent régulièrement ces réunions font part de leur frustration : ils considèrent que, malgré leurs efforts, les élus ne répondent pas de manière suffisante aux interrogations des militants. Ce sentiment, sans être systématique, rend souvent compte d'une lassitude consécutive à un fort investissement ; il explique pour partie la défection massive de la plupart des habitants. Il est vrai que les réunions publiques entre chargés de mission, élus et habitants apportent rarement des réponses concrètes aux problèmes posés, et sont inégalement suivies par les habitants, qui marquent par leur absence leur désintérêt pour la forme de la procédure – sont notamment absents les populations d'origine étrangère et les jeunes.

Les militants de quartier disent surtout ne plus accepter d'être consultés sur des projets les concernant après que ces projets ont été votés par le conseil municipal ou décidés par l'administration, car les ajouts ou les modifications n'ont dès lors plus aucune chance d'aboutir. Ils se disent las des promesses non tenues, par exemple celle de l'embauche de jeunes du quartier de La Plaine à l'occasion du chantier du Stade de France. Ils constatent, en outre, que leurs revendications peuvent être soudainement satisfaites, mais sans que soit restitué leur investissement militant. Un exemple, caricatural, concerne la couverture de l'autoroute A1, dans le quartier de La Plaine : des habitants ont milité pendant trente ans dans une association pour obtenir cette couverture sans être jamais entendus ; or elle s'est faite en quelques mois au moment de la construction du Stade de France. Cette réalisation a signifié l'immense faiblesse du pouvoir des habitants, pour qui il est trop tard : la vie locale a été détruite, la population qui le pouvait a fui le bord d'autoroute, le bâti qui le longe s'est fortement dégradé, seuls des étrangers primo-arrivants en France ont continué à l'occuper ; aujourd'hui, la relance immobilière désormais envisageable signifie la fin de l'identité populaire du quartier. La seule satisfaction des militants est de voir quelques-unes de leurs exigences accomplies avec l'aménagement de lieux de sociabilité sur cette couverture (espaces de jeux pour les enfants, par exemple).

C'est dans une période de lassitude et de flottement pour beaucoup de ces militants, qui oscillent souvent entre la démission et la colère, que nous avons mené avec eux une recherche sous la forme d'une intervention sociologique. Cette recherche a été lancée en accord avec le maire de Saint-Denis, que le responsable du programme a rencontré à plusieurs reprises, et avec l'aide de membres de son équipe, à commencer par le sociologue Jean-Claude Vidal, chargé de mission à la mairie de Saint-Denis. Elle a mobilisé des habitants de deux quartiers de la ville, La Plaine et Floréal.

Déceptions militantes
dans deux quartiers populaires

La Plaine et Floréal comptent une abondante population étrangère et les jeunes de moins de 25 ans y sont surreprésentés. Le taux de chômage est supérieur à la moyenne nationale (16,7 % à La Plaine, 14,8 % à Floréal). La Plaine est plus ouvrier que Floréal, qui attire plus d'employés. L'habitat social, en petits immeubles comme en grands ensembles, domine à Floréal, alors qu'il y a plus de logements privatifs, mal entretenus, à La Plaine. Dans les deux cas, le niveau de pauvreté se situe au-dessus de la moyenne nationale.

La Plaine (17 500 habitants) porte toujours la trace de son passé industriel, avec ses immenses bâtisses, la plupart du temps désaffectées. L'activité économique d'aujourd'hui n'a plus rien à voir avec celle d'autrefois, les rythmes du quartier ne sont plus ceux de l'industrie et la population active, qui reste massivement ouvrière, travaille de moins en moins dans le quartier, qui a cessé d'être une forteresse communiste même s'il demeure ancré à gauche. Les attentes à l'égard de la municipalité et des pouvoirs publics sont grandes et lourdes de l'espoir d'une relance économique qui demeure problématique. Les promesses d'association économique du quartier à la manne de la Coupe du monde de football de 1998 n'ont pas été tenues – ou du moins leurs effets n'ont pas été ressentis, notamment par les commerçants – et l'ampleur du succès populaire de la manifestation sportive n'a pas compensé la frustration des habitants de La Plaine, qui n'oublient pas les nuisances urbaines considérables qu'a entraînées pour eux la construction du Stade. Cet immense chantier n'a pas infléchi le taux de chômage des jeunes, et les promesses de relance liées à la couverture de l'autoroute ne convainquent plus : elles rappellent le scénario décevant du Stade de France.

Floréal (6 700 habitants) est moins typé historiquement. Il est fait de logements sociaux à l'allure de tours ou de barres, le bâti y est de meilleure qualité qu'à La Plaine et a été plusieurs fois réhabilité ; des petits espaces verts agrémentent le paysage urbain. Floréal est plutôt habité par des petits employés ou par des cadres, mais les deux quartiers qui le jouxtent, La Courtille et La Saussaie, nuancent son aspect tranquille. Les habitants sont moins investis dans la vie locale qu'à La Plaine, sans pourtant s'en désintéresser totalement. La taille relativement petite dc l'ensemble constitué par La Courtille, La Saussaie et Floréal, le relatif brassage des catégories sociales et des profils sociologiques, mais aussi des origines ethniques, apportent à chacun le sentiment d'évoluer dans un monde d'interconnaissance. Le tissu associatif en témoigne, qui, sans atteindre la densité de La Plaine, n'en demeure pas moins actif. Des associations récentes ont tenté de mobiliser les plus jeunes en proposant des activités qui correspondent à l'esprit des politiques de la ville, dont les financements ont été fortement sollicités par l'ensemble de la « Démarche-quartier ». A Floréal, manquent surtout des commerces de proximité ou des antennes des services publics. Ainsi, récemment, le quartier s'est mobilisé pour obtenir un bureau de poste, dont l'absence est devenue synonyme de relégation. La mairie s'est rangée du côté des habitants tout au long du conflit, elle a aidé les manifestants à s'organiser ; à travers la « Démarche-quartier », elle a également été à l'origine de plusieurs pétitions adressées aux ministères concernés. L'échec a entraîné une vive déception. Pour les militants du quartier, le fait d'avoir intéressé une frange élargie de la population à un enjeu aussi déterminant, mais sans résultat, génère un doute sur le sens de leur action[1].

Face à la violence

Les militants

Mis en place avec l'aide des chargés de mission de la « Démarche-quartier », le groupe d'intervention sociologique que nous avons consti-

---

1. L'annonce de l'installation d'un bureau de poste a finalement été faite par l'administration des Postes en janvier 1998.

tué rassemble une douzaine de militants de La Plaine et de Floréal, et s'est réuni en tout une dizaine de fois entre avril et juin 1997. Il s'agissait de mener une réflexion collective sur les problèmes de l'action, à partir de rencontres avec divers interlocuteurs choisis par le groupe : un militant écologiste, un éducateur spécialisé responsable du service prévention, une ancienne responsable de collège, une directrice d'école maternelle, un prêtre, un jeune.

Parmi les habitants de La Plaine, Jean-Pierre est un ancien militant communiste, gardien d'immeuble, qui éprouve d'immenses difficultés dans ses relations avec les jeunes ; il quitte très tôt le groupe. Bernard, artisan pâtissier, est installé depuis toujours à La Plaine, où il préside l'association des commerçants ; toujours prêt à s'investir dans une animation, il vit mal le déclin économique du quartier et témoigne de la chute corrélative de son chiffre d'affaires, qui n'est plus que de quelques centaines de francs par jour. Robert est président du club du football et habite La Plaine depuis toujours ; menuisier à la retraite, il dit ne plus croire en l'action militante : pour lui, il est trop tard et, après avoir fait part de son pessimisme, il se retire du groupe. Liliane tient un café que tout le monde connaît ; conseillère municipale depuis peu, elle représente le monde associatif à l'échelle de la ville. De tous les combats et de toutes les fêtes, elle est la fondatrice et la présidente de l'association pour la couverture de l'autoroute – c'est ce qui l'a fait connaître de tous. Lorsque quelqu'un parle d'un jeune, elle demande lequel : une description même évasive lui suffit, elle connaît l'inscription fétiche de son polo ou sa manière spécifique de porter une casquette – si la description proposée ne lui dit rien, c'est qu'il n'est pas du quartier. Ouverte d'esprit et influente, elle intervient pour limiter les généralisations qui accusent. Marie habite depuis peu à La Plaine : elle rentre des États-Unis et est très marquée par cette expérience ; pour elle, il s'agit d'éviter le pire. Elle fait ses premiers pas dans l'action militante et l'investissement local, et refuse de se laisser emporter par l'individualisme, y compris si sa position sociale la rapproche des classes moyennes. Son amie, Lucie, toujours présente, découvre le militantisme de quartier ; proche de la classe moyenne, elle aimerait améliorer son cadre de vie. Bernadette rejoint le groupe après en avoir entendu parler par Marie et Lucie, dont elle partage les préoccupations. Enfin, Lydia enseigne dans un collège privé ; mère de famille et enceinte, elle se montre vite moralisatrice dans ses jugements sur les jeunes : tranchée dans ses opinions, elle les accuse facilement, mais reconnaît l'immensité de la tâche face à la violence.

Les militants qui habitent La Plaine évoquent d'autant plus spontanément la violence des jeunes qu'un épisode récent (saccage de la maison de quartier) est dans tous les esprits, et chacun donne des exemples d'agressions sur des personnes, de vol ou de dégradation de son véhicule, ou du logement. Tous ont le souci de redonner sens à l'identité populaire de leur quartier et s'investissent dans l'animation à vocation festive ou sportive, de façon à mieux s'approcher des réalités, collectives ou individuelles, des habitants du quartier. Tous ont des enfants, auxquels ils font souvent référence, à tel point que nous devons considérer que, grands ou petits, ceux-ci sont un principe mobilisateur dans le militantisme habitant des parents et fédérateur dans leur réflexion commune.

A Floréal, peut-être parce qu'il n'y a pas eu récemment d'événement marquant, les problèmes évoqués par les militants n'ont pas l'unité de ceux qui sont décrits à La Plaine. La violence, la difficulté de contact avec les jeunes, tout en étant évoquées, apparaissent comme moins graves que le vide militant et l'isolement ressenti, signes de la crainte d'un investissement à fond perdu. Samira est une jeune femme très fortement investie dans des associations qu'elle a créées ; enthousiaste à ses heures, elle laisse paraître son pessimisme lorsqu'elle évoque son parcours personnel : conseillère municipale depuis peu, elle espérait représenter le jeune monde associatif, or le peu d'intérêt qu'on lui accorderait au sein du conseil municipal n'a d'égal que les railleries de ses camarades, qui voient désormais en elle quelqu'un qui « s'est fait avoir » ; au chômage, elle désespère de ses engagements passés. Jean-Louis est un ouvrier d'une cinquantaine d'années encore en activité : souvent débordé par son emploi du temps, il rate quelques séances ; responsable d'une association de locataires, il dénonce la démission du personnel politique au niveau gouvernemental. Yves est retraité et habite Floréal depuis trente-cinq ans ; ancien technicien commercial, souvent en voyage à l'étranger, il a toujours milité dans les diverses associations qu'il a créées, et opposant de longue date au pouvoir communiste, il critique volontiers les manières d'agir de la mairie. Laurence est une mère de famille qui s'identifie facilement au malaise social des jeunes et dit beaucoup discuter avec ses enfants et leurs copains ; plus politique que les autres, sans jamais sombrer dans le dogmatisme, ses interventions interrogent les responsabilités institutionnelles.

Culpabilisation des jeunes
et mise en cause des institutions

Pour tous, habitants de La Plaine ou de Floréal, le lien social dans leur quartier s'abîme. La récente mise à sac de la maison de quartier de La Plaine, l'insécurité urbaine qui gagne du terrain, l'échec des mobilisations collectives pour améliorer le service public sont autant de raisons qui poussent au découragement ; le désarroi est collectif, il attriste et met en colère.

Toutefois, le groupe ne verse jamais dans une condamnation uniforme qui désignerait un acteur unique à la source des difficultés. L'État et ses institutions, le pouvoir municipal, la société dans son ensemble à travers les médias et les comportements délinquants des jeunes, la crise économique, la démission des parents, la structure inégalitaire des rapports sociaux, la précarisation galopante, l'influence des États-Unis sur la jeunesse française… : chacun se range à l'occasion derrière l'une ou l'autre de ces grandes explications, voire jongle avec plusieurs d'entre elles, mais aucune n'est convaincante à elle seule. Ainsi, dans certains cas, la mairie peut avoir soutenu des habitants sans leur avoir finalement donné raison, mais dans d'autres cas elle s'est rangée à leurs arguments ; les attentes sont ambivalentes car on espère des réponses et des interventions, en même temps qu'on s'inquiète des risques de manipulation. Il en est de même avec l'État, et plus particulièrement la police ou la justice, fortement sollicitées et évoquées de façon ambivalente. De même, l'école laisse perplexe, malgré la présence d'enseignants dans le groupe : elle est critiquée pour les mécanismes d'exclusion qu'elle fait fonctionner, mais on en attend beaucoup. L'impression d'ensemble est que toutes sortes de problèmes sociaux sont agrégés sur les territoires isolés que sont La Plaine et Floréal.

L'unité du groupe se fait sur l'attachement au quartier, sur un désir de renforcement du lien social et de la communication, et sur le rejet de la violence. Les plus âgés, qui résident depuis toujours dans leur quartier, estiment ne pas avoir d'autre endroit où aller ; les plus jeunes considèrent avoir fait le choix d'y vivre et aimeraient y rester ; dans tous les cas, l'attachement est réel mais de plus en plus douloureux : « Tous les autres sont partis, dit Robert, les jeunes sont partis. Ce n'est plus le village qu'on a connu, c'est complètement différent. Maintenant ça ne sert à rien de rester parce que ce n'est plus mon village. On ne le reconnaît plus. On ne se voit plus à part deux ou trois potes, on se croise, c'est tout. Notre quartier, c'est fini. On m'a amputé d'un bras, ça va être l'autre bras, il n'y aura bientôt plus rien. »

Ceux de Floréal se reconnaissent volontiers dans l'évocation d'un passé heureux, même s'ils n'ignorent pas que leur quartier est moins traditionnel que La Plaine. A Floréal, l'aspect plus moderne des logements, leur taille, et surtout l'équipement (comme les cuisines et les salles de bains) ont longtemps été le symbole d'une promotion sociale. Rejoindre ce quartier ou ceux qui le jouxtent, il y a trente ans, et s'investir dans la vie locale a procuré de véritables moments de bonheur à nombre de jeunes ménages : « Je viens du XIe, se souvient Laure, je suis d'une famille de neuf enfants, et on est venus habiter Saint-Denis parce que l'appartement du XIe était trop petit. [...] A Floréal, il y a plus de trente ans, on était heureux comme tout parce qu'on découvrait. »

La nostalgie d'un passé pas si lointain, mais perdu, attise le ressentiment, le désarroi prend le dessus. Le vide, signe d'une désolation collective, plane sur le groupe. Chacun sent qu'il est question du présent et pas du passé ; les plus jeunes le rappellent et l'image du ghetto américain est introduite par Marie, qui a récemment vécu aux États-Unis : « Je me demande, dit-elle, si on ne va pas devenir une sorte de banlieue de style américain avec une population complètement marginalisée, avec son propre fonctionnement, ses bandes de jeunes et ses déshérités. »

La ghettoïsation, dont beaucoup pensent qu'elle est en marche, ne prend-elle pas le dessus sur les logiques de sociabilité que chacun ici s'est efforcé d'animer par ses engagements militants ? Et si ce n'est pas la ghettoïsation, est-ce que ce ne sont pas l'indifférence, l'atomisation, les tendances au repli sur soi qui menacent ? La violence fait peur, et non la coloration ethnique du quartier : dans le groupe, les populations étrangères primo-arrivantes ne sont jamais désignées comme les responsables de la dégradation identitaire. Et puisque la tendance est à la recherche d'une responsabilité, c'est du côté de la jeunesse que s'oriente l'explication. Jean-Louis est le premier à la donner : « Quand on voit maintenant des jeunes qui vont d'une cité à l'autre pour régler des comptes avec des battes de base-ball, et maintenant au bout ils mettent des clous, il y en a qui sont armés aussi... quand on sait qu'à La Saussaie la police a récupéré des pistolets-mitrailleurs, on est en droit de s'inquiéter, quand même. Madame parlait de ghetto... on y arrive au ghetto ici, si personne ne fait rien. [...] Écoutez, il n'y a pas à tourner trente-six fois pour comprendre pourquoi les gens ont ce malaise qui explique leur vote pour un candidat que je ne nommerai pas. Nous on essaie de construire quelque chose dans notre quartier, on a un noyau avec notre Démarche-quartier… Quand on voit tous les efforts qui ont été donnés par tous ces responsables associatifs et qu'en définitive quelques-uns la foutent en l'air, cassent… Parce qu'avec les bandes qui gravitent dans le quartier, quand on voit comment ils squattent les tours… toutes les détériorations, là… Et ça, c'est pas des jeunes qui savent pas quoi faire de leurs dix doigts, c'est des jeunes avec des adultes aussi. Ils emmerdent le monde littéralement. Les locataires, passé une certaine heure, ne peuvent plus sortir de chez eux. »

Ainsi, la violence des jeunes est synonyme de destruction. Elle laisse perplexe aussi, elle fait peur. Marie raconte : « Le lendemain d'une de nos réunions, on a fêté mon anniversaire avec quelques amis. J'avais laissé la porte ouverte. Trois jeunes sont rentrés. J'ai pas eu le cœur à les virer et j'ai décidé de les surveiller. Ça allait, ils étaient sympas. On discutait, mais j'étais pas tranquille. Quand le reste de la bande est arrivé ensuite, j'ai utilisé ce prétexte pour leur demander tous de sortir parce qu'il n'y avait pas de place pour tous. Bon, la soirée se termine, les gens partent. Nous on se met au lit et puis je reçois un coup de fil d'un copain qui était reparti à pied et qui s'était fait agresser au bout de l'impasse. On lui avait tout pris, la bande de jeunes qui était venue chez moi […]. J'apprends ça, je raccroche. Et là, mon amie qui venait de partir revient pour me dire que sa voiture avait été complètement détruite, pare-brise cassé et tout. Bon, on se rhabille, on sort avec elle pour voir les dégâts. Les trois jeunes qui étaient rentrés les premiers ont accouru pour nous dire que c'était pas eux qui avaient fait ça. Ils ont attendu avec nous la dépanneuse. Ils étaient plutôt sympas. On était trois femmes perdues dans la nuit avec en face trois jeunes. »

Cette violence répétée tourne au harcèlement. Personne dans le groupe n'en a une image claire : s'agit-il de bandes organisées qui la répartissent sur le quartier selon des plans préparés à l'avance ? D'actes isolés sous l'effet d'un besoin urgent d'argent ? De luttes entre bandes rivales ? L'apparente impunité dont semblent disposer à certains moments les jeunes pour commettre des larcins scandalise, et on élabore d'étranges hypothèses : « Je crois qu'on cultive ça en ce lieu, dit Bernard. Je me demande si tout cela n'est pas souhaité et organisé finalement puisque c'est très ancien et que c'est toujours dans le même état. On peut se poser la question : à qui profitent la peur, l'angoisse, le mécontentement ? Est-ce que tout cela n'est pas entretenu ? Des politiques ou autres ne se nourrissent-ils pas de tout ça ? »

La violence a beaucoup existé dans cet ancien faubourg de Paris, longtemps liée à une identité ouvrière ou populaire et caractéristique d'une classe d'âge. Jean-Louis se souvient des turbulences d'une jeunesse qui s'amusait : « Dans mon quartier, dans mon village, il y en avait des pauvres, et par-dessus le marché le père et la mère buvaient ! Ils n'étaient pas dans un bon climat. Mais parmi ceux-là, je n'ai jamais connu de voleurs, de truands, de jeunes qui cassaient tout, j'ai jamais vu ça. Alors c'est vrai, de la délinquance, il y en a toujours eu un peu… Mon époque c'était les blousons noirs. Bon. Mais où ils allaient ces blousons noirs ? Ils allaient dans les bals, ils se castagnaient avec des chaînes de vélo, mais par contre ils n'emmerdaient pas la population. Ils réglaient leurs comptes entre eux. Et de toute ma jeunesse j'ai connu des jeunes qui avaient le respect de l'autre, des adultes, des anciens. »

Le phénomène actuel révélerait un autre malaise, il serait inscrit dans l'identité de populations dont, à la limite, quelques éléments sont dépeints comme « irrécupérables ». Face à l'ampleur du problème, une explication plus générale se met en forme : les jeunes d'aujourd'hui seraient aussi le produit d'une société faible, d'une crise de l'autorité. Lydia précise : « En fait, les jeunes sont trop pris en charge. Il y a eu des moments dans l'histoire où il n'y avait pas de boulot, ils ne sont pas tous devenus délinquants pour autant. Et je crois que le discours généreux et qui visait à les aider a fait énormément de dégâts. Je suis dans l'Éducation nationale et j'ai aujourd'hui devant moi des gamins de 14 ans qui n'ont plus aucun devoir par rapport aux institutions, qui n'ont plus que des droits. Je me demande vers quelle société on évolue quand on n'a plus que ça dans la tête chez des enfants de 14 ans. »

Ainsi, le discours des militants oscille et circule, centré tantôt sur l'individu et tantôt sur la société, tantôt sur le jeune violent et tantôt sur les institutions en crise, les carences de l'école ou de la famille.

La gravité de la situation

En fait, la crise des institutions est beaucoup plus profonde qu'on ne le dit, et la violence des jeunes est elle aussi un problème plus grave qu'on ne le pense. C'est ce qu'explique au groupe un interlocuteur, éducateur spécialisé responsable du service de prévention spécialisée de la mairie de Saint-Denis – cet invité indique qu'il dépend du ministère de la Justice et se veut assez éloigné du pouvoir municipal, dont il ne se considère pas l'employé. « On a affaire à des gamins, dit-il, qui sont psychotiques, c'est pas des situations faibles, vous comprenez ? Et le citoyen observe, vit, subit. Je pense que dans ces quartiers-là il faudrait qu'on arrive effectivement à parler parce que c'est souvent nié. On nie ! On pense que c'est des gamins dont il faudrait s'occuper avec de l'animation. Mais pas du tout ! L'État, la ville offrent des possibilités, des moyens. Mais ce sont des gamins qui sont dans des situations vraiment conflictuelles, qui n'ont pas envie de rentrer dans la structure, parce que leur problématique correspond à autre chose ! Et nous on continue à leur proposer du loisir, mais ça ne sert à rien ! Parce que vous amenez un gamin dans un quatre-étoiles, il le brûle, vous les amenez dans des stations de ski, ils cassent tout ! Vous comprenez ? Ça veut dire que l'offre d'animation n'est pas suffisante. Il s'agit de situations bien dégradées, bien complexes, qui ont besoin d'être prises en charge. Il faut augmenter le niveau de connaissance des citoyens sur ces problèmes, parce que en augmentant le niveau de connaissance ils peuvent mieux servir de relais aussi, ils perçoivent mieux la situation dans laquelle se trouvent ces gamins [...]. Il existe un besoin de réponses techniques. Il y a des choses qu'il faut déglinguer, enlever. Il n'y a pas à discuter, parce qu'on ne discute pas avec un nid de rats ! Vous ne pouvez pas discuter, c'est déglingué, à secouer, et c'est là depuis des années. »

Le discours de l'éducateur est brutal. Il insiste sur le caractère inadapté des réponses institutionnelles, mais aussi il en appelle aux militants de quartier : « Il faut augmenter la capacité d'action des habitants, en lien avec la prévention spécialisée, ajoute-t-il. On a affaire à des problématiques qui ne sont pas que sociales. Elles sont sociales dans leurs effets de nuisance, mais elles sont également psychiatriques. »

Le discours de l'éducateur séduit le groupe, mais il fait aussi éclater au grand jour un conflit qui couve manifestement depuis longtemps entre son service et les responsables de la « Démarche-quartier ». Une des animatrices de la Démarche, présente ce soir-là, exprime en effet sa colère : elle intervient avec émotion, estimant qu'elle-même et ses collègues sont mis en cause, et chacun comprend que le discours de l'éducateur lui est insupportable.

L'éducateur (en réponse à l'animatrice) : « Mais oui, là, je veux dire, il y a un trop-plein, parce qu'on ne se parle pas non plus, et depuis longtemps ! Et justement à cause de cette affaire-là [les dégradations sur la maison de quartier de La Plaine, six ans plus tôt]. »

Laure : « Vous ne vous parlez pas ? Alors là, excusez-moi, je vous coupe la parole ! Alors là vraiment, on ne comprend pas... mais les services, là, vous ne vous parlez pas ? »

L'éducateur : « On ne se parle pas ! »

Laure : « Non, vous rigolez ? »

L'animatrice : « Enfin, je crois qu'on ne va pas rentrer… ce n'est pas le lieu. »

Laure : « Non, ce n'est pas grave, vous pouvez vous parler ici ! Non mais vous rigolez ! *(Brouhaha général.)* Ah ben voilà, on a compris ce qui se passe à Saint-Denis ! »

Discussion, brouhaha, tout le monde se dit médusé. Les chercheurs lèvent la séance, mais les habitants continuent de discuter, ils se disent choqués par ce qu'ils viennent de comprendre. La discussion reprend par petits groupes, les nerfs de l'animatrice semblent lâcher, le ton monte, des accusations sont portées. L'éducateur spécialisé reste serein, l'animatrice se ressaisit, les habitants temporisent. Ils expriment leur gêne et consolent l'animatrice alors que les chercheurs repartent avec l'éducateur[1].

Celui-ci, par son intervention, a surtout mis en cause le fonctionnement des institutions et le système politique local. L'image d'une articulation efficace entre le haut (l'équipe municipale) et le bas (les habitants) a laissé la place à celle de tensions institutionnelles se jouant loin des militants. Dès lors, ne vaudrait-il pas mieux que se développe une action de base, par le bas ?

A la séance suivante, l'invité ne vient pas. Tous les militants attendent pourtant patiemment ce responsable du service économique de la mairie, qui aurait pu aider à explorer la question qui vient d'être posée car il était, entre autres, chargé de suivre l'évolution du chantier du Grand Stade pour la ville de Saint-Denis, et notamment l'embauche des jeunes qui avait été négociée avec les habitants. De même, contrairement aux habitudes prises, aucune chargée de mission de la « Démarche-quartier » ne se présente. Les chercheurs proposent alors au groupe de faire le point sur son expérience. Les absences sont interprétées : « Oui, dit Lucie, je me rappelle la première réunion où je voyais la chargée de mission qui pâlissait, où je me faisais juste le porte-parole des jeunes, quand j'ai demandé pourquoi ils n'ont pas eu de boulot par rapport au Grand Stade. Eh bien le mec du Grand Stade, aujourd'hui, n'est pas venu, et la chargée de mission a disparu. Eh bien ! je comprends que les jeunes se posent la question ! » Bernard ne tempère plus comme à son habitude : « Si certaines personnes qui occupent des responsabilités ne peuvent pas entendre une critique, fondée ou pas,

---

1. Précisons que les chercheurs ont laissé les responsables de la « Démarche-quartier » choisir leur mode de participation et d'intervention dans le groupe, composé de militants de deux quartiers : les chargées de mission de la « Démarche-quartier » de La Plaine et de Floréal ont décidé de suivre ces travaux, qui les intéressaient, mais refusé d'y prendre la parole ; nous avons respecté ce choix, sans jamais le rappeler.

parce que dans la vie tout n'est pas juste, si elles ne sont pas capables de supporter ça, à mon avis, il faut arrêter, il faut prendre une année sabbatique ! Ça m'est arrivé dans ma vie de ne plus pouvoir encaisser. »

La « Démarche-quartier » apparaît ainsi comme très affaiblie, en même temps que la réflexion se développe sur le rôle du militant dans les quartiers. Du discours de l'éducateur, en effet, la plupart des militants ont retenu l'idée que leur action pouvait être utile à condition qu'elle s'adapte aux problèmes qu'elle prétendait résoudre. Ils ont compris qu'il leur avait été demandé de continuer à s'engager, mais autrement.

L'affaiblissement de la logique municipale que son intervention a mis en évidence ne s'est pas soldé par un affaiblissement des logiques d'action par le bas, mais au contraire par l'idée que la dynamique du changement doit et peut provenir des militants et de leur capacité de contact et de dialogue. Le groupe comprend que ce dialogue ne doit pas être seulement orienté vers les jeunes comme figures sociales, mais aussi vers tous ceux qui les entourent, parents et institutions notamment. Il est dès lors possible d'approcher autrement la violence.

L'action vue d'en bas

Plus ou moins requinqués, les membres du groupe évaluent leur passé, ils reviennent sur la gestion municipale du tissu associatif local. Samira raconte son expérience : militante de la première heure dans son quartier, cette jeune fille a déjà créé, entre autres associations, un atelier de mode qui a attiré un large public féminin de 13 à 17 ans, ainsi qu'un atelier photo pour lequel elle vient de demander des subventions. Elle détaille ses motivations : « Moi, ce que je voulais, c'était servir d'interlocuteur entre les jeunes et les institutions, parce que moi je ne me sens pas capable de jouer le rôle d'assistante sociale, je n'ai pas les compétences. » Très impliquée dans ces activités, qu'elle accomplit en plus de son travail, elle a été sollicitée par l'équipe du maire et est entrée au conseil municipal à l'occasion des dernières élections. Elle pensait alors pouvoir jouer un rôle dans ce qu'elle suppose être son champ de compétence, le travail associatif ; elle se dit déçue : les logiques politiques qui agissent à l'échelle du conseil municipal ne lui laissent aucune place. « Je suis conseillère municipale, dit-elle, mais pourquoi ? Je pensais qu'être conseillère ça demandait une implication, mais ça demandait aussi un retour ! Et ce retour aujourd'hui je ne le vois pas. A la rigueur, je suis toujours au même point, j'ai tou-

jours les mêmes problèmes. C'est pour ça au départ, on parlait d'implication, on est impliqués, mais il n'y a pas de retour. Comme disait
monsieur, ça fait je ne sais combien d'années qu'il est dans les associations, moi ça fait quatre ans et j'ai déjà le même sentiment. Au départ,
quand j'ai commencé l'association, quand je suis devenue conseillère
municipale c'était même pire, tout le monde rigolait ! Pourquoi ? Parce
que les jeunes se sont longtemps battus, mais au bout d'un moment
ils se sont dit que ça ne servait à rien. Parce qu'on est entendus mais on
n'est pas écoutés. C'est pour ça qu'il faut arrêter, les jeunes ne croient
plus en rien ! »

Au sein du groupe, ce sentiment est largement partagé, et plusieurs
exemples viennent l'exprimer. La réflexion qui se développe sur les
liens qu'un tissu associatif de quartier peut entretenir avec le pouvoir
politique local ne débouche pas sur des attitudes de pur rejet critique.
Certes, l'offre politique est toujours perçue comme un risque d'instrumentalisation du militant, mais les membres du groupe maintiennent
leur volonté de préserver la « Démarche-quartier » : ils parlent toujours
avec respect des chargés de mission et ils rappellent que ce dispositif a
facilité des mobilisations d'habitants et régulé des tensions sur les
quartiers.

Ainsi, la « Démarche-quartier », du fait qu'elle est impulsée par un
système institutionnel qui s'est avéré fragile, est affaiblie, mais elle
n'est pas rejetée : les militants de quartier ne souhaitent pas rompre
avec une formule qui en définitive semble leur apporter plus qu'elle ne
leur coûte. Mais ils voient aussi la violence se développer, et ils éprouvent un profond sentiment d'incertitude et d'inefficacité qui les fait
s'intéresser aux orientations que décrit pour eux un autre interlocuteur,
le prêtre de La Plaine. Cet homme d'Église, connu de tous, s'implique
depuis longtemps dans toutes sortes d'activités qui donnent vie au
quartier. Il évoque les évidents bouleversements culturels qui modi-
fient considérablement la place de l'Église : « Moi, j'ai fait la liste des
jeunes de 18-20 ans que je rencontre… pas par l'Église, tout à fait
autrement. Il y en a vingt-cinq… et je vois des Yougoslaves, Algériens,
Français, Ivoiriens, Zaïrois, Marocains, Portugais, Sri-Lankais, Indiens,
Mauriciens, Laotiens, Italiens… Ça c'est La Plaine ! Mais ça a un côté
quand même très enrichissant, moi je ne me plains pas de ça. »

La simplicité de son approche impressionne et son plaisir à voir des
chrétiens de toutes les régions du monde fréquenter son église tranche
avec les sentiments d'éparpillement et d'épuisement des militants. Il
évoque en détail ses relations avec les jeunes de diverses origines religieuses, qui ne sont pas nécessairement croyants : « Ces jeunes, dit-il,

que je connais, qui ne sont pas dans mon Église, mon but n'est pas de les ramener à l'Église mais d'établir une relation avec eux. [...] Là, je vois... pour la veillée pascale, je prépare le baptême d'un jeune avec ses copains. Je ne sais pas comment ça va se passer. Ils veulent faire la fête après... je leur donnerai une salle, pourquoi pas ? Mais là c'est une forme de rapport qui est intéressant car ils ont 18-20 ans et ils ne sont pas forcément chrétiens. Donc ça c'est une filière. Il y en a une autre : l'aide aux devoirs. Et là, je n'ai pas que des ados, ils sont sept ou huit et je n'en connais aucun par l'Église. Ce sont essentiellement des Asiatiques parce qu'ils se le disent entre eux : Tamouls, Indiens, Laotiens. C'est intéressant parce que, à la longue, on se connaît et ils parlent de leur vie. Je ne l'exige pas ! Ils demandent qu'on les aide. D'autres cherchent du boulot pendant les vacances et ils se disent : "Tiens, le curé doit connaître du monde", mais c'est pas si simple. Si vous avez des tuyaux, donnez-les-moi ! »

Pour ce prêtre, il est illusoire d'attendre des résultats immédiats, consécutifs aux relations avec les jeunes. Leur changement de comportement passe par une transformation des représentations qu'ils ont de l'existence. « Il faut prendre les chemins qui sont les leurs, précise-t-il, pour leur faire comprendre que c'est un problème de société. C'est pas les grands discours théoriques qui les touchent. »

Un déplacement décisif s'amorce alors dans la réflexion du groupe. La force considérable du prêtre est d'intervenir, alors même qu'il sait ne pas avoir affaire à des chrétiens pratiquants. Il saisit des occasions, considérant comme essentiel de parvenir à les prolonger. Là est le succès... La morale qui l'anime n'est à aucun moment bafouée, ni même affaiblie. Retraduite par les membres du groupe, la parole du prêtre signifie qu'ils ne peuvent pas escompter des résultats plus immédiats que lui et qu'ils doivent être plus attentifs aux attentes des habitants, quitte à mettre en cause leurs représentations.

Le groupe, réduit à ses six participants les plus réguliers, rencontre maintenant un jeune du quartier de La Plaine. Celui-ci décrit ses journées passées avec ses amis, le plus souvent des garçons : « C'est des emplois du temps, tu vois, qui n'ont pas été faits. Ça se fait comme ça sur place. C'est pas qu'on va prévoir quelque chose, c'est qu'on le fait sur le moment, sur un coup de tête, vite fait, comme ça. On se dit qu'on va rester toute la journée à tenir les murs, et il y a une personne qui passe, qui dit qu'elle va bouger quelque part et tout, bon on va pas rester là coincés, on part avec, et si ça se trouve on va s'amuser. »

Tous écoutent avec attention le jeune décrire l'ennui qui domine sur toutes les autres réalités et évoquer spontanément le rôle que joue la violence dans ces longues journées. Le dialogue qui se noue alors avec lui montre à quel point l'approche généreuse des habitants est inappropriée, au point d'être incomprise par l'interlocuteur.

Le jeune : « Tu sais, des coups de folie m'arrivent parfois. Je peux briser quelqu'un sans qu'il y ait un craquement de sa mâchoire, continuer parce que ça me plaît. Tu vois ? Il y a des moments, aussi, où la vue du sang, juste comme ça, juste parce que je suis énervé, tu vois, j'ai les veines, surtout celles-là, qui commencent à ressortir. »

Liliane : « C'est parce qu'on t'a fait quelque chose ? »

Bernard : « Tu as mal, tu souffres ? »

Liliane : « C'est pas par pur plaisir ? »

Le jeune : « Ouais, voilà, c'est ça. Ça me tourne dans la tête, et question de décompresser, il me faut une chose pour relâcher toute la pression. »

Chacun parle sans véritablement écouter l'autre et personne ne pousse à aller au fond du problème. Sans concertation préalable, la position d'ensemble est d'éviter d'aborder un thème qui reste finalement incompris. Cela ne signifie évidemment pas que le problème est réglé, ni que le groupe a dépassé les limites qui l'empêchaient jusqu'alors de prendre position face à la violence des jeunes.

Le jeune s'amuse presque de la situation, laissant les habitants renverser les rôles et lui expliquer leur existence. Les enseignants et les petits commerçants font cause commune pour faire entendre la dure réalité de leur quotidien ; ces derniers décrivent l'effondrement de leur chiffre d'affaires, l'impossible perspective de sa remontée malgré la couverture de l'autoroute. Le jeune n'est pas en reste : il souligne l'analogie entre ce qui vient d'être décrit et ce qu'il a connu avec ses parents, dont l'un était aussi un petit commerçant. Ici le dialogue est aisé, sans embûche. Les habitants, avec beaucoup de chaleur humaine, presque de la tendresse, encouragent le jeune, lui disent qu'il peut envisager de « faire avocat », puisque c'est le métier auquel il rêve. Dans ce moment de l'échange, la violence est comme évacuée, elle relève d'un autre registre. La discussion est possible, et même plaisante ; elle est l'autre face d'une situation où la non-relation s'est imposée, au point que le « coup de folie » devient possible, au plus loin de tout rapport social ou interpersonnel.

Dans bien des villes de France, le pouvoir municipal délaisse – parfois même totalement – les quartiers populaires, dont la relégation doit beaucoup alors non seulement à l'absence des services publics, mais aussi au désintérêt, à l'ignorance, voire au mépris du maire à leur égard. A Saint-Denis, on est au plus loin de telles attitudes : la « Démarche-quartier » s'efforce de maintenir un lien vivant entre la mairie et les habitants, conservant de son passé de « banlieue rouge » ce qu'il avait de meilleur, une forte volonté d'intégration institutionnelle de l'ensemble de la ville. Cette démarche est fragile. D'une part, elle n'est véritablement démocratique que si elle crée les conditions d'une participation populaire, qui elle-même a besoin d'un sens, au-delà des problèmes particuliers qui peuvent être mis sur la table dans telle ou telle conjoncture ; or les quartiers sont plutôt démobilisés, et la démarche en elle-même ne semble pas pouvoir apporter une vision générale, des projets un peu larges, un sens d'une portée dépassant les enjeux ponctuels de la vie locale. D'autre part, cette démarche, qui va dès lors essentiellement du haut vers le bas, est affaiblie par des conflits institutionnels dont la rencontre du groupe avec l'éducateur spécialisé a montré la gravité. Ambivalences, oscillations : le rapport des habitants aux institutions est à bien des égards problématique. Ils se sentent frustrés, surtout lorsque la distance s'accroît entre les problèmes discutés et effectivement traités dans le cadre de la « Démarche-quartier » et leurs préoccupations générales – le chômage, la pauvreté, les difficultés économiques, etc. Ils demeurent pourtant attachés à la « Démarche-quartier », dont il faut souligner qu'elle constitue un obstacle important au Front national. Celui-ci, on le sait, bénéficie largement des suffrages populaires dans des quartiers comme La Plaine ou Floréal, où les Français dits « de souche » se démarquent des étrangers par un vote d'extrême droite qui peut relever du « gaucho-lepénisme » décrit par Pascal Perrineau[1]. Avec la « Démarche-quartier », la critique de l'immigration et le racisme sont refoulés ; la relation réelle avec la mairie rend moins plausibles le discours de l'abandon ou de la déréliction et, par conséquent, la recherche du bouc émissaire qui se polarise sur les étrangers.

Mais la principale leçon de notre recherche, ici, concerne directement la violence et l'insécurité. Ce que révèlent les rencontres du groupe avec l'éducateur spécialisé, le jeune ou le prêtre, c'est l'existence de deux registres à la fois juxtaposés et totalement disjoints. D'un côté, les habitants participent d'une vie locale, se rencontrent, ont une pratique normale des jeunes, avec qui ils échangent sans difficulté ; la vie sociale, certes, est difficile, mais la relation, la communication sont possibles. D'un autre côté, la violence est là, portée par des jeunes

---

1. Cf. *Le Symptôme Le Pen*, *op. cit.*

si désocialisés qu'elle semble à la limite relever de la psychiatrie, et non plus de la sociologie; il n'y a pas gradation ou dégradation progressive, mais disjonction, ce qui fait par exemple que le moment où le groupe échange des propos plaisants, vaguement paternalistes, avec le jeune est totalement différent de celui où le même jeune évoque sa violence, irrépressible, et qui pourrait être vite meurtrière. Dès lors, les limites de la « Démarche-quartier » deviennent spectaculaires. Cette forme de démocratie locale devrait pouvoir prendre en charge l'ensemble des questions qui se posent dans les quartiers par la communication, l'échange, le débat, la négociation; mais la violence lui échappe nécessairement, elle ne relève pas d'un tel traitement, elle en appelle d'autres, du moins s'il s'agit de ses expressions les plus radicales ou les plus extrêmes. La disjonction des registres est d'autant plus incontournable que les habitants passent de l'un à l'autre, de situations où ils participent par exemple à une fête ou une animation à d'autres où ils subissent le choc d'une violence dont le sens leur échappe complètement. La « Démarche-quartier » est minée par ce problème, elle n'est pas faite pour l'affronter réellement.

CONCLUSION

De l'analyse à l'action

De cet ensemble de recherches, les unes centrées sur des institutions, les autres consacrées à des territoires urbains, il est possible de dégager plusieurs enseignements.

De l'analyse...

Les sources institutionnelles de la violence

Un premier point concerne le phénomène de la violence proprement dit, ses sources, ses significations. Dans les expériences concrètes que nous avons envisagées, la violence est tout à la fois ce que l'on observe – ou que l'on croit observer – et un mode de qualification ou de catégorisation ; elle est lourde de sens, même si ce sens est lui-même nécessairement perverti, tordu, voire inversé, et à bien des égards défini par d'autres protagonistes que les acteurs de la violence eux-mêmes. Elle n'est jamais totalement déconnectée du contexte dans lequel elle surgit, ou se façonne, elle n'est ni un attribut congénital ou biologique propre à certains individus ou à certains groupes, ni une constante anthropologique, elle résulte de processus qui ouvrent le double espace de sa matérialisation objective et des représentations qui la font percevoir comme telle.

Si la violence urbaine s'est développée sur fond de crise économique et sociale, d'exclusion ou de précarisation de pans entiers de la population, elle tient aussi aux carences des institutions et doit alors être référée à l'État et à notre modèle républicain. Dans ses formes canoniques, ce dernier entend incarner l'universel tout en assurant une correspondance étroite entre l'intérêt de la collectivité nationale, celui des organisations qui le transcrivent concrètement et celui des personnels qui le font fonctionner. Mais cette correspondance a cessé d'avoir pour elle la force de l'évidence : les fonctionnaires et autres personnels à statut s'inquiètent pour leur propre sort, qu'ils n'associent que de plus en plus artificiellement aux thèmes de la fraternité et de l'égalité ; le développement des institutions est de plus en plus soumis à des logiques économiques, commerciales et financières ; et les conceptions qu'elles proposent de l'intérêt collectif fonctionnent de plus en plus comme des discours incantatoires cachant de plus en plus mal les promesses non tenues de la devise républicaine. Les normes imposées et garanties par la République dans l'école ou les services publics, et, plus largement, dans toutes les institutions, se dissolvent ou cessent d'être transcrites dans des comportements, des rôles et des attentes de rôles.

La violence a partie liée avec la déstructuration du modèle républicain et donc, corrélativement, avec l'incapacité croissante des institutions à remplir leurs missions classiques. Elle procède, de ce point de vue, de la désocialisation d'individus dont la personnalité ne peut plus comme auparavant se construire par l'intégration des normes et des valeurs et par l'intériorisation des formes d'autorité et des règles de conduite, ce qui ouvre la voie à diverses logiques de construction de soi, y compris par la violence. Et là où le sens commun perçoit dès lors une crise de l'ordre, un ensemble de défis à l'État ou aux institutions qui l'incarnent, un désordre, nos travaux apportent une invitation à renverser les interprétations spontanées et à interpeller les institutions : sans *aggiornamento*, sans réflexion et travail sur elles-mêmes, sans redéfinition du sens de leur action, de leurs fonctions, de leurs missions, elles continueront à avoir leur part de responsabilité dans l'insécurité et la violence qu'elles prétendent combattre. L'aveuglement consiste pour elles à imputer à la société et à leur environnement ces difficultés qui leur sont en bonne part internes, et qu'elles contribuent à produire.

Ce qui vaut pour les institutions que nous avons étudiées vaut également pour la famille, qui elle aussi à bien des égards se désinstitutionnalise et se transforme, produisant en son sein des relations qui ne sont plus celles de la socialisation classique. Ces transformations, comme l'a montré François de Singly[1], sont à bien des égards de l'ordre de l'invention, et si elles éloignent la famille contemporaine des modèles autoritaires les plus normatifs, elles n'en créent pas moins de nouveaux liens familiaux, et ne se limitent pas à l'image de la crise. Mais là où les inégalités se creusent, où la chute sociale se précise, où la précarisation et l'exclusion progressent, la famille est dominée plus facilement par la crise que par le renouveau, ce qui contribue à façonner

1. Voir *Sociologie de la famille contemporaine*, Paris, Nathan, 1993.

des personnalités qui seront plus que d'autres susceptibles de passer à la violence physique.

La force de la ségrégation

La violence, en deuxième lieu, résulte de processus sociaux de ségrégation. A l'ère industrielle, lorsque régnait le plein emploi, les classes populaires étaient intégrées socialement par le travail ; les classes dominantes et dirigeantes, tout en marquant éventuellement une grande distance sociale et spatiale – dans l'habitat notamment –, ne pouvaient se définir en dehors du rapport social qui tout à la fois les liait et les opposait aux travailleurs. Ce rapport conflictuel s'est défait, la société s'est fragmentée, et une partie non négligeable de la population, désormais placée hors rapports sociaux, ou presque, est perçue comme inutile, voire menaçante, par beaucoup de ceux qui continuent à dominer et organiser la vie économique ou simplement à y participer. La relation sociale improbable laisse la place, dès lors, à l'exclusion, à la précarité, à la pauvreté, auxquelles s'ajoutent couramment, de la part des « inclus », l'indifférence, l'ignorance et, pire encore, des conduites de discrimination raciale et de ségrégation renforçant l'éloignement social par la mise à l'écart dans l'espace. La violence des jeunes, comme on le voit nettement à Lyon, procède du caractère intolérable de cette ségrégation qui fabrique chez ceux qu'elle affecte d'intenses frustrations, de l'ennui, un vif sentiment de déréliction et d'abandon, la conviction fondée d'être victimes d'une grave injustice, de devoir subir la disqualification, la stigmatisation et le mépris. Le paradoxe, que révèle l'expérience de Strasbourg, est que la violence trouve également un espace dans des situations où la ségrégation spatiale – déjà minimisée dans cette ville du fait que les quartiers populaires sont situés *intra-muros* – est activement refusée par les autorités municipales. Encore faut-il ajouter immédiatement que la violence strasbourgeoise est plus une construction et un ensemble de perceptions qu'une réalité massive : nous y reviendrons.

Si les jeunes des quartiers de relégation constituent des enragés, sont perçus comme des classes dangereuses, des barbares aux portes de la ville, retournés à l'état de nature ou presque – d'où le succès dans l'opinion du thème de la violence des très jeunes –, s'ils semblent constituer une menace pour les braves gens et les quartiers paisibles, que ceux-ci soient ceux du centre-ville, d'une ville centre, ou encore situés au sein même de banlieues par ailleurs à problèmes, c'est au terme de processus dont ils sont bien peu les maîtres. En amont, la colère, l'insécurité, les incivilités ou la violence émeutière sont en effet façonnées par l'égoïsme et par les pratiques de ceux qui entendent se débarrasser des classes « inutiles » en les propulsant au plus loin, grâce à un habitat séparé et à des transports publics les tenant à distance, sans parler de la discrimination dans l'emploi. Les violences juvéniles comportent des éléments de réponse à une violence subie, aussi bien symbolique – et faite alors de mépris, d'ignorance, de stigmatisation – que concrète – et lourde de ségrégation et de discrimination. Et si elles sont le produit direct du changement social et de l'accroissement des inégalités, elles en sont également le fruit indirect : dans les milieux populaires les plus affectés par la crise économique, la précarité et le chômage, les relations intrafamiliales se dégradent, nous l'avons dit – le cadre de notre recherche ne nous a pas permis toutefois d'approfondir ce thème, auquel il faudrait consacrer une analyse à part entière –, les mères deviennent dépressives ou irritables, il se développe chez les jeunes une culture d'agressivité, voire des tendances à la paranoïa procédant d'une faible estime de soi. Là où la société industrielle accordait le respect aux familles ouvrières, l'exclusion façonne une culture où les plus démunis sont davantage considérés avec mépris – une culture de *« winner-loser »*, dit Oliver James [1] –, dans laquelle les perdants ont recours plus qu'avant à la violence.

Violence et conflit

Mais la violence ne se comprend pas non plus sans référence à un principe de conflictualité sociale et politique. Dans certains cas – les moins significatifs, et qui ne sont guère ceux que nous avons rencontrés –, une violence instrumentale est directement inscrite dans une relation conflictuelle, constituant une ressource mobilisée stratégiquement à des fins clairement définies. Mais surtout la violence se déploie en aval et en amont de rapports sociaux ou politiques. En aval, elle exprime leur épuisement : elle procède, par exemple, du déclin historique du mouvement ouvrier, ou bien encore – nous l'avons constaté en région lyonnaise – de l'échec ou de la retombée de mobilisations civiques comme les marches de 1983 et 1984. En amont, elle annonce au contraire la naissance difficile, peut-être même condamnée à avorter,

1. Dans *Juvenile Violence in a Winner-Loser Culture*, Londres-New York, Free Association Books, 1995.

de nouveaux mouvements sociaux ou de contestations politiques qui se cherchent. Plus l'action passée, ou à venir, est éloignée, moins les significations sociales et politiques de la violence semblent compréhensibles, et plus elle donne l'image de l'irrationalité, de la perte du sens, voire, dans le cas extrême du terrorisme, de l'inversion en anti-mouvement — c'est-à-dire en conduites qui signifient le contraire d'un mouvement social et dans lesquelles il n'y a plus d'adversaires, mais des ennemis déshumanisés à détruire.

La fusion médiatique

Une autre leçon de nos plongées sur le terrain est que la violence perçue est elle-même une construction complexe, qui résulte de l'amalgame de perceptions pourtant bien plus hétérogènes qu'on pourrait le croire *a priori*. Comment passe-t-on de représentations diversifiées, où les uns, y compris sur place, ne reconnaissent aucune violence, où d'autres ne veulent voir que la drogue et les conduites d'autodestruction, où d'autres encore s'inquiètent surtout des incivilités, etc., à la représentation unifiée et synthétique d'une violence généralisée, provenant de certains territoires, quartiers, banlieues, villes pour en définitive menacer le pays tout entier? L'examen du fonctionnement des médias apporte ici les premiers éclaircissements : ce sont eux qui diffusent les catégories assurant l'unification des perceptions, en phase avec les catégories policières. Mais les médias ne constituent pas un univers lui-même homogène, ils fonctionnent selon une division du travail où il faut distinguer notamment la télévision (et, en son sein, les instances nationales et régionales) et la presse écrite (et, en son sein, la presse nationale et la presse régionale et locale).

L'importance des médias tient surtout à cette étonnante faculté qu'apporte leur système à fusionner dans une image peu différenciée non seulement des faits d'importance inégale et très diversifiés, mais aussi des perceptions qui varient bien plus qu'on ne le pense généralement.

Le moment de la violence

Cette importance est certainement la contrepartie d'un déficit politique et, plus généralement, de ce qui a été la grande caractéristique de la France des années 80 et 90 : le sentiment généralisé d'une certaine impuissance, d'un déclin, d'une incapacité de ce pays à orienter son

333

destin et à tenir une place importante dans le monde, le doute sur lui-même. La place qu'occupent la violence et le sentiment d'insécurité à travers les constructions médiatiques correspond à une phase historique où la France peine à comprendre et à admettre qu'elle sort d'une époque et où elle hésite, tout aussi bien, à reconnaître qu'elle entre dans une ère nouvelle. De ce point de vue, la hantise de la violence et de l'insécurité, tout en ayant des fondements concrets, objectifs, qu'à aucun moment nos travaux n'ont minimisés, s'inscrit dans une période de doute, que marquent aussi toutes sortes d'autres inquiétudes et de phénomènes inquiétants : hantise de la globalisation, décrite comme un processus sur lequel notre pays n'aurait aucune emprise, réticences à l'égard de la construction européenne, sentiment de menace sur l'identité culturelle de la nation, crispation républicaniste, poussée du nationalisme xénophobe et raciste, etc. Il est possible que le sentiment d'insécurité et même la violence proprement dite diminuent en même temps que s'affaiblissent cette hantise, ce sentiment de menace, ce doute, ou que se précisent la reprise de la croissance et sa capacité de tirer l'emploi – nous y reviendrons. Mais si les aspects les plus visibles et les plus spectaculaires de la violence urbaine régressent, quitte à ce qu'elle réapparaisse là où on ne l'attendait guère, cela peut être aussi au profit de modalités plus diffuses : lorsque la SNCF prend des mesures répressives dans les gares importantes, la violence se localise dans les banlieues éloignées ; lorsque les forces de l'ordre apprennent à intervenir rapidement et efficacement dès qu'une émeute est sur le point de se développer, la rage, la colère prennent un tour différent, plus éclaté. Il ne faut donc accepter l'hypothèse d'une sortie prochaine de l'ère des violences qu'avec une très grande précaution.

... à l'action

A juste titre, les chercheurs en sciences sociales sont généralement hésitants s'il s'agit de compléter l'analyse par des recommandations d'action ou des suggestions plus ou moins normatives. Il est vrai que trop souvent le passage d'un point de vue cognitif à des propositions prescriptives s'opère sans grande cohérence, et que l'on voit mal le lien entre une éventuelle pratique de recherche et l'adoption d'une posture d'intellectuel organique d'un mouvement ou de conseiller d'un Prince. Mais, à l'inverse, les sociologues, surtout lorsqu'ils bénéficient pour leur travail de financements publics, n'ont-ils pas pour responsabilité, au-delà des connaissances qu'ils produisent, de s'efforcer d'en tirer des conséquences concrètes, susceptibles d'éclairer les acteurs et d'élever leur capacité d'action ?

L'aggiornamento *des institutions républicaines*

Ce n'est pas parce que les institutions de la République peinent à en tenir toutes les promesses qu'il faut se raidir dans une conception passéiste de leur rôle, ou au contraire accepter l'hypothèse de leur déclin inéluctable, et se livrer aux idéologies libérales si favorables à une désinstitutionnalisation accélérée. La réponse des institutions à la violence et au sentiment d'insécurité n'est ni dans la crispation républicaniste ni dans la désertion au profit du marché. Elle est d'abord dans la reconnaissance, pour chacune d'entre elles, de la situation actuelle, qui interdit désormais de postuler une totale imperméabilité entre l'intérieur, avec ses règles, ses principes abstraits, ses personnels considérés comme des agents, et l'extérieur, c'est-à-dire l'environnement social, culturel et économique.

Elle passe ensuite par l'instauration d'une conception politique des institutions, et en particulier de ceux qui les dirigent. La violence et l'insécurité, en effet, sont le fruit de difficultés et de tensions qui appellent l'intervention d'acteurs capables de prendre des décisions autonomes, de négocier, de reconnaître l'autonomie d'autres acteurs concernés. La simple application des principes et des règles ne suffit pas s'il faut organiser la concertation à l'intérieur des organisations, ou entrer en relation avec d'autres, s'il faut anticiper le changement, l'orienter, et pas seulement défendre un état de fait.

Des débats parfois confus ont opposé, au début des années 90, tenants de l'égalité et promoteurs de l'idée d'équité. Or la conception politique du fonctionnement des institutions qui nous semble souhaitable implique une articulation de ces deux notions, et non une opposition obligeant en réalité à un choix mal formulé. Les institutions républicaines ne peuvent accepter d'autre horizon que celui que dessine le principe d'égalité, certes. Mais pour tendre vers cet horizon, il ne suffit plus aujourd'hui d'en appeler à ce principe et d'envisager de l'appliquer tel quel. Corriger les inégalités, qui elles-mêmes génèrent éventuellement tensions, agressivité et violence, exige des modes d'intervention volontaristes, pleinement politiques, qui relèvent de l'équité bien pensée. Pour rattraper, par exemple, les inégalités dont souffrent certains territoires faute d'une présence suffisante des services publics, il faut des moyens supplémentaires, des incitations particulières pour les personnels ; pour assurer le service public de l'électricité, il ne suffit pas de veiller à l'égalité tarifaire et d'appliquer mécaniquement le principe de la tarification au coût marginal, égalitaire en période de plein emploi, il faut proposer des modalités particulières d'accès à l'électricité pour ceux que le chômage et la grande pauvreté sinon excluent ; pour faire fonctionner l'école publique dans les quartiers populaires, il faut des efforts du type de ceux qu'apportent les ZEP, etc. L'équité ne saurait être substituée à l'égalité comme principe ; elle peut par contre constituer un moyen de s'en rapprocher.

Le traitement politique de la différence culturelle

La violence et l'insécurité sont si souvent associées à l'image du communautarisme qu'il faut d'abord mettre l'accent sur ce qu'en disent nos recherches de terrain : les jeunes qui font des rodéos ou qui passent à l'émeute, ceux qui expriment leur haine ou leur rage, ceux encore qui concrètement se caractérisent par des comportements d'incivilité sont au plus loin de pouvoir être définis par de fortes appartenances identitaires. L'islam, certes, peut aboutir au terrorisme islamiste, mais il informe surtout des conduites qui s'écartent de la violence et de la délinquance. A la limite, le communautarisme le plus violent est celui du groupe dominant, le nationalisme radical, par exemple lorsqu'il tourne au racisme actif, débridé, des skinheads et assimilables. Mais il est vrai aussi que le sentiment d'insécurité s'alimente de la poussée ou de la présence des identités particulières dans l'espace public, de leurs demandes, de leur visibilité, qui suscitent toutes sortes d'inquiétudes et parfois aussi des tensions interculturelles réelles, voire des heurts.

Face à cette question, deux orientations extrêmes, aussi opposées qu'elles soient, sont susceptibles d'alimenter la violence et le sentiment d'insécurité bien plus que de contribuer à leur régression. La première, dans la droite ligne des Lumières et d'une conception rigoureuse de la République, consiste à promouvoir le refus de toute affirmation identitaire dans l'espace public pour en appeler à l'assimilation des différences culturelles, ou tout au moins à leur strict confinement dans la sphère privée. La seconde, au contraire, consiste à plaider pour une ouverture sans frontières, laissant la voie libre à tous les particularismes se présentant dans l'espace public et les autorisant à se déployer en totale liberté. Dans le premier cas, les particularismes culturels sont disqualifiés, et avec eux ceux qui n'ont souvent pas d'autre sens à donner à leur existence, pas d'autres repères ; dans le second cas, le communautarisme peut s'exercer sans limites, imposant la loi du groupe à chacun, ce qui aboutit vite à la négation des droits de l'homme (dont souffrent généralement d'abord les femmes), ainsi qu'à des chocs intercommunautaires. Depuis la fin des années 80, un mauvais débat a empoisonné notre vie intellectuelle et politique en donnant l'impression que notre pays n'avait d'autre choix qu'entre la République pure et dure et le communautarisme ; sortir de la violence, c'est aussi en finir avec cette conception brutale et artificielle de la question de la différence culturelle, au profit d'un tout autre point de vue, qu'on peut appeler démocratique. Plutôt que d'opposer l'universalisme de la République et de la nation et le particularisme des identités culturelles, en s'attachant pour le premier à une définition abstraite de ses principes et, pour le second, à des connaissances vagues, journalistiques et lourdes de fantasmes, il est souhaitable, et possible, non seulement de chercher à les concilier théoriquement, mais aussi à les articuler concrètement, dans la pratique. Le traitement démocratique de la différence n'est pas incompatible avec l'affirmation des principes de la République et la reconnaissance des différences culturelles n'est pas nécessairement corrélative d'un affaiblissement de l'idée de nation. Ils exigent de la majorité qu'elle n'impose pas sa tyrannie à la minorité, selon la célèbre formule de Tocqueville, et impliquent une capacité de vérifier la compatibilité de la revendication identitaire avec les valeurs universelles. Dans cette perspective, toute différence particulière se présentant dans l'espace public doit bénéficier d'une présomption de légitimité, et non d'un droit automatique à la reconnaissance. Une telle conception exige que les décisions démocratiques soient bien informées, ce qui confère aux sciences sociales un rôle important, puisque c'est d'elles que l'on peut attendre l'éclairage le plus sérieux sur les enjeux et la réalité de telle ou telle affirmation culturelle. Elle appelle enfin, pour être efficace, que les débats et délibérations mobilisant les acteurs concernés ou impliqués soient construits au plus près, sur le terrain, et puissent se prolonger effectivement en propositions et en décisions concrètes.

La violence et, surtout, le sentiment d'insécurité que nourrissent la hantise des particularismes culturels, les peurs, les fantasmes, l'impression d'une menace pesant sur l'être ou l'identité nationale ne pourront régresser qu'à partir du moment où des débats démocratiques, informés, au plus près des réalités du terrain, permettront de traiter de ces questions autrement que par l'appel incantatoire et répressif à des principes abstraits – c'est la perversion de l'idée républicaine – ou par l'abandon à un tribalisme ou un communautarisme dont personne ne peut sérieusement souhaiter qu'il se déploie.

Face à la ségrégation

La violence urbaine et le sentiment d'insécurité sont inséparables, en France, des processus de fragmentation spatiale qui prolongent et transcrivent sur le sol la ségrégation sociale, la chute des uns, la relégation des autres aux marges de la société. Ces processus qui marquent un affaiblissement du lien social ont été commandés, tout au long des années 70, 80 et 90, par des logiques économiques dont les plus décisives ont supprimé de larges pans du travail non qualifié, aboutissant à la désindustrialisation d'importants territoires et à l'instauration de la précarité pour ceux qui ne sont pas purement et simplement exclus. La rapidité des changements, ici, est d'autant plus impressionnante que l'épuisement des rapports de travail s'est accompagné de transformations de l'espace urbain s'effectuant au même rythme : ainsi, les banlieues nouvelles qui dans les années 60 et encore 70 marquaient plutôt un progrès social en offrant des perspectives de mobilité spatiale ascendante aux couches populaires, et en signifiant la fin des bidonvilles pour le prolétariat immigré, sont devenues très vite le symbole de l'inversion du progrès, de la chute sociale et de la dégradation de l'habitat.

Quelles réponses sont ici envisageables ? Lorsque les pouvoirs publics et, surtout, les pouvoirs locaux s'accommodent de l'évolution spontanée qui elle-même doit beaucoup aux mécanismes de marché, et lorsque, même, ils semblent y trouver la réponse au désir des plus aisés de ne pas avoir à se mêler aux plus démunis, la ségrégation est spectaculaire et peut contribuer, mais pas nécessairement, à engendrer la violence. On voit mal comment une action autre que volontariste pourrait rapidement et fortement renverser la tendance. Le volontarisme politique peut être promu au niveau national, avec en particulier des mesures relevant de la politique de la ville ; encore faut-il dire avec force que le refus trop souvent affiché de développer des mesures de discrimination positive, d'équité (ou de quelque autre nom qu'on les qualifie), revient en fait à s'interdire de situer l'engagement collectif à la hauteur des problèmes à résoudre. Mais ce que nos recherches illustrent surtout, c'est l'importance du niveau local, et donc du mode d'intervention des acteurs politiques locaux, et particulièrement municipaux.

Plusieurs modèles d'action sont imaginables. Les uns concernent l'intégration des quartiers ou des banlieues de relégation dans des espaces plus larges : ville, communauté urbaine notamment. En effet, l'enclavement, l'enfermement, la mise à distance ne façonnent pas nécessairement la violence spectaculaire, mais ils constituent des conditions qui peuvent lui être au moins momentanément favorables. Surtout, ils ont pour conséquence d'interdire à beaucoup de prendre des initiatives, de se construire comme sujets, de songer à participer d'une façon ou d'une autre à la vie moderne. Ils placent ceux qui deviennent violents dans la situation en fait impossible, insupportable, où il leur est signifié, tout à la fois, qu'ils sont exclus, sans grand espoir de prendre part un jour pleinement à la modernité, et qu'ils appartiennent à une collectivité nationale généreuse et solidaire, dans laquelle les principes généraux du droit et de la raison sont supposés leur apporter les mêmes chances qu'à d'autres. La ségrégation et la discrimination, même si elles ne mènent pas inévitablement à la violence, en constituent une source essentielle, dans la mesure où elles indiquent à leurs victimes, de la façon la plus nette qui soit, qu'il leur est interdit ou particulièrement difficile de se construire et d'agir, de se forger une personnalité confiante dans l'avenir et de dessiner des projets personnels. Elles sont pour ces individus la négation de toute possibilité d'intervenir dans leur propre situation, de faire entendre leur voix, d'être écoutés et reconnus dans leur singularité personnelle. C'est pourquoi l'action la plus décisive doit s'en prendre à cette conséquence de la ségrégation et de la discrimination, et réintroduire des mécanismes d'échanges, de débats, d'écoute là où des mécanismes brutaux les ont interdits. Les politiques répressives, comme complément et palliatif aux conséquences de la ségrégation et de la discrimination, sont à l'évidence insuffisantes, voire inopérantes, ainsi que le suggère l'expérience de la police municipale au Havre. On constate d'ailleurs qu'elles tirent leur éventuelle efficacité de leur capacité à ne pas s'enfermer dans la pure répression : lorsque les policiers organisent des activités sportives ou de loisir pour les jeunes, lorsqu'ils assurent la transmission de l'information et font remonter les attentes de ces derniers vers le pouvoir municipal, lorsqu'ils se constituent en acteurs d'une politique de proximité (par exemple avec l'îlotage), ils introduisent de l'échange, de la reconnaissance, de l'ouverture, et exercent un rôle positif dont les principales limites ne tiennent qu'à eux, aux carences de leur propre institution, à l'imprégnation d'une culture policière hostile à ce type d'ouverture.

Les politiques qui favorisent la formation d'une conflictualité locale dans laquelle le tissu associatif peut jouer un rôle apportent une réponse très supérieure, même si elle est fragile et souvent tendue, comme on le voit à Vaulx-en-Velin. Du côté des acteurs sociaux, la principale limite tient aux difficultés qu'il y a aujourd'hui à transformer l'indignation morale et la conscience de l'injustice en conflit ; très vite, l'action risque d'éclater, entre des demandes limitées d'accès à la consommation et aux loisirs et une politisation sans base sociale. Et du côté des acteurs politiques en place, le choix du dialogue, même tendu, avec des associations, même très contestataires, est toujours susceptible d'éviter la dégradation d'une situation difficile en violence, il apporte l'assurance d'une relation avec ceux que l'absence de relations radicalise, il est aussi une condition favorable lorsqu'il s'agit pour des élus locaux de trouver des interlocuteurs avec lesquels pourra être élaborée une sortie lors d'événements graves ; mais une telle politique est délicate à maintenir car nécessairement ambiguë : comment accepter, lorsqu'on est maire par exemple, que les associations que l'on subventionne et avec lesquelles on voudrait développer un échange constructif suivent des orientations qui s'écartent de celles promues par l'équipe municipale, ou même deviennent de véritables forces d'opposition ?

Certaines politiques locales constituent une réponse d'autant plus positive qu'elles associent une logique d'intégration au souci constant de contribuer à la subjectivation des personnes concernées. De ce point de vue, l'expérience de Strasbourg est une réussite, et l'idée d'un paradoxe entre les efforts intelligents et pratiques de l'équipe municipale et la réalité de la violence et de l'insécurité apparaît, à l'examen, superficielle et fallacieuse. Car à y regarder de près, la violence et l'insécurité à Strasbourg sont plus subjectives qu'objectives, ce sont des perceptions ou des représentations plus que des réalités massives, qui doivent beaucoup à l'activité des médias, locaux et surtout nationaux, et qui s'exacerbent d'autant plus qu'on s'éloigne de leur lieu théorique de production, en l'occurrence le quartier du Neuhof que nous avons étudié.

Reprendre confiance : la France dans le monde

Simultanément réalités factuelles et perceptions, la violence et le sentiment d'insécurité s'alimentent d'inquiétudes souvent excessives qui tiennent à la conjoncture historique dans laquelle notre pays est placé. Dans leurs dimensions les plus subjectives, mais dont nous savons qu'elles informent constamment les dimensions objectives de ces phénomènes, ces inquiétudes traduisent un décalage entre les changements qui se produisent depuis les années 70 et les représentations de la vie sociale et politique, nationale et internationale, qui nous permettent de les appréhender.

D'une part, la France a été comme gelée ou endormie idéologiquement tout au long des deux septennats de François Mitterrand : alors que d'autres pays d'Europe reconnaissaient la mutation dans laquelle ils s'engageaient, admettaient très tôt leur sortie de l'ère industrielle, percevaient le déclin du mouvement ouvrier, l'épuisement du taylorisme, alors que la Grande-Bretagne s'engageait, non sans de terribles dégâts sociaux, dans la purge libérale, alors que partout était admise l'idée d'un nécessaire *aggiornamento* des modèles d'intégration sociale, la France, elle, croyait possible d'être à la fois dans le socialisme et dans le libéralisme, d'afficher son exceptionnalité tout en se disant européenne, d'osciller entre les privatisations et le maintien d'un secteur public considérable. Elle a longtemps refusé de reconnaître la fin historique du mouvement ouvrier comme mouvement social, elle s'est arc-boutée dans des modes de pensée réactionnaires qui ont animé le populisme et les extrêmes, d'abord de droite puis, plus modestement, de gauche. En France, le thème de la globalisation de la vie économique a été découvert tardivement, et sur un mode très particulier puisqu'il a été avant tout associé aux images d'un capitalisme triomphant, planétaire et menaçant la nation en des termes si contraignants que la seule réponse consiste à en appeler à la fermeture du pays sur lui-même. Les images de la violence et de l'insécurité, ainsi que le fait que les médias aient pu de manière si impressionnante leur apporter une place centrale, sont indissociables du doute, de la difficulté à penser le changement intérieur et à projeter vers l'avenir avec confiance. Dès lors, faire reculer la violence et l'insécurité, c'est aussi en appeler à plus de confiance sans pour autant verser dans un optimisme béat, refuser de réduire l'environnement mondial à l'image d'un ensemble destructeur de menaces économiques et culturelles, et la société à celle d'un ensemble de principes abstraits mis à mal par les nouveaux barbares de l'intérieur, les jeunes des quartiers populaires. Il ne s'agit pas en s'exprimant ainsi de troquer une idéologie contre une autre, d'échanger la religion du progrès contre celle de la décadence, et encore moins de nier la réalité de la violence urbaine ou de la délinquance ; il s'agit simplement de liquider les discours et les représentations qui n'invitent à voir dans la société rien d'autre qu'une entité menacée de déstructuration et dans la nation un être culturel condamné à la décomposition ou à la dégénérescence. Une telle liquidation est plus facile à opérer qu'on le croit trop souvent, et le climat qui a entouré le succès de l'équipe de France au Mondial de football en 1998 l'a bien montré : dans un contexte de reprise de la croissance et de l'emploi, il a suffi d'un parcours victorieux, en effet, pour que notre pays reconnaisse, tout à la fois, qu'il est capable de tenir son rang au plus haut niveau dans le concert globalisé des nations et qu'il doit cette capacité à des acteurs – en l'occurrence les joueurs – dont les origines sont manifestement très diverses, et pas toutes « gauloises ».

Nous n'en finirons jamais avec la violence, qui constitue une part de toute vie en société, le reliquat de ce que la démocratie ne sait pas ou ne peut pas traiter. Mais nous pouvons la faire singulièrement régresser, dans sa réalité comme dans les représentations qui en circulent.

Méthode et remerciements

Ce livre présente de manière synthétique les principaux résultats d'une recherche dont l'initiative revient à la RATP, et plus précisément à Edith Heurgon et Alain Obadia. Depuis longtemps, cette grande entreprise du service public a recours aux sciences sociales, jouant en retour un rôle décisif dans leur développement, et c'est avec enthousiasme que j'ai accepté, à son invitation, de lancer en 1996 un programme portant sur la violence et le sentiment d'insécurité.

A l'évidence, la RATP est concernée par de telles questions, qui mettent en cause son fonctionnement, sa place dans la cité, son image, son présent et son avenir. Elle n'attendait pas de moi des réponses, plus ou moins techniques, des recettes appuyées sur les résultats d'enquêtes et d'études ; en me demandant d'analyser la violence et le sentiment d'insécurité, la RATP, me semble-t-il, entendait se mettre elle-même en position de réflexion et de recherche, sans précipitation ni souci opérationnel excessifs. C'est pourquoi il fut convenu, très vite, de ne pas limiter les travaux qu'elle voulait bien me confier à son domaine particulier de compétence – le transport – ou à la seule Ile-de-France – où elle exerce ses activités – et de les conduire, dans divers domaines, en Région parisienne, mais aussi en province, à Lyon, Strasbourg et Le Havre, avec des extensions à l'étranger. Cet ouvrage n'en est pas moins centré sur la seule expérience française, et d'autres publications rendront compte de travaux de terrain menés en Grande-Bretagne (sous la responsabilité de Danièle Joly, directrice du Center for Racial and Ethnic Research de l'université de Warwick) et de recherches comparatives sur l'Italie (sous la responsabilité de Paola Rebughini) et sur l'Allemagne (sous la responsabilité de Nikola Tietze). De plus, ce livre vient à la suite d'un ensemble de travaux sur la violence, menés dans le même esprit mais dans une perspective internationale – ces travaux ont été publiés dans un numéro double de la revue *Cultures et Conflits*[1].

Le programme de recherche dont cet ouvrage est issu n'a pas seulement bénéficié de l'appui constant et de la confiance de la RATP. En fin de par-

1. « Un nouveau paradigme de la violence ? », numéro cité.

343

cours, il s'est transformé en une collaboration exigeante entre les chercheurs, appelés à présenter et diffuser leurs résultats, et divers niveaux de la hiérarchie de l'entreprise, avec lesquels de nombreuses rencontres ont eu lieu. La recherche proprement dite s'est donc prolongée par la pratique d'une sociologie permanente, dans laquelle analystes et acteurs, tout en restant dans leurs propres rôles, sont en interaction et continuent, longtemps après la phase de terrain, de s'informer mutuellement.

Ce livre forme un ensemble intégré. Ses auteurs ont tous participé au travail de terrain, mais aussi à une élaboration qui a exigé nombre de réunions et de séminaires collectifs, et qui a donné lieu à un volume considérable de documents intermédiaires, notes de travail, rapports provisoires, monographies. Éric Macé, qui signe les chapitres « Face à l'insécurité, la médiation ? » et « Un système politique en panne », a mené une intervention sociologique avec les Grands Frères de la RATP en Région parisienne, puis un travail de terrain plus classique au Havre. Olivier Cousin a mobilisé un savoir acquis au fil d'une série d'enquêtes de terrain et participé à une intervention sociologique conduite en Seine-Saint-Denis avec des enseignants de collège ; il a rédigé le chapitre « École et violence ». Séverine Labat et Paola Rebughini ont écrit le chapitre « Entre violence et action collective », qui rend compte du travail conduit sous leur responsabilité en région lyonnaise. Farhad Khosrokhavar et Nikola Tietze sont les auteurs du chapitre « Violence, médias et intégration », qui livre les principaux résultats de leur étude de la ville de Strasbourg en général et d'un quartier disqualifié, le Neuhof, en particulier. Philippe Bataille et Karine Clément ont rédigé le chapitre « Démocratie locale et vie associative », qui porte sur l'expérience de la « Démarche-quartier » de la ville de Saint-Denis. Ces travaux ne prétendent en aucune façon à l'exhaustivité, ils ont surtout pour objectif de souligner ce qui, dans chaque expérience étudiée, présente un caractère particulièrement significatif ou intéressant. Ils portent, par conséquent, sur certains aspects singuliers ou qu'ils mettent en relief, et n'essaient pas de donner une vue d'ensemble de la ville ou de l'organisation envisagées. J'ai rédigé l'introduction de ce livre, les deux premiers chapitres, les introductions et conclusions des autres chapitres ainsi que la conclusion générale, elle-même fruit d'une ultime réflexion collective.

Parmi les chercheurs ayant participé à la recherche, certains, pour des raisons diverses, n'ont pas contribué à la rédaction de l'ouvrage. Gilles Verpraet et Angelina Peralva en ce qui concerne l'école, Marina Girod de l'Ain à propos des conduites juvéniles de violence dans l'Est lyonnais ont joué un rôle important dans les travaux de ce programme. Par ailleurs, plusieurs chercheurs du centre que je dirige, le CADIS, nous ont apporté une aide précieuse lors du travail de terrain et ont participé aux réunions de l'équipe de recherche – je pense en particulier à Anne Le Huérou et à Nacira Guénif. Des étudiants avancés, sollicités à l'occasion de mon séminaire hebdomadaire à l'École des hautes études en sciences sociales, nous ont également fait bénéficier de leur concours, trouvant en contrepartie dans cette expérience une occasion de s'initier à la pratique concrète et collective de la recherche ou de s'y perfectionner.

Un programme aussi lourd que le nôtre a mobilisé bien des énergies, fait appel à bien des appuis; les uns, innombrables, sont extérieurs au CADIS. Il n'est pas possible ici de remercier toutes les personnes qui nous ont informés, qui ont répondu à nos questions, ont bien voulu se laisser interviewer ou participer à nos groupes d'intervention sociologique, qui nous ont aidés à les mettre en place ou sont venues débattre avec leurs membres; mais qu'il soit dit, en plus de nos remerciements, que nous avons constamment veillé, scrupuleusement, à respecter leurs propos et leurs idées, et à en rendre compte fidèlement.

Enfin, le CADIS a été, une fois de plus, au plein sens du mot, un « laboratoire », l'espace, lui-même relevant de l'EHESS et du CNRS, au sein duquel ce programme de recherche a pu se développer. Nos travaux ont souvent été l'objet d'échanges avec d'autres chercheurs du centre, y compris son fondateur, Alain Touraine, ne serait-ce que lors de notre séminaire bimensuel. Ils n'ont pu aboutir que grâce aux efforts de Jocelyne Ohana, qui a organisé une partie de la vie collective de l'équipe de recherche et réuni la documentation. Sans l'aide inlassable et toujours remarquablement efficace de Jacqueline Longérinas, sans la mobilisation de Lidia Meschy, Mireille Coustance, Christine Blanchard et Jacqueline Blayac, nous aurions été bien en peine de mener à leur terme les travaux et les réflexions qui sont présentés dans ce livre.

M. W.

Table

PREMIÈRE PARTIE
LA VIOLENCE EN QUESTION

DEUXIÈME PARTIE
LA RÉPUBLIQUE À L'ÉPREUVE

TROISIÈME PARTIE
LA VIOLENCE ET LA VILLE

CONCLUSION
DE L'ANALYSE À L'ACTION

De Michel Wieviorka

L'État, le Patronat et les Consommateurs
PUF, 1977

Critique de la théorie du capitalisme monopoliste d'État
(en collaboration avec B. Théret)
Maspero, 1978

Lutte étudiante
(en collaboration avec A. Touraine,
F. Dubet et Z. Hegedus)
Éd. du Seuil, 1978

Justice et Consommation
La Documentation française, 1978

La Prophétie antinucléaire
(en collaboration avec A. Touraine,
F. Dubet et Z. Hegedus)
Éd. du Seuil, 1980

Le Pays contre l'État
(en collaboration avec A. Touraine,
F. Dubet et Z. Hegedus)
Éd. du Seuil, 1981

Solidarité
(en collaboration avec A. Touraine,
F. Dubet et J. Strzelecki)
Fayard, 1982

Le Mouvement ouvrier
(en collaboration avec A. Touraine et F. Dubet)
Fayard, 1984

Les Juifs, la Pologne et Solidarnosc
Denoël, 1984

Terrorisme à la une
(en collaboration avec D. Wolton)
Gallimard, « Au vif du sujet », 1987

Sociétés et Terrorisme
Fayard, 1988

Le Modèle EDF
(en collaboration avec S. Trinh)
La Découverte, 1989

L'Espace du racisme
Éd. du Seuil, 1991

La France raciste
(en collaboration avec P. Bataille, D. Jaquin,
D. Martucelli, A. Paralva et P. Zawadski)
Éd. du Seuil, 1992

Racisme et Modernité
(sous la direction de M. Wieviorka)
La Découverte, 1993

La Démocratie à l'épreuve.
Nationalisme, populisme, ethnicité
La Découverte, 1993

Racisme et Xénophobie en Europe.
Une comparaison internationale
(en collaboration avec P. Bataille, K. Couper,
D. Martucelli et A. Paralva)
La Découverte, 1994

Face au terrorisme
Liana Levi, 1995

Penser le sujet.
Autour d'Alain Touraine, colloque de Cerisy
(sous la direction de F. Dubet et M. Wieviorka)
Fayard, 1995

Les Russes d'en bas.
Enquête sur la Russie post-communiste
(en collaboration avec A. Berelowitch)
Éd. du Seuil, 1996

Une société fragmentée ?
Le multiculturalisme en débat
(sous la direction de M. Wieviorka)
La Découverte, 1996

Commenter la France
L'Aube, 1997

Raison et Conviction : l'engagement
(sous la direction de M. Wieviorka, avec S. Moscovici,
N. Notat, P. Pachet, M. Perrot)
Textuel, 1998

Le Racisme, une introduction
La Découverte, 1998

RÉALISATION : PAO ÉDITIONS DU SEUIL
IMPRESSION : BUSSIÈRE CAMEDAN IMPRIMERIES À SAINT-AMAND (CHER)
DÉPÔT LÉGAL : FÉVRIER 1999. N° 32343 (990532/1)

« L'ÉPREUVE DES FAITS »
COLLECTION DIRIGÉE PAR
HERVÉ HAMON ET PATRICK ROTMAN

(derniers titres parus)

Irène Bellier
L'ENA comme si vous y étiez
1993

Jérôme Bourdon
Haute Fidélité
Pouvoir et télévision, 1935-1994
1994

Virginie Linhart
Volontaires pour l'usine
Vies d'établis, 1967-1977
1994

Daniel Karlin et Rémi Lainé
Justices en France
1994

Catherine Bédarida
SOS Université
1994

Christophe Bouchet
Tapie, l'homme d'affaires
1994

Sebastian Roché
Insécurité et Libertés
1994

Emmanuel Faux, Thomas Legrand, Gilles Perez
La Main droite de Dieu
Enquête sur François Mitterrand et l'extrême droite
1994

Gilles Bresson et Christian Lionet
Le Pen
Biographie
1994

Bernard de La Villardière et Vincent Nouzille
L'Anti-Drogue
Toxicos, médecins, magistrats, policiers témoignent
1994

Gilles Kepel
A l'ouest d'Allah
1994

François Stasse
La Morale de l'histoire
Mitterrand-Mendès France, 1943-1982
1994

Robert Schneider
Les Dernières Années
1994

Denis Labayle
La Vie devant nous
Enquête sur les maisons de retraite
1995

Daniel Soulez-Larivière
L'Avocature
1995

Jean-Philippe Moinet
Léo et les siens
1995

Telford Taylor
Procureur à Nuremberg
1995

Isabelle Muller
Un amour sérodifférent
1995

Karl Laske
Le Banquier noir
François Genoud
1996

Jean-Pierre Clerc
Les Quatre Saisons de Fidel Castro
1996

Michel Dubec
Les Maîtres trompeurs
Vrais et faux escrocs
1996

Sebastian Roché
La Société incivile
Qu'est-ce que l'insécurité ?
1996

Robert S. McNamara
Avec le recul
La tragédie du Vietnam et ses leçons
1996

Frédéric Martel
Le Rose et le Noir
Les homosexuels en France depuis 1968
1996

Jérôme Cathala et Jean-Baptiste Prédali
Philippe Séguin
Hussard de la République
1996

François Dubet et Danilo Martuccelli
A l'école
Sociologie de l'expérience scolaire
1996

Alexis Berelowitch et Michel Wieviorka
Les Russes d'en bas
Enquête sur la Russie post-communiste
1996

Nigel Hamilton
JFK. Une jeunesse insouciante
1996

Jean-Yves Carfantan
L'Épreuve de la mondialisation
Pour une ambition européenne
1996

Pascal Dupont
L'Amour en guerre
Femmes insurgées à travers le monde
1996

Bernard Violet
Carlos
Les réseaux secrets du terrorisme international
1996

Jacques Véron
Le monde des femmes
Inégalité des sexes, inégalité des sociétés
1997

Denis Labayle
Le Médecin qui rêvait d'être magicien
1997

Philippe Madelin
Le Clan des chiraquiens
1997

Sous-commandant Marcos et Yvon Le Bot
Le Rêve zapatiste
1997

Pierre Kalfon
Che
Ernesto Guevara, une légende du siècle
1997

Gitta Sereny
Albert Speer
Son combat avec la vérité
1997

Gérard Boulanger
Papon
Un intrus dans la République
1997

Patrick et Philippe Chastenet
Citizen Hersant
De Pétain à Mitterrand,
histoire d'un empereur de la presse
1998

François Dubet et Danilo Martuccelli
Dans quelle société vivons-nous ?
1998

Nelcya Delanoë
Nanterre La Folie
1998